Managerial Psychology:
Theory and Practice

管理心理学
理论与实践
（第2版）

刘玉梅 主编

复旦大学出版社

彩插1 经典喜剧电影《摩登时代》画面
《摩登时代》是对泰勒科学管理方式的艺术化
诠释。（见正文第13页）

彩插2 对象和背景的关系
你能找到图中的9个人吗？（见正文第35页）

彩插3 瑞文推理测验题目示例
根据大图案内图形间的某种关系，选择出8个小
图片中的哪一张填入大图案中缺少的部分最合
适。（见正文第106页）

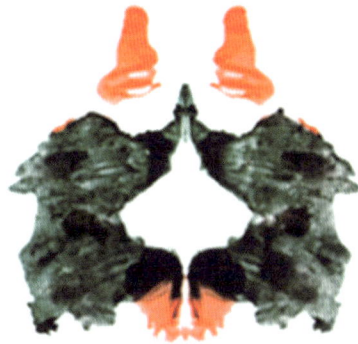

彩插4 罗夏墨迹测验题目示例
你看到了什么？（见正文第114页）

彩插5 过重的工作压力对身心健康的影响
（见正文第221页）

彩插6 凶手
镜头中你看到了什么？（见正文第277页）

彩插7 群体沟通与冲突
你认为如何避免这种冲突的发生呢？（见正文
第280页）

彩插8 柯达破产
作为一家知名的跨国企业，柯达对传统胶片技术和产品的眷恋，以及对数字技术和数字影像产品的冲击反应迟钝，在很大程度上决定了柯达陷入成长危机的必然。（见正文第407页）

FOREWORD | 前言(第 2 版)

　　管理心理学是工商管理、行政管理、人力资源管理、公共事业管理等管理类专业的一门非常重要的专业课,该课程主要阐述管理心理学的基本规律和原理及其在管理实践中的应用。第 2 版在保持原有特色的同时——崭新的内容、丰富的案例、简洁的表达、美观的形式——主要在以下 7 方面进行了修订。

　　● 内容更新

　　充分吸收了国内外管理心理学研究的新成果、新理论和新动向,扩展了每章的研究基础,对全书进行了修改。其中,第 1 章更全面地阐述了管理心理学的研究方法,第 2 章更新了自我知觉的形成途径,第 3 章完善了个性与职业的匹配,第 4 章调整了态度概述中的内容,第 5 章重写了罗宾斯的综合激励模式,第 6 章扩充了个体的压力管理,第 7 章改写了团队建设,第 8 章增加了魅力型领导理论,第 9 章优化了组织学习概述中的内容。

　　● 案例更换

　　由于时效性,本书中的章前引例、正文中的案例及课后练习中的案例 70% 以上均被最新案例替换。在新案例的选择上,兼顾了国企、民企和外企,涵盖了科技、通信、制造、航空、物流、销售、电子商务、医疗、金融、建筑、交通等众多行业。

● 增加了"问题聚焦"模块

这是一项全新的特色栏目。每章约设置 3—4 个问题,全书共 29 个问题。目的是将学习者置于与文中信息相关的具有一定复杂性的问题情境中,不直接提供答案,只是给出解决问题的线索和工具,启发学习者通过阅读文中内容进行深度思考,引导学习者从多种角度运用所学原理解决现实中的问题。

● 优化了"课后练习"的题目

经过对 40 多所高校使用本书的教师进行面谈或在线交流,收集了他们对"课后练习"的一系列建设性意见,在修订过程中充分考虑和吸收了这些意见和建议,修改和完善了各种类型的题目。

● 引入"经典名言"

经典名言蕴含着深邃的哲理,闪耀着智慧的光芒。这是在正文中新增加的内容,旨在通过展示某一著名人物的思想精华来增强文本的说服力。17 条"经典名言"在书中具有画龙点睛的作用。

● 设置了"推荐阅读"单元

删除了原版书中的"网络角"及其相关的网络资源地址链接,因为随着时间的推移,有些网页已经被更改或移除,无法再继续访问。新增加了"推荐阅读"专栏,精选了与每章内容相关并得到国内外公认和高度评价的学术专著,供读者对某些感兴趣的主题进行深入探讨,共推荐了 42 本经典之作。

● 添加二维码扫码浏览功能

为了使全书结构紧凑,控制篇幅不至于过长,同时也本着环保节约的原则,新版书中的很多精彩内容(如一代宗师冯特简介、"学习游乐场"中的游戏、"心理测试"量表等)存储在出版社的网站上,读者可以用手机扫描相应的二维码阅读。

第 2 版力求做到理论前沿,例证充分,文字流畅,体例活泼,希望受到广大读者的喜爱。

本次修订由刘玉梅执笔完成,第 2 版更新了第 1 版中 30% 以上的内容,保留了第 1 版中关于管理心理学基本概念和基本原理的文字表述,在此感谢第 1 版的全体编写作者。参与第 1 版编写的作者分工为:刘玉梅撰写第 1 章、第 2 章、第 3 章;董丽敏撰写第 5 章、第 8 章;谭贤政撰写第 4 章、第 9 章;王怀勇、陆丽娟撰写第 6 章、第 7 章。复旦大学的苏勇教授和上海财经大学的王玉教授对第1版进行了仔细的审定与指导,他们的真知灼见对第2版的修订有极大的帮助,向两位专家表示诚挚的感谢。复旦大学出版社副总编、经管分社社长徐惠平先生及谢同君先生为本书的出版付出了大量的时间和精力,在此表示深深的谢意。

本书是在借鉴、参考和引用国内外大量文献资料的基础上完成的,在参考文献中列出了主要书目,对相关的论文和报告则在文中注明了出处,在此向所有文献的作者、译者和出版者表示衷心的感谢。

本书的编写虽力图贯彻科学性、实用性、先进性、系统性和趣味性等原则,但由于编者水平有限,书中难免存在疏漏和不足之处,恳请专家、学者和广大读者批评指正。

我的联系方式是:

E-mail:liuym@sou.edu.cn

QQ:1977609173

刘玉梅

2019 年 8 月于上海

FOREWORD | 前言(第1版)

　　管理心理学是工商管理、行政管理、公共事业管理等管理类专业的一门非常重要的专业课,该课程主要阐述管理心理学的基本规律和原理及其在管理实践中的应用。目前,国内出版的管理心理学教材仍属于系统化的精英教育内容体系,存在重理论轻实践的普教化趋势,不适合应用型人才的培养。本书按照"三个贴近"的教学内容设计理念进行编排,即"贴近目标——课程的学习目标;贴近基础——学生的学科基础水平;贴近应用——实际的用处",克服了众多同类教材文字晦涩难懂、缺乏学习指导、内容老化、案例陈旧、表现形式无吸引力等的不足,能够满足广大学习者及各类管理人员的需要。本书具有以下几方面的特色:

　　第一,内容选取突出应用性与实践性。对管理心理学的基础理论,不作全面、系统、深入的展开分析,而是以应用型人才的培养定位为准绳,予以筛选,尽量做到"少而精",同时注意吸收近几年国内外较新的研究成果。

　　第二,表述风格兼顾通俗性与严谨性。对于基本概念和基本原理的文字表述力求严谨规范,具体展开叙述则做到通俗易懂,引人入胜。各章节尽量寻找一些能够加深读者印象和理解的简短有趣的经典案例、背景资料、实验介绍等小例子来说明相应的概念、原理和方法,同时加入一些插图和表格,以增加教材的直观性和可读性。

　　第三,编写体例体现教辅合一。为了方便学习者,在教材编写体例设计上把主教材、学习指导、课后练习、练习答案提示等融为一体。每一章内容都包括学习目标、引导案例、学习内容导图、正文、学习游乐场(1~2个技能训练游戏)、心理测试(1~2个心理测试量表)、要点总结和复习、课后练习、延伸学习等几部分内容。

本书提供的心理测试均为经过心理学家修订的信度和效度较高的量表,比较新颖,实用性很强,可供师生用作各种实证调查。

本书的课后练习形式多样,如案例研究、行为训练、实地调查等题目既能充分调动学习者的兴趣,又能起到引发其主动思考、深入分析的目的,还能提高学习者解决实际管理问题的能力。

第四,注重立体化教材的配套建设。在现代信息社会,为实现"让学习者能够随时、随地学习"的目标,在文字教材建设的基础上,同时进行立体化教材的配套建设,包括网络课程、多媒体课件(已制作完成一个多媒体课件——"一份激励、十分动力")、学习光盘、教学视频等,最终要建设成一个较为完整的立体化教学包。

本书是集体合作的成果。刘玉梅担任主编,负责确定编写大纲及各章结构框架,并对全书进行审阅和修改。各章执笔人是:刘玉梅撰写第1章、第2章、第3章;董丽敏撰写第5章、第8章;谭贤政撰写第4章、第9章;王怀勇、陆丽娟撰写第6章、第7章。复旦大学管理学院的博士生导师苏勇教授、上海财经大学国际工商管理学院的博士生导师王玉教授对本书进行了仔细的审定与指导,在此向两位专家表示诚挚的感谢。复旦大学出版社经管分社的徐惠平社长为本书的出版付出了大量的时间和精力,在此表示深深的谢意。

本书是在借鉴、参考和引用国内外大量文献资料的基础上完成的。我们在参考文献中列出了主要书目,对相关的论文和报告则在文中注明了出处,在此对所有文献的作者和出版者表示由衷的谢意。

本书的编写虽力图贯彻科学性、应用性、先进性、趣味性和系统性等原则,但囿于编写人员的学术水平和教学经验,书中难免有疏漏和不足之处,竭诚欢迎专家、学者和广大读者批评指正。我的电子邮箱地址是:liuym1@yahoo.com.cn。

刘玉梅

2008年11月于上海

CONTENTS | 目 录

第 **1** 章

管理心理学概说

学习目标

学完本章并做完练习，你应该可以做到：

- 解释管理心理学的含义
- 描述管理心理学的主要研究内容
- 了解管理心理学的发展历程
- 掌握并能正确运用管理心理学的研究方法

章前引例：管理之道在于经营人心

清代乾隆年间，南昌城内有一家点心店，店主叫李沙庚，其经营的店以货真价实的名声赢得顾客盈门。但其在赚钱之后开始在点心里掺假，渐渐地，顾客对这家店失去了兴趣，这家店的生意也日渐冷落起来。一天，适逢书画名家郑板桥来店购买点心，店主李沙庚不禁喜出望外，乘机邀请郑板桥为自己题写店名。郑板桥一口答应了，挥毫题笔，写下了"李沙庚点心店"六字，墨宝苍劲有力。结果，虽然引来了很多人的围观，却仍然没有人进店购买点心。原来是店名中的"心"字少写了"一点"。李沙庚请求郑板桥补写上这"一点"。但郑板桥说："这个字没有写错啊。你看，你以前生意兴隆，是因为'心'有了这'一点'，而今生意冷淡，正是因为'心'少了'一点'。"李沙庚这才恍然大悟，终于明白了经营人心的重要性。从此以后，他痛改前非，坚持诚信经营，保质保量，终于又一次赢得了人心，赢得了市场。

做生意如此，做企业也是如此。生意做大了就成了一个企业，而企业经营的过程实际上就是一个经营人心的过程。如何去满足员工的需求，如何通过对人心理的把握和控制去发动员工为企业工作，这些都离不开企业对人心的管理与经营。管理的过程是一个经营人心的过程。古人云："得人心者得天下"。

在经营人心这一点上，古人也早就给我们做出了典范。例如，在《三国演义》中，作者刻意将刘备塑造成仁政爱民的典范，号称"仁义布于四海"，随处可见相关的描写。在曹操大军压境的情况下，刘备不得不逃离小城新野县，新野百姓由于刘备的仁爱，不愿意接受曹操的统治，而愿意跟随刘备逃亡。因此，拖家带口，扶老携幼，挑锅担米，一起从新野倾城而出，留下的是一座空城。在刘备兵败四处逃亡的路上，只要一听说是刘备，各家各户都欢欢喜喜地迎接，准备好酒好肉地招待，"平原刘玄德"成了金字招牌，一路都有人帮助。而刘备的军队，老百姓也非常喜欢，不待士兵去抢去夺，百姓们总是主动杀猪宰羊地送到军营中来。刘备以一个织席贩履的出身，能够成为三足鼎立的一方，长期居于西蜀，令曹操无能为力，恐怕都来自刘备的仁爱吧①。

通过阅读以上的文字，你有何感受呢？你认为在管理过程中如何经营人心呢？也许你有自己的见解，也许你还在思索。相信你通过学习和研究管理心理学，一定可以找到满意的答案。

管理心理学是心理学科中一个快速发展、应用前景十分广阔的分支学科。通过学习和研究管理心理学，将有助于我们从理论上把握组织管理过程中人的心理和行为现象的规律性，也有助于指导管理实践。

管理心理学课程将带领我们一起开始智慧的旅程，这次旅程将穿越现代心理学与管理相关的许多领域，在这里，将赋予你更大的能力去控制那些影响你工作和生活的因素。现在，让我们共同踏上这一神奇的旅程吧……

本章是进入管理心理学领域的入门篇，在这里，你可以了解什么是管理心理学、管理心理学的发展历程和管理心理学的研究方法。本章对以后各章内容的学习起导航作用。

---

① 赵海男：《走最短的路——纵横职场少走弯路的秘诀》，北京理工大学出版社，2009年。

问 题 聚 焦

1. 什么是管理心理学？

21世纪是心理导向的世纪，是注重人性化管理的时代！

无论处于何种行业和管理位置，管理的最终对象是人本身。作为一个注重管理效能的管理者，在管理过程中，必须先要了解人的心理活动规律。管理心理学是一门指导管理者"破译心灵密码，领悟管理智慧，成就职场人生"的课程，为什么说一门课程具有如此神奇的作用呢？请进入第一节寻找答案。

2. 为什么说霍桑实验是管理心理学史上最著名的事件之一？

霍桑实验是哈佛大学心理学教授梅奥在美国芝加哥西方电器公司所属的霍桑工厂进行的一系列实验研究。整个实验从1924年持续到1932年，前后共分为照明实验、福利实验、访谈实验和群体实验四个阶段。1933年，梅奥出版了《工业文明的人类问题》，对实验进行了总结，提出了著名的人际关系理论，这不仅为现代行为科学理论奠定了基础，而且对管理实践也产生了深远影响。因此，霍桑实验被认为是管理心理学史上最著名的事件之一。关于该实验的详细介绍请进入第二节。

3. 如何走进人们丰富多彩的心理世界？

俗语说："知人知面不知心"。一生仕途坎坷的北宋文学家苏轼也曾发出这样的感叹："人之难知，江海不足以喻其深，山谷不足以配其险，浮云不足以比其变。"可见，识人难，识人心更难！现实生活中你是如何了解他人的？有没有什么方法可以走进人们丰富多彩的心理世界呢？请进入第三节，在这里，你能了解一些知人知面又知心的方法。

本章学习内容导图

```
管理心理学概说
├── 什么是管理心理学
│     ├── 管理心理学的概念
│     └── 管理心理学的研究内容
│           ├── 个 体 心 理
│           ├── 群 体 心 理
│           └── 组 织 心 理
├── 管理心理学的发展历程
│     ├── 古典管理心理学阶段
│     │     ├── 泰勒的科学管理理论
│     │     └── 闵斯特伯格的工业心理学理论
│     ├── 行为管理心理学阶段
│     │     ├── 霍桑实验和人际关系理论
│     │     ├── 勒温的群体动力理论
│     │     └── 马斯洛的需要层次理论
│     └── 现代管理心理学阶段
└── 管理心理学的研究方法
      ├── 观 察 法
      ├── 实 验 法
      ├── 调 查 法
      ├── 测 验 法
      └── 个 案 法
```

第一节　什么是管理心理学

一、管理心理学的概念

管理心理学是研究管理过程中人的心理活动和行为规律的一门科学。它把心理学的理论、原则和方法运用于组织管理中，通过研究组织中人的心理和行为规律，进而控制和预测组织中人的行为，以调动人的积极性，发挥人的潜能，提高生产和工作效率，改善人际关系及增强组织功能。

管理心理学是心理学的一个分支。心理学是研究人的心理活动及其规律的科学（见知识库1－1）。心理学是一门既古老又年轻的科学。说它古老，是因为人类探索自己的心理现象已有两千多年的历史，从公元前4世纪古希腊亚里士多德的《论灵魂》开始；说它年轻，是因为心理学一直包括在哲学之中，19世纪中叶才开始从哲学的母体中剥离出来。心理学诞生的标志是1879年德国心理学家冯特在莱比锡大学建立了第一个心理实验室，从此心理学成为一门独立的科学。一百多年来，心理学已经有了长足的发展，研究成果遍布20多个大的领域，管理心理学是其中的一个研究领域。

图1－1　冯特
(Wilhelm Wundt,
1832—1920)

（手机扫一扫，查阅内容）

知识库1－1

心理学的目的

心理学同其他学科一样，以发现和探求普遍规律为最终目的，以描述和测量、解释和说明、预测和控制同类现象而实现其科学意义。但所有这一切都源于一个根本的目标，那就是：人，认识你自己。

"人，认识你自己"这句刻在德尔菲神殿一块石碑上的神的箴言，成为历代心理学家为之奋斗的目标。……作为人的本质——人的期望、需要、优势、弱点、智力、潜能等,正是心理学的研究领域。"心理学是试图理解我们作为人究竟是谁,有什么特征的唯一学科。"

资料来源:赵慧军,《现代管理心理学》(修订第四版),首都经济贸易大学出版社,2012年。

管理心理学所研究的,可以说是每个人都非常熟悉的内容。比如,"人们为什么来工作?""金钱能否激励人们努力工作?""领导是天生的,还是培养锻炼出来的?"等。在现实生活中,这类主题几乎每个人都有自己的答案。有些人的答案是一致的,有些人的答案是相反的;有的答案是正确的,有的答案则是错误的。导致不同观点的原因是由于人们凭借各自的经验、直觉或本能来解释这些司空见惯的现象。

管理心理学是对组织和管理活动中人们的心理与行为进行系统研究的学科。它系统地考察事物和现象间的关系,试图解释它们的原因和结果,把结论建立在科学的论据而不是经验和直觉的基础之上,也就是建立在控制条件下所获得的数据的基础上,并以严谨客观的方式对其进行测量和解释。因此,对心理和行为的系统研究能够提高管理者对组织行为的解释和预测能力①。

二、管理心理学的研究内容

管理心理学主要研究组织管理过程中人的心理活动和行为规律,具体可分为三个层面,即管理过程中的个体心理、群体心理和组织心理。

(一)个体心理

世界上没有两片完全相同的树叶,世界上也没有两个完全相同的人。人与人之间存在着差异,这种差异不仅表现在高矮、胖瘦等生理特征方面,还表现在心理特征方面。随意的观察就会发现,没有任何两个人在做同一种工作时会采用完全相同的方式。即使是在高度程序化的工作中,员工的行为也会有所不同。

在组织环境中,员工之间的差异更是随处可见。比如,他们以不同的方式工作,以不同的方式交往;他们工作的努力程度不同,所表现出的创造性也不同;对工作的安全感和挑战性重视程度不同,对加班、晋升的愿望也不同等。

---

① 赵慧军:《现代管理心理学》(修订第四版),首都经济贸易大学出版社,2012年。

为什么会有这些差异？因为人们的心理特点是各不相同的,他们在工作能力、性格特征、工作动机、对工作及工作压力的认识等方面都存在着差异。这些差异会对组织发展造成重要影响(见知识库1-2)。为了保持竞争力,必须对其加以重视。一个管理有效的组织通常都能很好地利用个人之间的差异,把具有不同特点的员工分别安排到他们能胜任的岗位上。

知识库 1-2

个体心理差异对工作的影响

- ◆ 员工的生产能力各有不同。一个被普遍观察到的现象是：某项工作中的大部分重要贡献是由一小部分人做出的。比如,销售团队中排名前20%的销售代表创造了80%的销售额。

- ◆ 员工对于完成高质量工作的渴望不同。有些人喜欢高质量地完成工作,因为他们尽责、细致、事业心强。不具备这些特质的人往往不能高质量地完成工作。

- ◆ 员工对于承担工作决策责任的倾向不同。现在的工作往往允许员工自己作出有关工作的决策,也让员工更多地提出有关改善工作的建议。许多员工喜欢这么做,因为他们非常享受由此带来的成就感。另一些员工则不然,他们不喜欢承担太多的决策责任,也不太愿意积极地提出改进建议。他们的乐趣主要来自个人生活和家庭生活。于是,这些员工更喜欢不太需要劳心费神和不需要承担太多责任的工作。

- ◆ 员工所喜欢的领导方式各有不同。许多人喜欢在工作中拥有充分的自由,并且能在这样的环境中出色地完成任务。另一些人则希望上司能够经常对自己的工作提出指导。

- ◆ 员工社交的需要各不相同。一些人喜欢独自工作(往往是在家中),这样他们能很好地完成任务。另一些人如果不能在工作中与他人接触则会变得无精打采。

- ◆ 员工对于组织的忠诚度各不相同。一些人对于自己所在的组织相当忠诚,就好像组织是他们自己的一样。因此,他们非常关心提高产品和服务的质量。而且,他们的出勤率也很高,那些因为缺勤所造成的损失就可以避免。另一些人则对自己的组织并不忠诚,他们并不因为工作表现差或者无故缺勤而感到内疚。

资料来源:[美]安德鲁·杜布林,《心理学与工作》(第6版),中国人民大学出版社,2007年。

(二) 群体心理

一个人在群体中的行为要比独处时复杂得多。比如,一个非常注重经济利益的人,如果群体成员鄙视这样的价值观,他就可能在群体活动中尽量掩饰这一特点。也就是说,在群体中,每一个成员的心理状况都与其他成员息息相关(见案例1-1),也与群体本身的特点密切联系。

案例1-1

三个和尚的故事

山上有座小庙,庙里有个小和尚。他每天挑水、念经、敲木鱼,给观音菩萨案桌上的净水瓶添水,夜里不让老鼠来偷东西,生活过得安稳自在。不久,来了一个高个子和尚。他一到庙里,就把半缸水喝光了。小和尚叫他去挑水,高个子和尚心想一个人去挑水太吃亏了,便要小和尚与他一起去抬水,两个人只能抬一只水桶,而且水桶必须放在扁担的中央,两人才心安理得。这样总算还有水喝。后来,又来了一个胖和尚。他也想喝水,但缸里没水。小和尚和高个子和尚叫他自己去挑,胖和尚挑来一担水,立刻独自喝光了。从此谁也不挑水,三个和尚就没水喝了。大家各念各的经,各敲各的木鱼,观音菩萨面前的净水瓶也没人添水,花草枯萎了。夜里老鼠出来偷东西,谁也不管。结果老鼠猖獗,打翻烛

台,燃起大火。三个和尚这才一起奋力救火,大火扑灭了,他们也觉醒了。从此,三个和尚齐心协力,水自然就更多了。

资料来源:《三个和尚》,上海美术电影制片厂,1980年。

管理心理学在这一层次的研究,主要是以群体成员、群体与个体之间、群体与群体之间的相互作用为对象。对组织管理中群体成员的心理和行为进行分析,可以揭示群体活动的规律,进而能更好地限制或塑造某些行为,这是管理心理学研究中最有价值和最有吸引力的一个领域。

本书主要从群体规模、群体规范、群体凝聚力、群体中的人际关系、群体沟通与冲突、团队建设的角度来说明管理过程中的群体心理与行为。

（三）组织心理

组织心理是指组织整体动态变化过程中所表现出来的心理现象。它是管理心理学研究中最有特点的一部分内容。组织对个体行为的影响与群体对个体行为的影响有很大的相似性,但由于组织结构比群体结构复杂,因而影响组织行为的因素也就更加复杂。组织中的领导心理与行为(见案例1-2)、组织结构与设计、组织文化建设、组织变革与发展等,都是影响组织行为、组织效率的重要因素。

案例 1-2

刘邦论得天下之道

帝置酒洛阳南宫,上曰:"列侯、诸将毋敢隐朕,皆言其情:吾所以有天下者何? 项氏之所以失天下者何?"高起、王陵对曰:"陛下使人攻城略地,因以与之,与天下同其利;项羽不然,有功者害之,贤者疑之,此所以失天下也。"上曰:"公知其一,未知其二。夫运筹帷幄之中,决胜千里之外,吾不如子房(张良,字子房);镇国家,抚百姓,给馈饷(供给军饷),不绝粮道,吾不如萧何;连百万之众,战必胜,攻必取,吾不如韩信。三者皆人杰,吾能用之，此吾所以取天下者也。项羽有一范增而不用，此所以为我所禽也。"群臣说服。

资料来源：《司马光·资治通鉴》(卷第十一)，中华书局，2011 年。

个体心理、群体心理和组织心理是管理心理学的主要研究内容，也是管理心理学教科书的逻辑架构。本书即是以这三个层次为轴心展开分析的。

第二节　管理心理学的发展历程

众所周知，第二次世界大战之后的西方社会出现了政治上的相对稳定和经济上的复苏，科学技术得到了迅猛的发展。科学技术在生产上的广泛应用，使得西方国家的生产劳动性质和劳动力结构发生了巨大的变革。随着"知识性劳动"和"白领工人"在劳动力结构中所占比例的不断加大，之前的管理模式已不适合这种变化而遭到摒弃。随后，美国和西方其他一些国家的学者开始寻找一些新的管理理论。

20 世纪初，被誉为"科学管理之父"的泰勒(F. W. Taylor)倡导的科学管理运动和被称作"工业心理学之父"的闵斯特伯格(H. Münsterberg)所开创的工业心理学是管理心理学形成的先驱，而真正推动管理心理学产生的应该是由梅奥(G. E. Mayo)领导的霍桑实验。

管理心理学在 20 世纪 50 年代正式诞生于美国。20 世纪 50 年代中期，斯坦福大学教授、著名心理学家莱维特(H. J. Leavitt)首次以"管理心理学"命名出版了他的专著。在他之前，所有研究心理学知识在工业企业中应用的著作都是以"工业心理学"命名的。将工业心理学更名为管理心理学，标志着工业心理学研究的深入，也是工业心理学难以继续包容管理心理学丰富内涵的必然反映[①]。

就管理心理学的发展而言，从工业心理学的提出到正式以管理心理学命名，大概经历了三个重要阶段，即古典管理心理学阶段、行为管理心理学阶段

---

① 赵国祥、杨巍峰：《管理心理学》，河南大学出版社，1995 年。

和现代管理心理学阶段①。每个阶段都有丰硕的理论成就。

一、古典管理心理学阶段

古典管理心理学阶段大概从 20 世纪初到 20 世纪 20 年代,其理论研究的中心是如何通过改进工作条件、建立工作规范、加强管理的科学性来提高工作效率。主要代表人物是泰勒和闵斯特伯格。

(一)泰勒的科学管理理论

泰勒是科学管理的创始人。他认为劳资双方不应为争夺少得可怜的一小块利益而喋喋不休,而应设法提高生产效率,进而提高产出和利润,提高工资和改善劳动条件。只有这样,大家的日子才好过。他认为"管理的主要目的应该是使雇主实现最大限度的富裕,同时也使每个雇员实现最大限度的富裕。"泰勒运用"时间—动作分析"的方法进行了 "搬铁块"(见知识库 1-3)、"铲铁砂和煤炭"、"金属切削"等多项实验,提出了劳动定额、工时定额、工作流程图、计件工资制等一系列科学管理的制度和方法。泰勒的科学管理方法在很大程度上调动了工人的积极性,提高了生产效率。

图 1-2　泰勒
(Frederick Winslow Taylor, 1856—1915 年)

知识库 1-3

"搬铁块"实验

1898 年,泰勒在企业家约瑟夫·沃顿的鼓动下,从米德维尔钢铁公司转到伯利恒钢铁厂工作。来到该厂后,泰勒请来了一些助手,如在一起共过事的亨利·甘特等人,他们发挥各自的特长,取得了实验的圆满成功。

伯利恒钢铁公司货场里的原材料是由一组计日工搬运的。工人每天

① 张明正、徐泰玲、赵铁民、李聪明:《管理心理学理论与方法》,中央民族大学出版社,1997 年。

挣得 1.15 美元,这是当时的标准工资。工人搬运铁块的平均数每天在 12~13 吨,泰勒就是从这里开始他的实验的。

第一步是科学地挑选工人,他们用 3~4 天的时间仔细观察和研究其中的 75 个人,从中挑选 4 个人,然后又仔细地研究这 4 个人中的每一个人,调查了他们的历史、性格、习惯和抱负,最后挑选了身材矮小的施密特。此人是个因爱财如命且又十分小气而闻名的人,他们要求此人按新的要求开始干活,可以使他得到 1.85 美元。他们的研究方法是:

- ◆ 从车上或地上,把生铁搬起来需要几秒钟。
- ◆ 带着所搬的铁块在平地上走每英尺需要多长时间。
- ◆ 带着所搬的铁块沿着跳板走向车厢每步需要多长时间。
- ◆ 把生铁扔下需几秒或放在堆上需几秒。
- ◆ 空手回到原来的地方每走一英尺需要多少时间。

经过仔细地研究,他们发现,采用科学的方法对工人进行训练,并把劳动的时间与休息的时间很好地搭配起来,工人平均可以将每天的工作量提高到 47 吨,而且负重搬运的时间只有 42%,其余的时间是不负重的,工人也不感到太疲劳。同时采用刺激性的计件工资制,工人每天在达到 47 吨标准后,工资也增加到 1.85 美元。

这样,施密特在进入实验后,他们告诉他何时休息、何时工作,实验的结果是:施密特在第一天很快就搬完了 47.5 吨生铁,拿到 1.85 美元。

资料来源:郭咸纲,《西方管理思想史》(第三版),经济管理出版社,2004 年。

泰勒科学管理理论的弊端是把人视为机器的一个附属物(见图 1 - 3),忽略了人的社会性,这是该理论后来遭到批评的一个主要原因。

(二) 闵斯特伯格的工业心理学理论

闵斯特伯格是工业心理学的主要创始人,他出生于德国,师从现代科学心理学的创始人、德国著名心理学家威廉·冯特。闵斯特伯格在德国莱比锡大学的心理学实验室中受到正统的学术教育和训练,于 1885 年获得心理学博士学位。1892 年受聘于哈佛大学,建立了心理学实验室并担任主任。在那里,他应用实验心理学的方法研究大量问题,包括知觉和注意等方面的问题。闵斯特伯格对用心理学研究方法研究工业中的实际问题十分感兴趣,于是,他的

图1-3　经典喜剧电影《摩登时代》的画面

　　《摩登时代》是喜剧大师卓别林的代表作之一。影片中生产线上的工人们在夸张的大钟下用高度一致的"标准"动作干活,吃饭、上厕所的时间都受到严格控制。影片中卓别林的工作是在流水线上不断地拧螺丝,从上班直到下班,以至于但凡看到圆形的东西他都条件反射地要用扳手拧上一拧。在那家工厂里,卓别林成为巨大的机器旁边的一颗"螺丝钉"。《摩登时代》是对泰勒科学管理方式的艺术化诠释(见彩插1)。

心理学实验室就成为工业心理学活动的基地,成为后来的工业心理学运动的奠基石。

　　1912年,闵斯特伯格出版了《心理学与经济生活》一书,该书在1913年被译为《心理学与工业效率》。这本书包含广泛的工业心理学内容,成为心理学走上理论与实践相结合道路的一个重要里程碑。书中考察了诸如企业的科学领导、职业选择、生产训练以及其他有助于提高工人生产效率和企业家收益的因素,提出了后人广为传播的三项内容:"最合适的人、最合适的工作、最理想的效果。"

图1-4　闵斯特伯格
(Hugo Münsterberg,
1863—1916年)

　　闵斯特伯格进行了大量的工业中实际问题的研究。他最著名的一个研究是探明安全驾驶的无轨电车司机应具备的特征。他系统地研究了这项工作的各个方面,并且设计了模拟电车的实验室,结果发现一个好的司机应该能够在驾驶的过程中同时理解所有的影响电车行驶的因素。同时,闵斯特伯格认为研究疲劳问题对提高工业生产效率也非常重要(见知识库1-4)。闵斯特伯格的研究为工业心理学开辟了新的研究领域,并为后续的研究奠定了基础。

知识库1-4

闵斯特伯格关于疲劳问题的研究

闵斯特伯格和他的继承者研究了许多工厂每天和每周的工作曲线。典型的日产记录显示,每天上午9～10点产量有轻度的增加,而午饭前产量下降,午饭之后产量又上升,但不如上午9～10点的情况,下午下班前,产量急速下降。一周的产量也显现出类似的情形,星期一的产量平常,星期二和星期三是最好的纪录,然后逐渐下降,直到星期六为止。

闵斯特伯格的研究方向和路线以及所采取的方法对后来的人们有很大启示,在管理学上也有诸多应用。例如,他对工作中的个人进行科学研究以使其生产率和心理适应最大化;他认为应该用心理测验来选拔雇员,用学习理论来评价培训方法的开发,要对人类行为进行研究,以便搞清什么方法对激励工人是最有效的;他还指出了科学管理与工业心理学两者都是通过科学的工作分析,以及通过使个人技能和能力更好地适应各种工作的要求,寻求提高生产率。他的研究对今天的人员甄选、员工培训、工作设计和激励仍有重要的影响。

但是,闵斯特伯格所考虑的面比较狭窄,仅限于个体心理的研究,缺乏社会心理学和人类学的观点和论据。所以,他的工业心理学在当时未能引起更为广泛的注意,而是在其影响下的研究和理论为工业心理学增加了深度和广度,获得了人们更多的重视。

二、行为管理心理学阶段

行为管理心理学阶段大约在20世纪20～40年代,这一阶段理论研究的特点是以人的行为为中心,研究如何通过满足人的需要、调整人的行为、改善人际关系来激发人的积极性、创造性,进而最终提高工作效率。

（一）霍桑实验和人际关系理论

20 世纪 20 年代,位于美国芝加哥城郊外西方电器公司的霍桑工厂,是一家制造电话机的专用工厂,它设备完善,福利优越,具有良好的娱乐设施、医疗制度和养老金制度。但是工人仍然愤愤不平,生产效率也很不理想。为此,1924 年美国科学院组织了一个包括各方面专家在内的研究小组,对该厂的工作条件和生产效率的关系进行考察和实验,就此拉开了著名的霍桑实验的序幕。霍桑实验长达8 年,1924 年 11 月至 1927 年 4 月,主要是在美国国家科学委员会赞助下进行;1927—1932 年,主要是在美国哈佛大学心理学教授梅奥的主持下进行。整个实验共分四个阶段。

图 1-5 梅奥
(George Elton Mayo, 1880—1949 年)

图 1-6 霍桑实验现场

1. 照明实验

这项实验在霍桑工厂共进行了两年半的时间。实验是在挑选来的两组绕线工人中间进行的。一组是实验组;另一组是参照组,实验目的是研究照明条件的变化对生产效率的影响。具体实验过程见知识库 1-5。

知识库1-5

照明实验简介

在实验过程中,实验组不断地增加照明的强度,而参照组的照明强度始终保持不变。研究者想通过实验知道照明强度的变化对生产效率的影响,实验结果却是两组的产量都在不断提高。后来,他们又采取相反的措施,逐渐地降低实验组的照明强度,一直降到0.06烛光,几乎和月亮光差不多的程度,这时候产量才开始下降。

此外,研究人员还从工作报酬(集体工资和个人计件工资)、休息时间、工作日和工作周的长短等方面进行实验。结果表明,这些条件的变化与生产效率之间并不存在明确的因果关系。研究人员感到毫无意义,并纷纷退出实验小组。霍桑实验陷入了困境。1927年,梅奥率领的哈佛实验小组连同电器公司的人员成立了一个新的研究小组,开始了霍桑实验里程中更为艰辛的跋涉。霍桑实验的第二阶段从此开始。

2. 福利实验

这项实验又称实验室实验,实验目的总的来说是查明福利待遇的变换与生产效率的关系(见知识库1-6)。

知识库1-6

福利实验简介

梅奥等人挑选了6名女工,让她们在同其他工人隔离的控制条件下工作。实验过程中逐步增加一些福利措施,如缩短工作日、安排工间休息、调节工作场所的温度、免费供应茶点等,结果产量提高了。两个月后,他们取消了这些福利措施,发现产量不仅没有下降,反而继续上升。

由于增加福利措施对生产效率并无直接影响,所以,研究人员进行了更深入的分析,发现导致生产效率上升的主要原因为:一是参加实验的光荣感。

实验开始时,6 名参加实验的女工曾被召进部长办公室谈话,她们认为这是莫大的荣誉。这说明被重视的自豪感对人的积极性有明显的促进作用。二是成员间良好的相互关系。管理人员对女工态度和蔼,女工之间的关系也比较融洽,她们能在友好、轻松的气氛中工作,从而激发了劳动热情。研究人员由此得出结论,在调动员工积极性和提高产量方面,人际关系是比福利措施更重要的因素。

3. 访谈实验

这项实验又称谈话实验,目的是了解工人对诸如工作状况、工资待遇、工作监督、公司方针等方面的真实态度(见知识库 1－7)。

知识库 1－7

访谈实验简介

　　1928—1930 年,梅奥等人组织了大规模的员工态度面谈调查,谈话人数达 21 126 人次。在访谈的过程中,访问者起初提出的问题,大都是事先设计好的(先准备好问题提纲,然后以受访者回答形式面谈),如工厂的督导工作及工作环境等方面的问题。虽然访问者事先声明,将严格保守秘密,请工人们放心,可是受访者在回答问题时,仍然遮遮掩掩,存有戒心,怕厂方知道,自己会遭到报复,谈话总是无关痛痒。后来,实验人员放弃设计好的问题,采用事先不规定内容而让受访者自行选择适当话题的访谈形式,每次访谈的平均时间从 30 分钟延长到 1～1.5 个小时,多听少说,详细记录工人的不满和意见。

　　这次访谈实验后,工厂的产量出现了大幅度的提高。研究者经分析认为,这是由于工人长期以来对工厂的各项管理方法有许多不满,但无处发泄,通过自由面谈,倾听工人意见,工人由此而感到心情舒畅,因而使产量迅速上升。

4. 群体实验

群体实验又被称为观察实验,其目的是通过观察以证实在工人当中存在着一种非正式组织,这种非正式组织对工人的态度和行为有着极其重要的影响(见知识库1-8)。

知识库1-8

群体实验简介

实验者为了系统地观察在实验群体中工人之间的相互影响,在车间中挑选14名男性职工,其中,9名为绕线工,3名为焊接工,2名为检验工,让他们在一个单独的房间内工作。

实验开始时,研究人员向工人们说明,他们可以尽力地工作,因为在这里实行的是计件工资制。研究人员原以为,实行了这一套办法会使得职工更为努力地工作,结果却是出乎意料的。事实上,工人实际完成的产量只是保持在中等水平上,而且每个工人的日产量都是差不多的。根据动作和时间分析,每个工人应该完成标准的定额为7 312个焊接点,但是工人每天只完成6 000~6 600个焊接点就不干了,即使离下班还有较为宽裕的时间,他们也自行停工不干了。这是什么原因呢? 研究者通过观察,了解到工人们自动限制产量的理由是:如果他们过分努力地工作,就可能造成其他同伴的失业,或者公司会制定出更高的生产定额。

研究者为了了解工人之间能力的差别,还对实验组的每个人进行了灵敏度和智力测验,发现3名生产最慢的绕线工在灵敏度的测验中得分是最高的。其中1名最慢的工人在智力测验上排行第一,灵敏度测验排行第三。测验结果和实际产量之间的这种关系使研究者联想到群体对这些工人的重要性。1名工人可以因为提高他的产量而得到小组工资总额中较大的份额,而且减少失业的可能性,然而这些物质上的报酬却会带来群体非难的惩罚,因此,他们认为每天只要完成群体认可的工作量就可以相安无事了。

实验表明,在正式组织中存在着自发形成的非正式群体,这种群体对内在于控制其成员的行为,对外则为了保护其成员,使之不受来自管理阶层的干预。至于它形成的原因,并不完全取决于物质利益,主要是与更大的社会组织相联系。

霍桑实验的重大贡献在于,它不同意泰勒把人只看成"会说话的机器"或人的活动只是受金钱的驱使,而是认为人是"社会人"。霍桑实验的另一个重大贡献在于它发现并证实了非正式组织的存在,这种非正式组织有其特殊的感情倾向和行为规范,控制着每个成员的行为,甚至影响整个正式组织的活动。霍桑实验所取得的一系列成果,经梅奥归纳、总结、整理,于1933年正式发表,即《工业文明的人类问题》,并由此提出了著名的人际关系理论。

(二)群体动力理论

群体动力理论的创始人是德国心理学家勒温(K. Lewin)。勒温认为,人的心理和行为决定于人的内在需要和周围环境的相互作用。当人的需要没有得到满足时,会产生内部力场的张力,而客观环境中的一些刺激起着导火索的作用。人的行为动向取决于内部力场与情境力场的相互作用。根据"心理场"理论,他提出了著名的行为公式:

$$B = f(PE)$$

图 1-7 勒温
(Kurt Lewin,
1890—1947年)

式中,B 代表行为(Behavior);P 代表个人(Person);E 代表环境(Environment);f 代表函数(function)。此公式的含义是,个人的一切行为(包括心理活动)是随其本身与所处环境条件的变化而改变的。也就是说,一旦两个或两个以上的人在一起,就会产生一种复杂的人与人之间的关系,这种关系确定了人们的行为。这些力量的相互作用和它们对群体的影响,就构成了群体的动力(群体活动的动向)。

如果一个组织要最大限度地利用人力资源和满足人们的最高水平的需要,就必须注意使组织群体中的个人关系相处得很好,这一点对领导者尤为重要。群体动力理论对于管理心理学中有关群体心理的研究产生了巨大的影响。1947年勒温去世后,他开辟的这一领域在他的学生们手中得以发展,勒温的学生们详尽研究了影响群体行为的诸因素,如群体规范、群体沟通、领导等,创立了旨在提高群体中人际关系技能和学习怎样与人进行合作的"敏感性训练"方法[1]。

---

[1]　赵慧军:《现代管理心理学》(修订第四版),首都经济贸易大学出版社,2012年。

(三) 马斯洛的需要层次理论

图1-8 马斯洛
(Abraham Harold Maslow,
1908—1970年)

马斯洛(A. H. Maslow)于1943年出版《人的动机理论》一书,提出著名的需要层次理论。他认为人有五个层次的需要,由低到高依次为:生理的需要、安全的需要、归属和爱的需要、尊重的需要、自我实现的需要。马斯洛认为,人的行为发展取决于人的动机的发展,高层次动机和行为的出现有赖于低层次需要的基本满足。如果希望一个人充分发挥出他的创造才能,就要提供条件使其一系列先行需要得到满足。在当代,没有受过马斯洛思想影响的管理者很少,他的理论是管理心理学和行为科学的基础理论之一。关于该理论的详细介绍与分析参见本书第5章。

经典名言

一个音乐家必须作曲,一个画家必须画画,一个诗人必须写诗,这样他才能最终做到心平气和。一个人能够成为什么样的人,他就必须成为什么样的人。

——马斯洛

三、现代管理心理学阶段

现代管理心理学阶段大致从20世纪50年代至今,这一时期人们普遍认识到在管理工作中物质资本的作用不再突出,而人的作用日益显著,人已逐渐成为一种特殊的资源。最大限度地开发人力资源,成为管理心理学研究的主要内容。这一时期管理心理学的理论研究可以分为两大类:一类研究领导行为、管理决策、组织变革与发展、团队建设、沟通、激励和跨文化管理理论问题;另一类从个体差异的角度研究职务分析、人员选拔、培训、绩效评价和薪酬分配等理论和方法①。也就是说,现代管理心理学研究者更强调从心理学和社

---

① 凌文辁、郑小明、张治灿、方俐洛:"组织心理学的新进展",《应用心理学》,1997年第3期。

会学的角度来研究管理,强调社会环境、个性发展以及人际关系对提高工作效率的重要性。这一时期研究者们通过大量的实践研究,总结出丰硕的理论成果。这些成果被越来越广泛地应用到组织管理中,并在实践中得到进一步的完善与发展。本书第 2 章至第 9 章主要介绍现代管理心理学研究的热点与重心,具体内容包括知觉差异与管理、个性与心理测验、员工态度、工作动机、工作压力、群体心理与团队建设、领导心理与行为、组织心理分析。

第三节 管理心理学的研究方法

不同领域的心理学的研究重点有所区别,但各心理学领域的研究者在研究方法上是基本一致的。管理心理学常用的研究方法主要有下列几种。

一、观察法

观察法是指在日常的不作人工干预的自然和社会情况下,研究者有目的地、有计划地直接观察组织中人的行为的研究方法。

观察法的主要优点是真实、客观。因为被试是在正常工作未受干扰的情况下自然表露出的心理状态,没有掩饰,不附加人为的影响,所以获得的材料比较真实可靠;同时,它又很简便,一般不需要什么仪器设备(见技能训练 1-1)。

技能训练 1-1

企 业 诊 断
——一个车间员工工作情况的观察项目举例

◆ 一个车间内上班后有多少人迟到。

◆ 上班后经过多长时间工人才开动机器。

◆ 有多少工人在工作期间离开岗位。

◆ 有多少工人提前下班去食堂等。

资料来源:戴良铁、白利刚,《管理心理学》,暨南大学出版社,1998 年。

观察法的不足是被动性,即观察者处于被动地位等待所需要的心理现象出现,因此,花费的时间长;另外,所得的材料往往带有偶然性,对观察到的现象以及取得的材料也不易作数量分析。

运用观察法应注意的几点:所有的观察始终要有明确的目的和周密的计划;研究者不能干预被试活动的正常进行,应让被试完全处于不知情的自然状态;研究者要善于捕捉和记录观察到的有关现象,积累充分的、准确的材料;要善于分析所记录的材料,避免武断,力求作出切合实际的推断或结论。

二、实验法

实验法是研究者有目的地通过严格控制或创设条件,主动引起被试的行为变化,从而进行研究的方法。

实验法是近代科学普遍采用的研究方法,也是心理学研究的主要方法之一,可分为实验室实验法和自然实验法两种。

实验室实验法是借助各种仪器并严格控制各种条件,在实验室进行心理研究的方法。实验室实验是在人为制造的环境中进行的,能主动获取所需要的心理事实,并能探究发生的原因,所获得的信息较为精确。但该方法带有很大的人为性质,被试清楚地知道自己是在接受实验,因此可能会降低实验的效果,使实验缺乏客观性,导致实验结论的推广比较困难。

自然实验法是在日常工作条件下,研究者通过创设或改变一些条件,来引起被试某些心理活动以便进行研究的方法。霍桑实验采取的就是自然实验法。

同观察法相比,实验法的特点是主动创造、严格控制条件,从而能精确查明环境作用同心理现象之间的因果关系。更为重要的是,实验法在同样条件下是可以重复的,他人是可以验证的。

三、调查法

调查法是通过搜集各种有关材料间接了解组织中人的心理活动的方法。调查法又可以分为谈话法和问卷法。

谈话法是研究者通过与研究对象的交谈来收集有关行为数据资料的方法。采用这种方法要注意以下几点:研究者要事先拟好提纲,交谈时要注意把握内容与方向;谈话应在轻松的情况下进行;对被试的回答(包括反应的快慢、伴随的表情与动作、具体的内容等)要详细记录。谈话法的优点是简便易行,但得出的结论有时带有主观片面的成分。

问卷法是以书面语言的形式让被试回答问题,从而研究其心理的方法。问卷法是一种书面的"谈话法"。问卷法适用的研究问题很广泛,可以系统地了解员工的满意感、基本需要、学习和工作动机、工作紧张、工作负荷、工作疲劳、群体气氛、领导作风、工作价值观和态度等。使用这种方法要注意:所拟的问题不应脱离研究主题,并且问题表达要明确、清晰、易懂,不能模棱两可;提出的问题不能有暗示性;为了争取被试的合作,使其实事求是地回答问题,要附有详细的填表说明;对于获得的材料要用统计学方法进行定量与定性分析。问卷法既可以当场进行,也可以通过邮寄方式进行。问卷法的优点在于能比较迅速地获得大量资料,便于定量分析;其不足是对被试的态度不便进行控制,获得的材料不能保证详尽。

四、测验法

测验法是通过运用标准化的心理量表对被试的某些心理品质进行测定的一种研究方法。测验法经常被用来研究个体之间心理品质的差异,根据测验结果可以对个体有关的行为作出预测。

测验的种类主要包括能力测验和人格测验。测验一般是由一些要求作出回答反应的问题构成(见知识库1-9)。这些问题应该是在大量的预备实验的基础上,经过标准化的程序,按客观方法和一定步骤编制而成的。心理测验的最大优点是能数量化地反映人的心理发展水平和特点;但测验的有效性在很大程度上取决于测验量表的可靠性,而目前很多测验量表尚在完善中。

知识库1-9

气质量表示例

陈会昌　等编制

请认真阅读下列各题,对于每一题,你认为非常符合自己情况的,在题后面写上"+2",比较符合的写上"+1",拿不准的写上"0",比较不符合的写上"-1",完全不符合的写上"-2"。

1. 做事力求稳妥,不做无把握的事。

2. 遇到可气的事就怒不可遏,想把心里话全说出来才痛快。

3. 宁肯一个人干事,也不愿很多人在一起。

4. 到一个新环境很快就能适应。

5. 厌恶那些强烈的刺激,如尖叫、噪声、危险的镜头等。

6. 和人争吵时,总是先发制人,喜欢挑衅。

7. 喜欢安静的环境。

8. 喜欢和人交往。

9. 羡慕那种能克制自己感情的人。

10. 生活有规律,很少违反作息制度。

五、个案法

个案法也叫案例法,是对某一个体、某一团体或某一组织在较长时间里连续地进行观察、调查、了解,以便研究其行为变化的方法。

个案法的优点是能提供对某一个体(见图1-9)、某一团体或某一组织的详尽分析,同时能提供变化的动态方面的见解,对于组织内部问题的诊断和纠

图1-9 英国系列纪录片《人生七年》中的尼克(Nick)

这部名为《人生七年》的系列纪录片,耗费半个多世纪取材、拍摄、制作,目前为止共有9部,记录了14个孩子从7岁、14岁、28岁……一直至63岁的人生轨迹。这些孩子来自不同的阶层,他们有的家境优渥,有的出身贫寒,我们在荧幕上能够窥见他们大半生的缩影。上图呈现的是曾经害羞又不自信的尼克从乡村小子到大学教授退休的成长历程。

正极有帮助。个案法的主要弱点是：这些研究一般是描述性的，不容易在较短时间内作出有关因果关系的推论；个案研究还难以重复，容易受研究者现有的理论假设和其他主观因素的影响，从而出现偏差；此外，个案研究一般取样比较小，限制了研究结果的可应用性和普遍意义。

总之，人的心理现象是复杂多变的，在研究过程中，为获得大量准确的材料，可以选择几种方法综合运用，或以一种方法为主，以其他方法为辅，具体要根据所研究的课题性质和研究时所处的情境特点来确定。

本章要点总结和复习

◆ 管理心理学是研究管理过程中人的心理活动和行为规律的一门科学。

◆ 管理心理学的研究内容主要分为三个层面，即管理过程中的个体心理、群体心理和组织心理。

◆ 管理心理学在 20 世纪 50 年代正式诞生于美国。管理心理学的产生和发展经历了古典管理心理学、行为管理心理学和现代管理心理学三个阶段。

◆ 管理心理学常用的研究方法主要包括观察法、实验法、调查法、测验法和个案法。

学习游乐场 1

我 的 期 望[①]

在任何时候，教师只有知道学生的真正需求，才能做到有的放矢地组织教学活动，激发学生的学习积极性，本游戏旨在通过教师与学生之间的沟通来达到这一目的。

参与人数：所有学习管理心理学课程的同学

时间：10 分钟

① 陈国海：《组织行为学》(第 4 版)，清华大学出版社，2013 年。

场地:教室里或网上论坛

道具:纸笔或电脑,"我的期望"卡

应用:教学开始前的沟通与交流

游戏规则和程序:

◆ 给每一位学生发一张"我的期望"卡,然后给大家5分钟左右的时间填写该卡,主要写下他们想要从这门课程里面学到什么;

◆ 让同学们分享一下彼此的想法,选出最有代表性的观点;

◆ 教师将同学们的代表性观点收集起来,融入第一章及后续内容的教学设计之中。

"我的期望"卡

姓名:　　　　　学号:　　　　　专业:

我的期望

1.

2.

3.

4.

5.

6.

7.

8.

9.

10.

课后练习

一、单项选择题

1. （　　）首次以"管理心理学"命名出版了自己的专著。

    A. 莱维特　　　　B. 马斯洛　　　　C. 闵斯特伯格　　D. 泰勒

2. 梅奥在霍桑实验基础上所提出的理论被称为（　　）理论。

    A. 群体动力　　　B. 人际关系　　　C. 需要层次　　　D. 科学管理

3. （　　）是研究者有目的地通过严格控制或创设条件，主动引起被试的行为变化，从而进行研究的方法。

    A. 测验法　　　　B. 观察法　　　　C. 个案法　　　　D. 实验法

4. 群体动力理论的创始人是德国心理学家（　　）。

    A. 冯特　　　　　B. 马斯洛　　　　C. 闵斯特伯格　　D. 勒温

5. 能够提供对某一个体、某一团体或某一组织的详尽分析，能提供变化的动态方面的见解，对于组织内部问题的诊断和纠正极有帮助的方法是（　　）。

    A. 测验法　　　　B. 观察法　　　　C. 个案法　　　　D. 实验法

二、多项选择题

1. 管理心理学的研究内容包括（　　）。

    A. 个体心理　　　B. 群体心理　　　C. 公众心理　　　D. 组织心理

    E. 顾客心理

2. 管理心理学常用的研究方法主要包括（　　）。

    A. 观察法　　　　B. 实验法　　　　C. 调查法　　　　D. 测验法

    E. 个案法

3. 霍桑实验主要包括（　　）几个阶段。

    A. 照明实验　　　B. 福利实验　　　C. 访谈实验　　　D. 群体实验

    E. 奖励实验

4. 谈话法是管理心理学的研究方法之一，要使谈话有效，必须注意以下几点（　　）。

    A. 事先拟好提纲

    B. 注意把握内容与方向

    C. 必须善于使用摄像仪器

    D. 对谈话内容的记录应该系统、完整、详尽

    E. 要投入感情

5. 管理心理学的产生和发展经历了（   ）三个阶段。

    A. 古典管理心理学   B. 行为管理心理学

    C. 工业心理学   D. 群体动力学

    E. 现代管理心理学

三、判断题

1. 闵斯特伯格被称作"工业心理学之父"。（   ）

2. 管理心理学在20世纪20年代正式诞生于美国。（   ）

3. 勒温运用"时间—动作分析"的方法进行了"搬铁块"实验。（   ）

4. 管理心理学是研究管理过程中人的心理活动和行为规律的一门科学。（   ）

5. 霍桑实验属于自然实验法。（   ）

☞ **推荐阅读**

▶▶ 弗雷德里克·温斯洛·泰勒：《管理科学第一书：科学管理原理（汉英对照）》，中国经济出版社，2013年。

▶▶ 雨果·闵斯特伯格：《心理学与经济生活》，北京理工大学出版社，2014年。

▶▶ 乔治·埃尔顿·梅奥：《工业文明的社会问题》，机械工业出版社，2016年。

▶▶ 库尔特·勒温：《拓扑心理学原理》，北京大学出版社，2011年。

第 2 章

知觉差异与管理

学习目标

学完本章并做完练习,你应该可以做到:

- 解释知觉、社会知觉、自我知觉、归因的含义
- 列出知觉的基本特征
- 举例说明影响知觉的因素
- 列举错觉的具体应用
- 列举几种常见的社会知觉偏见
- 掌握并能正确地运用印象管理策略
- 了解自我知觉形成的途径
- 了解常见的几种归因理论
- 列举几种常见的归因偏差

章前引例：邮件风波

一天晚上，某跨国公司大中华区的总裁回办公室取东西，到门口才发现自己没带钥匙。此时，他的私人秘书已经下班，而且无法联系上，该总裁难抑怒火，通过内部电子邮件系统给秘书发了一封措辞严厉且语气生硬的英文"谴责信"，并同时转发给公司几位高管。

图片来源：高赞民，《女秘书对决大老板》，http://www.people.com.cn

结果，秘书并没有按照常规用英文写一封委婉的道歉信，而是用中文回复了一封咄咄逼人的邮件，指责老板不应将自己的过错转嫁给他人。而且，她一怒之下把邮件转发给公司在中国的所有员工。为此她赢得了"史上最牛女秘书"的称号。邮件被转发出后不久，总裁就更换了秘书，同时"最牛女秘书"离开了公司。很快，总裁也为此事离职。

一封邮件何以引起如此轩然大波？主要是由于总裁与秘书在对待"总裁没带钥匙"该由谁负责这件事上的分歧所造成的。在现实社会中，由于人们看待问题的角度和出发点不同，导致不同的人对同一事件往往会产生不同的想法与意见。由于任何人都不可能让所有人对一个事物作出一致的判断，因此，在管理中要预见和理解人的行为，认识到员工与管理者的知觉差异与归因是十分重要的。

本章首先介绍知觉的一般概念和特征，然后对直接影响管理效能的社会知觉、自我知觉、归因进行分析与探讨，希望能对人们了解自己、理解他人有所帮助，更希望能对管理者的管理实践有所启迪，达到提高管理绩效的目的。

问题聚焦

1. 你看到的是天使还是恶魔?

这个图片属于知觉双关图。在知觉该图形时,既可以知觉为白色的天使,也可以知觉为黑色的恶魔,说明同一种刺激由于人的关注点不同会产生不同的认识,这是知觉选择性特征的典型体现,你可以进入第一节详细了解知觉的基本特征。

2. 你会以貌取人吗?

大家都知道"人不可貌相,海水不可斗量"的道理,但不管是求职还是相亲,人们常常有偏重外表而忽视内涵的倾向,这是为什么呢? 请进入第二节寻找答案。

3. 你了解自己吗?

在历史的长河中,人类从没有停止过对自我的追问。苏格拉底曾以哲学家的智慧诠释过"我是谁",老子也有"知人者智,自知者明"的观点,现在我们也常说"人贵有自知之明"。可见,认识自我不仅是一个哲学命题,更是一个人生课题。在现实生活中,有些人对自己有清晰的认识,有些人真的不了解自己。你了解自己吗? 你对自己的认识全面吗? 一个人怎样才能尽量客观地认识自己呢? 第三节的学习有助于我们形成正确的自我认识。

4. 项羽兵败时为什么说"天亡我,非战之罪也"?

秦朝灭亡后,原来的农民反秦领袖刘邦和项羽为争夺统治权进行了长达4年的战争,史称"楚汉之争"。结果,项羽连战失利,在乌江自刎。面对兵败,项羽认为"天亡我,非战之罪也",即不是我不会打仗,而是天要亡我! 本来项羽兵败的主要原因在于他的过分自信和不听他人的意见,为什么他认为是天命的安排呢? 第四节的归因偏差可以解答这一问题。

本章学习内容导图

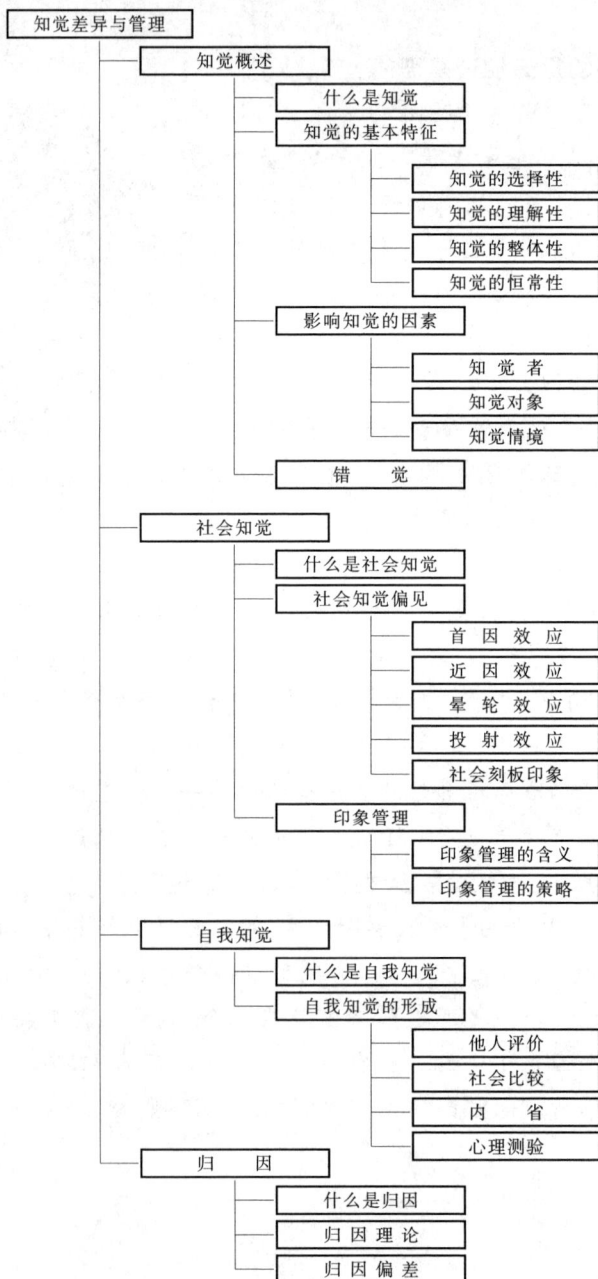

```
知觉差异与管理
    ├── 知觉概述
    │       ├── 什么是知觉
    │       ├── 知觉的基本特征
    │       │       ├── 知觉的选择性
    │       │       ├── 知觉的理解性
    │       │       ├── 知觉的整体性
    │       │       └── 知觉的恒常性
    │       ├── 影响知觉的因素
    │       │       ├── 知觉者
    │       │       ├── 知觉对象
    │       │       └── 知觉情境
    │       └── 错觉
    ├── 社会知觉
    │       ├── 什么是社会知觉
    │       ├── 社会知觉偏见
    │       │       ├── 首因效应
    │       │       ├── 近因效应
    │       │       ├── 晕轮效应
    │       │       ├── 投射效应
    │       │       └── 社会刻板印象
    │       └── 印象管理
    │               ├── 印象管理的含义
    │               └── 印象管理的策略
    ├── 自我知觉
    │       ├── 什么是自我知觉
    │       └── 自我知觉的形成
    │               ├── 他人评价
    │               ├── 社会比较
    │               ├── 内省
    │               └── 心理测验
    └── 归因
            ├── 什么是归因
            ├── 归因理论
            └── 归因偏差
```

第一节　知　觉　概　述

在这一节中,我们将研究什么是知觉、知觉的基本特征、影响知觉的因素以及错觉。

一、什么是知觉

知觉是人脑对直接作用于感觉器官的客观事物的整体反映;它是在感觉的基础上产生的,是对感觉信息的组织和解释的过程[①]。

人生活在一个丰富多彩的世界,几乎每时每刻都有许多刺激作用于人的感觉器官,人通过感觉也在不断地了解客观事物的各个属性。但事物的个别属性总是作为事物的一个方面和事物一起被反映,人们不可能脱离事物本身去单独地认识事物的个别属性。人们总是把由各个感觉通道产生的感觉信息整合起来,并作出解释。例如,当人们认识一个苹果时,既观察到它的形状、颜色,也感受到它的味道、口感等特性,把这些方面的感觉信息整合起来,就构成了人们对苹果的基本认识。这个信息整合过程就是知觉。

人的知觉除受客观环境的制约外,还受到个体知觉经验的影响。由于每个人所处的主客观条件不同,所以即使对同一事物,人与人的知觉也会存在差异,而这种知觉上的差异又会导致人们行为上的差异。例如,一位办公室主任对他的下属宣布:"我向大家介绍一下张倩,她会在我们这里兼职一个月。"对于这一事件,办公室员工的解释可能有如下几种[②]:

"公司为何要雇佣临时工作人员呢?是否意味着公司要减少正式编制的员工来降低运营成本而应对工作高峰呢?"

"这个迹象说明公司业绩将要攀升。一般情况下人力资源部从来不会给办公室配备额外的工作人员,除非公司业务会有大的发展。所以,今年一定是个好年头。"

[①]　李毓秋、梁栓荣、姚有记:《心理学原理与应用》,北京经济科学出版社,1999年。
[②]　[美]安德鲁·杜布林:《心理学与工作》(第6版),王佳艺译,中国人民大学出版社,2007年。

"公司引进临时工作人员说明对我们的工作业绩颇为不满,如果不努力赶上的话,说不定很快就会被炒鱿鱼。这种事情我见多了。"

因此,在任何组织和机构中,管理者都必须花时间了解员工是如何解释、如何评价自己认识到的现实,当员工的解释和评价与现实相去甚远时,管理者还要努力消除这种失真。如管理者可以向下属提供更多的信息来说明为何雇佣临时工作人员,告诉大家这仅仅是为了应付短期工作量的增加等。管理者必须明确认识到:说明信息的真实含义有助于减少员工不必要的错误解读,但并不能完全消除个体对同一事件的知觉差异。

二、知觉的基本特征

(一) 知觉的选择性

知觉的选择性是指个体优先把知觉对象从背景中区分出来的特性。由于大脑处理信息的能力有限,人们不可能感知到周围环境中的所有刺激,更不可能对所有的刺激都作出反应,而总是有选择地以少数刺激作为知觉的对象,对它们知觉得格外清晰,好像将其从其他事物中凸显出来,出现在"前面",其他事物则退到"后面"去,成为知觉的背景,人们对知觉背景的知觉相对模糊,这种现象就是知觉的选择性。鸡尾酒会效应(见知识库2-1)是知觉选择性的一个典型事例。

知识库2-1

鸡尾酒会效应

在嘈杂的鸡尾酒会上,有音乐声、谈话声、脚步声、酒杯餐具的碰撞声等。当某人的注意力集中于别人的谈话时,他对周围的嘈杂声音会充耳不闻,但若另一处有人提到他的名字,他会立即有所反应,或者朝说话人望去,或者注意说话人下面说的话等。

（A）花瓶与人脸

既可以知觉为白色背景上的两个黑色侧面人像，也可以知觉为黑色背景上的白色花瓶。

（B）9个人

你能找到图中的9个人吗？（见彩插2）

（C）黎明与黄昏

这是荷兰著名版画家莫里茨·柯内里斯·埃舍尔（Maurits Cornelis Escher，1898—1972）创作的一幅木刻画。假如从画面的左侧看起，你会觉得那是一群黑鸟离巢的黎明景象；假如从画面的右侧看起，你会觉得那是一群白鸟归林的黄昏；假如从画面的中间看起，你会获得既是黑鸟又是白鸟或忽而黑鸟忽而白鸟的知觉信息。

图2-1 对象和背景的关系

知觉的选择性特点使人能够把注意力集中到少数重要的刺激或刺激的重要方面,排除次要刺激的干扰,从而更有效地认识和适应外界环境。但是,在知觉过程中,对象和背景的关系不是一成不变的,两者可以互相转换。比如,在餐厅,当经理与销售部门的员工们交谈时,销售人员的讲话便成为经理知觉的对象,周围的其他声音则成为背景。如果这时候经理听到生产部门的工作人员正在讨论他很感兴趣的一个话题,他会把注意力转移到后者谈话的内容上。这时生产部门工作人员的谈话就成了经理知觉的对象,销售人员的讲话则成为背景。

知觉对象和背景的关系可以用一些双关图说明(见图2-1)。在知觉这种图形时,对象和背景可以迅速转换。

(二) 知觉的理解性

知觉的理解性是指个体能利用已有的知识经验去解释知觉对象。许多实验证明,知觉主体不是像照相机那样详细而精确地反映出刺激物的全部细节,而是以过去的经验为依据,力求对知觉对象作出某种解释,使它具有一定的意义(见知识库2-2)。因此,造成了不同职业和不同经验的人在知觉上的差异。例如,对一张 X 光片,不懂医学知识的人是无法从中得到具体信息的,而放射科的医生就能从中看出身体某部分的病变情况。

知识库2-2

理解在知觉中的作用

实验证明,用速视器在很短时间内呈现外文字母,一般人只能看见大约 6 个字母,而一个精通外文的人却能够一次读出由 10～12 个字母组成的词。这说明他在阅读材料时并没有全部感知每一个字母,其中一部分内容是依靠过去的经验来补充的。另一方面,由于经验的作用也容易产生一些知觉中的错误。用速视器呈现一句成语,个别单字的错误或顺序颠倒往往不易被发觉。这主要是由于经验弥补了字句上的错误。

资料来源: 曹日昌,《普通心理学》(上册),人民教育出版社,1980 年。

知觉的理解性同言语指导有密切的关系,它能使知觉过程更迅速,映像更完整。比如在感知轮廓不清的图形时,描述的作用显示最为充分。到旅游景点,导游介绍山石的形状像什么,我们就会觉得它像什么。图2-2本来是无意义的色块,仅凭过去的经验无法知觉,但只要提示说这是一个人在骑马,就能很快被理解。

图2-2 不完整图形

资料来源:Dember(1979).

(三)知觉的整体性

知觉的整体性是指个体在知觉时能把由许多部分或属性组成的对象作为一个整体来反映。知觉对象是由许多部分组成的,各部分具有不同的特征,但是人并不把对象感知为许多个别的孤立部分,而总是把它知觉为一个统一的整体。一些研究说明(见图2-3和图2-4),在知觉活动中,人们对整体的知觉优先于对个别成分的知觉。例如,一辆急驶的汽车,人们最先看到的是汽车的整体,然后才是它的各种细节。

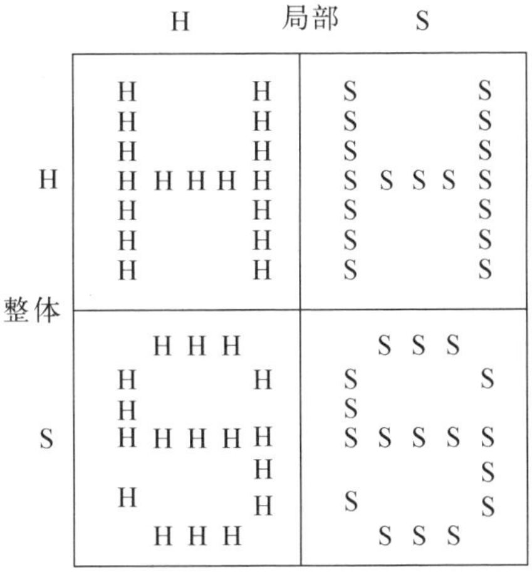

知觉的整体性提高了人们知觉的效率。例如,远处走来的熟人,虽然看不清他的面孔,但可以凭借身体外形、走路姿势和其他线索辨别出来。知觉的整体性和知觉的理解性通常无法严格区分,共同起作用。这种见微知著、一叶知秋的现象在处理组织内常规事务时效果较好,其缺点是容易犯经验主义错误。

图2-3 整体优先的实验证据

资料来源:Pomerantz 1983.

(四)知觉的恒常性

知觉的恒常性是指当知觉的条件发生一定变化时,知觉的映像仍然保持相对不变。知觉的恒常性具体表现为大小恒常性、形状恒常性、颜色恒常性和明度恒常性等。例如,知觉对象在视网膜上的成像会随着距离的缩短而增大,

图2-4　残缺图形被知觉为整体

随着距离的延长而缩小,但是对于我们熟悉的人,无论他离我们是近是远,我们对他个子高矮的知觉总是一样的,这就是**大小恒常性**。同样,无论你在办公室的哪个地方看门的形状,也不管门是开着还是关着的,你总把它看成是长方形的(见图2-5),这是**形状恒常性**。现实生活中,中午阳光下煤块反射的光量大于黄昏时或阴影下粉笔所反射的光量。根据物理学规律的推论,在黄昏中的粉笔要比在阳光下的煤块看起来黑得多。但是事实并非如此,即使在强烈的阳光下和昏暗的阴影下,人还是把煤块知觉为黑色,把粉笔知觉为白色,这是**颜色和明度恒常性**。知觉的恒常性说明知觉是一种特殊的自我调节活动,具有反馈机制,能纠正由于周围客观世界存在条件的无限多样性而造成的不可避免的错误,保证了知觉的精确性。

图2-5　形状恒常性

影响知觉恒常性的因素主要是理解的作用,即经验的作用。当知觉对象超出个体通常经验的范围后,知觉的恒常性就会被破坏(见案例2-1)。因此,个体的经验越丰富,越有助于保持其感知对象的恒常性,从而可以有效地适应环境。

案例2-1

原始部落人的知觉

在非洲的刚果某地,有一族土著人住在原始丛林中,他们从来看不到超出四分之一英里远的东西。当他们被带出森林后,竟把远处的牛说成是虫子,更不相信远处那么"小"的船能装上那么多真正的人。

资料来源:孙喜林等,《管理心理学》,东北财经大学出版社,2006年。

三、影响知觉的因素

为什么不同的人面对同一个东西或同一个人,会有不同的理解和不同的反应呢?概括而言,影响个体知觉的因素可归为三类:知觉者、知觉对象以及知觉发生的情境(见图2-6)。

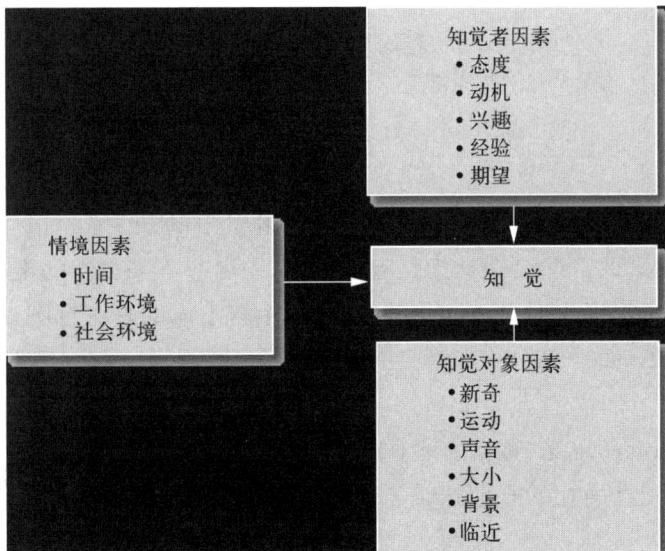

图2-6 影响个体知觉的因素

（一）知觉者

当个体看到一个目标物并试图对他所看到的东西进行解释时,这种解释受到知觉者个人特点的明显影响。你是否在新买了一辆车后,忽然注意到马路上跑着的很多车都与你的相同? 显然不可能是这种车的数目忽然间增加了,而是由于你的购买行为影响到自己的知觉,更注意它们罢了。这个例子说明与知觉者有关的因素是怎样影响到知觉的。在影响知觉方面最相关的个人因素是态度、动机、兴趣、经验和期望(见知识库2-3)。

知识库2-3

关 注 点

迪尔波恩和西蒙(Dearborn & H. A. Simon)曾做过一项实验研究,他们让23名经理人员阅读一篇有关某钢铁公司的资料。阅读后要求他们写出各自认为该公司最需要解决的问题。这23名经理中,有6人负责销售,5人负责生产,4人负责财务,8人负责其他部门。结果每个人所写的大多是跟他们主管业务有关的问题。比如,83%的销售经理认为问题在销售方面,而其他各部门的经理中只有29%的人强调销售问题的重要性。

资料来源: 赵慧军,《现代管理心理学》(修订第四版),首都经济贸易大学出版社,2012年。

知觉者的上述特征同样影响着个体在组织中的知觉。一个渴望提升的人,对上司的批评可能会知觉为是有意挑剔;一名有不安全感的上司则可能把下属的出色工作视为对自己职位的威胁,而不管下属的真正意图如何;一个墨守成规的员工,面对组织的变革会感到如临大敌;同样,面对公司花费巨资改善员工的办公条件,有人非常高兴,有人则不以为然。类似的事例举不胜举。也就是说,知觉者总是"戴着有色眼镜"去看世界的,至于他能看到什么,很大程度上取决于其内在的心理状态。

经典名言

　　我们并不是看到现实,而是对自己所看到的东西作出解释,并称它为现实。

——斯蒂芬·罗宾斯

(二)知觉对象

知觉对象的特点也会影响知觉的过程和结果。可以说,客观世界的一切能被人感知到的刺激都是知觉的对象。但你是否发现,在一群人中,声音洪亮的人比安静的人更容易被注意到,个子特别高或特别矮的人更容易被发现?通常情况下,知觉对象的新奇、运动、声音、大小、背景、临近以及知觉对象的其他因素都能影响到我们的知觉。

在知觉活动中,某些客观事物易于在大脑相应的感觉中枢引起较强的兴奋过程。比如,在公共场合穿着奇异的人会比普通着装的人更显眼;广告牌上闪烁的霓虹灯以及不断变化的画面会吸引行人的目光;外界的一声巨响能引起办公室里所有人的关注;马路上环卫人员明亮颜色的服装会引起司机的注意。总之,在很多场合,人们总是选择那些具有明显突出特征的事物作为知觉对象,而忽略了其他对象。

另外,当知觉对象具有相似、临近等某些相互关联的特征时,人们会把它们放在一起知觉,而不是孤立地知觉。例如,人们会认为同一个群体的人都很相似;一个部门相继有几个人离职时,人们倾向于认为他们的离职是相互关联的,虽然事实上他们之间仅是巧合而已。

(三)知觉情境

人的知觉总离不开一定的情境,也离不开对当时情境的分析(见知识库2-4),同一个刺激在不同情境下往往会产生完全不同的效果。例如,一个身穿游泳衣的人在海滨打水仗或游泳,不会有人注意,但如果他以这身打扮去商场购物就会被认为不成体统,甚至被拒绝进入。同样,人们参加婚礼时要面带笑容,参加葬礼时则要愁容满面,倘若没有作出与特定情境相符的行为,就会被知觉为不合时宜。影响知觉的情境因素包括时间、工作环境和社会环境。

知识库2-4

两 张 照 片

张德曾做过这样一个实验,请大学生观看两张照片,然后可以用任何一个形容词描述照片上的人物。结果学生们把站在大桥下的人描述为善良的、和蔼的、慈祥的、乐观的、亲切的、诚实的、平静的等,而在栅栏后面的同一个人,则被描述为坐牢的、冷漠的、阴险的、无情的、忧郁的、孤独的、可怜的等,没有一个被试认为他是友好的。

资料来源:张德,《社会心理学》,劳动人事出版社,1990年。

四、错觉

错觉是对客观现实的不正确知觉。错觉可以发生在视觉方面,也可以发生在其他知觉方面。当你掂量一斤棉花和一斤铁块时,你会感到铁块重,这是承重错觉;当你坐在行驶的列车上看窗外的树木时,会以为树木在移动,这是运动错觉;当你做有趣的事情时觉得时间过得很快,做单调乏味的事情时则会觉得时间过得很慢,这是时间错觉;法国国旗红、白、蓝三色的比例为35∶33∶37,而人们却感觉三种颜色的面积相等,这是色彩错觉。在众多的错觉中,以视错觉最为普遍,它常发生在几何图形的认知上(见图2-7)。

缪勒-莱尔错觉(Maller-Lyer Illusion):末端加上向外的两条斜线的线段比末端加上向内的两条斜线的线段看起来长一些,其实两条线段等长。

艾宾浩斯错觉(Ebbinghause Illusion):看起来左边中间的圆比右边中间的圆大一些,但实际上这两个圆的大小相同。

庞佐错觉(Ponzo Illusion):中间的四边形是矩形,而不是顶边比底边宽的四角形。

厄任斯坦错觉(Ebrenstein Illusion):中间矩形的四条边看起来是弯曲的。

黑灵错觉(Hering Illusion):中间两条线是平行的,但看起来是弯的。

菲克错觉(Fick Illusion):垂直线段与水平线段等长,但看起来垂直线段比水平线段长。

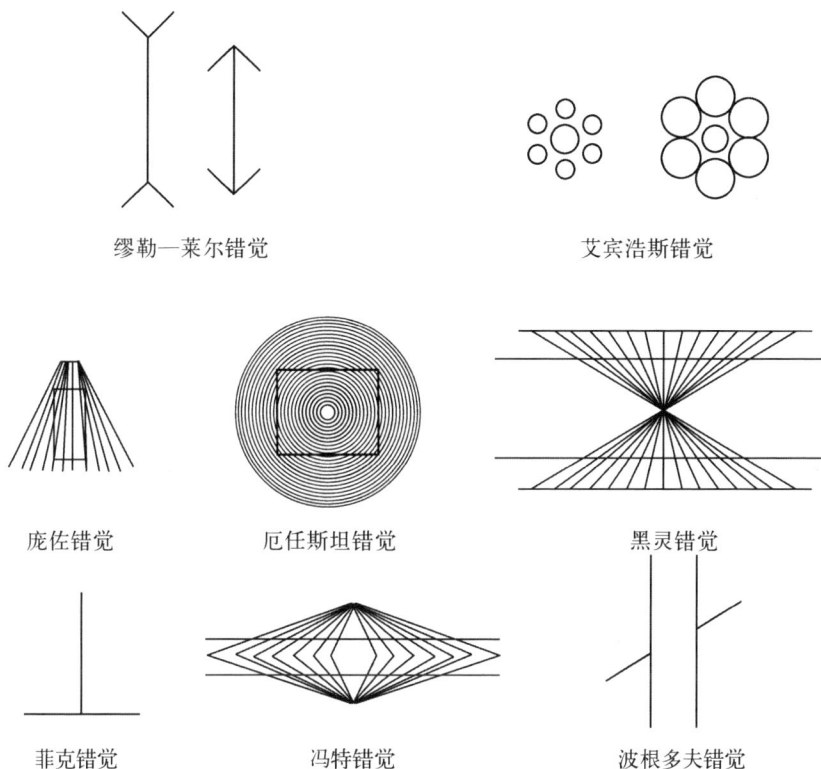

缪勒—莱尔错觉 艾宾浩斯错觉

庞佐错觉 厄任斯坦错觉 黑灵错觉

菲克错觉 冯特错觉 波根多夫错觉

图 2-7 视错觉

冯特错觉(Wundt Illusion):中间两条线是平行的,但看起来是弯的。

波根多夫错觉(Poggendoff Illusion):被两条平行线切断的同一条直线,看上去不在一条直线上。

研究错觉的规律在管理中有非常重要的作用。在室内装潢、产品包装设计、服装设计等领域中,若能合理巧妙地利用错觉,可以引起意外的心理效应。例如,商家在营业厅的墙壁上安装镜面,能让消费者产生"面积错觉",觉得营业厅很宽敞,起到美化购物环境的作用。在水果、糕点柜台上斜置镜子,可以使商品显得丰富。又如,服装设计部门在为胖人设计服装时最好不选白色或色彩鲜艳的面料,对瘦人则不要选黑色等偏深色的面料。因为光亮闪耀的白色服装使人有膨胀的倾向,穿上它看起来会比实际要胖些,昏暗的黑色服装则使人有收缩的倾向,穿上它看起来会比实际要瘦些。另外,利用错觉还可以减少一些交通事故(见案例 2-2)。

案例2-2

"杀人桥"变"安全桥"

日本大阪府有一座长750米且宽阔平直的淀川大桥,过去因事故不断被称为"杀人桥"。自1991年12月26日在此桥面的双向车道漆上箭形图案之后,该桥变成了无人伤亡的"安全桥"。原因在于箭形图案会给驾驶员造成一种错觉:误认为桥面及车行道变窄了,自己与其前后车辆之间的空间距离变小了。在这种错觉效果下,驾驶员不由自主地放慢了车速,从而产生零车祸的奇特效果。

资料来源:程正方,《现代管理心理学》(修订本),北京师范大学出版社,1996年。

第二节 社会知觉

在这一节中,我们将研究社会知觉的内涵、社会知觉偏差和印象管理三部分内容。

一、什么是社会知觉

社会知觉是个体对他人的心理状态、行为动机和意向作出推测与判断的过程[①]。社会知觉的过程是依据知觉者的过去经验及对有关线索的分析而进行的,它是知觉者、被知觉者和知觉情境等因素交互作用的复杂过程,是个体对社会刺激加以综合的过程,是人们社会行为的基础。由于人们对他人的社会行为进行推测与判断时,往往根据自身的经验与体会来认识他人当时潜在的心理状态,因此,这种推测与判断往往会发生偏差,造成错误(见案例2-3)。

---

① 孙时进:《社会心理学》,复旦大学出版社,2003年。

案例2-3

韦尔奇的失误

韦尔奇是一位管理大师。他曾自称,他在通用的最大贡献就在于他为通用招了一批精兵强将。所以,在我们的印象中,韦尔奇是一位"看相"大师,什么样的人只需他瞄一眼就能猜测出十之八九。但事实绝非如此。他经常凭应聘者的外表、学历、掌握的语言种类等外观条件来决定是否聘用。他招营销人员时常凭容貌、口才等指标;他十分偏爱有多个学位的员工,因为他认为有多个学位的人学习能力强,却忽视了这类人往往对一件事不够专心的缺点。他总是凭着自己的偏好来选择他所用的人。为此他犯下的最大错误是让一个曾在通用电气做业务的人来担任集团的副董事长。他选择这个人仅仅因为他曾在一次部长级会议上被这位员工的演讲技巧所折服。但是韦尔奇后来发现此人并不适合这一职位,最后不得不解雇他。

资料来源:晏国祥、黄快生,"韦尔奇的经营败笔",《企业导报》,2002年第6期。

二、社会知觉偏见

如前所述,社会知觉是对他人的知觉。从客观上看,影响社会知觉的因素离不开知觉对象的外表、言语、动机、性格及其所处的环境等;从主观来看,影响社会知觉的因素主要包括知觉者本身的知识经验、个性特征、心理状态等。事实上,人们的社会知觉活动并不是某一因素单独地发生作用,而往往是主客观因素交织在一起综合起作用。由于受到各种主客观条件的限制,在现实生活中人们往往不能全面地认识他人,常常产生各种社会知觉偏见。研究和了解社会知觉过程中产生的各种偏见及其表现,对于做好人的管理工作具有重要的现实意义。下面介绍几种常见的社会知觉偏见。

(一)首因效应

首因效应是指最先的印象对人的知觉具有强烈的影响。又称第一印象效应。它一般发生在陌生人之间。如某人在初次会面时给人留下了良好的印象,这种印象就会影响人们对他以后一系列特性的良好判断。反之,则形成不良判断。

陆钦斯(A. S. Luchins)的实验证明了首因效应的存在。陆钦斯设计两段文字作为实验材料,内容主要是写一个名叫吉姆的学生的生活片断,这两段文字描写的情境是相反的。一段内容是把吉姆描写成一个热情而外向的人;另一段内容则把吉姆描写成一个冷淡而内向的人,两段文字材料如下:

"吉姆走出家门去买文具,他和他的两个朋友一起走在充满阳光的马路上,他们一边走一边晒太阳。吉姆走进一家文具店,店里挤满了人,他一面等待着店员对他的注意,一面和一个熟人聊天。他买好文具在向外走的途中遇到了熟人,就停下来和朋友打招呼,后来告别了朋友就走向学校。在路上他又遇到了一个前天晚上刚认识的女孩子,他们说了几句话后就分手了。"

"放学后,吉姆独自离开教室出了校门,他走在回家的马路上,路上阳光非常耀眼,吉姆走在马路阴凉的一边,他看见迎面而来的是前天晚上遇到过的那个漂亮的女孩。吉姆穿过马路进了一家饮食店,店里挤满了学生,他注意到那儿有几张熟悉的面孔,吉姆安静地等待着,直到引起柜台上服务员注意之后才买了饮料,他坐在一张靠墙边的椅子上喝饮料,喝完之后就回家去了。"①

陆钦斯把这两段(第一段为 A,第二段为 B)描写的材料以 A—B 和 B—A 的不同顺序连接起来。他要求被试在读过这两段文章以后对吉姆作出评价。尽管文章的内容完全相同,但是先阅读段落 A 的人中,78%的人评价吉姆热情外向,先阅读段落 B 的人则只有 18%的人认为吉姆热情外向。可见,人们在不知不觉中倾向于根据最先接受到的信息来形成对别人的印象。

一般来说,首因效应通常获得的是对被知觉者表面与片面的认识,因此往往会出现差错。但是,首因效应作为人们初次见面时的认识现象,是客观的,也是无法回避的,比如招聘面试、新官上任等的第一印象都是至关重要的。所以,在组织管理中,管理者要正确运用首因效应,发挥其积极的一面,克服其消极的另一面。具体可以从三个方面加以注意:一是在看待员工时,尽量避免仅凭第一印象就进行判断,并根据这种片面的看法去待人接物,对人、对事要多观察、多分析。二是要严格要求自己,注意随时随地给人留下良好的第一印象,为以后顺利开展工作打下有利的基础。三是在处理组织内部的各种人际

---

① 时蓉华:《新编社会心理学概论》,东方出版中心,1998 年。

关系问题时,要注意克服由于首因效应的不良影响而造成的各种偏见和误解,善于营造各种机会引导组织成员多交流,以建立和谐的组织人际关系氛围。

(二)近因效应

近因效应是指最近的印象对人的知觉具有强烈的影响。在前面提到的陆钦斯关于阅读文章的实验中,稍稍改动一下实验程序,就出现了近因效应。让被试在阅读两段材料之间,有一定的时间间隔。如读完第一段后做一些数学题或是听听历史故事,然后再读第二段。实验结果与前述的正好相反,大多数被试对于吉姆的印象是由后出现的材料内容决定的。

在日常生活和工作中,近因效应的作用不如首因效应明显和多见。在社会知觉过程中,首因效应和近因效应各自在什么情况下出现呢?陆钦斯认为,当关于某人的信息连续出现时,人们倾向于相信前面的信息,并对其产生深刻的印象,这时会出现首因效应;当关于某人的信息被间断地感知时,近因效应会起作用。也有学者认为,与陌生人交往时,首因效应起作用大;与熟人交往时,近因效应作用大。另外,还有的学者认为首因效应与近因效应到底谁起作用,取决于知觉者的价值选择和价值评价。

正如首因效应一样,近因效应对管理工作同样具有一定的启迪意义。首先,近因效应在一定程度上可以掩盖一个人的一贯表现,因此,管理者不仅要注意做到"新官上任三把火",而且要始终如一地严格要求自己,这样才能在员工心目中留下长久的美好印象。其次,管理者对员工的知觉应尽量避免近因效应的消极影响,在与组织内成员长时间接触后,要综合全面的信息来评价他人,以便形成一个较为正确的印象。

(三)晕轮效应

晕轮效应是指由一个人的某种特征推及其总体特征,从而产生美化或丑化该人的现象。也称光环效应。即在知觉他人时,人们往往根据少量的信息就将人分为好或坏两种。如果认为某人是"好"的,他就被一种好的光环所笼罩,并被赋予一切好的品质;相反,如果认为某人"坏",他就被认为一无是处。正所谓"抓住一点,不顾其余",如"一俊遮百丑"。

心理学家戴恩等人的研究证实了这个效应。他给被试出示长得漂亮、一般和丑陋的三种人的照片,然后要求被试评定这些人的若干其他特征,这些特征实际上与长相无关。结果发现,容貌好看的人得到了较高的评价,长得难看的人则得到了较低的评价(见表2-1)。

表2-1 晕轮效应的作用(%)

特性的评定	无魅力者	中等者	有魅力者
人格的社会合意性	56.31	62.42	65.39
婚姻能力	0.37	0.41	1.70
职业地位	1.70	2.02	2.25
做父母的能力	3.91	4.55	3.54
社会和职业幸福	5.28	6.34	6.37
总的幸福程度	8.83	11.60	11.60
结婚的可能性	1.52	1.83	2.17

资料来源：Dion and Walster(1972)。

晕轮效应的主要特点是以点盖面和以偏概全,它与首因效应一样在社会知觉过程中是普遍存在的。由于晕轮效应容易造成对他人的认知偏见,所以应注意克服。首先,要在深入了解和全面分析一个人的言行后,再对其作出评价;其次,要用发展的眼光去看待他人;第三,要以客观的标准评价人。

(四)投射效应

投射效应是指个体把自己所拥有的特质推而广之到他人身上的倾向。比如,一个不喜欢繁文缛节的人倾向于认为别人也讨厌礼节过多;一个喜欢礼节和程式化的人,则倾向于认为礼多人不怪。由于投射效应的存在,人们常常可以从一个人对别人的看法中推测出这个人的真正意图或心理特征(见案例2-4)。

案例2-4

苏东坡和佛印

宋代著名学者苏东坡和佛印和尚是好朋友。一天,苏东坡去拜访佛印,与佛印相对而坐。苏东坡对佛印开玩笑说:"我看见你是一堆狗屎。"佛印则微笑着说:"我看你是一尊金佛。"苏东坡觉得自己占了便宜,很是得意。回家以后,苏东坡向妹妹提起这件事,苏小妹说:"哥哥你错了。佛家说'佛心自现',你看别人是什么,就表示你看自己是什么。"

由于人都有一定的共同性,所以,在有些情况下,人们对别人作出的推测是比较正确的。但是,人与人之间毕竟存在很多差异,远不是一个相似所能解释的,因此,推测又常会有出错的时候。《庄子》中有这样一个故事:

> 尧到华山视察,华封人祝他"长寿、富贵、多男子",尧都辞谢了;华封人说:"寿、福、多男子,人之所欲也;汝独能不欲,何邪?"尧说:"多男子则多惧,富则多事,寿则多辱。是三者,非所以美德也,故辞。"

可见,人的心理特征各不相同,即使是"福、寿"等基本的目标,也不能随意"投射"给任何人。但在日常生活和组织环境中,人们却常常错误地把自己的想法和意愿投射到别人身上,造成对他人的知觉失真。如自己喜欢财富,就误以为别人都是为金钱而工作;自己心胸狭窄,便认为他人都不够光明磊落;自己工作能力低,却说别人无能;自己以权谋私,却认为从来没有克己奉公的人。

投射效应是客观存在的,通过投射效应,可以了解个人的许多真实想法,很多心理测验正是运用了这个原理。

(五) 社会刻板印象

社会刻板印象是指人们对某个群体中的人形成的一种概括而固定的看法。生活在同一地域或文化背景中的人们常表现出许多相似性,人们在社会知觉中便将这种相似的特点加以归纳,概括到认识中并固定下来,形成了刻板印象。

社会刻板印象的形成与职业、地域、性别、年龄等方面有关。比如,在职业方面,人们通常认为知识分子文质彬彬,会计精打细算,商人唯利是图,推销员能说会道等。在地域方面,人们则认为东北人豪爽,山西人节俭,江浙人精明等。在性别方面,认为男性独立性强、果断勇敢、自信,女性则依赖性强、细心、软弱等。在年龄方面,认为老年人墨守成规,缺乏进取心;青年男性是"嘴上无毛,办事不牢",女性则是"年轻时唧唧喳喳,结婚有了孩子拖拖拉拉,老了婆婆妈妈"等。

社会刻板印象普遍存在于人们的意识之中。人们不仅对于曾经接触过的他人具有社会刻板印象,即使是对未曾谋面的人也会根据间接的资料与信息产生刻板印象。例如,对不同国籍的人,尽管未经直接认识与交往,但人们对于不同国家的公民仍会有一种概括而笼统的看法。台湾学者李本华与杨国枢1963年以台湾学生为对象,调查对外国人的社会刻板印象,结果见表2-2所示。

表2-2　台湾大学生对各国人的社会刻板印象

国　家	社　会　刻　板　印　象	国　家	社　会　刻　板　印　象
美国人	民主、天真、乐观、友善、热情	法国人	好艺术、轻浮、热情、潇洒、乐观
印度人	迷信、懒惰、落伍、肮脏、骑墙派	日本人	善于模仿、爱国、尚武、进取、有野心
英国人	保守、狡猾、善于外交、有教养、严肃	俄国人	狡猾、欺诈、有野心、残酷、唯物
德国人	有科学精神、进取、爱国、聪慧、勤劳		

在组织中,除了上述社会刻板印象外,上下级之间、不同部门之间的人员都可能会产生社会刻板印象。这种概括了的知觉方式也不能说没有优点。它简化了人的认知过程,毕竟,人们不能对每个独立的个体都细察入微,一些社会刻板印象能帮助人们尽快地处理信息。但是,社会刻板印象所获得的判断往往是不准确的。

三、印象管理

(一) 印象管理的含义

印象管理是指个体努力操纵或控制他人对自己形成某种印象的过程。例如,教师在上课时引经据典,竭力使自己表现得知识丰富;推销员总是面带笑容,百问不厌,力求赢得客户的好感;秘书穿着得体,举止优雅,行为敏捷,由此获得上司的信任;求职者在应聘时总是刻意打扮一番,以赢得招聘者的好感等。撒切尔夫人20世纪70年代在英国政坛初露头角时,声音又细又尖,毫不动人,后经"形象专家"指点,她开始以雄浑有力的音色在国会"舌战群儒",最终成为有"铁娘子"之称的女首相。所有这一切都属于印象管理。

人们为什么要进行印象管理呢? 印象管理是个体适应社会生活的一种方式。在现实生活中,在不同的情境里,每个人都承担着许多的社会角色,个体要为他人、公众、社会所接受,其行为表现必须符合社会对他的角色期待。为了更好地适应社会,个体必须实施有效的印象管理。印象管理能够使人自觉地约束与调节自己的言行,不断地进行自我监控,从而加强人际互动,维护与塑造自身良好的形象并影响别人的评价。

著名社会心理学家戈夫曼认为,人们之间的交往和互动好像是一种戏剧演出,每个人都在表演自己的节目。所谓节目,是指一整套经过精心选择的用来表现自我的语言或非语言的活动。表演时,每个人都竭力维持一种与当前的社会情境相吻合的形象,以确保他人对其作出使之愉快的评价。例如,一名妇女要应聘一个银行管理职位,她的简历可能会着重强调工作年限,以显示她丰富的工作经验和稳定可靠的特点,而很可能会略去其跳伞运动方面的爱好,因为这会给人留下喜欢冒险的印象。

印象管理是客观存在的,有人认为,人与人之间的交往要诚实无欺,通过印象管理以控制别人对自己的印象是一种虚伪的表现。其实,这种看法是错误的,印象管理本身无所谓好坏,关键在于运用这种手段的目的。

从积极的方面来说,印象管理可以用来调节人际关系,使人们的交往能够顺畅地维持下去(见案例2-5)。

案例2-5

彭湃和农民

彭湃是我国早期的革命活动家,在初入农村宣传和发动群众的时候,尽管讲了许多透彻的道理,但工作总是开展不好,他很苦恼却又不知问题出在何处。后经人提醒他才知道,自己每次去农民家都是西装革履,农民以为是下乡收租的少爷,不敢接近他。于是,他换上了农民服装,操着当地的方言土语和农民交谈。经过一番努力,农民运动终于轰轰烈烈地发动起来了,他也成了农民的知心朋友。

当然,印象管理也有其消极的一面。一些人常运用这一手段来骗取他人的信任,进而牟取私利(见案例2-6)。

案例2-6

大凡贪官善伪装

原江西省副省长胡长清每年到岳父母家探望都轻车简从,再忙也要坚持在茅屋草舍里住上一宿。甚至还走进满是鸡粪的村民家里,抱起浑身泥土的乡下娃娃亲脸,和农民们一样对腐败现象义愤填膺……而恰恰就在这段时期,他口袋里的非法收入正以每月 33 万元的惊人速度飞涨。

资料来源:朱国良,"又见'变色龙'",《观察与思考》,2001年第5期。

其实,印象管理的作用就像水一样,既能载舟亦能覆舟,关键看个人如何运用。合理的运用可以增强人际关系的和谐性,于人于事是有益的;但如果为了自己不可告人的目的,则是有损于他人和社会的。

(二) 印象管理的策略

给人留下好印象是大多数人的一种强烈愿望。人们用什么策略来给他人留下好印象呢？哪些策略又比较有效呢？下面是关于这些问题的研究结果。

1. 留下良好的第一印象

首因效应的存在使人非常关注自己留给他人的第一印象,怎样才能给别人留下良好的第一印象呢？许多人并不十分清楚。

意大利著名影星索菲娅·罗兰曾这样总结自己的亲身体验:"一个初次同你打交道的人,会自觉不自觉地根据你的衣着打扮来判断你的为人,并进而确定对待你的态度。"确实,陌生人之间初次接触时,端庄大方的穿着、自然得体的举止可以显示出其成熟稳健的魅力,往往能给对方留下愉快的印象,有利于以后的进一步交往;相反,不修边幅,蓬头垢面,势必引起他人的反感,从而影响正常的交流。当然,如果过分修饰自己,浓妆艳抹、发式奇异或胡须造型与众不同等,给人的印象也会不舒服,甚至对其人格产生怀疑,容易使对方疏远自己。所以,清新淡雅的仪容修饰是留给他人良好的第一印象的基础。

心理学家艾根研究发现,在同陌生人相遇的开始,如果能按照 SOLER 模式(见技能训练2-1)来进行印象管理,可以明显地增加别人对我们的接纳、好感和信任。

技能训练2-1

SOLER 模式

艾根在 1977 年总结出给人留下良好的第一印象的 SOLER 模式,SOLER 是由 5 个英文单词的首个字母拼写起来的专用术语,其中,

◆ S(sit/stand)表示处于坐姿或站姿时要面对别人，

◆ O(open)表示姿势要自然开放，不过分拘束，

◆ L(lean)表示身体微微前倾，显示自己对他人的态度，

◆ E（eyesight)表示不回避目光接触，

◆ R（relaxation)表示放松和心情愉快。

卡耐基在《如何赢得朋友并影响他人》一书中，根据大量来自实际生活的成功经验，总结出给人留下良好的第一印象的六条途径(见技能训练2－2)。

技能训练2－2

卡耐基论印象管理

◆ 真诚地对别人感兴趣。

◆ 微笑。

◆ 多提别人的名字。

◆ 做一个耐心的聆听者，鼓励别人谈论他们自己。

◆ 谈论别人感兴趣的话题。

◆ 以真诚的方式让别人感到他自己很重要。

2. 角色置换

角色置换是指站在别人的立场上，体验别人的角色，了解别人在特定情境中的情感与期望。我们在与人交往的过程中，别人对于我们如何行为都有一定的角色期望。当我们的行为符合角色期望时，别人就会愉快地接纳，产生好印象；当我们的行为不符合角色期望时，别人就会产生拒绝反应，从而产生不良印象。通过角色置换，可以了解别人对我们有什么样的期望，怎样自我表现才是恰当的，别人对我们是如何感受的，既知彼又知己，这样可以更好地控制自己的行为(见知识库2－5)，使自己的表现更符合他人的愿望，给别人留下良好的印象。

知识库 2-5

两次自我描述

格根(K. J. Gergen)和威什诺夫(B. Wishnov)让被试描述自己的有关特征。一个月后,再安排这些被试在他人面前描述自己的特征。被试分两组,一组被试的交谈伙伴很自负,另一组被试面对的谈话者很谦逊。比较被试两次关于自我的描述后发现,与夸张自大的对象交谈的被试的第二次自我描述比一个月前的描述更积极,叙述的优点更多;而在谦逊的对象前作自我描述的被试与一个月前相比,不但减少了优点,而且强调自己的短处。

资料来源: 李剑锋,《组织行为管理》(第五版),中国人民大学出版社,2013 年。

3. 相互支持

人际交往过程中,给人留下好印象的一个重要条件是不侵犯别人的尊严(见案例 2-7)。在社会生活中,个人的行为要于人有益、于己有利、相互支持,这样才能让别人感到愉悦和可信。如果在别人出现失误或面临困难而不能顺利实现自己的期望时,不是积极帮助别人弥补失误、渡过难关,而是袖手旁观、幸灾乐祸甚至落井下石,这种基本态度和处世方式会使别人的尊严受到威胁,人们自然对其产生排斥或拒绝的态度。如果在别人面临艰难或危机时主动给予帮助和支持,则可以使一般社会关系更加稳固,也可以使双方的友情发展到一个更高的水平。这种性质的相互支持,实际上是一种更高水平的印象管理策略。

案例 2-7

鲍叔牙与管仲

春秋时期,管仲少时贫贱,早年曾与好友鲍叔牙以经营小买卖为生。管仲出的本钱没有鲍叔牙多,可是到分红的时候,他拿到了应得的那一份,还要求再添点儿。鲍叔牙手下骂管仲贪得无厌,鲍叔牙替他辩解说,他家里人口多,开销大,我自愿让给他。管仲带兵胆小怕事,手下士兵不满,鲍叔牙却说,管仲家有老母,他为了侍奉老母才自惜其身,并不是真的怕死。鲍叔牙百般袒护管仲,是因为他知道管仲是个不可多得的人才,只是还没有机遇施展。管仲感叹道:"生我者父母,知我者鲍叔牙也!"就这样,他们成了莫逆之交。后来,管仲在鲍叔牙的极力推荐下,成了齐国宰相,帮助齐桓公成为春秋五霸之首。鲍叔牙总能替管仲着想,才成就了管仲,成就了强大的齐国。

4. 由衷地赞美他人的优点

真诚的赞扬和欣赏是抚慰人灵魂的阳光,因为赞美总能引起别人的好感。在工作和生活过程中,只要细心观察,很快就能发现他人身上的优点,如风度、仪表、品德、才干等,此时,一句真心的赞美不仅没有让自己略逊于他人,反而会让人觉得你慧眼识人,给对方带来快乐的同时也给自己带来一份心理满足。

赞美是一种润滑剂,它可以迅速拉近彼此的距离,但如何恰到好处地赞美别人也不是一件容易的事,需要了解其中的奥妙和技巧(见技能训练 2-3)。

技能训练 2-3

常见的赞美方法

直言夸奖法。即发现别人的优点后,直接表白自己对他的羡慕,这是最常用的方法。如看到他人的字写得非常好,就可以对他说:"您的字真漂亮。"一句发自内心的由衷赞美会让人感到精神愉悦。

挖掘不明显的优点加以赞扬。赞扬不要跟在别人后面人云亦云,那样至多只是在他人得到的习以为常的赞美上增加了小小的分量,不会引起兴奋。相反,挖掘他人一些不为人知的优点,表现自己独特的视角,这在对方看来是意想不到的,效果反而会更好。爱因斯坦就曾说过,别人赞美他思维能力强,有创新精神,他一点都不激动,但如果谁赞美他小提琴拉得真棒,他一定会兴高采烈。

赞美要实事求是。当你没有看准别人身上的优点时，请不要盲目地去赞美。如果赞美不切实际，别人不仅不以为你是在赞美他，反而会误以为你是故意揭短，让他出丑，结果只能招致对方的反感。

赞美要发自内心。当你不是怀着真诚的态度去赞许别人时，对方只能感受到你的虚伪，这会使人心里很不舒服，因为无法回应你的敷衍式的赞美，对方只能视而不见，听而不闻，采取冷漠的态度。这样的赞美不仅无法达到预期的效果，反而会让人觉得无聊。

5. 自我显示

自我显示是指个人有意识地将自己的正面形象（如广泛的同情心、正直的品德、高尚的行为、良好的信誉等）主动展示给他人的印象管理策略。这种策略常常可以使别人在内心感受到与他的差距，从而引发别人的内疚或倾慕。组织环境中的领导者经常使用这种方式来确定自己的形象，如放弃某些利益，以显示自己道德上的超脱，赢得员工的尊重，增加自己的影响力。事实证明，这是有效的，但如果显示不当，也会出现事与愿违的结果。

越来越多的研究表明：假使这些策略的使用熟练而小心，动机善良而纯正，的确能成功地提高个人魅力。然而，如果使用时是为了不可告人的目的，或不注意把握分寸，则会招致他人的蔑视或厌恶。

第三节　自　我　知　觉

有这样一个小故事：一位著名的漫画家去参加朋友举办的鸡尾酒会，有人请他给在场的每个人画一幅漫画。他寥寥数笔就勾勒出一幅，很快就给每个人都画了一幅肖像。当把这些漫画拿到众人面前辨认时，每个人都很快地认出了别人，但对自己的那幅却很难辨认出来。这说明别人认识自己和自己认识自己是有很大差异的，而且，从某种意义上讲，自己认识自己更有难度。

经典名言

　　把认识自己作为自己的任务,这是世界上最困难的课程。

——塞万提斯

一、什么是自我知觉

　　自我知觉是指个体对自己的认识。如"我是一名女性","我身高 1.60 米","我喜欢旅游","我对待工作认真负责","我的动作协调能力较差"等。

　　美国心理学家威廉·詹姆斯(W. James,见图 2-8)认为,自我概念(即自我知觉)包括物质自我、社会自我和精神自我三部分。物质自我是指个体对自己身材、容貌、仪表、健康、家庭等的认知;社会自我是指个体对自己在社会中所处的地位、扮演的角色、拥有的声望以及与他人之间关系状况的认

图 2-8　威廉·詹姆斯
(William James,
1842—1910 年)

知;精神自我是指个体对自己的智力、性格、兴趣、信仰、价值观等的认知。

　　在现实生活中,一个人能够正确地认识自我是有效地从事各种社会活动的前提,也是成熟的标志。但个体常常容易出现两种自我知觉偏差。一种自我知觉偏差是过高地评价自己,看自己一朵花,看别人豆腐渣,以己之长量人之短,恃才傲物,孤芳自赏。这类人所持有的自知是"我行—你不行"。如此咄咄逼人,他人只会避而远之,结果是虽处于人群中却倍感孤单。另一种自我知觉偏差是过低地评价自己,感觉事事不如别人,看不到自我的价值,认为自己这也不好,那也不行,总觉得自己处处低人一等。这类人所持有的自知是"你行—我不行"。这种自知不仅会严重地阻碍他们的交往生活,使他们孤立、离群,而且还会抑制他们的自信心和荣誉感的发展,抑制他们能力的发挥和潜能的挖掘。

二、自我知觉的形成

　　正如上文所述,个体对自己的知觉往往不能做到各方面都恰如其分。人们认识客观世界总是从不全面到全面,从不正确到正确,对自己的认识也是如

此。一个人怎样才能尽量全面、客观地认识自己呢？简单地说，就是寻找多种参照系，从多角度、多层面来了解自己，具体可以通过下列途径实现对自我的认知。

（一）他人评价

日常生活中，每个人都会照镜子，通过镜子里反映出来的形象来认识自己的外表，修饰自己的衣着与容颜。其实，对于隐藏在外表之下的个体的性格、态度、情感等特点的认识，也有这样一面镜子可以借助，那就是他人对你的态度与评价。库利（C. H. Cooley）曾于1902年提出"镜中我"（looking-glass self）理论（见知识库2-6）。

知识库2-6

"镜中我"理论

库利提出，个体是在与他人的互动中，体味他人的姿态意味，并从他人的观点中看到自身。他们想象着他人如何评价自己——从中获得自我的形象、自我的感觉、自我的态度。他人的姿态就如同一面镜子，从中可以看到并衡量自己。这正如他们在社会环境中看待并衡量其他事物一样。

库利认为，一个人的自我观念是在与其他人的交往中形成的，别人的反馈就好像一面镜子，我们从中可以看到自己的形象。比如，同事喜欢接近你，对你热情而真诚，即是"照出"了你内心善良、人际关系较好等特点。当然，他人评价这面镜子，并非在任何情况下都对自我知觉起作用。有时与己关系不大的人的偶然一次评价，不易引起自己的关注。如果是由父母、朋友、老师、上级及自己所尊敬的人来评价自己，则会对自我知觉的形成有较大影响。

事实上，任何人都不可能完全被动地接受他人对自己的评价，而是会经过个人主观地选择过滤。同样，任何人也不可能完全不受他人评价的影响。假如大多数人对一个人的评价与其自我评价严重矛盾时，个体内心就会产生不协调的感觉，从而部分地改变自我认知，或者部分地改变自己的言行与品质。

值得指出的是，地位较高者（如领导、长辈、教育工作者等）应善于识别他人对自己评价的真伪,下属、晚辈、被教育者对于那些自命不凡者或敬(避)而远之,或为自身利益而有意恭维之。如不警惕这种虚伪的他人评价,久而久之,自己就会陷入一种虚幻的、自我感觉良好的心境里,反而强化了自身的缺点。因此,要想获得真实的"人镜",以便纠正自身的问题,就必须从善如流,礼贤下士。

(二) 社会比较

一名棋手想知道自己的水平怎样,最佳的办法不是听别人如何评价,而是看在比赛中赢了多少局;一个人考了 80 分,这个成绩是高还是低? 也要看看其他同学的成绩才能有一个正确的判断。因为按照费斯汀格(Leon Festinger)的社会比较理论,自我概念常形成于自我与他人的比较中。他认为,人们为了准确地认识自己,需要常和自己相似的人进行比较。在比较中对自己作出评价(见知识库 2-7)。

知识库 2-7

"干净先生"与"肮脏先生"

有心理学家做过这样一个实验:首先请去商行应聘的人独立地就几项个人品质作自我评价,然后接待室里出现一个由主试合作者假扮的求职者。其中一组应聘者见到的是衣着讲究、温文尔雅、手提公文包的假扮求职者(干净先生);另一组应聘者见到的是穿着破烂、手忙脚乱的假扮求职者(肮脏先生)。然后找借口让应聘者重新填写自我评价表。结果发现,遇到"干净先生"的应聘者,自我评价普遍降低了,而遇到"肮脏先生"的应聘者,自我评价普遍提高了。

资料来源: 王宇加,《社会心理学基础》,中国人民大学出版社,2003 年。

在现实生活中,追求准确不是人们进行社会比较的唯一动机,人们也可能为了激励自我而与比自己更成功的人比较,或者为了使自己感觉不错而与比自己更不幸的人比较。社会比较可以通过与他人的差异建构对自己独特的感觉,这对于自我知觉的形成是很重要的。例如,人们的自我描述往往提及戴眼镜、长得偏瘦等使他们在周围环境中显得不同寻常的特征。

(三) 内省

孔子的学生曾参说:"吾日三省吾身:为人谋而不忠乎?与朋友交而不信乎?传不习乎?"用今天的话来说就是:"我每天都要从以下三个方面来反省自己:为人做事是不是尽心竭力了?与朋友交往是不是做到诚实可信了?老师传授的学问是不是真正去实践了?"确实,没有人比你更清楚自己,所以,许多时候人们常根据自己的内部线索(如想法、情绪等)来了解自己。只有内部线索很微弱或不明确时,人们才会借助外部行为来推断自己的特征。而且,内省所得的结论比通过外显行为所得到的结论更可靠,因为想法和情绪较少受到外部压力的影响。比如,上司看到下属的业绩超过了自己,虽然表现得很高兴,可是妒忌和失落的情绪却是他此刻真实的写照。

当然,有时通过内省也不能使个体真正了解自己,有许多复杂的心理过程常常不能被自己准确地觉察,以至出现"不识庐山真面目,只缘身在此山中"的局面(见知识库2-8)。

知识库2-8

霍林沃斯教授的实验

美国哥伦比亚大学教授霍林沃斯选择25名被试,他们彼此之间较为熟悉。实验者提出9种品质(文雅、幽默、聪明、交际、清洁、美丽、自大、势利、粗鲁),让被试采用排队法对自我与他人进行评价比较,结果优良品质的评价有自我夸大倾向,不良品质的评价则出现自我忽略倾向。

资料来源:程正方,《现代管理心理学》(修订本),北京师范大学出版社,1996年。

(四) 心理测验

通过标准化的心理测验,可以帮助我们在较短的时间内迅速了解自己的智力、性格、价值观、职业兴趣与偏好等心理特点。但需要注意的是,心理测验是一项专业技术性很强的工作,测验的选择、施测、结果的解释等必须由训练有素的专业工作者完成,关于心理测验的详细介绍参见本书第3章。

上述方法各有利弊,只有相互配合,才能收到正确认识自我的良好效果。

第四节　归　　因

在人们的日常社会生活中,无时无刻不在对自己的行为、对别人的行为、对发生在自己周围的各种各样的事件寻找原因,作出解释。比如,我为什么没有完成工作任务? 上司今天为什么冷眼对我? 他为什么总是迟到? 人们是如何对诸如此类的问题作出解释的呢? 对这类问题的解释又是如何影响他们随后的思想与行为呢? 这就是本节所研究的归因问题。

一、什么是归因

归因是人们对自己或他人活动及其结果的原因所作出的解释和评价。归因从本质上来说就是一种社会判断(见案例2-8),是人们对自己或他人行为结果的原因的知觉。归因通常标志着个体对自己或他人进行深层次认知的开始。

案例2-8

100元钱引发的思考

家政服务公司的小王在领取工资时,发现雇主张奶奶给自己的报酬比双方的约定多了100元而未作任何说明。对这个难以理解的现象,小王作了如下四种归因:

- ◆ 张奶奶数错了钱;
- ◆ 张奶奶在故意考验自己是否贪财;
- ◆ 张奶奶对自己的工作不满意所作出的辞退前的准备;
- ◆ 张奶奶对自己工作的额外奖励。

资料来源:王宇加,《社会心理学基础》,中国人民大学出版社,2003年。

归因也叫归因过程,它是人类一种普遍的心理认知过程。日常生活中,人们总是有意识地对各种事物进行归因,天长日久,他们都会从一系列经历中总结提炼出有关人的各种行为及其原因的观念和理论。不过,这种理论与职业心理学家经过科学研究建立起来的理论毕竟不同,因为它们不够系统,也没有经过科学方法的严格验证,许多观念来自片面性经验甚至误解。

二、归因理论

**图 2 - 9 弗里茨·海德
(Fritz Heider, 1896—1988 年)**

自从海德(F. Heider,见图 2 - 9)开创了归因研究的先河以来,归因问题一直是心理学研究的一个重要领域。迄今为止,心理学家们作了大量的关于归因问题的理论研究和实践探索,形成了多种多样的归因理论。下面介绍几种主要的归因理论。

(一)海德的理论

海德是归因理论的奠基人。1944 年,他在《社会知觉与现象世界的因果关系》一文中指出,应重视行为因果关系的研究,后来在《人际关系心理学》中又发挥了这一观点,提出归因理论。在海德看来,人的行为的原因可分为内部原因和外部原因。内部原因是指存在于行为者本身的因素,如需要、情绪、兴趣、态度、信念、努力程度等;外部原因是指行为者周围环境中的因素,如他人的期望、奖励、惩罚、指示、命令、天气的好坏、工作的难易程度等。

(二)韦纳的理论

韦纳(B. Weiner)主要从成功和失败的角度研究归因问题。他认为,能力、努力、任务难度和运气是人们在解释成功或失败时知觉到的四种主要原因,并将这四种主要原因分成控制点、稳定性、可控性三个维度。

根据控制点维度,可将原因分成内部和外部。努力和能力属于内部原因,任务难度和运气属于外部原因。根据稳定性维度,可将原因分为稳定和不稳定。能力和任务难度属于稳定因素,努力和运气属于不稳定因素。根据可控性维度,又可将原因分为可控的和不可控的。努力是可控因素,任务难度和运气是不可控因素。

韦纳通过一系列的研究,得出一些归因的最基本的结论:首先,个人将成功归因于能力和努力等内部因素时,他会感到骄傲、满意、信心十足;而将成功归因于任务容易和运气好等外部原因时,产生的满意感则较少。相反,如果一个人将失败归因于缺乏能力或努力,则会产生内疚和无助感;而将失败归因于任务太难或运气不好时,则会产生气愤和敌意。其实,归因于努力比归因于能力,无论对成功或失败均会产生更强烈的情绪体验。努力而成功,体会到愉快;不努力而失败,体验到羞愧;努力而失败,也应受到鼓励。其次,在付出同样努力时,能力低的应得到更多的鼓励。第三,能力低而努力的人受到最高评价,能力高而不努力的人受到最低评价。

(三) 凯利的理论

凯利(H. Kelly,见图2-10)认为,人们的行为原因十分复杂,在试图解释某人的行为时需要考虑三个方面的因素:客观刺激物、行动者、情境。其中,行动者的因素属于内部归因,客观刺激物和所处情境属于外部归因。对上述三个因素的任何一个因素的归因都取决于下列三种行为信息。

图 2-10 哈罗德·凯利 (**Harold Harding Kelley, 1921—2003 年**)

1. 区别性

行动者是否对同类其他刺激作出相同的反应,在众多场合下都表现出这种行为还是仅在特定情境下表现这一行为。例如,一名今天迟到的员工是否经常表现得自由散漫、违反纪律。如果行为的区分性低,则观察者可能会对该行为进行内部归因;如果行为的区分性高,则行为原因可能会被归于外部。

2. 一贯性

行动者是否在其他时间和其他情境下对同一刺激物作相同的反应,即行动者的行为是否稳定而持久。例如,如果一名员工并不总是上班迟到,她有7个月从未迟到过,则表明这是一个特例,行为的一贯性较低;如果她每周都迟到两三次,则说明行为的一贯性高。行为的一贯性越高,观察者越倾向于对其作内部归因。

3. 一致性

指其他人对同一刺激物是否也作出与行为者相同的反应。比如,所有走相同路线上班的员工都迟到了,则迟到行为的一致性就高。从归因的观点看,如果一致性高,人们会对迟到行为进行外部归因。如果走相同路线的其他员工都准时到达了,则应认为该员工的迟到行为的原因来自内部。

　　凯利认为这三个方面的信息构成一个协变的立体框架,根据三方面的信息与协变,可以将人的行为归因为行动者、客观刺激物或情境。具体参见表 2-3 与表 2-4。

表 2-3　三种行为信息的协变与归因

行　为　信　息			归 因 类 型
区别性	一贯性	一致性	
低	高	低	行动者
高	高	高	客观刺激物
高	低	低	情　境

表 2-4　三种信息与内部及外部归因的关系

观　察	解　　释		归　　因
个体行为	区别性	高	外　部
		低	内　部
	一贯性	高	内　部
		低	外　部
	一致性	高	外　部
		低	内　部

　　凯利对归因理论的贡献在于,他提出了一个归因过程的严密的逻辑分析模式,对人们的归因过程作了比较细致、合理的分析和解释。但是,他的三度理论也遭到人们的批评。这些批评主要是指他过分强调归因的逻辑性,使之成为一个理想化的模式,脱离了归因活动的实际。人们实际上往往得不到这个模式所要求的信息,不知道某人在以前同样场合中的行为,也难以知道其他人在同样场合中的行为。经验表明,在许多情况下,人们对于所发生的事件,并不是通过多方面的观察和搜集足够的信息后才进行归因,而往往是利用在

生活经验中形成的某些固定的联系,根据自己的需要和期望,凭借有限的信息,对行为结果迅速地做出归因,很少有人像统计学家那样对信息资料进行繁琐的分析。

归因理论提出了人们在对自己或他人的行为进行判断和解释过程中所遵循的一些规律,在管理过程中,管理者和员工对行为的归因也不可避免地受到这些规律的影响。管理者要认识到员工是根据他们对事物的主观知觉而不仅仅是客观现实作出反应的。员工对于薪水、上级的评价、工作满意度、自己在组织中的位置和成就等方面的知觉与归因正确与否,对于其潜力的发挥和组织的良好运作是有重要影响的;管理者在对员工的行为进行判断和解释时,应该注意采用科学的归因方法。

三、归因偏差

同知觉一样,归因由于主客观条件的影响也会发生种种失真和偏差。常见的归因偏差有下列几种。

(一) 观察者与行为者的归因偏差

行为者本人对自己行为的归因不同于他人对自己行为的归因。虽然双方认知到的是同一行为,但行为者往往把自己失败的行为归因于情境,他人则归因于行为者的个人倾向;行为者把自己成功的行为归因于个人倾向,他人则归因于情境。斯奈德曾做过一个实验(见知识库2-9),很能说明问题。

知识库2-9

斯奈德的实验

斯奈德邀请一部分被试参加赛跑,另一部分被试观看赛跑。赛后,请参加赛跑的被试解释自己成败的原因。结果,胜利者把自己的成功归因于内在因素,诸如赛跑的技术等;失败者则把自己失败的原因归因于外部因素,如运气不好等。观看赛跑的人则认为,胜利者的成功是由于运气等外在因素,失败者则是败于技术差等内在因素。

也就是说,人们倾向于把自己的成功归因为内部因素,把别人的成功归因为外部因素;而把自己的失败归因为外部因素,把别人的失败归因为内部因素(见案例2-9)。

案例2-9

管理者对影响其晋升因素的解释

美国《工业周刊》对大中型公司的1 300名中层管理者进行了调查。其中的两个问题涉及归因方面的内容:"你认为目前的成功取决于哪些方面的原因?"和"你认为阻碍你进一步晋升更高职位的最主要原因是什么?"

结果,有80%以上的管理人员认为自己的知识水平和在工作中取得的成就是他们晋升到目前职位的最主要原因。当被问及哪些因素阻碍了他们晋升更高职位时,56%的人说因为自己没有与"恰当的人"建立关系。只有23%的人说是由于自己缺乏足够的教育、智力或专业领域方面的知识。

资料来源:赵慧军,《现代管理心理学》(修订第四版),首都经济贸易大学出版社,2012年。

(二) 涉及个人利益的归因偏差

他人的行为是否与自己发生利害关系,也会导致不同的归因。当他人失败而使自己的利益受到损害时,人们倾向于把他人的失败行为归因于能力差等个人因素。琼斯的实验证明了这种情况的存在(见知识库2-10)。

知识库2-10

琼斯的实验

实验者安排一组真被试和一位假被试(实验者的同伙)做同一种工作,工作中所有的真被试都是成功的,只有假被试是失败的。

实验者设定了两种情境:一种情境是假被试的失败会使所有的人都

得不到奖赏;另一种情境是假被试的失败只使他一人无法得到奖赏,不会影响其他被试获奖。虽然假被试在两种情境下的工作成绩同样差劲,但在前一种情境下,全体真被试都归因于假被试的能力差,对其作个人倾向归因。而在后一种情境下,只有部分真被试作如此归因。

(三) 归因过程中的拟人化错误

社会生活中有一些自然现象,本来并不具有社会意义,但人们常对其作拟人化的归因。如头上乌鸦飞,在许多人看来是不吉利的预兆;听见喜鹊叫喳喳,则认为是好兆头。对某些自然现象加以拟人化的归因是人们比较普遍存在的社会心理现象,造成这种心理现象的原因多半是由于缺乏科学知识,把生活中的偶然巧合视为必然的因果关系,这实在是一种偏见。

(四) 责任归因中的偏见

人们往往有让无辜的受害者对自己的受害负一定责任的倾向,因而导致对受害者的责难多于同情。例如,被人抢劫后,人们会责备"为何要带那么多钱在身上";买了假货上当受骗以后,人们也会责备"怎么那么不小心";漂亮的女性受到侮辱,人们总认为她打扮得太招蜂引蝶了。似乎没有谁平白无故地惹祸上身,那些不幸全是自己招来的。这种归因偏差在现实生活中经常出现。

在组织情境中,上述各种归因偏差在员工和管理者身上也时有发生。归因偏差会影响组织中的人际关系和工作绩效。因此,无论是管理者还是员工,都应注意克服归因偏差,掌握正确的归因方法。多进行个人倾向归因,改变遇事总是抱怨客观条件或他人的不良归因方法;同时培养自己多从不稳定的内在因素方面去归因,以激发长期努力的积极性和自信心;另外,尊重自然规律的特殊性,避免拟人化归因。

本章要点总结和复习

◆ 知觉是人脑对直接作用于感觉器官的客观事物的整体反映。知觉的基本特征主要包括知觉的选择性、知觉的理解性、知觉的整体性和知觉的恒常性。影响个体知觉的因素可归为三类：知觉者、知觉对象以及知觉发生的情境。

◆ 社会知觉是个体对他人的心理状态、行为动机和意向作出推测与判断的过程。常见的社会知觉偏见主要有首因效应、近因效应、晕轮效应、投射效应和社会刻板印象等几种。

◆ 印象管理是指个体努力操纵或控制他人对自己形成某种印象的过程。印象管理可以通过留下良好的第一印象、角色置换、相互支持、由衷地赞美他人的优点、自我显示等方式实现。

◆ 自我知觉是指个体对自己的认识。具体可以通过他人评价、社会比较和内省等途径实现对自我的认知。

◆ 归因是人们对自己或他人活动及其结果的原因所作出的解释和评价。常见的归因偏差有观察者与行为者的归因偏差、涉及个人利益的归因偏差、归因过程中的拟人化错误、责任归因中的偏见等几种。

学习游乐场 2

趣味图片赏析

小组讨论：下列 6 幅趣味图片给同学们什么启示？

1. 图中的婴儿你看到了吗？

2. 保姆背后的神秘嘴唇。

3. 驴子还是海豹？

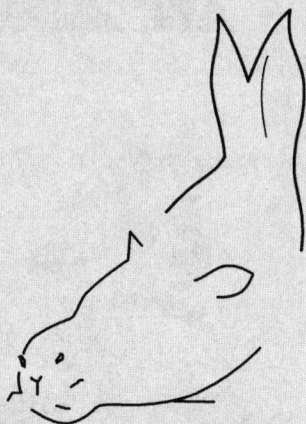

4. 你看到了几个人?

5. 你看到的是老妪还是少妇?

6. 你能在叶子中间找到三个隐藏的侧面人像吗?

心理测试 2 - 1：自我评估①

说明： 这是一份自我认知问卷，请回答下列问题。你可以利用文字处理软件来记录这些答案，以便保存和修改。这些答案可以帮助你了解自己，进行职业规划或者撰写简历。

Ⅰ．教育

1. 我接受了多少年的教育？

2. 我的专业是什么？

3. 我最擅长的是什么专业或课程？

4. 我最不擅长的是什么专业或课程？

5. 我参加了哪些课外活动？

6. 我最喜欢什么课外活动？为什么？

Ⅱ．工作和职业

7. 我 16 岁以后都做过哪些工作？

8. 我最喜欢那些工作的哪些方面？为什么？

9. 我最不喜欢那些工作的哪些方面？为什么？

10. 我在工作中最大的 3 个成就是什么？

11. 我的上司、同事和客户怎么评价我？

12. 我收到过哪些意见和建议？

13. 我的理想职业是什么？（写出工作的名称和主要职责）

Ⅲ．对人的态度

14. 我和什么样的人相处最为融洽？

15. 我和什么样的人相处最不融洽？

16. 我更喜欢与人接触还是独立工作？两者所花的时间比例是多少？

17. 我和他人讨论最多的话题是什么？

18. 我最喜欢什么风格的上司？

Ⅳ．对于自我的态度和认知

19. 我有什么优点？

---

① ［美］安德鲁·杜布林：《心理学与工作》（第 6 版），中国人民大学出版社，2007 年。

20. 我需要改进的领域有哪些？

21. 我最大的问题是什么？

22. 我最喜欢生活的哪一面？

23. 我最不喜欢生活的哪一面？

24. 我人生最快乐的一段时光是什么？为什么快乐？

25. 我最看重什么？（哪些对我来说最重要？）

26. 我做过什么事情使得自己的目标没有达成？

Ⅴ. 与我没有工作关系的人怎么看待我

27. 我过去的恋人给我的最高评价是什么？

28. 我过去的恋人最希望我改掉哪一点？

29. 我的朋友最喜欢我哪点？

30. 我的朋友最不喜欢我哪点？

Ⅵ. 兴趣、爱好、运动

31. 我曾经有过哪些兴趣、爱好？进行过哪些体育运动？

32. 我最喜欢其中的哪些？为什么？

Ⅶ. 我的未来

33. 我未来的教育和培训计划是什么？

34. 我未来要做什么工作？要取得怎样的职位？

35. 在我事业巅峰的时候最希望从事什么工作？

36. 我未来最希望有什么样的兴趣爱好？最希望进行什么样的体育运动？

37. 我有什么与朋友、家庭以及伙伴有关的计划？

附加题

1. 有哪些问题对于了解自己非常重要，但是这份问卷没有涉及？

2. 除了上面提及的用处以外，我还可以用这些信息干什么？

3. 回答这些问题能如何帮助我了解自己？

心理测试 2 – 2：你会给人怎样的第一印象①

手机扫一扫，查阅内容。

课后练习

一、单项选择题

1. 鸡尾酒会效应说明知觉具有(   )。

    A. 选择性   B. 理解性   C. 整体性   D. 恒常性

2. "一俊遮百丑"属于社会知觉中的(   )。

    A. 首因效应   B. 近因效应   C. 晕轮效应   D. 社会刻板印象

3. 有人对女性的评价是"年轻时唧唧喳喳，结婚有了孩子拖拖拉拉，老了婆婆妈妈"，这属于社会知觉中的(   )。

    A. 首因效应   B. 近因效应   C. 晕轮效应   D. 社会刻板印象

4. "以小人之心，度君子之腹"属于社会知觉中的(   )。

    A. 近因效应   B. 投射效应   C. 晕轮效应   D. 社会刻板印象

5. 库利的"镜中我"理论属于(   )自我认知方式。

    A. 他人评价   B. 社会比较   C. 内省   D. 自我显示

6. 对"王师傅称赞李厂长"的原因分析中，得到的信息资料是一致性高，一贯性高，区别性高，这应该归因于(   )。

    A. 王师傅善于阿谀奉承

    B. 李厂长的所作所为确实值得称赞

    C. 王师傅迫于情境的压力违心地称赞李厂长

    D. 无法确定王师傅称赞李厂长的真正原因

二、多项选择题

1. 知觉的基本特征主要包括(   )。

---

① 赵广娜、游一行：《全世界都在做的 200 道心理测试》，黑龙江科学技术出版社，2008年。

    A. 知觉的选择性   B. 知觉的理解性

    C. 知觉的整体性   D. 知觉的恒常性

    E. 知觉的适应性

2. 印象管理可以通过(   )等方式实现。

    A. 留下良好的第一印象   B. 角色置换

    C. 相互支持   D. 由衷地赞美他人的优点

    E. 自我显示

3. 知觉者的(   )是影响知觉的主观因素。

    A. 态度   B. 动机   C. 期望   D. 经验

    E. 兴趣

4. 在韦纳的归因理论中,运气具有(   )属性。

    A. 外部原因   B. 稳定   C. 不稳定   D. 可控

    E. 不可控

5. 常见的归因偏差主要有(   )。

    A. 观察者与行为者的归因偏差   B. 涉及个人利益的归因偏差

    C. 归因过程中的拟人化错误   D. 成功与失败的归因偏差

    E. 责任归因中的偏见

三、判断题

1. 知觉是人脑对直接作用于感觉器官的客观事物的个别属性的反映。(   )

2. 社会知觉是个体对他人的心理状态、行为动机和意向作出推测与判断的过程。(   )

3. 晕轮效应是指人们对某个群体中的人形成的一种概括而固定的看法。(   )

4. 美国心理学家威廉·詹姆斯认为自我概念包括生理自我、社会自我和心理自我三部分。(   )

5. 穿白色服装使人有膨胀的倾向,穿黑色服装则使人有收缩的倾向,这是由于错觉造成的。(   )

☞ **推荐阅读**

▶▶ 黎岳庭、刘力：《社会认知：了解自己和他人》，北京师范大学出版社，2010 年。

▶▶ 王沛、贺雯：《社会认知心理学》，北京师范大学出版社，2015 年。

▶▶ 齐瓦·孔达：《社会认知——洞悉人心的科学》，人民邮电出版社，2013 年。

▶▶ 戴尔·卡耐基：《如何赢得朋友及影响他人》，光明日报出版社，2006 年。

▶▶ 伯纳德·韦纳：《动机和情绪的归因理论》，福建教育出版社，1989 年。

▶▶ 刘永芳：《归因理论与人力资源管理》，上海教育出版社，2007 年。

第 **3** 章

个性与心理测验

学习目标

学完本章并做完练习,你应该可以做到:

◆ 了解个性的含义

◆ 描述个性的特征

◆ 举例说明个性与工作效率之间的关系

◆ 列出一些常用的心理测验

◆ 指出如何正确对待和使用心理测验

章前引例：中国四大古典名著的魅力

　　一提起中国四大古典名著，人们马上就会说出《水浒传》、《红楼梦》、《西游记》和《三国演义》，同时，大部分人都能描述作品中各具风采的人物形象，如宋江的豪爽与仗义，李逵的耿直与鲁莽；宝玉的多情与叛逆，黛玉的聪慧与孤傲；悟空的机智与果敢，八戒的憨厚与懒惰；曹操的多谋与奸诈，关羽的勇猛与忠诚……一个个栩栩如生的人物之所以能流传数百年，就是因为他们具有鲜明的个性特征。在现实生活中，我们也能从周围人身上看到各种各样的个性差异，如有的人活泼开朗，有的人沉默孤僻；有的人勤俭节约，有的人铺张浪费；有的人动作敏捷，有的人行为迟缓；有的人真诚善良，有的人虚伪邪恶……无论是在小说里，还是在现实生活中，处处可以看到各具特色的个性差异。

　　什么是个性？如何根据人的个性差异进行管理？这就是本章要介绍的内容。

　　可以说，个性是许多学科研究的对象。管理心理学研究个性，主要是把普通心理学中关于个性的理论应用于管理领域，探讨如何培养、选拔和使用人才，以达到提高管理绩效的目的。本章对直接影响管理效能的个性心理特征进行探讨，重点分析气质、能力、性格与职业的匹配问题，并对一些常见的标准化心理测验方法进行介绍。

问题聚焦

1. 什么是个性？

美国心理学家阿尔波特有句名言："同样的火候,使黄油融化,使鸡蛋变硬。"以此来形容人的个性,个性在心理学中西方学者又称之为人格。通俗地说,个性就是个人在不同情境中和不同时期都保持一贯的心理品质。其实,个性是一个具有丰富内涵的概念,也是一个复杂的组织或系统,"它存在于(自)己而区别于(别)人,……'蕴蓄于中,形诸于外'可以作为个性的最好概括。"关于个性的内涵与特征请学习第一节。

2. 性格真的决定命运吗？

很多人认可"性格决定命运"的说法,有人为此还做了形象的比喻:如果将一个人比作一座建筑物,那么性格就是这座建筑物的钢筋骨架,钢筋骨架决定着这座建筑物能建成高耸入云的摩天大厦还是低矮的简易平房。这些观点从心理学的角度分析是有一定道理的,为什么这么说呢？第二节会给你一个明确的答案。

3. 你相信心理测验的结果吗？

心理测验是心理学研究的成果,是一种科学的测量个体某种心理特征的方法或工具。但在其发展过程中,曾走向两个极端。一个极端是测验万能论,另一个极端是测验无用论。你是怎样看待心理测验的呢？第三节能够帮助你正确地认识和使用心理测验。

面试雷人考问:唐僧师徒谁更适合做销售？
漫画作者:刘道伟

本章学习内容导图

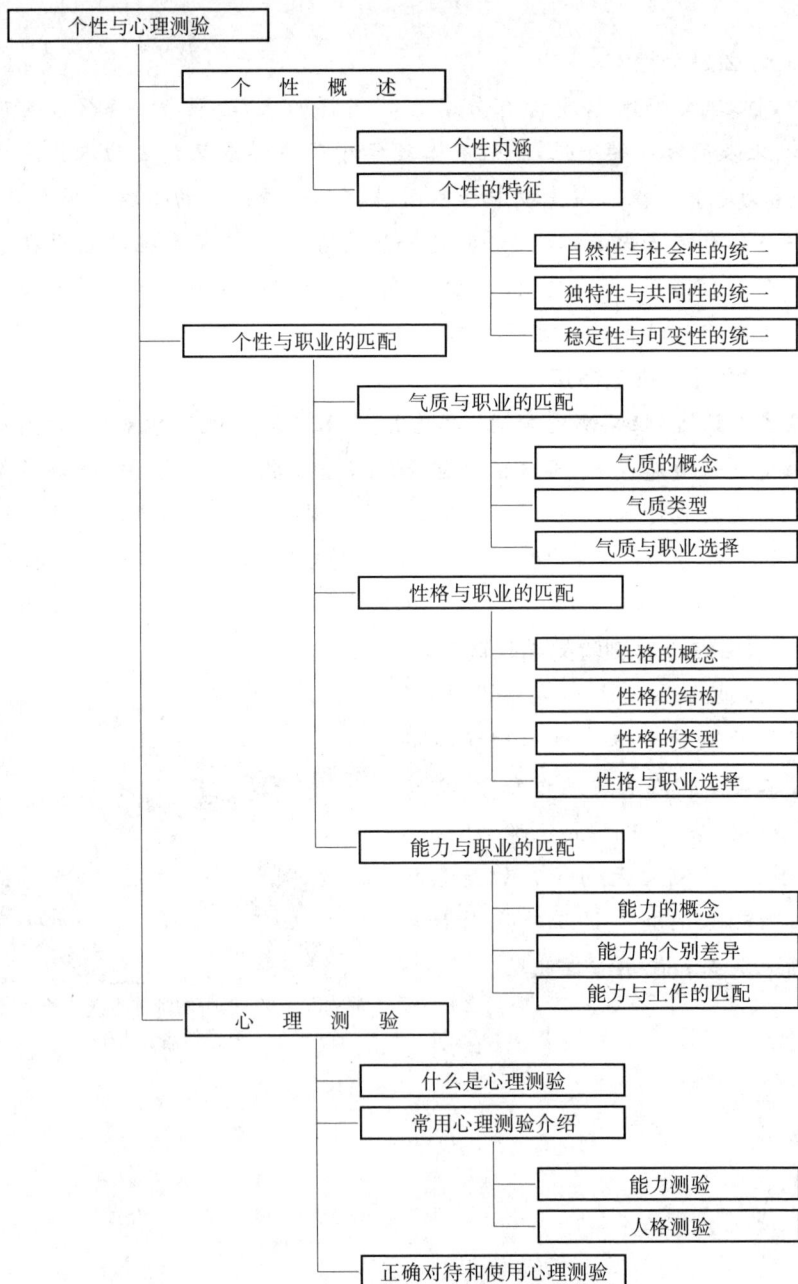

```
个性与心理测验
    ├─ 个 性 概 述
    │       ├─ 个性内涵
    │       └─ 个性的特征
    │               ├─ 自然性与社会性的统一
    │               ├─ 独特性与共同性的统一
    │               └─ 稳定性与可变性的统一
    ├─ 个性与职业的匹配
    │       ├─ 气质与职业的匹配
    │       │       ├─ 气质的概念
    │       │       ├─ 气质类型
    │       │       └─ 气质与职业选择
    │       ├─ 性格与职业的匹配
    │       │       ├─ 性格的概念
    │       │       ├─ 性格的结构
    │       │       ├─ 性格的类型
    │       │       └─ 性格与职业选择
    │       └─ 能力与职业的匹配
    │               ├─ 能力的概念
    │               ├─ 能力的个别差异
    │               └─ 能力与工作的匹配
    └─ 心 理 测 验
            ├─ 什么是心理测验
            ├─ 常用心理测验介绍
            │       ├─ 能力测验
            │       └─ 人格测验
            └─ 正确对待和使用心理测验
```

第一节　个 性 概 述

在日常生活中,"个性"是一个常用词。例如,人们常说"某某人太缺乏个性了"或"某某人个性太强了",主要是指某人很"普通"或者某人"与众不同"。平常人们所讲的个性主要是指人的个别性和特殊性,心理学中的个性概念则与此不同,它是指一个复杂的系统,包括个性倾向性和个性心理特征两个彼此紧密相连的部分。个性倾向性主要包括需要、动机、兴趣、理想、信念、世界观等,是人进行活动的基本动力。个性心理特征主要包括气质、性格、能力。本章主要探讨个性心理特征。个性倾向性将在第 4 章和第 5 章加以讨论。

一、个性内涵

所谓个性(personality),在心理学中西方学者又称之为人格。人格一词来自拉丁文,是艺人使用的面具的意思,面具随着舞台上的情节而改变。一些心理学家用这个术语来描绘个人公布于众的自我,说明人随着不同情况而改变自己的面貌或行为举止。在心理学中有各种各样的理论解释人格,众说纷纭,各执己见,至今没有一个公认的定义。麦迪(S. R. Maddi)认为,个性是决定每个人心理和行为的普遍性和差异性的那些特征和倾向性的比较稳定的有机组合;凯立希(R. A. Kalish)认为,个性是导致行为以及使一个人区别于其他人的各种特征和属性的动态组合;美国著名的个性心理学家阿尔波特(G. W. Allport)则认为,个性是决定人的独特的行为和思想的个人内部的身心系统的动力组织。目前,心理学界一般认为阿尔波特的个性定义比较全面地概括了个性研究的各个方面。

二、个性的特征

虽然恰当的、统一的、有严格界定的个性定义在心理学文献中很难找到,但对个性以下几个方面的分析,却得到了大部分心理学家的认可。

(一)自然性与社会性的统一

人的个性是在先天遗传的自然素质基础上,通过后天的学习、教育与环境的作用逐渐形成的。因此,个性首先具有自然性,人们与生俱来的感知器官、运动器官、神经系统和大脑在结构上与机能上的一系列特点,是个性形成的物质基础与前提条件。2002年,基因学家在实验中取得的大量证据证明:人体有特定的基因控制着像焦虑和抑郁这些情绪(见知识库3-1)。但人的个性并非单纯自然的产物,它总是要深深地打上社会的烙印。初生的婴儿作为一个自然的实体,还谈不上有个性。

知识库 3-1

科学家认为:焦虑和抑郁受特定基因控制

"有的人天生开朗,有的人生来忧郁",如今这种说法有了科学依据。澳大利亚基因学家尼克·马丁在2002年国际人类基因组大会上宣布,他在实验中取得了大量的证据,证明人体有特定的基因控制着像焦虑和抑郁这些"情绪"。

虽然医学界早就发现焦虑和抑郁是最常见的神经性疾病,但长期以来,人们通常并不认为它是一种病,而仅仅是一种情绪,有些人甚至责备自己的心胸不够开阔。马丁说,虽然人类焦虑在很大程度上受外界因素的影响,但是它们确实是由遗传性基因控制的,而且属于多基因疾病。

马丁说,他从1万名具有亲缘性神经性疾病的患者中挑选出其中的600名,并对他们的神经细胞进行全基因组扫描。他在实验中找到了在同一区域重复出现的几对染色体。这些染色体对人的神经特质能够产生很大的影响。

资料来源:房宁、仇逸,"焦虑是天生的",《健康时报》,2002年5月16日。

个性是在个体生活过程中逐渐形成的,它在很大程度上受社会文化、教育教养内容和方式的塑造。可以说,每个人的个性都打上了他所处社会的烙印,即是个体社会化的结果。正如马克思所说:"'特殊的人格'的本质不是人的胡子、血液、抽象的肉体本性,而是人的社会特质。""人的本质并不是单个人所固有的抽象物,实际上,它是一切社会关系的总和。"由此可见,个性是自然性与社会性的统一。

(二)独特性与共同性的统一

地球上没有两个指纹完全相同的人,也没有两个心理特征完全一样的人。每个人都有不同于他人的心理特点,每个人都以自己独特的思维方式与行为习惯来适应周围的环境。如有的人粗枝大叶,有的人细致入微,有的人坚毅果断,有的人犹豫不决等。所谓"人心不同,各如其面",即是对个性独特性的描述。

然而,强调个性的独特性,并不排除个性的共同性。个性的共同性是指某一群体、某个阶层或某个民族在一定的群体环境、生活环境、自然环境中形成的共同的典型的心理特点。如什么事物令人感到美的欢愉,什么东西令人厌恶,什么原因引起悲伤,处在共同文化背景下的人们对这些情景会作出相似的反应。而且,某些行为准则对全人类都同样适用。正是个性具有的独特性和共同性才组成了一个人复杂的心理面貌。

(三)稳定性与可变性的统一

个性是一个人内在的比较稳定的心理特征,偶尔的和一时的某种心理现象,不能代表一个人的个性,只有那些一贯的、经常而持久出现的心理特征,才能反映一个人的个性。正是那些惯常的行为方式才有可能使我们对一个人的未来行为作出具有一定准确性的预测(见案例3-1)。

案例3-1

空 城 计

诸葛亮出兵汉中伐魏,不料连失街亭、柳城两个军事咽喉要地。诸葛亮见形势严峻,急忙安排全军撤退汉中。这时魏国骠骑大将军司马懿带领精兵15万直奔诸葛亮所在的西城而来,诸葛亮身边别无大将,只有一班文官和2 500名军士,众官听到这个消息,都大惊失色。诸葛亮传令:诸军将旌旗全部收藏,各守城上岗棚,不准走动和高声说话;大开四门,每一门用20个军士,扮作百姓,清扫街道,如魏军到来,不可惊慌妄动。司马懿带领军队来到城下,只见诸葛亮稳坐城楼之上,身披鹤氅,头戴纶巾,笑容可掬，焚香抚琴。左有一童子，手捧宝剑；右有一童子，手执拂尘。城门内外，有二十余百姓，低头洒水扫街，旁若无人。

司马懿大生疑惑，他的儿子司马昭说："莫非诸葛亮身边无重兵，故作此态？"司马懿说："诸葛亮平生谨慎，从来不做冒险的事。眼下大开城门，必有埋伏。我军若进城，就中其计，宜速退兵！"于是，魏军尽皆退去。诸葛亮抚掌而笑，众官无不由衷叹服诸葛丞相的胆略与智谋。

个性的稳定性是与人所处的环境、身体状况等密切相关的。一个热情乐观的人由于巨大的挫折或严重的疾病而变得郁郁寡欢，这种现象可以在生活或工作情境中被观察到。因此，个性的稳定性是相对的，随着环境的改变或本人主观的努力，个性也是可以改变的。

了解个性的相关特征，有助于管理者进行人才的选拔、录用、晋升及安排相适应的工作，这是调动员工积极性的基础。

第二节　个性与职业的匹配

有许多调查和研究表明工作效率与人的个性特点是密切相关的。在一项对 800 名男性的追踪研究中发现，其中 160 名成就最大的与 160 名成就最小的人相比，他们在智力方面没有什么差距，个性特点却有很大的不同。成就大者有理想、有强烈的事业心，表现出自信、不屈不挠、谨慎认真的性格特点。美国学者的另一项研究的结论是，个人工作效率与其毕业学校的名望并不相关，而与其心理特点如信念、态度等相关度较高[1]。

正是因为个性在预测工作效率、缺勤、离职等个体和组织行为方面的重要性，有关个性与工作、职业、组织、环境之间的匹配问题和理论得到了管理心理学家的高度关注。

---

[1]　陈国海：《组织行为学》（第 4 版），清华大学出版社，2013 年。

一、气质与职业的匹配

（一）气质的概念

在现实生活中，气质常被用来描述一个人整体表现出来的心理特征，如说某人的气质不错，某人具有艺术家的气质等。在心理学中，**气质**指的是人的心理活动动力方面比较稳定的心理特征。它表现为心理活动的速度、强度、稳定性和指向性等方面的特点和差异的组合。

气质与遗传相关，它依赖于人的先天神经生理特点。儿童出生之后即表现出气质方面的差别。如有的新生儿比较活泼多动且哭声响亮，有的孩子则比较安静、声微气小。新生儿的这种特征在其以后的活动、游戏、学习、工作和人际交往中都会有所表现。由于气质在很大程度上受到先天遗传因素的影响，它只是为个性的形成与发展提供了自然基础，因此，气质特征本身没有好坏之分。

（二）气质类型

气质类型是由神经过程的基本特性按照一定的方式结合而成的气质结构。最早将气质进行分类的是古希腊医生希波克拉底和罗马医生盖伦（参见知识库 3-2）。但其观点的科学性受到后人的怀疑和批评。后来，又有人从体型、血型、内分泌腺等方面解释气质的本质，仍然不能令人信服。

知识库 3-2 ～～～～～～～～～～～～～～～～～～～～～～～～～～～～～～～

气质类型的来源

最早的类型理论是在公元前 500 年左右由希腊医生希波克拉底提出来的。希波克拉底认为，人体内有 4 种基本体液：血液、粘液、黑胆汁、黄胆汁；每种体液对应于一种气质；人体中的 4 种体液可以有不同的配置，其中占优势的体液主导着人的气质类型。500 年后，罗马医生盖伦对希波克拉底的 4 种类型分类采用了气质概念，这就是近代气质概念的来源。这 4 种体液与气质的对应关系是：

◆ 血液-多血质：活泼，快乐，好动。

◆ 粘液-粘液质：沉静，情绪淡漠，不好动。

◆ 黑胆汁-抑郁质：忧郁，不快活，易哀愁。
◆ 黄胆汁-胆汁质：兴奋性强，急躁易怒。

巴甫洛夫关于高级神经活动类型的学说，科学地解释了气质的机制。通过大量的实验研究，巴甫洛夫发现高级神经活动的基本过程包括兴奋过程和抑制过程。两个过程的作用相反，但却又相互依存和转化。这两个过程有三个基本特性：即强度、平衡性和灵活性（参见知识库3-3），这三种特性的独特结合构成四种高级神经活动类型，即活泼型、安静型、兴奋型和抑制型。巴甫洛夫认为，神经系统的类型是气质的生理基础，兴奋型相当于胆汁质，活泼型相当于多血质，安静型相当于粘液质，抑制型相当于抑郁质（见表3-1）。

知识库3-3

神经过程的基本特性

◆ 神经过程的强度：即大脑细胞的工作忍耐力，有强与弱之分。

◆ 神经过程的平衡性：即兴奋过程和抑制过程之间的强度关系，有平衡和不平衡之分。

◆ 神经过程的灵活性：即兴奋过程和抑制过程之间转换的速度，有灵活与不灵活之分。

表3-1 高级神经活动类型与气质类型对照表

神经过程的特征			高级神经活动类型	气质类型	气质类型的主要心理特征
强度	平衡性	灵活性			
强	不平衡		兴奋型	胆汁质	直率、果断、热情、内心外露、心境变化剧烈、精力充沛、反应迅速、易激动
	平衡	灵活	活泼型	多血质	活泼好动、敏捷乐观、喜欢与人交往、注意力容易转移、兴趣易变更、轻率、浮躁

神经过程的特征			高级神经活动类型	气质类型	气质类型的主要心理特征
强度	平衡性	灵活性			
强	平 衡	不灵活	安静型	粘液质	安静、稳重、善于忍耐、脚踏实地、反应缓慢、情绪不外露、注意力稳定但难以转移
弱	不平衡		抑制型	抑郁质	富于联想、善于觉察他人不易觉察的细节、情绪体验深刻、孤僻、胆小、多愁善感

以上介绍的是四种气质类型，请认真看图 3-1，相信你一定会对胆汁质、多血质、粘液质、抑郁质这四种典型气质类型的心理特征有更深刻的理解。

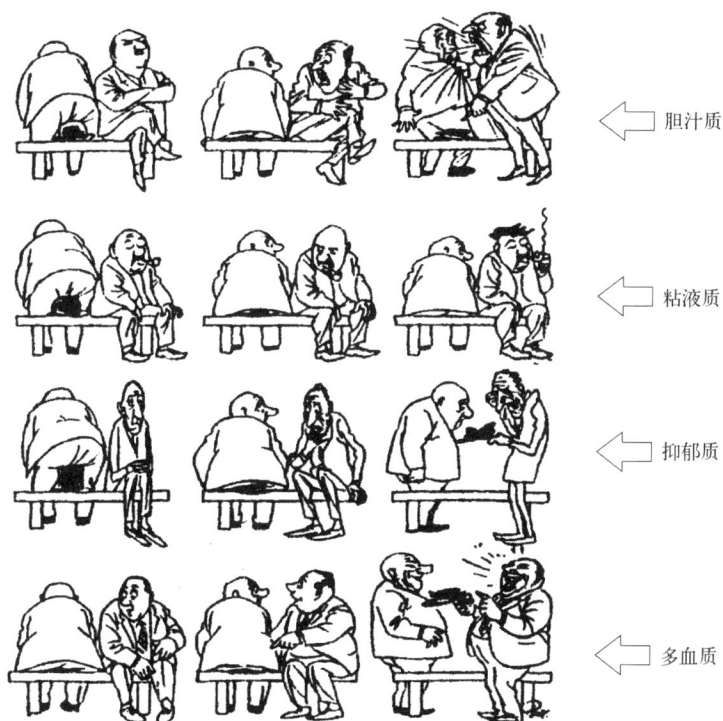

←胆汁质

←粘液质

←抑郁质

←多血质

图 3-1 四种典型的气质类型
作者：〔丹麦〕皮特斯特鲁普

现实生活中,心理学家曾巧妙地设计了"看戏迟到"的特定情境(见知识库3-4),对四种典型气质类型的人进行观察研究。结果发现,四种基本气质类型的观众,在面临同一情境时有截然不同的行为表现。由此可见,气质使人的心理活动染上了一种独特的色彩。

知识库 3-4

看戏迟到

◆ 胆汁质的人面红耳赤地与检票员争吵起来,甚至企图推开检票员,冲过检票口,径直跑到自己的座位上去,并且还会埋怨说,戏院时钟走得太快了。

◆ 多血质的人明白检票员不会放他进去,他不与检票员发生争吵,而是悄悄跑到楼上另寻一个适当的地方来看戏剧表演。

◆ 黏液质的人看到检票员不让他从检票口进去,便想反正第一场戏不太精彩,还是暂且到小卖部待一会儿,待幕间休息再进去。

◆ 抑郁质的人对此情景则说自己老是不走运,偶尔来一次戏院,还这样倒霉,接着就垂头丧气地回家了。

应当指出,并不是所有的人都可按照四种传统的气质类型来划分,只有少数人是四种气质类型的典型代表,多数人是介于各类型之间的中间类型。因此,在判断某个人的气质时,并非一定要把他划归为某种类型,主要是观察和测定构成他的气质类型的各种心理特性以及构成气质生理基础的高级神经活动的基本特性。

(三)气质与职业选择

气质作为人类心理活动过程所表现出来的动力特点,虽然有不同的表现类型,但并没有好与坏的区别,任何一种气质类型都有优点和缺点,而且其优点和缺点几乎是相伴而生的。例如,多血质的人情感丰富、反应灵活、易接受新事物,但是情绪不稳定、精力易分散;胆汁质的人直率热情、精力旺盛、反应迅速而有力,但是脾气急躁、易于冲动、准确性差;黏液质的人安静稳重、善于自制、忍耐,但对周围事物冷淡、反应缓慢;抑郁质的人情感体验深刻而稳定、观察敏锐、办事细致、认真,但过于多愁善感、行为孤僻、反应迟缓。

其实,气质只是人的性格和能力发展的一个前提,不能决定人的成就高低,每一种气质类型的人都有可能在事业上取得成就(见知识库 3-5)。

知识库 3-5

四位著名文学家的气质类型

研究发现,俄罗斯四位著名文学家就是四种不同气质类型的代表。

◆ 普希金属胆汁质;

◆ 赫尔岑属多血质;

◆ 克雷洛夫属粘液质;

◆ 果戈理属抑郁质。

四人气质类型各不相同,却并不影响他们在文学上取得同样杰出的成就。

资料来源:曹日昌,《普通心理学》(下册),人民教育出版社,1980 年。

虽然气质在人的各项实践活动中不起决定作用,但它却会影响活动的性质和效率。比如《水浒传》里的黑旋风李逵脾气暴躁,为人耿直,是典型的胆汁质类型的人;而《红楼梦》里的林黛玉多愁善感,柔弱孤僻,她的气质是典型的抑郁质。如果安排李逵去卖肉,叫林黛玉去绣花,对两人来说都是轻而易举的;相反,倘若让李逵去绣花,叫林黛玉去卖肉,则是强人所难。

一般来说,大多数工作对从业人员的气质要求并不是十分严格,但如果了解了气质与职业之间的匹配关系,则可以做到根据气质类型的特点选择职业,这样就有可能提高工作效率,并在工作中发挥自己的优势。表 3-2 列出了气质类型与职业之间的匹配关系。

表3-2 气质类型与职业选择

气质类型	气质特点	适合职业
胆汁质	冲动、暴躁、兴奋、反应性强	导游、推销员、节目主持人、演讲者、演员等
多血质	活泼、乐观、适应性强	管理者、外事人员、驾驶员、飞行员、宇航员、服务员、运动员、记者等
粘液质	迟缓、反应淡漠、耐受性强	法官、出纳员、话务员、会计师、播音员、调解员等
抑郁质	抑郁、脆弱、孤僻、体验性强	编辑、打字员、档案管理员、化验员、雕刻师、刺绣工、保管员、机要秘书等

当然,气质类型与职业选择的关系只是相对而言的,许多职业,例如教师和作家,各种不同气质类型的人都可以从事,并且都能取得很好的成就。各国心理学家对气质类型与群体协同活动的关系的研究发现,两个气质类型不同的人在协同活动中,比气质类型相同的两个人配合所取得的成绩要好。气质特征相反的两个人合作,不仅合作效果好,而且还有利于团结。

二、性格与职业的匹配

(一) 性格的概念

"性格"这一术语来自希腊文,原意是特征、标志、属性或特性。我国心理学界比较一致的看法为:**性格**是指个人对现实稳定的态度以及与之相适应的习惯化了的行为方式上的心理特征。比如,一位管理者在各种场合都表现得热情、谦虚、严于律己、坚毅果断、深谋远虑。这种对人、对己、对事的稳定态度和习惯化了的行为方式,就是这位管理者的性格特征。

但是,在某种情况下,那种属于一时的、情境性的、偶然的表现,不能构成人的性格特征。例如,一个人在偶然的场合表现出胆怯行为,不能就此认为这个人具有怯懦的性格特征。也就是说,性格必须是经常出现的、习惯化的、从本质上最能代表一个人个性特征的那些态度和行为。在"空城计"中,诸葛亮由于掌握了司马懿多疑寡断的性格,才敢于空城设疑等援兵,而司马懿也正是由于了解诸葛亮一贯谨慎的特点,才认为他不会做冒险之事。

在性格分析中,总免不了有伦理道德的评价,如正直、慷慨、诚实、善良等为肯定的特征,懒惰、吝啬、见利忘义等为否定的特征。

世界上没有性格完全相同的人,只能说相似性的程度有大小,性格的特征是多种多样的,其组合后的特征就更多了。很明显,性格是个体差异的一个重要方面。

> **经典名言**
>
> 播下一个行动,你将收获一种习惯;播下一种习惯,你将收获一种性格;播下一种性格,你将收获一种命运!
>
> ——威廉·詹姆斯

(二) 性格的结构

性格是一个十分复杂的心理特征系统,从结构上看,它包含了多个侧面,并在每个个体身上形成独特的组合。一般对性格结构的分析,着眼于性格的态度特征、性格的意志特征、性格的情绪特征、性格的理智特征四个方面。

1. **性格的态度特征**

人对现实的态度体系是性格最主要的组成部分,也是性格最直接的表现。它与人的社会属性相关。具体可分为三个方面(见表3-3)。

表3-3 性格的态度特征及其主要表现

性格的态度特征	积极的特征表现	消极的特征表现
对社会、集体、他人的态度特征	爱祖国,关心社会,热爱集体,具有社会责任感与义务感,乐于助人,待人诚恳,正直等	不关心社会与集体,缺乏社会公德,为人冷漠、自私、虚伪等
对学习、劳动和工作的态度特征	认真细心,勤劳节俭,富于首创精神等	马虎粗心,拈轻怕重,奢侈浪费,因循守旧等
对自己的态度特征	严于律己,谦虚谨慎,自强自尊,勇于自我批评等	放任自己,骄傲自大,自负或自卑,自以为是等

2. **性格的意志特征**

性格的意志特征是指个体在调节自己行为方式的过程中所表现出来的个人特点。性格的意志特征主要表现为四个方面(见表3-4)。

表3-4 性格的意志特征及其主要表现

性格的意志特征	积极的特征表现	消极的特征表现
对行为目的明确程度的意志特征	独立性、目的性、纪律性等	冲动性、盲目性、散漫性等
对行为自觉控制的意志特征	自制、主动等	任性、盲动等
对自己作出决定并贯彻执行方面的意志特征	恒心、坚韧等	见异思迁、半途而废等
在紧急或困难情况下表现出的意志特征	勇敢、镇定、果断等	胆小、紧张、犹豫等

3. 性格的情绪特征

性格的情绪特征是指一个人在情绪活动中经常表现出来的强度、稳定性、持久性以及主导心境方面的特征(见表3-5)。

表3-5 性格的情绪特征及其主要表现

性格的情绪特征	基 本 内 涵	主 要 表 现
强度特征	人的情绪对工作和生活的影响程度和情绪受意志控制的程度	有人情绪反应强烈、明显、易受感染;有人反应微弱、隐晦、不易受感染
稳定性特征	情绪的起伏和波动程度	有人情绪稳定;有人情绪容易波动
持久性特征	情绪对人身心各方面影响的时间长短	有人情绪产生后很难平息;有人情绪虽来势凶猛但转瞬即逝
主导心境	不同的主导心境在一个人身上表现的稳定程度	有人终日精神饱满、乐观开朗;有人却整日愁眉苦脸、烦闷悲观等

4. 性格的理智特征

人们在感知、记忆、思维、想象等认识过程中表现出来的个别差异,就是性格的理智特征(见表3-6)。

表3－6　性格的理智特征及其主要表现

性格的理智特征	主　要　表　现
在感知方面	有的人观察精细,有的人观察粗略;有的人观察敏锐,有的人观察迟钝等
在思维方面	有的人善于独立思考,有的人喜欢人云亦云;有的人善于分析,有的人善于综合
在记忆方面	有的人记忆敏捷、过目成诵;有的人记忆较慢,需反复记忆方能记住;有的人记忆牢固且难以遗忘;有的人记忆不牢且遗忘迅速等
在想象方面	有的人想象丰富、奇特,富有创造性;有的人想象贫乏、狭窄;有的人想象主动,富有情感色彩;有的人想象被动、平淡寻常等

以上性格结构的四个方面不是独立存在的,它们相互联系,相互影响,构成一个统一体存在于每个人身上。要了解一个人,就应对性格的各个方面作全面分析。

(三) 性格的类型

性格的类型是指一类人身上所共有的性格特征的独特结合。按一定原则和标准把性格加以分类,有助于了解一个人性格的主要特点和揭示性格的实质。由于性格结构的复杂性,在心理学的研究中至今还没有大家公认的性格类型划分的原则与标准。现将有代表性的观点加以简介。

1. 机能类型说

这是英国心理学家培因(A. Bain)和法国心理学家李波特(T. Ribot)提出的分类法。他们根据理智、情绪、意志三种心理机能在人的性格中所占优势不同,将人的性格分为理智型、情绪型、意志型。理智型的人通常用理智来衡量一切和支配行动,处世冷静;情绪型的人通常用情绪来评估一切,言谈举止易受情绪左右,不能三思而后行;意志型的人行动目标明确,主动、积极、果敢、坚定,有较强的自制力。以上三种是日常生活中极典型的性格类型,实际上大多数人都是混合类型。

2. 向性说

瑞士心理学家荣格(C. G. Jung)是向性说的代表人物。他把人的性格分成内倾和外倾两大类,并从思维、情感、感觉和直觉方面推演出 8 种性格类型

(见表3-7)。

荣格性格类型的划分已被编制成量表,在国外主要应用于教育和医疗等实践领域。

表3-7　荣格性格类型

性格类型	性　格　特　点
外倾型思维	按固定规则生活,对事对人的态度客观、冷静;善于思考,但固执己见,感情受压抑,如科学家类型的人
外倾型情感	理智服从情感,更多属于女性,情绪易受外界影响而变化;多愁善感,但尊重他人
外倾型感觉	追求欢乐,善于交际,热衷于感兴趣的经验,情感一般较浅薄,非常讲究实际
外倾型直觉	凭主观预感作出决定,但易变,有创造性。对新事物敏感却不能长期坚持,容易见异思迁
内倾型思维	喜欢离群索居,易脱离实际,顽固执拗,不会体贴别人,社会适应性差
内倾型情感	敏感而文静,多思考,但有些孩子气,往往沉默寡言难以捉摸,对他人的观点和感情无动于衷
内倾型感觉	沉浸于自己的主观感觉,不关心外部世界,外表沉静,自制,思想、情感贫乏
内倾型直觉	对别人的不理解满不在乎,不能认真地交流思想、情感,爱好内部的主观体验,如艺术家

3. 独立—顺从说

美国心理学家威特金(H. A. Witkin)等人根据场的理论,将人的性格分成场独立型和场依存型。前者也称独立型,后者又称顺从型。场独立型的人不易受环境因素的影响,具有独立判断事物、发现问题、解决问题的能力,同时具有较强的应激能力;场依存型的人倾向于以外在参照物作为信息加工的依据,易受环境或附加物的干扰,常不加批评地接受别人的意见,应激能力差。

需要说明的是,两种性格特点各有优劣。在某些方面,场独立型的人占有优势,在另一方面,则是场依存型的人占有优势。例如,场独立型的人具有较强的判断能力和自主性,在理性思维方面较为出色,但社会敏感度和社交技能往往偏低;而场依存型的人能很快察觉环境中微妙的人际信息,从而作出最恰当的反应,社交能力往往出众。

4. 社会生活类型说

德国哲学家和心理学家斯普兰格(E. Spranger)按照人的价值观和行为,把人的性格分为经济型、理论型、审美型、宗教型、政治型、社会型等 6 种类型(见表 3 - 8)。

表 3 - 8 斯普兰格性格类型

性 格 类 型	性 格 特 点
经济型	一切以经济观点为中心,以追求财富、获取利益为个人生活目的。实业家多属此类
理论型	以探求事物本质为人的最大价值,但解决实际问题时常无能为力。哲学家、理论家多属此类
审美型	以感受事物美为人生最高价值,他们的生活目的是追求自我实现和自我满足,不太关心现实生活。艺术家多属此类
宗教型	把信仰宗教作为生活的最高价值,相信超自然的力量,坚信永存生命,以爱人、爱物为行为标准。神学家是此类人的典型代表
政治型	以获得权力为生活的目的,并有强烈的权力意识与权力支配欲,以掌握权力为最高价值。领袖人物多属于此类
社会型	重视社会价值,以爱社会和关心他人为自我实现的目标,并有志于从事社会公益事业。文教卫生、社会慈善等职业活动家多属此类型

在现实生活中,某个人的性格往往是多种类型特点的组合,但常以一种类型特点为主。

(四) 性格与职业选择

正如前文所述,根据气质特点选择职业可以提高工作效率,同样,性格也会影响一个人职业发展的前景。职业心理学的研究表明,不同的职业对从业者的性格要求是不同的。如从事教师职业的人要求乐观外向、乐于与人亲近、耐心、正直、责任心强、稳定性好、安详沉着、冷静自信；从事广告职业的人要求聪明、敏锐、敢于打破常规、狂放不羁、富于幻想；从事科学研究的人必须认真、聪明、独立自信、敢于怀疑、富于批判精神和创新意识。

一般来说，性格影响着一个人对职业的适应性，一定的性格适宜从事一定的职业（见案例3-2）。

案例3-2

技术员与商务代表

陈波从某高校机械专业毕业后，找到一家企业做技术支持的工作。几年过去了，虽然他全身心投入、兢兢业业，可业绩却非常一般，同时进公司的其他同事却得到了提升。在朋友的建议下，他做了一次性格测试。测试结果告诉他，他比较擅长与人打交道，更适合做类似销售或经纪人之类的工作。随后，他跳槽到一家机械公司做商务代表，将他的专业和特长相结合，最大地发挥了他的优势。

资料来源：许明月，《人力资源管理心理学》，经济科学出版社，2010年。

类似案例中陈波这种经历在很多人身上都发生过。现在很多组织都提出"人—职匹配"的概念，要求员工的技能和性格要与岗位匹配。比如，陈波具有机械技术方面的知识背景，但是作为技术人员，需要专注于技术研究，不会对此感到枯燥；而性格外向的陈波在此岗位上就会心猿意马。作为机械公司的商务代表，需要的不仅是机械技术方面的基本知识，还需要擅长与人交流，处理人际关系等方面的性格特征。陈波的性格特征与商务代表的职位是相匹配的。

人们常说"性格决定命运"，其实也决定事业成败。所以，现代职业生涯规划理论与传统的职业生涯理论最大的区别就是增加了性格因素的分析内容。经过十几年的发展，性格与职业的匹配性方面的研究已经十分深入，也出现了一大批性格分析模型。其中比较有影响的有霍兰德（J. L. Holland）的人格和职业类型匹配理论。他认为大多数人的人格（主要指性格特征）可以分为6种类型：实际型、研究型、艺术型、社会型、企业型和传统型。每一种人格有相应的典型职业（见表3-9）与之匹配。

表3-9 霍兰德职业人格类型

人格类型	人 格 特 点	典 型 职 业
实际型	喜欢有规则的具体劳动和需要基本操作技能的工作,但缺乏社交能力,不适应社会性质的职业	技能性职业(一般劳动、技工、维修工、农民等)和技术性职业(如摄影师、制图员、机械装配工等)
研究型	具有聪明、理性、好奇、精确、批评等特征,喜欢探索和从事创造性的活动,不喜欢遵循固定程序;对具体操作不感兴趣	科技研究人员、工程师、实验研究等
艺术型	具有想象、冲动、无秩序、情绪化、理想化、有创意、不重实际等特征,喜欢艺术性质的职业和环境	艺术方面的职业(如演员、导演、艺术设计师、雕刻家等)、音乐方面的职业(如歌唱家、作曲家、乐队指挥等)和文学方面的职业(诗人、小说家、剧作家等)
社会型	具有合作、友善、助人、负责、圆滑、善社交、善言谈、洞察力强等特征,喜欢社会交往,关心社会问题,有教导别人的能力	教育工作者(教师、教育行政人员)与社会工作者(咨询人员、公关人员)等
企业型	具有冒险、野心、独断、乐观、自信、精力充沛、善社交等特征,喜欢从事领导及企业性质的职业	政府官员、企业领导、销售人员等
传统型	具有顺从、谨慎、保守、实际、稳重、有效率等特征	秘书、办公室人员、记事员、行政助理、图书馆管理员、出纳员、打字员等

　　霍兰德认为,上述人格类型与职业的关系也并非绝对的,尽管大多数人的人格可以划分为某一类型,但个人又具有广泛的适应能力,其人格类型在某种程度上与另外两种人格类型相近,则也能适应另两种职业类型的工作。某一种类型与其他类型之间存在相关性,同时,每一个类型又有一个极为相斥的职业环境类型,这种关系可以用图3-2所示的六边形来描述。

　　确实,性格对一个人的职场成功有着很大的影响。如果一个人从事的职业与他的性格相适应,工作起来就会得心应手,心情舒畅,容易取得成功。如果性格与职业不相适应,这种性格就会阻碍工作的顺利进展,使从业者感到被动,缺乏兴趣,倦怠,力不从心,精神紧张,工作上成功的概率也会较小。

　　虽然许多工作对性格品质有着特定的要求,选择某一职业就需要具备

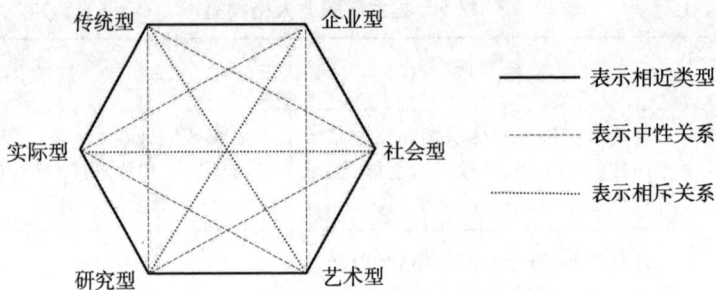

图3-2　霍兰德职业人格类型关系图

这一职业所要求的性格特征,但是,性格在很大程度上来源于后天的培养,并不是无法改变的,每个人在社会中都会因为种种外界原因而改变自己的一些性格特征,也许这种改变会让人意外发现自己的潜力。另外,人的性格并不能决定他的社会价值与成就水平。当发现自己的性格与职业的匹配度不高时,可以通过个人努力来弥补。当然,一个人在自己适宜的职业中不努力也不会成功。

三、能力与职业的匹配

(一) 能力的概念

能力是直接影响活动效率并保证人顺利完成某种活动所必备的心理特征。例如,动作敏捷、反应快速、操作机器熟练,是工人保质、保量、按期完成生产任务应具备的必要能力;表达清楚、讲解透彻、逻辑严密,是教师上好课应具备的能力;善于鉴别色彩、形象记忆、掌握线条比例,是画家完成一幅画应具备的必要能力;灵活而敏捷的思维、较好的语言表达和答辩能力,是从事外交工作的人员所必备的。总之,能力是与人们顺利完成工作和胜任工作相关的心理特征。

能力总是和人完成一定的活动联系在一起的。离开了具体活动,既不能表现人的能力,也不能发展人的能力。但是,我们不能认为凡是与活动有关的并在活动中表现出来的所有心理特征都是能力。只有那些完成活动所必需的直接影响活动效率的,并能使活动顺利进行的心理特征,才是能力。例如,人的体力、知识以及人是否暴躁、活泼等虽然对活动有一定影响,但不是顺利完成某种活动最直接、最基本的心理特征,因此,不能称它们为能力。

能力有一般能力和特殊能力。一般能力是指观察、记忆、思维、想象等能力,通常也叫智力。它是人们完成任何活动都不可缺少的,是能力中最主要和最一般的部分。特殊能力是指人们从事特殊职业或专业所需要的能力。例如,画家需要高度的色彩鉴别力、形象思维能力,音乐家需要敏锐的听觉辨别能力以及感受音乐节奏的能力,科学家需要高水平的抽象思维能力等。人们从事任何一项专业性活动,既需要一般能力,也需要特殊能力,两者的发展是相互促进的。

(二) 能力的个别差异

1. 能力的类型差异

能力的类型差异指构成能力的各种因素存在质的差异。例如,在观察时,有的人善于分析细节,但缺乏整体概括本领;另一些人虽然概括能力较强,却容易忽略细节。在记忆时,有的人善于视觉记忆,有的人长于听觉记忆,有的人对形象的东西过目不忘,另一些人则最能记住抽象逻辑性强的东西。在特殊能力方面,也存在明显的类型差异。如有的人动手操作能力极强,有的人语言表达能力高超,有的人组织指挥能力突出等。

2. 能力发展水平的差异

能力发展水平的差异指不同人的同种能力在量的方面存在差异。它表明人的能力发展水平有高有低。以智力为例,其发展水平是呈正态分布的,即智商特别高的人和智商特别低的人在总人口中所占的比例很小,而智力居中的人数量最多(见知识库3-6)。

知识库 3-6 ∼∼∼∼∼∼∼∼∼∼∼∼∼∼∼∼∼∼∼∼∼∼∼

智力的个别差异

人们的智商有高有低。有些人的智商高达 140 分以上,被称为天才;有些人的智商在 70 分以下,被认为智力不足。所有人的智力分布情况是:

智 商	名 称	占总人口的百分比
130 分以上	智力超常	1

110～129 分	智力偏高	19
90～109 分	智力中常	60
70～89 分	智力偏低	19
70 分以下	智力低常	1

3. 能力发展早晚的差异

人的能力发展早晚也有差异。有的人在儿童时期就在某些方面显现出非凡的能力。例如，王勃 6 岁善文辞，10 岁能赋；莫扎特 5 岁作曲，8 岁作交响乐，11 岁创作歌剧；俄罗斯 17 岁女孩尤金妮亚·亚历山仁科能在 10 分钟内看完《战争与和平》，且过目不忘。有的人能力发展较晚，年龄很大时才达到较高的水平。但就大多数人来说，青壮年时期是各项能力表现的最佳年龄。美国学者莱曼(Lehman)曾研究了几千名科学家、艺术家和文学家的年龄与成就的关系，他得出的结论是：25～40 岁是成才的最佳年龄（见表 3 - 10）。我国学者张笛梅统计从公元 600～1960 年共 1 243 位科学家的 1 911 项重大科学成就，也与莱曼的观点一致（见表 3 - 11）①。

表 3 - 10   成才的最佳年龄表

学　科	化学	数学	物理学	实用发明	医学	植物学	心理学	生理学	声乐	歌剧	诗歌	小说	哲学	绘画	雕刻
成才的最佳年龄	20～36	30～34	30～34	30～34	30～39	30～34	30～39	35～39	30～34	35～39	25～29	30～34	35～39	32～36	35～39

表 3 - 11   成才人数与成才项目年龄阶段表

年龄阶段	16～20	21～25	26～30	31～35	36～40	41～45	46～50	51～55	56～60	61～65
成才人数	21	110	233	255	218	166	106	63	36	20
成才项目	21	119	294	328	333	278	201	117	83	44

在同一个人身上，不同能力的成熟与衰退年龄也有很大差异（见表 3 - 12）。

---

① 程正方：《现代管理心理学》(修订本)，北京师范大学出版社，1996 年。

表 3-12　不同能力的成熟与衰退年龄表

年　龄	10～17	18～29	30～49	50～69	70～89
知　觉	100	95	93	76	46
记　忆	95	100	92	83	55
比较判断	72	100	100	87	69
动作反应速度	88	100	97	92	71

（三）能力与工作的匹配

在任何组织中，如果员工或管理者缺乏其工作岗位所必需的能力，无论他的工作态度多么积极，最终的工作绩效还是很低。相反，当个体的能力远远超过工作要求时，也不一定能提高工作绩效。因为在这种情况下，既会造成人才的浪费，也无法使人获得成就感，不能激发其工作的积极性。美国心理学家布兰查特（Blanchard）曾举例说明这个问题（见案例 3-3）。

案例 3-3

保安人员的学历

美国在建立第一个农业大工厂时，首先须雇佣一批保安人员。由于当时劳动力过剩，厂方估计应聘者可能会很多。所以，工厂规定雇佣保安人员的最低标准为高中毕业生，并需有三年警察或工厂警卫的经验。

按上述标准雇佣的保安人员，大多在工作中（只检查出门的证件）感到单调和乏味，表示无法容忍，因而对工作漠不关心，不负责任，缺勤率和离职率很高。

后来，工厂重新制定雇佣标准，要求保安只受过四五年的初等教育就行。结果，新雇佣的保安人员对工作满意度高，责任心强，缺勤率和离职率都很低，工作很出色。

资料来源：孔祥勇，《管理心理学》，高等教育出版社，2001 年。

可见,在组织中仅仅关心个体的能力或仅仅关心工作本身对能力的要求都是不够的,个体的绩效取决于两者之间的相互匹配。那么,如何达到人的能力与工作任务的合理匹配呢?关键是做到人尽其才,如图3-3所示。

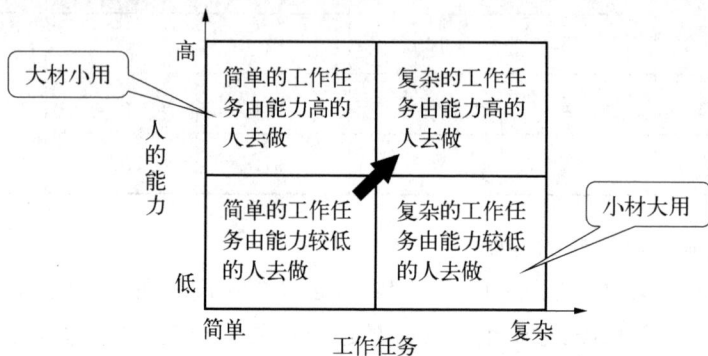

图3-3 人的能力与工作任务匹配图

在图3-3中,通过对人的能力和工作任务两项要素的把握,达到人与工作的合理匹配:简单的工作由能力较低的人去做,复杂的工作由能力高的人去做,并且通过对能力较低的人的不断培养,使其在能力得到提升后可以实现去做复杂的工作。实际是在工作的不同层面上实现人的能力与工作任务的相互匹配。

图3-3中左上角和右下角的两种情况是用人上最忌讳的,需要在用人过程中极力避免:简单的工作任务由能力高的人去做就是大材小用,大材小用从资源利用角度看是对人力资源的一种浪费,人也会如案例3-3中的高学历保安一样不安于现有工作;复杂的工作任务由能力较低的人去做则是小材大用,小材大用会对工作任务完成情况的优劣产生影响,属于组织中人力资源配置上的一种失效,人也会产生挫折感,进而失去对工作的兴趣和努力。

总之,对管理者来说,在安排员工工作时,要注意对组织成员的能力进行全面了解,做到让能力最适合的人做其最适合的工作,避免大材小用和小材大用。同时,在人员优化组合时,注意能力类型差异的互补性,最大限度地发挥团体的协作作用。

综上所述,人的气质相差悬殊,性格各不相同,能力有大有小,可以说差异是个性概念中一个最突出的特点。不论什么原因——遗传的还是社会环境的因素——造成了个体间的差异,这些差异都是客观存在的。从管理的角度看,问题不在于了解人们是否存在差异,因为这是不言而喻的。关键的问题是了解人们具有哪些方面的不同,并运用差异的知识尽可能地使人们更好地从事工作。

第三节 心 理 测 验

在日常生活中,人们往往凭感觉来描述和评价他人的个性,但是随着个性特征的信息在员工招聘、选拔和工作绩效预测等方面的广泛应用,如果单纯依靠感觉来了解一个人的个性特征,就难免会出现各种各样的偏差。从管理的角度出发,更多的时候需要运用科学的手段对个性进行测量。心理测验是目前国内外许多组织常用的个性特征测量方法。

一、什么是心理测验

心理测验是根据客观的标准化了的程序来测量个体的某种心理特征的方法或工具。心理测验与升学或学校里的考试不同,它是一种标准化的测验工具。标准化的含义有两个方面:一方面,心理测验是经过标准化的程序,根据客观方法和一定步骤编制而成的;另一方面,该测验的使用、记分、解释也必须按标准化的程序和原则进行。总之,心理测验必须具备信度、效度、常模和标准化等几个技术指标(见知识库3-7)。

知识库3-7

心理测验的技术指标

信度:主要是指测量结果的可靠性或一致性。指一个人在同一心理测验中几次测量结果的一致性。信度越高,测验越可靠。

效度:指测量的有效性。一个测验的效度越高,表明它所测得的结果就越能代表欲测特质的真正水平。比如,一个智力测验的效度比较高,我们就可以认为由这个测验得出的分数可以比较准确地反映出完成测验的人的真实的智力水平。

常模:是指心理测验中的比较标准,即在心理测验中常用的标准化样本的平均分数。一个测验的常模是在编制时建立的,如果没有常模,测验的结果就毫无意义。

标准化:指每个测验对测验内容、方法、程序(如指导语、测验时间和环境、记分和结果解释等)的具体规定。

通过心理测验,可以了解一个人的潜力以及他的心理活动状态和规律,确定一个人是否符合某一岗位的需要,预测其在这一岗位上能否成功。作为一种技术和方法,心理测验可以帮助组织的决策者把合适的员工安排在合适的岗位上,使人职匹配;也可以发现员工的能力倾向,以确定其培训和发展方向。

心理测验可以在较短的时间内迅速了解一个人的心理品质、潜在能力和其他各种心理特点,比较科学和客观地对人进行评定而不受评定者主观因素的影响,这种优势已经被国内外众多组织的人力资源工作所证实。

二、常用心理测验介绍

(一) 能力测验

能力测验主要有韦克斯勒智力测验、瑞文推理测验、创造能力测验、领导能力测验、特殊能力测验等。本章主要介绍信度与效度较高的韦克斯勒智力测验和瑞文推理测验。

1. 智力测验

智力测验主要测量人的观察力、记忆力、抽象思维能力、判断推理能力等。成人智力测验常用韦克斯勒成人智力量表(Wechsler Adult Intelligence Scale)。它分为言语测验和操作测验两大类:前者包括常识、理解、算术、类同、记忆广度和词汇解释 6 个分测验,后者包括符号替代、图形补充、图形设计、连环图形、物形配置 5 个分测验。韦氏采用离差智商对这 11 个分测验进行评分,可以分别评出言语智商、操作智商和全量表智商,并可在图表上画出线性图。韦克斯勒成人智力量表(WAIS)的信度、效度很高,在中国已有修订版(见知识库 3-8)。但测验只能一对一进行施测,每次施测要花费 1~2 个小时,而且需要一整套测量器材,成本较高,故只能极少地应用于高级管理人员的选拔中。

知识库 3-8

中国修订的韦氏成人智力量表简介

　　测验一：知识。了解被试的知识广度，共有 29 题。问题举例：17. 人体三种血管名称是什么？

　　测验二：领悟力测验。这是测验被试的实际知识和理解、判断能力的分测验，共 14 题。题目举例：7. "趁热打铁"是什么意思？

　　测验三：算术（心算）。以了解被试的计算与推理能力、计算速度和正确性，共 14 题，均有规定时限。计算举例：13. 8 人在 6 天做完的工作，如果半天完成要多少人？

　　测验四：相似性。了解被试的抽象概括能力，共 13 题。题目举例：1. 斧头—锯子。

　　测验五：数字广度。了解被试的注意力与机械记忆能力，分顺背和倒背两种测验，方法是主试按每秒一个数字的速度读出一组数字，令被试照背和倒背。

　　测验六：词汇。了解被试的词语知识广度、学习和理解能力，共有 40 个词汇，让被试说出每个词的意义。词汇举例：2. 美丽。

　　测验七：数字符号（译码）。是了解被试的一般学习能力、知觉辨别和书写速度。每个数字有一个相应的符号。让被试在 90 秒内在 90 个数字下面填上代表该数字的符号，每正确填写一个符号记一分，倒转符号记半分，最高 80 分。

　　测验八：填图。了解被试的知觉组织和推理能力，共有图片 21 张，每张图片均缺乏一个重要部分，需要被试指出。

　　测验九：木块图案。了解被试的抽象推理能力和结构分析能力，有 9 块正方形积木，每块两面白色，两面红色，另两面按对角线分成红白两色。另有 10 种图案，让被试用木块将图案摆出来。

　　测验十：图片排列。了解被试对社会情境的理解能力，共有 8 套图片，每套有 3~6 张。如果将每套的顺序正确排列，可以说明一个故事。每套图片按规定打乱后交给被试，让被试将图片重新排列，排列正确可得分。

测验十一:图形拼凑。了解被试概念思维和处理部分与整体关系的能力,共有四套图像组合板,每套图像被分割成若干部分,打乱后按规定交给被试,让被试重新拼凑以恢复原形。

2. 瑞文推理测验

瑞文推理测验是英国心理学家瑞文(J. C. Raven)于1938年编制的一种非文字测验,用来测量一个人的观察能力和思维推理能力。此测验由无意义的图形组成(见图3-4),要求被测者根据大图案内图形间的某种关系——这正是需要被测者去思考的,选择出小图片中的哪一张填入大图案中缺少的部分最合适,由于该测验有较高的信度和效度,较少受文化知识背景的影响,而且对各年龄段都适用,所以,它一研制出来就在全世界各种文化背景中被广泛地使用。瑞文推理测验在国内目前常用于公务员考核和企业人才测评。

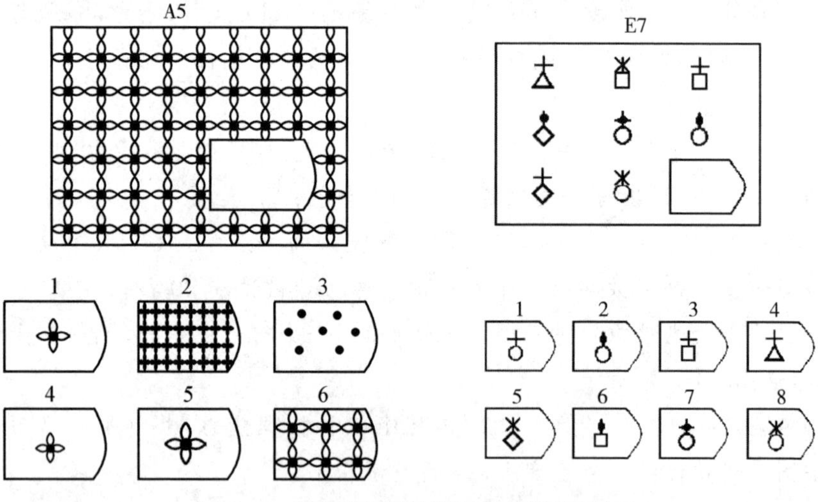

图3-4 瑞文推理测验题目示例(见彩插3)

(二)人格测验

目前,人格测验已发展到数百种。从方法上归类,可以分为两大类:一类为结构明确的自陈式量表,一类为结构不明确的投射测验。

1. 自陈式量表

自陈式量表通常也称为人格量表,这些量表都经过标准化处理,通常由一系列的问题组成,要求被试按照自己的真实情形来回答。一个人格量表既可以用来测量单一的人格特质,也可以用来测量多个人格特质。下面介绍几种常见的人格量表。

(1) 明尼苏达多相个性调查表(MMPI)

明尼苏达多相个性调查表(Minnesota Multiphasic Personality Inventory,MMPI)问世于 1943 年,由明尼苏达大学教授哈特卫(S. R. Hathaway)和麦金利(J. C. Mckinley)合作编制而成。到目前为止,它已被翻译成各种文字版本达 100 余种,广泛应用于人类学、心理学和医学领域,是世界上最常引证的人格量表。中国心理学家宋维真、张建新等人于 1980 年起引进 MMPI,20 世纪 90 年代初完成了 MMPI - 2 的标准化。

MMPI 有 10 个临床子量表,分别测疑病、抑郁、癔病、男子气或女子气、妄想狂等 10 种个性特质,还有 4 个与效度有关的量表,以考察被试的态度。MMPI 采用的是自我评估形式的题目(见知识库 3 - 9),实际上是 550 题,因为加了 16 个重复内容的题目,所以变成 566 题。题目的内容范围很广,包括身体各方面的情况(如神经系统、心血管系统、消化系统、生殖系统等情况)、精神状态及对家庭、婚姻、宗教、政治、法律、社会等态度。MMPI 施测时要求被测验者根据自己的真实情况对所有题目作出"是"或"否"的回答。该量表适用范围为年满 16 岁、初中以上文化水平及没有什么影响测验结果的生理缺陷的人群。施测时间约 1.5~2 个小时。

知识库 3 - 9

明尼苏达多相个性调查表示例

姓名:_____ 性别:_____ 年龄:_____ 文化程度:_____

本测验由许多与你有关的问题组成,当你阅读每一道题时,请考虑是否符合你自己的行为、感情、态度意见等,答案没有好与坏以及对与错之分,请根据第一印象进行选择,现在开始吧!

1. 我喜欢看机械方面的杂志。　　　　　　　　　　是　否

2. 我的胃口很好。　　　　　　　　　　　　　　　是　否

3. 我早上起来的时候,多半觉得睡眠充足,头脑清醒。　是　否

4. 我想我会喜欢图书管理员的工作。　　　　　　　　　　是　否

5. 我很容易被吵醒。　　　　　　　　　　　　　　　　　是　否

6. 我喜欢看报纸上的犯罪新闻。　　　　　　　　　　　　是　否

7. 我的手脚经常是很暖和的。　　　　　　　　　　　　　是　否

8. 我的日常生活中，充满了使我感兴趣的事情。　　　　　是　否

9. 我现在工作（学习）的能力和从前差不多。　　　　　　是　否

10. 我的喉咙里总好像有一块东西堵着似的。　　　　　　是　否

(2) 卡特尔16种个性因素问卷（16PF量表）

卡特尔 16 种个性因素问卷（Cattell the Sixteen Personality Factor Questionnaire，16PF量表）是美国伊利诺州立大学人格及能力测验研究所教授卡特尔（R. B. Cattell）采用因素分析统计法编制的人格测量问卷，具有良好的信度和效度，是国际上最具影响力的心理量表之一。

16PF量表由187道题组成（见知识库3-10），从乐群、聪慧、敏感、独立、敢为、怀疑等16个相对独立的个性层面对被测者进行测量，根据不同因素的组合可以全面评价被测者的个性，能够预测被测者的稳定性、承受压力的能力、成熟度等，并可以了解被测者在心理健康、适应新环境、专业成就、创新能力等方面的表现。该量表被广泛应用于人才选拔、就业指导及职业咨询等领域。

16PF量表适用于16岁以上的各类人群，对年龄、性别、职业、级别、文化等方面均无限制。实施简便，解释客观，能高度概括一个人个性特征的整体面貌。施测时间约40分钟～1小时。

知识库 3-10

卡特尔16种个性因素量表示例

姓名：_____　性别：____　年龄：____　出生日期：_____　年级：____

本测验包括一些有关个人的兴趣与爱好等问题，每个人对这些问题会有不同的看法，并没有好与坏、对与错之分。请您不必有任何顾虑，也不必对题目花太多时间去斟酌，看清题意就立即回答，现在让我们开始吧！（1. A　2. B　3. C）

1. 我很明了本测验的说明。1　　2　　3
A. 是的　　　　　　　　B. 不一定　　　　　　　　C. 不是的

2. 我对本测验的每一个问题都能做到诚实回答。1　　2　　3
A. 是的　　　　　　　　B. 不一定　　　　　　　　C. 不同意

3. 如果我有机会的话,1　　2　　3
A. 我愿意到一个繁华的城市去旅行　　　　　　B. 介于 A、C 之间
C. 我愿意游览清静的山区

4. 我有能力应付各种困难。1　　2　　3
A. 是的　　　　　　　　B. 不一定　　　　　　　　C. 不是的

5. 即使是关在铁笼里的猛兽,也会使我见了惴惴不安。1　　2　　3
A. 是的　　　　　　　　B. 不一定　　　　　　　　C. 不是的

（3）艾森克个性问卷（EPQ）

艾森克个性问卷（Eysenck Personality Questionaire,EPQ）是由英国心理学家艾森克（H. J. Eysenck）等编制的,量表采取是非题的形式,分为少年（7～15 岁）问卷和成人（16 岁以上）问卷两种,每种问卷都包括 4 种量表：精神质量表（P）、外内向量表（E）、情绪稳定性量表（N）和效度量表（L）。三个维度是彼此独立的。在我国已有 EPQ 的修订本,仍分少年和成人（见知识库 3 - 11）两种,题目都筛选成 88 项（原版分别为 97 项和 107 项）,都有较高的信度和效度。施测时间约 20～30 分钟。

EPQ 项目少,易于测查,在司法、教育和管理等领域有较高的使用价值。

知识库 3 - 11

艾森克个性问卷（成人）示例

姓名：＿＿＿＿＿＿　　性别：＿＿＿＿＿＿　　年龄：＿＿＿＿＿＿

以下一些问题要求你按自己的实际情况回答,不要去猜测怎样才是正确的回答,因为这里不存在正确或错误的问题,也没有捉弄人的问题,将问题的意思看懂了就快点回答,不要花很多时间去想。现在开始吧!
（1.是　　2.否）

1. 你是否有许多不同的业余爱好？　　　　　　　1　　2
2. 你是否在做任何事情以前都要停下来仔细思考？　1　　2
3. 你的心境是否常有起伏？　　　　　　　　　　　1　　2
4. 你曾有过明知是别人的功劳而你去接受奖励的事吗？　1　　2
5. 你是否健谈？　　　　　　　　　　　　　　　　1　　2
6. 欠债会使你不安吗？　　　　　　　　　　　　　1　　2
7. 你曾无缘无故地觉得"真是难受"吗？　　　　　　1　　2
8. 你曾经贪图过分外之物吗？　　　　　　　　　　1　　2
9. 你是否在晚上小心翼翼地关好门窗？　　　　　　1　　2
10. 你是否比较活跃？　　　　　　　　　　　　　　1　　2

（4）加州心理测验量表(CPI)

美国加州大学心理学家高夫(H. G. Gough)设计了加州心理测验量表(California Psychological Inventory,CPI)。该量表由 480 个"是否型"的题目组成,分成 18 个分量表,18 个分量表按所测查的个性心理特征又可分为四大类,具体见知识库 3－12。

知识库 3－12

加州心理测验分量表的分类

第一类：人际关系适应能力的测验(6 个量表)：支配性、上进心、社交性、自在性、自尊性、幸福感。

第二类：社会化、成熟度、责任心及价值观的测验(6 个量表)：责任心、社会化、自制力、宽容性、好印象、从众性。

第三类：成就潜能与智能效率的测量(3 个量表)：遵循成就、独立成就、智能效率。

第四类：个人生活态度与倾向方面的测量(3 个量表)：心理性或共鸣性、灵活性、女性化。

CPI 分别有男性和女性的常模，我国也有修订本。该量表用于团体或个别施测均可，被测者的文化水平最好在初中以上。CPI 的应用范围十分广泛，在教育心理方面，可用于对学生的学业成就、创造性潜能进行预测，并可为专业选择提供指导；在管理心理方面，可为应聘者的管理潜能、工作绩效进行预测。国外认为它是一项在人员选拔方面有较大潜力的测验。

（5）迈尔斯-布里格斯人格类型量表（MBTI）

迈尔斯-布里格斯人格类型量表（Myers-Briggs Type Indicator，MBTI）源自瑞士著名心理学家荣格（C. G. Jung）的人格类型理论，后经凯瑟琳·布里格斯（Katharine Cook Briggs）与伊莎贝尔·布里格斯·迈尔斯（Isabel Briggs Myers）两人加以演化，最后形成了包括四个双极维度（见知识库 3 - 13）的 16 种人格类型量表。该量表具有很好的信度和效度，包含 93 个问题，每题设 2 个备选答案，要求受测者在完全解除压力的状态下选择自己最自然的做法或者反应。测试时间为 30 分钟。

知识库 3 - 13

迈尔斯-布里格斯人格类型量表的四个维度

◆ 外向 Extravert —— 内向 Introvert：表示获得与运用能量的方式。

◆ 感觉 Sensing —— 直觉 Intuition：表示搜集与获取信息的方式。

◆ 思考 Thinking —— 情感 Feeling：表示作出决策的方式。

◆ 判断 Judging —— 感知 Perceiving：表示组织生活的方式。

许多研究说明，成功企业家的特征之一是直觉思维型（NT）的个性。对苹果电脑公司、联邦快递公司、本田汽车公司、微软公司和索尼公司等 13 位企业家（创始人）的调查表明，他们全部为直觉思维型[1]。

从总体上看，在所有 16 种个性类型中，"外向—直觉—思考—感知"类型和"外向—感觉—思考—感知"类型管理者的工作绩效比较高。

MBTI 是当今世界上具有广泛影响的个性评价工具之一。在国外，每年

---

[1]　陈国海：《组织行为学》（第 4 版），清华大学出版社，2013 年。

的使用者多达数百万人,主要用于职业指导、人事咨询、管理人员评估及团体动力学分析等领域。

(6)"大五"人格测验量表(NEO-FFI)

"大五"人格测验量表是由美国著名心理学家 Costa 和 McCrae 编制的,该测验的中文版由中国科学院心理所著名心理学家张建新教授修订。它从神经质(neuroticism)、外向性(extraversion)、开放性(openness)、宜人性(agreeableness)和责任感(conscientiousness)五个方面测查一个人的人格。"大五"人格因素的相关特征见表 3-13。

表 3-13 "大五"人格因素及其相关特征

高分者特征	特 质 量 表	低分者特征
烦恼、紧张、情绪化、不安全、不准确、忧郁	神经质(N) 评鉴顺应与情绪不稳定,识别那些容易有心理烦恼、不现实的想法、过分的奢望式要求以及不良反应的个体	平静、放松、不情绪化、果敢、安全、自我陶醉
好社交、活跃、健谈、乐群、乐观、好玩乐、重感情	外向性(E) 评鉴人际间互动的数量和强度、活动水平、刺激需求程度和快乐的容量	谨慎、冷静、无精打采、冷淡、厌于做事、退让、话少
好奇、兴趣广泛、有创造力、有创新性、富于想象、非传统的	开放性(O) 评鉴对经验本身的积极寻求和欣赏;喜欢接受并探索不熟悉的经验	习俗化、讲实际、兴趣少、无艺术性、非分析性
心肠软、脾气好、信任人、助人、宽宏大量、易轻信、直率	宜人性(A) 评鉴某人思想、感情和行为方面在同情至敌对这一连续体上的人际取向的性质	愤世嫉俗、粗鲁、多疑、不合作、报复心重、残忍、易怒、好操纵别人
有条理、可靠、勤奋、自律、准时、细心、整洁、有抱负、有毅力	责任感(C) 评鉴个体在目标取向行为上的组织性、持久性和动力性的程度,把可靠的、严谨的人与那些懒散的、邋遢的人作对照	无目标、不可靠、懒惰、粗心、松懈、不检点、意志弱、享乐

20 世纪 90 年代以来,对"大五"人格和工作绩效的关系的研究日益增多,大量研究表明,"大五"人格可以很好地预测工作绩效。

2. 投射测验

投射测验是利用某些材料（一般是意义模糊的刺激），要求被试对刺激材料进行解释，让他们在不知不觉中将自己的思想、态度、愿望和情感泄露出来，从而确定其人格特征。最常用的投射测验有主题统觉测验（Thematic Apperception Test；TAT）和罗夏墨迹测验。

（1）主题统觉测验（TAT）

主题统觉测验由美国哈佛大学心理学家默瑞（H. A. Mulray）等人编制，它由 30 幅图像和一张空白卡片组成。图像多是人物，也有一部分风景。每幅图像都相当模棱两可，可以作种种不同的解释（见图 3-5）。被试的解释应该包含三个基本维度：图片上的情境是怎么造成的；图片中的情境表示发生了什么事件，并描述其中角色的情绪表现；结果会怎样。被试叙述故事时眼看空白卡片，它起着集中被试的注意和刺激想象的作用。

图 3-5　主题统觉测验题目示例

TAT 没有标准化的施测规程，一次全面的分析费时甚长，往往需要 4～5 个小时才能评定一份记录，这是典型地把 TAT 当作一个测验来使用的情况。有的研究人员实际上是把 TAT 当作采集当前研究所关心的个人资料的工具。因此，若想考察个体的攻击性倾向，则主要留意被试解释中的攻击性行为表征；若想考察个体的焦虑，就主要捕捉被试解释中与焦虑有关的迹象。能够做完全套测验的人不多，主试往往根据自己关心的问题来选择其中的部分图片施测。但是不论怎么使用，分析的基本原理是一样的。

（2）罗夏墨迹测验

罗夏墨迹（Inkblot）测验是由瑞士精神科医生、精神病学家罗夏（H. Rorschach）创立，国外有时称罗夏技术或简称罗夏，国内也有多种译名，如罗夏测验、罗夏测试和罗沙克测验等。罗夏测验因利用墨渍图版而又被称为墨渍图测验，现在已经被世界各国广泛使用。

罗夏墨迹测验是由 10 张经过精心制作的墨迹图（见图 3-6）构成的。其中，7 张为水墨墨迹图，3 张为彩色墨迹图。这些图片在被试者面前出现的次

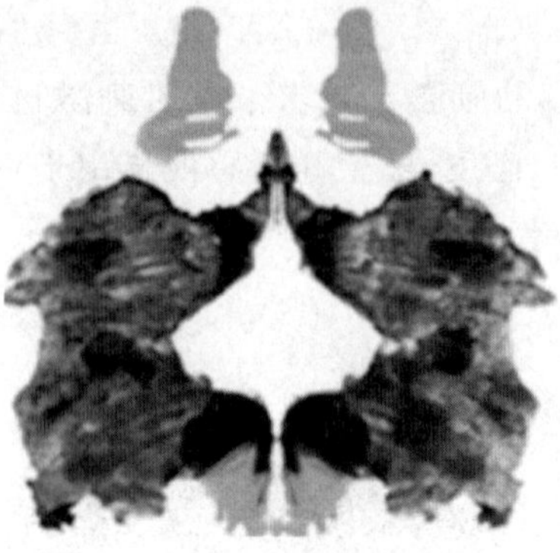

图 3-6　罗夏墨迹测验题目示例
（见彩插 4）

序是有规定的。主试者的说明很简单，例如，"这看上去像什么？"，"这可能是什么？"，"这使你想到什么？"主试者要记录：反应的语句；从每张图片出现到开始第一个反应所需的时间；各反应之间较长的停顿时间；对每张图片反应总共所需的时间；被试者的附带动作和其他重要行为等。目的都是为了诱导出被试者的生活经验、情感、个性倾向等心声。被试者在不知不觉中便会暴露自己的真实心理，因为他在讲述图片上的故事时，已经把自己的心态投射入情境之中了。

罗夏墨迹测验最大的优点在于主试者的意图、目的藏而不露，这样创造了一个比较客观的外界条件，使测试的结果比较真实，对心理活动的了解比较深入。缺点是分析比较困难，需要有经过专门培训的主试。因此，在员工招聘中运用罗夏墨迹测验一般比较少，只有在招聘高层次的管理人员中才考虑运用。

总之，西方的心理测验研究在理论建构和实际应用方面已有了很大的发展，认真分析和借鉴这些已有的成果，有助于管理者了解和把握员工的个性特点，并在工作安排中努力做到使员工的个性与其工作相匹配。

三、正确对待和使用心理测验

心理测验是心理学研究的结晶，是一种科学的方法。但在其发展过程中，曾走向两个极端。一个极端是测验万能论，无人不用，无所不用，盲目崇拜测验，甚至以一次测验成绩定终身，以致泛滥成灾；另一个极端是测验无用论，认为心理测验误差大，没有科学性，对其全盘否定。反思历史，心理测验学家告诫人们，要以科学严肃的态度对待心理测验，既不能肯定一切，也不能否定一切；既要充分重视心理测验的发展与应用，也要对心理测验的局限性有所认识。

（一）正确地对待心理测验

1. 心理测验是研究个体心理的一个重要工具

心理测验是一种定量化程度很高的测量技术。心理测验的编制十分严谨,并且经过标准化和鉴定,因此,测验的结果是准确可靠的。实践证明,心理测验比观察法、访谈法等心理测量的其他方法更准确、更客观。另外,心理测验还可以在较短的时间内搜集到大量的定量化资料,是研究个体心理的一种重要工具。

2. 心理测验存在不可忽视的局限性

心理测验不是心理测量的唯一方法,更不是万能的方法,它有着不可忽视的局限性。首先,不同的心理测验所依据的理论基础不尽相同,所测特质的定义、观点及概念系统也不同,因此,同样性质的测验测量的可能是不完全相同的心理特质;其次,心理测验是对人的心理特质的间接测量与取样推论,不可能完全准确;再次,作为指导测验编制的"测量理论"有一些比较脆弱的假设;最后,测验过程中的一些无关因素的干扰很难完全排除,会影响测验结果的稳定性和准确性。总之,心理测验无论在理论上还是方法上都有不完善的地方。因此,要相信心理测验能提供有价值的资料,但不能完全迷信心理测验,在利用心理测验结果作辅助决策时,还必须结合其他信息进行全面的分析。在对测验分数作解释时,尤其是对个体作预测时,必须十分小心。

(二)科学地使用心理测验

为了准确地把握个体的个性特点,必须正确使用心理测验。如果运用不当,不仅不能达到了解他人的目的,还可能造成不良的后果。为使心理测验能够最大限度地发挥其功效,使用心理测验必须注意下面两个问题:

1. 使用标准的心理测验

心理测验有优劣之分。目前,许多报纸、杂志为吸引读者登载了不少游戏性心理测验,但不能拿来使用,而必须采用按照科学方法编制的、经过标准化处理的心理测验。心理测验软件必须通过专家鉴定并配有使用手册方可使用。

此外,心理测验的常模是某一标准化样组在一定时空中实现的平均成绩。地区不同,常模也就不同。因此,不能把一个原来良好的测验,不分时间、地区到处乱用。

2. 由专业人士施测

心理测验是一项专业技术很强的工作(见知识库 3-14),测验人员必须是经过专门训练并具备相应资格的人。测验的选择、施测、结果的解释等都必须由训练有素的专业工作者来完成。只有专业人士施测,才能把误差控制在最小的范围内,才能提高测试结果的科学性、可靠性、客观性和有效性。

知识库 3-14

使用心理测验应注意的问题

◆ 测验的选择要慎重。

◆ 使用某一心理测验前,必须认真阅读测验手册。

◆ 做好测试前的准备工作。

◆ 测验的实施应严格控制误差。

主要包括:测验的情境应力求一致,正确使用指导语,测试时记录和计时要准确,对被试态度要和蔼,要对被试在测验实施中的反应和行为做出切实而仔细的记录等。

◆ 测验的记分要客观。

◆ 要以慎重的态度来解释与使用测验结果。

主试一般不要把测验结果告诉被试或其他人,而只需告诉测验结果的解释。

正如著名心理学家潘菽(1897—1988 年)教授所言,心理测验是可信的,但不能全信;心理测验是可用的,但不能完全依靠它。在管理领域,以这样的态度对待心理测验,既符合组织不断发现其成员发展潜能的要求,又可以避免人员使用过程中通过一次测评下结论而可能带来的误差。

本章要点总结和复习

◆ 个性又称人格。美国心理学家阿尔波特认为,个性是决定人的独特的行为和思想的个人内部的身心系统的动力组织。

◆ 气质指的是人的心理活动动力方面比较稳定的心理特征。它表现为心理活动的速度、强度、稳定性和指向性等方面特点和差异的组合。气质类型有多血质、胆汁质、粘液质和抑郁质四种。只有少数人是四种气质类型的典型代表,多数人是介于各类型之间的中间类型。气质在人的各项实践活动中不起决定作用,但它会影响活动的性质和效率。

◆ 性格是指个人对现实稳定的态度以及与之相适应的习惯化了的行为方式上的心理特征。性格的结构主要包括性格的态度特征、性格的意志特征、性格的情绪特征和性格的理智特征四个方面。性格对一个人的职场成功有着很大的影响。

◆ 能力是直接影响活动效率并保证人顺利完成某种活动所必备的心理特征的总和。能力的个别差异主要表现在能力的类型差异、能力发展水平的差异和能力发展早晚的差异几方面。对管理者来说,在安排员工工作时,应让能力最适合的人做其最适合的工作。

◆ 心理测验是根据客观的标准化了的程序来测量个体的某种心理特征的方法或工具。心理测验必须具备信度、效度、常模和标准化几个技术指标。常用的心理测验主要有能力测验和人格测验。

学习游乐场 3

你最愿意到哪个岛生活

　　假定在苍茫的大海上,我们是一群游客,由于轮船搁浅,我们必须上岛,对于未来是否有求救的船只过来,我们知道这种可能性是零,这些岛屿很有可能就是我们今后一辈子要待的地方,只能待在这个岛上,你会如何选择?

　　这六个岛屿分别生活着不同的人。俗话说"物以类聚,人以群分",你最愿意到哪个岛上? 每个人都做一个选择。假如你第一个要选择的岛屿已经人满为患了,你的第二选择是哪个岛? 如果第二个也满了,你的第三选择又是什么? 请大家保留自己的选择结果。

　　R岛:自然原始的岛屿,岛上保留有热带的原始植物林,自然生态保护得很好,也有相当规模的动物园、植物园、水族馆。岛上居民以手工见长,自己种植瓜果蔬菜、修理房屋、打造器物,制作各种工具。

　　I岛:深思冥想的岛屿,岛上人迹较少,建筑物多偏处一隅,平川绿野,适合夜观星象。岛上有多处天文馆、科博馆以及科学馆和图书馆等。岛上居民喜好沉思,追求真知,喜欢和来自各地的科学家、哲学家、心理学家等交换心得。

A岛:美丽浪漫的岛屿,岛上充满了美术馆、音乐厅,弥漫着浓厚的艺术文化气息。同时,当地的原住民还保留了传统的舞蹈、音乐与绘画,许多艺术和文艺界的朋友都喜欢在这里找寻灵感。

S岛:温暖友善的岛屿,岛上居民个性温和、十分友善、乐于助人,社区均自成一个个密切互动的服务网络,人们互助合作,重视教育,充满人文气息。

E岛:显赫富足的岛屿,岛上居民热情豪爽,善于经营和贸易。岛上的经济高度发展,处处是高级饭店、俱乐部、高尔夫球场。来往者多是企业家、经理人、政治家、律师等,岛上衣香鬓影,夜夜笙歌。

C岛:现代井然的岛屿,岛上建筑十分现代化,是进步的都市形态,以完善的户政管理、地政管理和金融管理见长。岛民个性冷静保守,处事有条不紊,善于组织规划,细心高效。

你的选择是:

第一选择_____;

第二选择_____;

第三选择_____。

结果说明参见本书附录1。

心理测试3-1:看看你的智商有多高

测试导语

智商即智力商数(Intelligence Quotient,IQ),是个人智力测验成绩和同年龄被试成绩相比的指数,是衡量个人智力高低的标准。它主要是通过各种试题来评估测试者的语言、数学、空间、记忆与逻辑推理能力。普通人的正常智商水平在90~110分之间。下面是33道智商测试题,测试时间为25分钟。

测试开始

第 1～8 题,请从理论上或逻辑的角度在后面的空格中填入后续字母或数字。

1. A,D,G,J,　　　　　　　

2. 1,3,6,10,　　　　　　　

3. 1,1,2,3,5,　　　　　　　

4. 21,20,18,15,11,　　　　　　　

5. 8,6,7,5,6,4,　　　　　　　

6. 65536,256,16,　　　　　　　

7. 1,0,−1,0,　　　　　　　

8. 3968,63,8,3,　　　　　　　

第 9～15 题,请从备选的图形(a、b、c、d)中选择一个正确的填入空白方格中。

9.

10.

11.

12.

13.

14.

15.

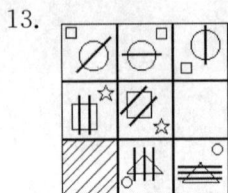

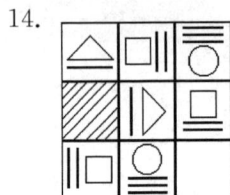

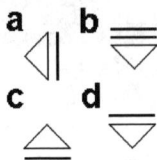

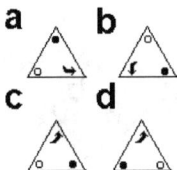

第16～25题,请从备选的图形(a、b、c、d)中选择图形填入空缺方格,以满足下列图形按照逻辑角度能正确排列下来。

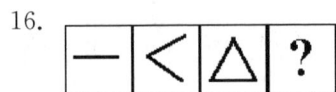

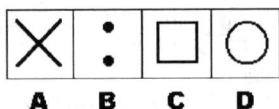

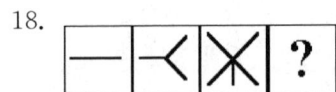

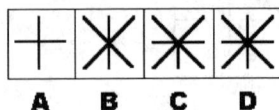

16.

17.

18.

19.

20.

21.

22.

23.

24.

25.

第 26～29 题,四个图形中缺少两个图形,请在右边一组图形(a、b、c、d、e)中选择两个插入空缺方格中,以使左边的图形从逻辑角度上能成双配对。

26.

27.

28.

29.

第30～33题,在下列题目中每一行都缺少一个图,请在右边一组图形(a、b、c、d)中选择一个插入空缺方格中,以使左边的图形从逻辑角度上能成双配对。

30.

31.

32.

33.

测试结果与分析参见本书附录2。

心理测试3－2:你是哪种气质类型的人

陈会昌等编制

手机扫一扫,查阅内容。

课后练习

一、单项选择题

1. 表现在人对现实的态度和行为方式的比较稳定的独特的心理特征的总和是( )。

   A. 气质　　　　　B. 性格　　　　　C. 能力　　　　　D. 兴趣

2. 具有不爱与人交往、孤僻、多愁善感、富于联想等特征的人属于( )。

   A. 胆汁质　　　　B. 多血质　　　　C. 黏液质　　　　D. 抑郁质

3. 根据巴甫洛夫的高级神经活动类型学说,强、平衡、不灵活的类型是(　　)。

   A. 兴奋型　　　　B. 活泼型　　　　C. 安静型　　　　D. 抑制型

4. 编制 16 种个性因素问卷的是(　　)。

   A. 艾森克　　　　B. 荣格　　　　　C. 霍兰德　　　　D. 卡特尔

5. 热情、正直、诚实、认真等属于性格的(　　)特征。

   A. 态度　　　　　B. 意志　　　　　C. 情绪　　　　　D. 理智

二、多项选择题

1. 以下属于个性心理特征范畴的是(　　)。

   A. 需要　　　　　B. 气质　　　　　C. 能力　　　　　D. 性格

   E. 兴趣

2. 根据巴甫洛夫的高级神经活动类型学说,活泼型的特点是(　　)。

   A. 强　　　　　　B. 弱　　　　　　C. 平衡　　　　　D. 不平衡

   E. 灵活

3. 以下关于能力的描述正确的是(　　)。

   A. 属于个性心理特征

   B. 是人类社会历史经验的总结和概括

   C. 能力的发展比知识发展要慢得多

   D. 随年龄的增长不断积累

   E. 随年龄的增长是一个发展、停滞和衰退的过程

4. 以下属于投射测验的是(　　)。

   A. 艾森克个性问卷　　　　　　　　B. 罗夏墨迹测验

   C. 主题统觉测验　　　　　　　　　D. 卡特尔 16 种个性因素问卷

   E. 瑞文推理测验

5. 心理测验必须具备(　　)几个技术指标。

   A. 信度　　　　　B. 效度　　　　　C. 常模　　　　　D. 标准化

   E. 问题

三、判断题

1. 在心理学中的个性或人格是同一概念。(　　)

2. 韦克斯勒成人智力量表包括言语测验与操作测验两个部分。(　　)

3. 特殊能力是大多数活动所共同需要的能力。(　　)

4. 气质有不同的表现类型,但并没有好与坏的区别。(　　)

5. 心理测验的选择、施测、结果的解释等都必须由训练有素的专业工作者来完成。(　　)

四、简答题

1. 个性的特征是什么?
2. 性格的结构包括哪些方面?
3. 能力的个别差异主要表现在哪些方面?
4. 如何科学地使用心理测验?

五、案例分析题

李 亮 的 困 惑

　　李亮,27岁,名牌大学信息工程专业毕业。在一家企业做了4年多技术工作之后,因为业绩优秀,被一家公司高薪挖去担任部门经理,开始从事管理工作。但现在他觉得自己难以适应新的工作。原先做技术时只需要管好自己,按时完成任务就行了。而现在,他每天都卷入事务性的漩涡中:"原来只和机器打交道,现在我每天开会、向领导汇报工作、给员工布置任务,与其他部门协调……忙得团团转。"最让李亮感到难受的是,给领导的报表总因不符合要求被退回来:"我真怀疑自己压根儿就只能做技术,不能成为管理者。"

思考:

1. 你如何帮助李亮解决他的困惑?
2. 这个案例给你的启示是什么?

六、实训题

　　每位同学采用60道题的自陈式气质类型量表,对5名管理者进行问卷调查。然后汇总全班的调查结果,完成管理者气质类型分析报告。

☞ 推荐阅读

▶▶ 陈少华:《人格心理学》,暨南大学出版社,2010年。

▶▶ 郑雪:《人格心理学》(第二版),暨南大学出版社,2017年。

▶▶ 王登峰、崔红:《解读中国人的人格》,社会科学文献出版社,2005年。

▶▶ [美]罗伯特·M.卡普兰、[美]丹尼斯·P.萨库佐:《心理测验:原理,应用和争论》(第6版),上海人民出版社,2010年。

▶▶ 陈国鹏:《心理测验与常用量表》,上海科学普及出版社,2005年。

第 4 章

员 工 态 度

学习目标

学完本章并做完练习,你应该可以做到:

- 描述态度的特点
- 列出态度的功能
- 举出态度的主要理论
- 解释员工工作满意与组织承诺
- 列举提高员工工作满意与组织承诺的途径与
  方法

章前引例：价值 2 亿美元的工作态度

2004 年年底，国际航空联盟决定在亚洲遴选一座有超级吞吐能力，而且软硬件都符合要求的机场，作为国际客运和货运的航空枢纽，成为各个国家航班的中转站。

如果哪家机场最终能幸运地入选，每年在收取停机费和提供其他服务等方面，就会有近 2 亿美元的收入。

消息一出，亚洲各国机场纷纷摩拳擦掌，积极参与竞争。最终，中国的一个机场和韩国的仁川机场进入最后的比拼。

国际航空联盟的官员们将自己乔装成普通乘客，到两个机场明察暗访。在登机和乘坐的过程中，两个机场都给出了同样的规范化服务，难分伯仲。

但是，当暗访的官员们下了飞机取自己的行李箱时，却发现仁川机场拿到的箱子非常干净，在中国那个机场取到的行李却有些脏兮兮的，有一位官员的行李箱甚至新增了一道裂纹。

仁川机场行李提取处

为了查明原委，官员们开始了现场调查。他们发现行李箱从滑梯上滑下来后，仁川机场的地勤工作人员面带微笑，小心翼翼地接过行李箱，用一块抹布将整个箱子从头到尾擦了一遍，再将其小心地摆放到行李车上，等着乘客来取。整个过程中，他们不仅全身心投入，而且看得出他们是发自内心地热爱这份工作。

在中国那个机场，官员们却看到另外一番景象——当行李箱滑下来后，地勤工作人员便使劲地将其往放在一旁的行李车上扔，有时没扔准，掉了出来，他们则显得很不耐烦。工作中，他们脸上的表情麻木，感受不出一点儿对这份工作的喜欢和享受。

3 个月后，结果出来了，中国那个机场输给了仁川机场。国际航空联盟给出的解释是这样的——我们不能把乘客携带的货物交给一群不热爱自己工作的人来随心所欲地处理①。

仁川机场的最终胜出看似偶然，实则必然，因为只有对工作充满热情和喜爱的人或团体，才是最值得信任和给予重托的。

无数事实证明，员工的工作态度会直接影响一个组织的正常运行和效率。加强员工的工作态度研究是组织管理的关键所在。本章在对态度的概念、功能、影响因素及其理论进行简介的同时，重点探讨工作满意和组织承诺的行为表现、影响因素和形成规律，并对员工态度的测量提出相关建议。

---

① 牧徐徐："价值 2 亿美元的工作态度"，《现代阅读》2011 年第 10 期。

问 题 聚 焦

1. 人为什么会言行不一？

现实生活中，经常听人们谈起这样的话语："某某心里想的和嘴上说的太不一致了，真不知道他心里到底在想些什么！"、"某某很能说，说得天花乱坠，但往往不能付诸实际行动，所以，不能轻易相信！"是什么原因导致人会言行不一呢？第一节中态度与行为的关系可以揭示其中的原因。

2. 世界上最好的工作是什么？

图片来源：http://news.163.com/09/0507/14/58NG0S96000120GR.html

澳大利亚大堡礁"护岛人"曾被认为是"世界上最好的工作"。工作者一周工作12小时；工作内容是喂鱼、游泳、潜水、划船等。每周写博客、上传视频、接受媒体采访，向全球宣传大堡礁；工资每半年15万澳元；福利是带3个卧室和独立游泳池的住宅，可以携带自己的家人或朋友到岛上一同生活。经过层层选拔，英国的本·绍索尔（Ben Southall）击败3.4万名竞争者，获得负责看护澳大利亚大堡礁的"世界上最好的工作"。你认为他的工作是"世界上最好的工作"吗？你心目中最满意的工作是什么？你可以到第二节去了解一下，看看自己是否认同影响工作满意的那些因素。

3. 有些人为什么不愿意跳槽？

与有些人热衷于频繁跳槽不同，另一些职场中人却十分喜欢固定在一个地方。是什么原因让人不愿意跳槽呢？请进入第二节寻找答案。

本章学习内容导图

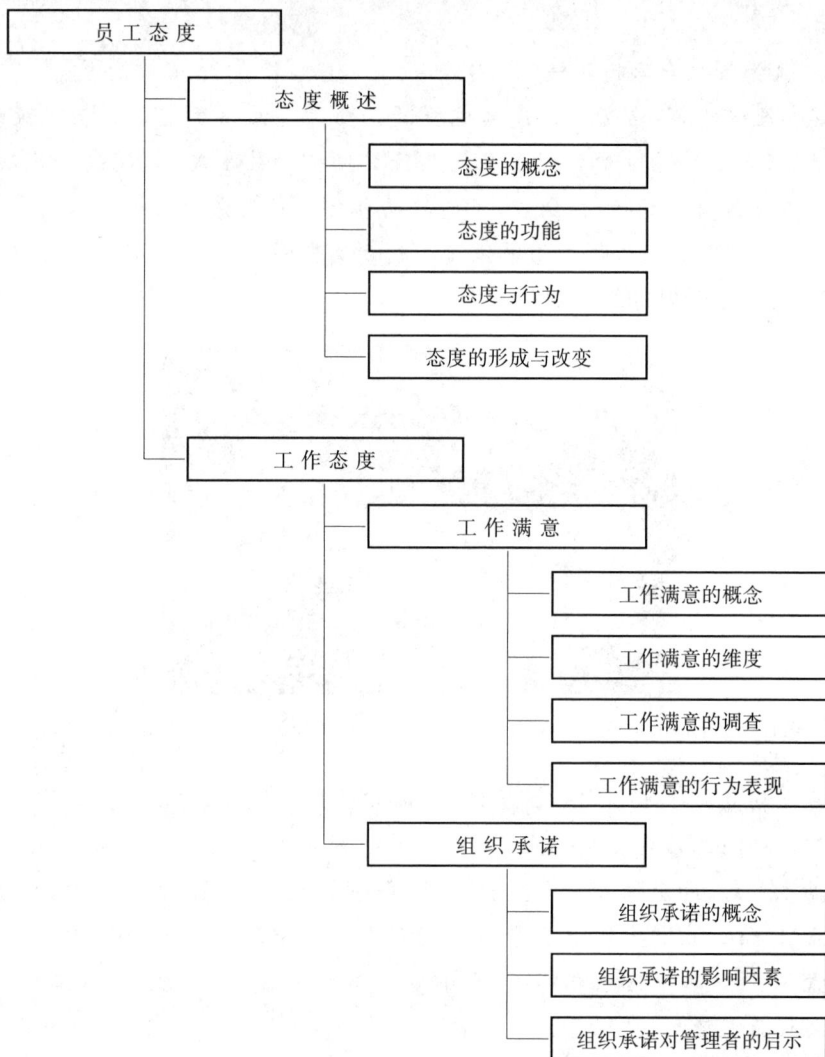

```
员 工 态 度
    │
    ├─── 态 度 概 述
    │        │
    │        ├─── 态度的概念
    │        │
    │        ├─── 态度的功能
    │        │
    │        ├─── 态度与行为
    │        │
    │        └─── 态度的形成与改变
    │
    └─── 工 作 态 度
             │
             ├─── 工 作 满 意
             │        │
             │        ├─── 工作满意的概念
             │        │
             │        ├─── 工作满意的维度
             │        │
             │        ├─── 工作满意的调查
             │        │
             │        └─── 工作满意的行为表现
             │
             └─── 组 织 承 诺
                      │
                      ├─── 组织承诺的概念
                      │
                      ├─── 组织承诺的影响因素
                      │
                      └─── 组织承诺对管理者的启示
```

第一节　态 度 概 述

态度是一种复杂的心理现象。在现实生活中,我们对他人及群体的反应,以及对他人行为的解释,都或多或少地与自己所持的态度有关。当我们用欣赏的态度去看世界时,就会发现很多美丽的风景;当我们用批评的态度去看世界时,就会觉得它一无是处(见案例 4 - 1)。

案例 4 - 1

智慧老人与两个年轻人

一个年轻人翻山越岭来到桃花源,向智慧老人取经,智慧老人问他:"年轻人,你喜欢这里的风景吗?"

"喜欢,真是名副其实的世外桃源啊!"年轻人说。

"你的家乡如何?"智慧老人又问道。

"糟透了,我讨厌那地方。"年轻人回答。

"那你快走,这里同你的家乡一样糟。"智慧老人说完,便把这个年轻人赶走了。

不久,又一个年轻人来取经,智慧老人问了同样的问题。

当智慧老人问他家乡如何时,这个年轻人回答说:"我的家乡很好,我思念我的家乡……"

智慧老人说:"年轻人,你留下来吧!"

旁听者深感诧异,问智慧老人为何前后说法不一致呢?智慧老人说:"你要寻找什么,你就会找到什么!心中没有桃花源,世上也就没有桃花源了。"

一、态度的概念

(一) 态度的定义

态度(attitude)是个体基于过去经验对一定对象所持有的比较稳定的心

理准备状态或人格倾向。

一般来说,态度包含个体的认知、情感和意向三个组成部分。其中,认知部分是由客观事物的知识或信息组成,反映个体对客观事物的认识、理性判断和信念。这是态度形成的基础;如果没有对客观事物的认知,就无法形成对客观事物的态度。如"我认识他,他对人比较真诚"。情感部分是个体对客观事物的评价,反映个体对客观事物的需要程度。需要则表示喜欢;不需要就表现为不喜欢。如"我喜欢这里的人","我不喜欢这里的天气"。意向部分则是个体对客观事物的反应倾向,即行为的准备状态。如"我准备明天去桂林旅游","我要找领导谈谈下星期的工作计划"。正是由于态度的认知、情感和意向的有机统一特性,使得人们可以从个体的外显行为推知其对客观事物的态度。需要说明的是,这种意向并不是行为本身。态度是人的外显行为的重要条件,态度可以影响行为的发生频率、行为效果、行为的持久性,但态度和行为的一致性之间还存在许多中介因素,需要考虑社会规范、习俗等外界条件和内在的个体差异性。

(二) 态度的特点

1. 对象性

即任何态度都具有特定的对象。这种对象既可以是具体事物,也可以是抽象概念;既可以是他人,也可以是主体自身;如管理者对员工的态度、员工对工作的态度等。没有指向对象的态度是不存在的。

2. 社会性

是指态度不是与生俱来的,而是在后天的社会生活中获得的。态度既可以通过他人或大众媒体等间接形成,如家庭、学校、组织、群体、舆论及传统习俗等都对态度的性质、方向、水平和层次有较大的影响;态度也可由个体的直接经验获得,如通过联想、强化和模仿等途径获得。

3. 内隐性

是指态度虽有行为意向,但不是外显行为本身,所以,人们无法直接观察它,只能通过对当事人的言谈举止等进行分析和推测,才能认识它。如果一名员工在业余时间里总是抱着各种专业书在看,我们就可以从他的行为中推测他对学习是持积极态度的。

4. 稳定性

是指态度的形成需要经历一定的过程,但一旦形成,就不会轻易发生改变,具有相对稳定性。例如,客人在某酒店接受了良好的服务后,感觉很好,从而形成了对这家酒店的肯定态度,以后当他再有这种需求时,很可能还选择这家酒店。

5. 调控性

是指态度对个体的内在心理活动和外在行为具有激发、调整和协调功能。情人眼里出西施、爱屋及乌等就是这一特性的具体表现。同样,在组织情境中,员工的工作态度会调控其工作行为(见案例4-2)。

案例4-2

态度决定结果

某公司有一位普通职员,每天出外勤递交文件、打扫环境卫生、清理垃圾等。工作琐碎且辛苦,但她非常喜欢自己的工作,总是尽心尽力,没有怨言。因为热爱这份工作,这位普通职员连续五年上班全勤,无论刮风下雨从未迟到早退,而且乐于助人,年年当选优秀员工。她自动放弃每两周一次的周六休假,也从未填报加班费。她经过的公司角落,你不会看到不该亮的灯、滴水的龙头或地上的纸屑。

她似乎比老板还要珍惜和爱护公司,而且更是维护地球环境的实践者。清理垃圾时,她坚持实施垃圾分类,印坏的纸张或是一些背面空白的废纸,她都裁成小张分给同事做便条纸,对其他废纸,只要是可以回收的,就一一摊平后与废纸箱一并捆绑卖给收废纸的,得到的钱捐给工会。

显而易见,这位普通职员已经把公司视为自己的家了。她的工作态度赢得同事们由衷的敬佩,尤其当拥有高学历的员工抱怨工作不顺时,看到她每天很认真地做事时,也就无话可说了。两年后,普通的她靠着把自己当作公司"主人"或"合伙人"的责任感,在那些学士、硕士们的羡慕中被破格提升为总务主任,进入公司中层主管的行列。

资料来源:宁一,《培养员工精神》,地震出版社,2005年。

6. 两极性

指态度对客观事物具有两种相互对立的极端状态。表现出肯定与否定、赞成与反对、积极与消极等对立两端的形式。应该注意的是,肯定的态度不一定就是积极的态度,否定的态度也不一定就是消极的态度。如对浪费行为的否定态度,则是积极态度。当然,在实际生活中也存在中性态度,但这是暂时的,最终会向两极发展。

二、态度的功能

现代心理学研究发现,人们之所以对自己所认识的事物持有一定的态度,是因为态度具有满足人们某种需要的心理功能。卡茨和奥斯卡姆普等认为,态度有四种基本功能。

(一) 适应功能

适应功能指人的态度都是在适应环境的过程中形成的,形成后又起着更好地适应环境的作用。在日常生活和工作中,个体具有从外部环境获得奖励和避免惩罚的需要,对不同的人持有不同的态度能使个体满足这种需要,如果员工以对待朋友的态度去跟上司打交道,往往就不适应。

(二) 自我防御功能

自我作为客观世界的一部分,不可能完全改变客观世界。当外界与个体的心理准备状态不一致时,就会使个体产生心理紧张、冲突和不安。如果个体经常处于这种心理状态之下,对个体的身心健康是十分有害的。这时,个体可以通过形成与之相对的态度,得到个体相应的心理准备状态,起到自我防卫作用。这种功能有助于个体内心压力的缓解,比如,一个知识分子看到商人赚很多钱并在生活中拥有许多物质享受时,为了恢复被损伤的自尊,他常会显示出自命清高和鄙视"为富不仁"者的态度,以保持心理平衡。

(三) 价值表现功能

在很多情况下,特有的态度常表示一个人的主要价值观和自我概念。如某人说:"我的个性就是这样,凡是原则问题就必须是坚持的。"这说明了他个人的价值判断,表明其对某事的赞成还是反对。态度的这种价值表现功能对个体的心理奖赏不仅仅是为了得到社会的认可,更重要的是,通过自我表现,可以使个体巩固自我中积极的方面。

（四）知识功能

人们之所以形成和改变态度，是为了"赋予混沌世界以意义"，满足人们理解和支配自己所处世界的需要。卡茨认为，每个人都想理解和支配自己的生活空间。由于有了态度，人们才能对现实生活中的各种信息进行汇集、整理和分类。同时，态度也是个体认知环境的参照框架，它会影响个体对客观世界的理解和判断（见知识库 4-1）。

知识库 4-1

态度对个体社会判断的影响

社会心理学家兰伯特曾经让加拿大的大学生根据声音判断说话者的人格特征。他让被试听 10 人朗读同一篇文章的录音（实际上只有 5 人朗读，只不过每个人都用英语和法语各读一次），然后判断这 10 人的人格特征。结果发现，同一个人用英语朗读比用法语朗读获得了更高的评价。说英语时被认为个子高、有风度、聪明、可靠、亲切、有抱负；而说法语时被认为有幽默感。实验证明，人们根据已有的态度来判断他人，因为英裔加拿大人的社会背景优于法裔加拿大人，大学生对英裔加拿大人的态度也优于法裔加拿大人。

上述四种功能的前两种能帮助个体调整或纠正自己的行为，后两种则和个体追求自我实现相连的高层次需要有关。因为个体既要从表达自己所赞同的观点中获得满足，也有了解周围世界的需要。

三、态度与行为

态度与行为有着非常密切的关系，人们经常可以从他人的态度来预测其行为。比如张三对李四持有消极的态度，我们就很容易地预测在选优秀工作者时，张三不会投李四的票。但是，态度与行为之间并非一对一的关系，也不是有什么样的态度就一定有什么样的行为，态度只体现了一种行为倾向，它并不等于行为（见知识库 4-2）。

知识库 4-2

态度能预测行为吗

在 20 世纪 30 年代初，绝大部分美国人对亚洲人持有种族偏见。为了研究这种偏见的影响，心理学家拉皮尔邀请一对来自亚洲的年轻夫妻驾车做环美旅行。他的研究想要发现，他们所经过的旅馆和饭店的老板会不会以他们对亚洲人的偏见而拒绝接待这对夫妻？结果在 3 个月的旅行中，他们经过的 66 家旅馆只有 1 家拒绝让他们住宿，而 184 家饭店没有一家拒绝他们用餐。事后，拉皮尔又给他们经过的旅馆与饭店写信，问他们是否愿意接待亚洲人。结果在 128 封回复的信中，90%说他们不会接待。很显然，他们的态度与行为发生了矛盾。

态度在什么情况下能预测行为？哪些因素影响了态度对行为的预测？围绕这两个问题，人们展开了许多研究。目前已经证实，影响态度对行为预测的因素主要包括以下几个方面。

（一）态度的强度

人的行为总是代表着一定的态度，但不是所有的态度都会引发人的行为。一般来说，强烈的态度要比微弱的态度对行为更有预测力。如果鱼和熊掌不可兼得时，由于对熊掌的态度强过对鱼的态度，就取熊掌而舍弃取鱼的行为。

（二）环境压力

环境对人的态度性质、强度和行为的一致性程度具有直接影响。通常情况下，当环境压力较大时，个体就会放弃自己的态度，表现出与环境压力一致性的行为；而当环境压力较小时，个体的行为就容易与态度表现出一致性。入乡随俗就是环境保证了态度与行为的一致性。

（三）态度形成的方式

如果个体的态度是根据自己经历或直接经验为基础形成的，态度与行为之间就有较高的一致性，根据这种态度来预测个体行为的准确性也就越高；反之，如果个体的态度是外界强加，没有个体原有的知识准备，态度与行为之间的一致性就低，就很难根据态度来预测行为。

（四）态度对象与个体的关系

如果态度所指对象与个体的利益有直接关系，是个体活动追求的对象或关系较大，态度与个体行为之间的一致性较高；反之，态度与个体行为就会出现较低的一致性。如果目前环境下的工资待遇与员工工作行为之间具有显著正相关，通过工资待遇的调整来评价员工行为与员工态度就具有很高的一致性。而用象征性的"★"来评价员工，就可能导致员工行为与员工态度的不一致表现。

（五）时间因素

时间因素也会影响态度预测行为的准确性。在态度测量与行为发生之间的时间间隔越长，不可知事件改变态度与行为之间关系的可能性就越大。比如在总统选举中，一周前的民意调查结果要比一月前的民意调查结果对预测谁能当选更为准确。

（六）个性因素

个性差异是影响个体态度与行为一致性程度的主要因素。如气质类型的不同，就影响态度与行为的一致性。一般来说，胆汁质的个体态度与行为的一致性较高，多血质、抑郁质和粘液质的个体态度与行为的一致性就低。性格类型也影响个体态度与行为的关系。外倾型性格者态度与行为的一致性高，内倾型性格者态度与行为的一致性低。同样，能力水平也会影响个体态度与行为的一致性。高能力水平者容易表现出态度与行为的一致性，低能力水平者容易表现出态度与行为的不一致性。因此，根据个体态度来判断个体行为必须考虑个性差异。

总之，态度与行为之间并不存在——对应的线性关系，而是存在许多中间变量。这些变量不仅与主体态度的特征有关，也与其人格特征有关。

四、态度的形成与改变

态度不是与生俱来的，而是在后天的生活环境中学习形成的。态度形成后会影响人的行为。为了适应社会的发展，态度也会发生一定改变。态度的形成和改变是难以截然分开的，除了新生儿之外，现实生活中几乎没有纯粹的态度形成与态度改变。原有态度的改变其实就是新态度的形成，本章只是为研究方便才将其分为态度形成与态度改变两个部分。

(一) 态度的形成

从态度的特点可以看出,态度是在社会化过程中获得的。因而,影响个体社会化的因素也就是影响其态度形成的因素。

1. 影响态度形成的因素

(1) 社会环境因素

社会环境因素是指社会环境中存在的多种因素,如社会制度、社会群体、道德规范、法律制度、风俗习惯、自然条件等。这些因素对态度的形成具有决定性的影响作用,如中国人对股票态度的形成与改变就明显表现出社会环境因素的制约作用。

(2) 群体结构因素

社会环境因素对态度形成的影响往往是通过群体结构因素来实现的,因为群体结构是社会的主体组成部分。群体结构因素主要包括群体信仰、目标、组织、制度、规范、凝聚力等。个体要成为群体成员,就必须接受群体规范,从而影响个体态度的形成。

(3) 宣传媒体因素

宣传媒体因素是指在态度传递过程中的凭借因素。如态度宣传者的威信、宣传的途径、宣传的方式和方法、内容的合理组合等都将对态度的形成产生影响。其中,态度宣传者的威信是关键(见知识库4-3)。

知识库4-3

标签影响态度形成

心理学家霍夫兰德曾做过这样的实验:将一群被试分为三组,然后让三个人分别以"法官"、"普通听众"和"品行低劣之人"的身份在各个小组就一个少年犯的题目进行演说。演讲结束后,要三组听众分别给演讲者打分。

结果:法官得了"正"分,"普通听众"得了"中"分,而"品行低劣之人"得了"负"分。也就是说,一个有声誉的人总比没有声誉的人更能引起人的态度形成。

另外,霍夫兰德的研究还发现,首先,提出的宣传论点要能够引起公众注意;其次,是要形成有利于态度形成的氛围;最后,提出的宣传论点要有利于公众记忆。

（4）个体心理因素

个体心理因素对态度形成的影响是多方面的。如个体智力的差异直接影响着个体态度形成的速度;个体的情感差异影响态度形成的动力;个体的意志品质决定着态度形成的稳定性;个体倾向性差异影响态度形成的方式等。

总之,态度的形成是上述主客观因素相互作用的结果。员工态度的形成也是如此。任何一个员工对自身职业的理解,对组织的热爱等,都是在长期的组织环境实践中逐渐形成的。管理者必须注意把握好各因素的相互关系,帮助员工形成积极的工作态度。

2. 态度形成的过程

凯尔曼（H. Kelmen）认为,态度的形成要经历顺从、同化和内化三个阶段。

（1）顺从

指个体为了获得奖酬或避免惩罚,按照社会的要求、群体的规范或别人的意志,在表面上转变自己的观点和态度。顺从行为是个体受外界压力影响而被迫发生的,并非发自内心,因此,往往是一时性的。比如,在上司的监督下,员工会努力工作,但上司一离开,便立刻停下手头工作。

（2）同化

指个体自愿接受他人的观点、信念,并使自己的态度和行为逐渐与他人或某个团体的要求相一致,同化的心理基础是个体对态度对象感情上的认同。

（3）内化

指个体真正在内心深处相信并接受他人的观点,即把外部的新思想、新观点归于自己的思想体系之中,成为自己态度体系中一个有机的组成部分。一个人的态度只有到了内化阶段,才是稳固的。内化在态度形成过程的三个阶段中是最持久、最难转化的。

一般而言,态度形成遵循这三个阶段,开始多是顺从,被迫进行;然后逐渐习以为常,成为自愿行为;最后形成牢固观念。但并非每个人对所有事物的态度都完成这一过程。有的人只停留在顺从或同化阶段;有的人到达同化还要经过多次反复,才进入内化,或一直在同化阶段徘徊不前。

(二) 态度的改变

态度的改变,不仅有态度方向上的变化,也有态度强度上的变化。由消极态度转化为积极态度,或由积极态度转化为消极态度,这是态度方向上的改变。由微弱的态度到强烈的态度,或由强烈的态度到微弱的态度,这是态度强度上的改变。

1. 态度改变的主要理论

关于态度改变的过程,研究者提出了许多理论和学说,下面介绍几种有代表性的观点。

(1) 认知平衡理论

这是由著名社会心理学家海德提出的。该理论认为,人与人的关系是通过一定的事件而形成的。个体态度的改变都是为了寻求取得某种心理平衡状态。如果个体之间处于心理平衡状态,不同个体与事件之间的关系就会表现出正关系;如果个体之间处于心理的不平衡状态,就会使个体心理产生焦虑与不安,个体与个体间关系就会表现出负关系。由此海德认为,一个人 P 与另一个人 O 在事件 X 上的关系就可以形成如下 8 种状态(如图 4-1)。

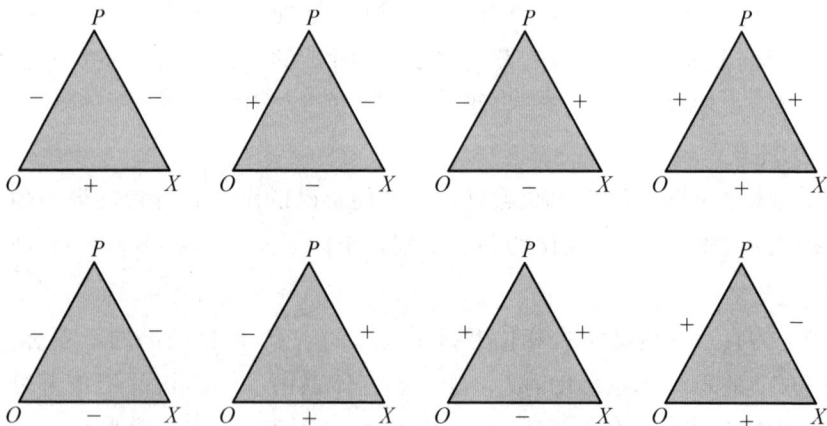

图 4-1　认知的平衡状态与不平衡状态示意图

如果 P、O、X 三者之间的关系符号(+或-)相乘结果是正号时,三者处于平衡状态;反之,相乘结果是负号时,则三者处于不平衡状态。不平衡就会产生焦虑,焦虑驱使个体改变态度以趋向平衡。海德的认知平衡理论就是"敌人的敌人是朋友"的简单模式,把组织中复杂的人际关系简单化了。但这一理论也给我们以启示：在组织中我们不仅要关心自己与朋友的态度一致性,也要关心自己与不是朋友的人态度是否一致。

（2）认知失调理论

认知失调是指个体所拥有的思想、信念、观念、直觉等多种认知元素彼此冲突、相互对立的现象。对于个体存在的这种现象,费斯汀格于 20 世纪 50 年代提出认知失调理论。认为人们在经历认知失调以后,一般会主动地通过以下途径减少自己认知间相互矛盾的现象：一是改变或否定其中的一些元素;二是降低有关元素的重要性或强度;三是增加新的认知元素等。即为自己寻找合理的借口来使自己达到心理平衡。这一理论得到许多试验的严格验证（见知识库 4-4）。

知识库 4-4

真实的谎言

费斯汀格等人以大学生为研究对象,先让他们参加一小时的枯燥单调的活动,然后把他们分为三组。要求第一、二组的被试对门外的一位女性撒谎,说刚才的活动非常有趣、愉快。任务完成后,第一组的被试得到 1 美元奖励;第二组的被试得到 20 美元奖励。第三组被试没有要求说谎。后来要求所有被试都真实回答自己在多大程度上喜欢这项活动。结果发现,第二、三组的被试认为此次活动枯燥无味,而第一组被试大多认为此次活动生动有趣。

研究者分析认为,第三组被试没有说谎,因而回答真实可信。第一、二组被试均经历了活动单调的认知与撒谎行为的知觉的认知

图 4-2　费斯汀格
(Leon Festinger, 1919—1989 年)

失调。对于第二组被试来说,由于说谎获得了高报酬,认为说谎值得而活动的确是单调。对于第一组被试,由于认为不值得为 1 美元撒谎,于是改变了自己对活动的认知,认为活动不单调。

(3) 参与改变理论

参与改变理论是由心理学家勒温提出来的。他认为态度改变的方法,离不开群体的规范和价值。个人在群体中所从事活动的性质,对其态度的形成和改变起着决定性的作用(见知识库4-5)。该理论在现代管理中得到广泛的应用,为民主管理提供了有力的支持。

知识库 4-5

对英国人饮食习惯改变的实验研究

勒温为了研究个体在群体活动中态度改变的情况,比较了不同活动方式对改变英国家庭主妇吃动物内脏的态度实验。勒温把被试分成两组,一组为控制组,只采用演讲的方式讲解动物内脏的营养价值、烹调方法以及口味,要求她们改变对动物内脏的厌恶态度,把动物内脏作为日常食品。另一组为实验组,勒温组织她们开展讨论,共同探讨动物内脏的营养价值、烹调方法、口味等,分析使用动物内脏做菜可能遇到的困难,并请营养专家指导每个人亲自烹煮。结果控制组只有3%的人接受了吃动物内脏的观念,实验组有32%的人接受了吃动物内脏的观念。

2. 态度改变与说服

在讨论完有关态度改变的几种不同理论后,有必要接着研究态度改变的实际过程和具体的决定因素。在日常生活和工作中,人们常常会遇到试图说服别人和被别人说服的情形,从而时时会有态度方向的转变和强度的增减。显然,态度的改变更多是在说服性沟通中完成的。在说服过程中,影响态度改变的各种因素有说服者、传递的信息、接受者和情境,说服的效果或态度改变的程度是由这些因素的相互关系或作用所决定的。

(1) 说服者

① 说服者的威信及与接受者的相似性。

说服者的威信(见知识库4-6)及与接受者的相似性都会影响说服效果。说服者威信越高,与接受者的相似性越大,说服的效果越好。

知识库 4-6

诗歌评论实验

阿伦森等人在 1963 年进行过一个实验,他们列举了由不同的现代诗人撰写的几首诗,向被试征求意见。这些被试对其中的一首诗作出了否定性的评价之后,他们告诉这些被试说,有人认为这首诗写得相当好。他们对其中的一些被试说,作出这一评价的是著名的诗人艾利奥特;而对另一些被试说,作出这一判断的是南方州立师范学院的学生斯特恩。然后让所有的被试重新评价这首诗。不出所料,听到艾利奥特意见的被试中有更多的人改变了对这首诗的评价。这个实验表明,威信高的传播者比起威信低的人来说,能够更有效地改变信息接收者的态度。

② 说服的意图。

倘若接受者认为说服者刻意影响他们,就不易改变态度;但如果他们认为说服者没有操纵自己的意图,心理上没有阻抗,对信息的接受效果就会较好,易于转变态度。

③ 说服者的吸引力。

接受者对高吸引力的说服者有较高的认同(见知识库 4-7),因而容易接受他的说服。

知识库 4-7

诺尔曼的实验

1976 年,社会心理学家诺尔曼做了这样一个实验:请一个不吸引人的专家和一个吸引人的非专家同时做平常人每夜需要睡眠的小时数的宣传。专家是一位生理心理学教授,他恰好与人合著了一本关于睡眠的书,而非专家是一个 20 岁的大学生,但这位大学生是一位讨人喜欢的、具有魅力的、体格健壮而富有宣传技巧的青年,并且刚被选进了学生会,教授则毫无魅力可言。结果,这位青年不论在有无论点附加的情况下,所引起的态度改变量都相当高。

资料来源:马向真、韩启放等,《社会心理学的原理与方法》,东南大学出版社,1997年。

(2) 传递的信息

① 信息差异。任何态度转变都是在沟通信息与接受者原有态度存在差异的情况下发生的。如果说服者的威信较高,这种差异越大,引发的态度转变就越大;如果说服者的威信低,这种差异适中,引发的态度改变也较大。

② 畏惧。它与态度转变的关系不是线性关系。在大多数情况下,畏惧的唤起能增强说服效果。但是,如果畏惧太强烈,引起接受者心理防御以至否定畏惧本身,结果却只能使态度转变较少。研究发现,中等强度的畏惧信息能达到较好的说服效果。

③ 信息传递方式。对一般公众,单一倾向信息的说服效果较好;对文化水平高的信息接受者,提供正反两方面的信息,说服效果较好(见知识库4-8)。

知识库 4-8

霍夫兰德的实验

霍夫兰德等(1945)做了一个单方面信息呈现和双方面信息呈现的对比实验,以考察哪种信息传递方式在说服士兵相信"二战后期,虽然意、德失败了,但盟军与日军还会持续一段艰苦的战争"这一观点的效果更佳。该实验在单方面信息传递中强调,由于从美国本土到太平洋的盟军基地的补给线很长,不容易迅速接济各种补给品;日方控制着许多占领地资源,日军人数多,士气高,并有拼死到底的武士道精神,因此,盟军与日军的战争至少还要持续两年。在双方面信息传递中,除了上述的说法以外,也承认一些不利于日军持续作战的因素,如盟军海军的实力比日本海军强大,意、德投降后,日军已成孤立之势等,在综合了有利于日军及不利于日军的因素之后,估计盟军对日作战还要持续两年。霍夫兰德等人将两种信息分别传播给两部分军人,然后考察态度改变的效果如何。结果发现,单方面信息传递更能有效地改变教育程度低的军人;双方面信息传递更容易有效地改变接受过高中以上教育的军人。

（3）接受者

① 原有的态度与信念。已经内化了的态度作为接受者信念的一部分,难以改变;已成为既定事实的态度,即接受者根据直接经验形成的态度不易改变。

② 接受者的人格因素。依赖性较强的接受者信服权威,比较容易接受说服;自尊较高、自我评价较高的接受者不易改变态度。社会赞许动机的强弱也是影响态度转变的因素,高社会赞许动机的接受者易受他人及公众影响,易于接受说服。

③ 心理预防。当接受者在面临改变态度的压力时,其逆反心理、心理惯性等心理倾向会使其拒绝他人的影响,从而影响态度转变。

（4）情境

态度转变是在一定背景下进行的,以下情境因素会影响态度转变:

① 预先警告。它有双重作用。如果接受者原有态度不够坚定,预先警告可促使其态度改变;但预告也可能有抵制说服的作用,例如,当预告与接受者的利益有关时,往往使其抵制态度转变。

② 分心。它的影响也是复杂的:如果分心使接受者分散了对沟通信息的注意,将会减弱他对说服者的防御和阻抗,从而促进态度转变;如果分心干扰了说服过程本身,使接受者得不到沟通信息,则会削弱说服效果。

③ 重复沟通。信息重复频率与说服效果呈倒 U 形曲线关系,即中等频率的重复,效果较好;重复频率过低或过高,说服的效果均不好。

第二节 工 作 态 度

在对态度进行了总体论述后,本节将集中讨论组织成员对工作和组织的态度,主要包括工作满意与组织承诺。

一、工作满意

工作满意是态度研究中涉及最多的方面。这里将对工作满意的概念、维度、调查和行为表现进行介绍。

（一）工作满意的概念

工作满意（job satisfaction）被洛克（Locke，1976）定义为"来源于组织成员对其工作或工作经历的评估的一种积极的情绪状态"，也称工作满意度。如果一个人拥有较高水平的工作满意度，他就可能对工作持积极的态度；对工作不满意的人，则可能会对工作持消极的态度。工作满意度有很强的主观性，即对同一工作，不同的人会有不同的满意度，它与员工在工作之前的主观偏好和工作中的感受密切相关。

经典名言

天才，就其本质而说，只不过是对事业、对工作过程的热爱而已。

——高尔基

从组织的角度看，员工工作满意度的高低，不仅是影响组织业绩的重要因素，而且是影响人才是否流动的重要因素，也是影响员工个人职业生涯发展路径的重要因素。研究表明，员工的流动与工作满意度之间存在着紧密的反向联系。

（二）工作满意的维度

工作满意的维度是指影响工作满意度的主要因素，工作满意是一个综合概念，在组织环境中，员工工作满意度的内涵十分丰富。一般认为，影响工作满意的因素包括以下五个方面：

1. 工作本身的性质和特点

工作本身的性质和特点是影响员工工作满意的首要因素。通常情况下，工作与员工兴趣的吻合度越高，工作满意的程度越高；反之，工作与员工兴趣相差越大，工作满意程度越低。同样，工作的重要性程度越高，工作满意度越高。另外，工作的复杂程度也是影响工作满意的主要方面，简单重复的工作要比复杂多变工作的工作满意度低。同时，工作条件的好坏、工作环境的优劣以及工作的危险程度也是影响员工工作满意度的因素。工作条件越好，工作所需要的设备、仪器和工具越先进,工作环境越人性化,办公条件越优美,工作安全性越有保障,员工的工作满意度越高。

2．工作报酬

人们常说:"金钱不是万能的,但是没有金钱是万万不能的。"工作对于大多数人来说是谋生手段,当然,工作也可能是事业追求,但是必须建立在员工的基本生活得到满足和保障基础之上,员工能够得到的薪酬收入是满足员工和其家庭基本需求的物质基础,是影响员工对工作和组织评价的重要指标。所以,薪水是否丰厚、公平、稳定、足够维持日常开支等是工作满意度的重要影响因素(见知识库4-9)。

知识库4-9

报 酬 满 意

报酬满意是人们关注较多的话题。研究发现,影响报酬满意的决定变量是报酬的公平性,即人们越相信自己得到了自己应该得到的报酬,就越对报酬满意;其次才是物质利益的多少对报酬满意产生影响。

常用的测量报酬满意的工具是报酬满意问卷(PSQ),是由赫诺曼和舒沃伯于1985年开发的。包括5个维度:工资水平、工资增加、工资结构、工资管理和福利状况。

3．员工发展

研究表明,员工对于工作能否给自己提供学习、成长和发展的机会是非常看重的。组织能否尽可能地为员工提供学习援助和培训,往往直接影响他们对工作满意度的评价。当然,根据员工的自身特点和情况,如员工自身的气质、性格、兴趣、爱好、能力等,再结合组织所能提供的发展机会,为员工制订适当的职业生涯发展规划,并采取措施帮助员工实现自己的职业目标和人生追求,也能提高员工的工作满意度。同时,员工的晋升和提拔往往会直接影响员工的工作满意度。

4．监督机制

监督机制主要包括管理机制、管理者的水平、制度的合理性等方面。有资料显示,管理机制将影响晋升机会、报酬公平性和同事关系等;管理者的水平直接影响到员工的心态;制度的合理性是组织凝聚力形成的关键。所以,监督机制的合理性是导致工作满意的保障因素。

5. 同事关系

同事关系是在组织工作过程中形成的人与人之间的心理关系。许多相关研究表明,融洽的人际关系是影响员工工作满意的主要因素。美国成功学研究大师卡耐基经过长期研究发现,美国人对工作的要求把人际关系放在首位的有80%以上。我国有研究表明,90%以上的大学生在选择工作单位时首先考虑融洽的人际关系,并认为诚信、宽容、平等和求同是理想的人际关系氛围。

(三) 工作满意的调查

工作满意的调查有利于发现员工管理中存在的问题,制订切实可行的政策和制度,提高员工的工作积极性,做好员工管理。

1. 调查工作满意可以利用的资料

对员工工作满意的调查可以利用组织中存在的现有资料,如绩效记录、浪费报告、质量记录、考勤记录、心理医生报告、事故报告、培训报告、建议与意见、员工流动等。

2. 工作满意调查应注意的问题

调查工作满意时,应注意对象抽样、工具选择以及具体实施的方式等。调查开始前,还必须明确以下问题:

① 参与是否自愿?

② 所有员工参加还是抽样参加?

③ 记名还是匿名作答?

④ 有无常模作比较?

⑤ 完成后交给上司还是咨询公司?

⑥ 调查问卷是由内部人员还是由外部顾问设计与分发?

⑦ 有无回收截止时间?

⑧ 运用现成标准还是重新开发?

⑨ 如何把结果反馈给员工?

3. 调查工作满意常用的工具

对工作满意度的测量既包括对整体满意度的测量,又包括对构成工作满意度若干关键因素的测量,如薪酬、管理水平、提拔、同事与工作本身。有时可将对各个因素的测量合并为对整体工作满意度的综合测量。一些研究使用的测量，既评估了整体满意度，又评估了某些构成工作满意度的特定方面。由于问卷测量法最易于施测与衡量，所以，衡量工作满意度大多采用问卷测量法进行。国外常用的量表主要有以下三种。

（1）工作描述指数量表（JDI）

工作描述指数量表（Job Descriptive Index，JDI）是由史密斯（Smith）等心理学家设计的，包括 5 个部分：工作、升迁、报酬、管理者及同事。每一部分由 9 个或 18 个项目组成，每一个项目都有具体分值，将员工所选择的描述其工作的各个项目的分值加起来，就可以得到员工对工作各个方面的满意度。

（2）明尼苏达工作满意度调查表（MSQ）

明尼苏达工作满意度调查表（Minnesota Satisfaction Questionnaire，MSQ）是由明尼苏达大学威斯（Weiss，1967）等人设计的。MSQ 量表分为长式量表（21 个分量表）和短式量表（3 个分量表）组成。短式 MSQ 包括内在满意度、外在满意度和一般满意度三个分量表，其主要维度是：能力使用、成就、活动、提升、权威、公司政策和实施、报酬、同事、创造性、独立性、道德价值、赏识、责任、稳定性、社会服务、社会地位、监督—人际关系、监督—技术、变化性和工作条件；长式 MSQ 包括 100 个题目，可测量工作人员对 20 个工作方面的满意度及一般满意度。

（3）彼得需求满意度调查表（NSQ）

彼得需求满意度调查表（Need Satisfaction Questionnaire，NSQ）是由彼得（Porter，1962）依据满足的差距性定义而编制的，它典型地适用于管理人员。需求满意度调查的提问集中在管理工作的具体问题和异议上，NSQ 每一项有两个问题：一个是"应该是"，另一个是"现在是"。抽样中的每项得分是员工对"应该是"所选择的数值减去员工对"现在是"所选择的数值的差，离差越大，说明员工对工作中的这一方面越不满意。

在我国，卢嘉等研制出我国的工作满意度量表，具体包括组织形象的满意度、领导的满意度、工作回报的满意度、工作协作的满意度、工作本身的满意度等。实践证明，此量表具有较好的信度和效度。

（四）工作满意的行为表现

1. 劳动效率高

工作满意与员工劳动效率之间的关系是管理心理学研究的热点。但是究竟是工作满意导致高效率，还是由于高效率引起人的满足感呢？两者何为因，何为果？过去，人们倾向于认为，员工对工作满意能导致他们工作绩效的提高。后来，一些学者研究认为，工作满意与工作效率之间存在反向关系，即高生产率使员工的满意度上升。一个人工作效率高、成绩好，自然内心满足、感觉良好；如果组织奖励高生产率的员工，这些奖励又会提高一个人的满意度。

2. 出勤率好

许多研究发现，工作满意与出勤率之间存在着稳定的一致性。工作满意度越低，越容易经常迟到、早退和旷工。因为对工作的不满意就很容易找到避免上班的理由。相反，工作满意度高的员工就会在工作中寻找快乐，尽量克服困难，保持较高的出勤率（见知识库 4 - 10）。

知识库 4 - 10

暴风雪中上班去

西尔斯和罗巴克（Sears & Roebuck）在自然条件下进行过一个经典实验研究。4 月 2 日这一天，纽约天气良好，是正常上班的天气条件；而芝加哥的暴风雪却使城市交通陷于瘫痪，芝加哥的员工都知道他们不上班也不会受到处罚。结果对比两个城市员工的出勤率发现，4 月 2 日这一天，纽约的员工中，满意群体和不满意群体的缺勤率一样高；而在芝加哥，高满意的员工比低满意的员工的出勤率高得多。这个研究有力说明了工作满意与出勤的积极关系。

3. 流动率低

虽然工作条件对员工是否离开当前工作有着重要影响，但工作满意度的高低是影响员工流动率的直接因素。大量研究发现，工作满意度与流动率的相关性显著高于与出勤率的相关性。即工作满意度越高，员工流动率越低。而流动率的高低对组织的影响是比较大的，尤其是高绩效的员工流动，将对组织的正常工作秩序具有破坏性的作用。因此，在组织管理的实践中，应该注意提高高绩效员工的工作满意度。

4. 不良行为少

引起员工不良行为的原因有很多,但研究发现,员工不良行为发生频率与其工作满意度呈现出一致性。有些员工把偷窃组织的财物当作表达不满的一种方式;更有甚者,还发生暴力行为,造成组织人员伤亡等。反之,工作满意将使员工把更多的精力放在工作绩效的提高、技术的改进等方面,促使不良行为的减少。

二、组织承诺

组织承诺是工作满意之后提出的涉及员工态度的研究热点。下面介绍组织承诺的概念、影响因素以及它对管理者的启示。

(一) 组织承诺的概念

组织承诺(organizational commitment)是组织人员对所在组织及其目标的认同,并且希望保持自己组织身份的一种态度。包括三层含义:一是愿意继续保持组织人员身份;二是必须认可组织的价值观和目标;三是愿意为组织付出高绩效的劳动。

组织承诺的概念首先由美国社会学家贝克于 1960 年提出。1991 年,心理学家梅耶和阿伦(J. P. Meyer & N. J. Allen)提出组织承诺的三种基本成分是:① 感情承诺(affective commitment)是组织人员对所在组织的情感依赖、认同及投入意向。② 持续承诺(continuance commitment)是指员工为了不失去已有的位置和多年投入所换来的福利待遇,不得不继续留在该组织。③ 标准承诺(normative commitment)是指由于长期形成的社会责任感和社会规范的约束,员工觉得有义务留在组织中继续工作。1998 年,我国学者凌文辁等人的研究得出了中国职工组织承诺的五个因素,即感情承诺、规范承诺、理想承诺、经济承诺和机会承诺。

(二) 组织承诺的影响因素

现有研究表明,影响组织承诺的因素主要有以下 4 个。

1. 个人因素

作为组织主体因素的人对组织承诺的影响是实质性的。具体表现为:一是个体所受的教育程度与组织承诺存在负相关。即教育程度越高,组织承诺越低。其原因是教育程度高的员工可能觉得自己有更多的选择机会,同时,对自己教育投资回报的索求,使得组织承诺不高。二是个体资历与组织承诺存在正相关。即在组织的工作时间越长,组织承诺越高。其原因可能是个体的习惯养成,或是为了减少工作精力的投入。三是职位与组织承诺存在相关。一般地,职位较高者的组织承诺较高,职位较低者的组织承诺较低。四是个人重要性与组织承诺存在正相关。即如果员工感觉自己对组织的发展具有很大贡献,就会增加自我尊重,增加自己对组织的情感依赖,形成较高的组织承诺。

2. 角色状态

一般来说,个体对自己在组织中的角色感到模糊、冲突,就会降低自己的组织承诺。因为角色模糊和冲突会使员工的责任感降低,影响员工的成就感,从而产生消极的情绪体验。尤其是成就动机高的员工,如果角色状态不明确,很难有高的组织承诺。

3. 工作性质

如果工作具有较多的自主性和技能多样性,就会形成较高的组织承诺。因为工作的自主性增加了个体的信任感,满足了个体的自尊心;技能多样性有利于员工的自我潜能开发,实现自我价值,从而有利于组织承诺的提高。

4. 组织因素

如果组织本身具有凝聚力、可信度,员工的组织承诺就高。因为凝聚力高的组织人员之间互相帮助、互相关心、互相合作,容易形成情感承诺。组织的可信度能使员工的持续承诺加强和标准承诺明确。

(三) 组织承诺对管理者的启示

对管理者而言,了解员工的组织承诺对制订政策和改进管理至关重要。全球咨询公司沃森·怀亚特的一份对美国 7 500 员工的调查显示,拥有高承诺员工的公司三年内对股东的总体回报(112%)要远大于员工承诺水平低的公司(76%)(Whitener, 2001)。可见,员工对组织的承诺对公司是何等重要。那么,应该如何提高员工的组织承诺呢?

1. 提供支持性的工作环境

中国文化重视经验中的情感体验成分,为了赢得员工的感情承诺,应该让员工在工作实践中体会到组织的关心和厚待。因此,管理者要从员工的需要出发,悉心设计对员工的各项政策,营造适宜的工作环境,为员工能高度卷入并努力达成组织目标创造条件。对员工的每一分付出,公司都要给予积极的肯定,并通过公平的分配和晋升系统给予回报。

2. 做好员工职业生涯管理

职业生涯管理是实现员工和组织双赢的重要的人力资源管理工具：从员工层面上讲，是员工借助职业生涯规划，准确认识自我，确定职业目标并采取行动实现目标的过程；从组织层面上讲，组织借助职业生涯管理可以帮助员工确定个人在本组织的职业发展目标，并为员工提供相应的培训机会，使组织发展目标与员工职业发展目标结合起来，这样既可以满足员工的理想承诺要求，又能实现组织更好更快地发展。

3. 信任管理

要赢得员工的感情和忠诚，就必须给予员工信任。管理者要通过诚实与公开的沟通，与员工建立相互信赖的关系，给予员工归属感，不是通过严厉的规则而是通过教育培训来降低组织不期望行为的发生。从而消除雇佣不稳定因素对组织承诺的消极影响。

4. 及时了解员工的组织承诺状态

通过应用"中国员工组织承诺问卷"（凌文辁、张治灿、方俐洛编制）对员工的组织承诺进行调查，了解员工的承诺状态和水平。每一位员工的组织承诺中都有上述感情承诺、规范承诺、理想承诺、经济承诺和机会承诺五种因子，但是它们各自的水平是不同的，只有一种或两种承诺因子占主导地位。其中，以经济承诺和机会承诺为主导的员工离职率较高。对于这类员工，可以根据他们的绩效表现和组织需要，采取有针对性的措施来挽留其中所需人才，而机会承诺者可让其自然流失。因为保持一定的人才流动率，对公司也是必要的。而当组织内员工总体承诺水平较低时，意味着高度的人才流失危险，要求管理者高度警觉和反省，并调整管理措施。

本章要点总结和复习

◆ 态度是个体基于过去经验对一定对象所持有的比较稳定的心理准备状态或人格倾向。态度具有对象性、社会性、内隐性、稳定性、调控性、两极性等特点。态度具有适应功能、自我防御功能、价值表现功能和知识功能。

◆ 影响态度对行为预测的因素主要包括态度的强度、环境压力、态度形成的方式、态度对象与个体的关系、时间因素、个性因素等。

◆ 影响态度形成的因素主要包括社会环境因素、群体结构因素、宣传媒体因素和个体心理因素等。凯尔曼认为态度的形成要经历顺从、同化和内化三个阶段。

◆ 态度改变的理论主要有认知平衡理论、认知失调理论和参与改变理论。影响态度改变的各种因素有说服者、传递的信息、接受者和情境。

◆ 工作满意被洛克定义为"来源于组织成员对其工作或工作经历的评估的一种积极的情绪状态",也称工作满意度。影响工作满意的因素包括工作本身的性质和特点、工作报酬、员工发展、监督机制和同事关系等。调查工作满意常用的工具有工作描述指数量表、明尼苏达工作满意度调查表和彼得需求满意度调查表。工作满意的行为表现包括劳动效率高、出勤率好、流动率低和不良行为少等。

◆ 组织承诺是组织人员对所在组织及其目标的认同,并且希望保持自己组织身份的一种态度。影响组织承诺的因素主要有个人因素、角色状态、工作性质和组织因素等。提高员工组织承诺的途径主要有提供支持性的工作环境、做好员工职业生涯管理、信任管理和及时了解员工的组织承诺状态等。

学习游乐场 4

你的态度是什么

小组讨论:对下面情景中的人物及其行为进行分析,对他们的行为你持什么样的态度?

情景 1:

一位未婚男青年刚受聘于你所在的工作部门,据闻他是一个喜欢向女士献殷勤的人,也爱在各种社交场合出现。今天,他比平时迟到了一个多小时才来上班。而来上班时,他的头发凌乱,衬衣起皱,仔细看好像仍是昨天来上班时穿的,根据他的黑眼圈,你差不多能猜测他昨晚通宵达旦地玩乐而没有睡觉。

讨论:

你有何感想?你对这位男同事抱有什么看法?

情景 2:

A先生是个成功的营销主管,他带着自信和接受挑战的心情来到一家公司任职。正所谓新官上任三把火,A先生决定在新公司的第一个星期就表现出自己的影响力。当他与下属会面时,感觉到他们个个彬彬有礼、举止优雅,他推断下属们还有很大的潜力,他们必须要显示出更高的工作能力。于是,他给自己和下属制定了高标准,他训练他们,鼓励他们,批评他们。在第一季度结束时,A先生难以置信地发现,他的手下和同事都讨厌他。A先生很困惑,他唯一的结论就是,这些人显然觉得我的能力和积极性对他们造成了威胁,他们急于把我打倒。

讨论:

你认为A先生的看法是否正确? 他和其他人是否存在认知上的差异? 你如何理解其他人的态度?

资料来源: 张一纯、王蕴等,《组织行为学》,清华大学出版社,2006 年。

心理测试 4－1: 工作满意度测验

请您根据自己的实际情况,回答下列每一个问题。请仔细阅读各题,并在可以选择的与您的情况或想法一致的"答案"上画圈,每题只可选一个,12 题、13 题除外。

1. 您工作时看表吗?

   A. 不断地看

   B. 不忙的时候看

   C. 不看

2. 到了星期一早晨

   A. 您觉得自己愿意回到工作中去

   B. 您渴望摔伤腿而躺到医院里去

   C. 您开始工作时觉得有些勉强,但马上就无所谓了

3. 到了一天工作快要结束时您感觉如何?

   A. 疲惫不堪,全身不舒服

B. 为能维持生活而感到高兴

C. 有时感到累,但通常很满足

4. 您对自己的工作感到忧虑吗?

A. 偶尔

B. 从来没有

C. 经常

5. 您认为自己的工作——

A. 对您来说是大材小用

B. 使您很难胜任

C. 使您做了您从来没有想到您能做的事

6. 您——

A. 不讨厌自己的工作

B. 通常对自己的工作感兴趣,但有一些困难

C. 工作时总觉得心烦

7. 您用多少工作时间打与工作无关的电话或做些与工作无关的事?

A. 很少一点

B. 一些,特别是在个人生活遇到麻烦时

C. 很多

8. 您想换职业吗?

A. 不太想

B. 不是换职业,而是在本行业中找个好职位

C. 想换职业

9. 您觉得——

A. 总是很有能力

B. 有时很有能力

C. 总是没有能力

10. 您认为自己——

A. 喜欢并尊重您的同事

B. 不喜欢您的同事

C. 比您的同事差很多

11. 哪种情况同您最相符？

    A. 不想为自己的工作再学习了

    B. 一开始工作时，就很喜欢学习

    C. 愿就自己的工作尽力多学点东西

12. 指出您认为您具有的特点：

    A. 有同情心

    B. 思维敏捷

    C. 镇定

    D. 记忆力好

    E. 专心

    F. 好体力

    G. 好创新

    H. 有专长

    I. 有魅力

    J. 幽默

13. 根据上题列出的特点，指出您的工作需要哪些特点？

14. 您最赞成哪种说法？

    A. 工作就是赚钱谋生

    B. 工作主要是为了赚钱，但如果可能，应当有令人满意的工作

    C. 工作就是生活

15. 您工作加班加点吗？

    A. 如果付加班费，就加班

    B. 从不

    C. 经常超时工作，即使没有加班费也一样

16. 您在过去一年中除了病假还有过缺勤吗？

    A. 一点也没有

    B. 仅仅几天

    C. 经常

17. 您认为自己——

    A. 工作劲头十足

    B. 工作没劲头

C. 工作劲头时有时无

18. 您认为您的同事们——

    A. 喜欢您

    B. 不喜欢您

    C. 并非不喜欢您,只是不特别友好

19. 您——

    A. 只跟同事谈工作上的事

    B. 同家里人或朋友谈工作上的事

    C. 如果能避免的话,就不谈

20. 您患过小病或解释不清的病吗?

    A. 几乎没得过

    B. 不太经常

    C. 经常

21. 对于目前的工作,您原来是怎样选择的?

    A. 由父母或老师帮助决定的

    B. 是自己唯一能找到的

    C. 当时就觉得很合适

22. 在家庭与工作发生矛盾时哪一方获胜?

    A. 每次都是家庭一方

    B. 每次都是工作一方

    C. 如果家里真有紧急情况,则是家庭一方;反之,大概是工作一方

23. 如果少付您 1/3 的工资,您还愿意干这项工作吗?

    A. 本来愿意,但若负担不了家庭生活,只好作罢

    B. 愿意

    C. 不愿意

24. 如果您被列为富余人员而必须回家,您最舍不得——

    A. 钱

    B. 工作本身

    C. 您的公司

25. 您会为了消遣一下而请一天事假吗?

    A. 会的

B. 不会

C. 如果工作不太忙,有可能

26. 您觉得自己在工作中不受赏识吗?

A. 偶尔这样想

B. 经常这样想

C. 很少这样想

27. 关于您的职业,您最不喜欢哪一点?

A. 时间安排总由不得自己

B. 乏味

C. 总是不能按自己的办法做事

28. 您把个人生活与工作分开吗?

A. 严格地分开

B. 时常分开,但也有一些分不开的地方

C. 完全没有

29. 您建议自己的孩子也做您这种工作吗?

A. 是的,如果他(她)有能力并且合适的话

B. 不会的,而且警告他(她)不要这样做

C. 不劝他(她)做,也不阻拦他(她)

30. 如果您赚了或继承了一大笔钱,您会——

A. 辞职,后半辈子不干工作

B. 找一个您一直想要找的工作

C. 继续做您现在的工作

测试结果与分析参见本书附录 2。

心理测试 4－2:明尼苏达满意度问卷短式量表

手机扫一扫,查阅内容。

课后练习

一、单项选择题

1. 小王和小李都十分自信新领导会充分发挥他们的才能,可新领导到任后却把他们的工作完全改变了,这时他们的态度是(　　　)。

　　A. 平衡　　　　　　B. 不生气　　　　　C. 满意　　　　　D. 紧张

2. 认知失调理论的提出者是(　　　)。

　　A. 海德　　　　　　B. 霍夫兰德　　　　C. 费斯汀格　　　D. 勒温

3. 一个人的态度最稳固的阶段是(　　　)。

　　A. 顺从阶段　　　　B. 同化阶段　　　　C. 内化阶段　　　D. 学习阶段

4. "吃不到葡萄就说葡萄酸"是态度的(　　　)功能。

　　A. 适应　　　　　　B. 自我防御　　　　C. 价值表现　　　D. 知识

5. 员工流动率越高,说明员工的(　　　)越低。

　　A. 态度消极　　　　B. 组织背叛　　　　C. 工作满意　　　D. 工作难度

二、多项选择题

1. 态度改变的理论主要有(　　　)。

　　A. 认知平衡理论　　　　　　　　B. 认知失调理论

　　C. 参与改变理论　　　　　　　　D. 人本主义理论

　　E. 精神分析理论

2. 态度具有的特点是(　　　)。

　　A. 稳定性　　　　　B. 对象性　　　　　C. 社会性　　　　D. 两极性

　　E. 内隐性

3. 工作满意员工具有的行为表现是(　　　)。

　　A. 劳动效率高　　　B. 缺勤率低　　　　C. 流动率低　　　D. 遵纪守法

　　E. 工作变动频繁

4. 组织承诺的影响因素有(　　　)。

　　A. 个人因素　　　　B. 角色状态　　　　C. 工作性质　　　D. 工作成就

　　E. 组织因素

5. 态度包含的成分有（　　）。

　　A. 心理成分　　　B. 认知成分　　　C. 情感成分　　　D. 意向成分

　　E. 个性成分

三、判断题

1. 认知平衡理论的提出者是凯尔曼。（　　）

2. 态度的改变，不仅有态度方向上的变化，也有态度强度上的变化。（　　）

3. 态度不是与生俱来的，而是在后天的生活环境中学习形成的。（　　）

4. 工资越高，工作满意越高。（　　）

5. 梅耶和阿伦提出组织承诺的三种基本成分是感情承诺、持续承诺和标准承诺。（　　）

四、案例分析题

谷歌员工的工作环境

　　众所周知，谷歌（Google）素以为员工提供良好的工作环境而著称，但"耳听为虚，眼见为实"，如果你有机会进入谷歌办公地点参观，你肯定会留下深刻印象。

　　——隔音太空舱：如果工作累了，可在这个太空舱好好休息一会儿。该娱乐设施不但可隔音，而且能阻挡任何光线进入。

　　——回到幼儿园：每层办公楼之间都安装一个滑梯。除了娱乐功能外，还可供员工们在发生火灾时紧急撤离。

　　——美味佳肴：在上班时间，谷歌员工可随时到食堂就餐，食品种类丰富多样且免费。

　　——工作地点：每位员工至少配备两台大屏幕显示器，平均每个办公室有4—6名员工。

　　——技术创新：办公大楼随处可见白色书写板，目的是方便员工随时记下各种新创意。

　　——技术支持：如果谷歌员工电脑出了问题怎么办？没关系，把它搬到这儿来就行。在等待电脑修理过程中，你还可以喝上一杯饮料。

　　——专业按摩：身心疲倦时，有专业按摩师在等着你。

　　结果，在自由与信任的环境下，反能令员工更自愿地留在公司全力以赴地工作。

思考：

1. 谷歌的工作环境令员工自愿地留在公司全力以赴地工作，你认为员工工作满意的行为表现是什么？
2. 联系谷歌的做法和你的工作实际，请你提一些提高员工工作满意的合理化建议。

五、实训题

　　用明尼苏达工作满意度调查表（MSQ）实际调查你周围的 20 位员工对他们工作的满意情况，写出调查报告。

☞ **推荐阅读**

▶▶［美］利昂·费斯汀格：《认知失调理论》，浙江教育出版社，1999 年。

▶▶吕晓燕：《工作态度决定职场成就》，光明日报出版社，2016 年。

▶▶刘小平：《中国情境下的员工组织承诺研究》，社会科学文献出版社，2012 年。

▶▶江永众：《服务员工组织承诺　工作满意与服务质量——基于自我调节态度理论的视角》经济科学出版社，2008 年。

第 **5** 章

工 作 动 机

学习目标

学完本章并做完练习,你应该可以做到:

- ◆ 解释动机与需要的概念
- ◆ 阐述并运用内容型激励理论
- ◆ 阐述并运用过程型激励理论
- ◆ 阐述并运用综合型激励理论

章前引例：你为什么工作

1986 年，迪娜·爱尔文创立了友谊卡片公司，利用自己的商品设计专长制造和销售贺卡。公司有 12 名员工，人年均利润超过 10 万美元。1993 年 3 月，迪娜决定让员工共享公司的成功。她宣布，在即将到来的 6、7、8 三个月，公司每星期五也成为休息日。这样，所有员工将有三天的周末时间，仍能得到与五天工作日一样的工资。

在实行三天周末制一个月后，一位她最信赖的员工向她坦白，他宁愿得到加薪而不是额外的休息时间，他说，另外有几位员工与他的想法相同。迪娜十分惊讶。她的大多数员工不到 30 岁，而年均收入 3.5 万美元，比本镇从事相似工作的员工收入高 20%。对她自己来说，如果年收入已达到 3.5 万美元，在钱和休闲之间进行选择的话，她将毫不犹豫地选择后者，她以为她的员工也是如此。

迪娜十分开明，她召集所有员工开会，问他们："你们是希望得到夏季的三天周末呢，还是希望得到 4 000 美元的奖金？谁赞成继续四天工作制？"6 只手举了起来。"谁愿意得到奖金？"另外 6 只手举了起来。

这件事使迪娜明白了该如何激励和奖励她的员工。

人为什么要工作？这个问题有许多答案：为了钱而工作，钱可以买食物、房子等各种生活必需品；为了

图片来源：http://www. 58pic. com/shiliangtu/ 17057581. html

地位和荣誉而工作；为了成为团体中的一员而工作；为了实现自身价值而工作……尽管答案不一，但它们都产生了一种结果，即人们产生了"工作"的行为。上述这些答案就是工作动机，工作动机理论也称工作激励理论。

本章将首先介绍动机的一般概念，然后对工作动机理论即激励理论进行探讨，希望这些理论能对管理者有所启迪，以达到其调动员工工作积极性的目的。

问题聚焦

1. 什么是动机?

现在,几乎所有人——无论是实践者还是学者——对动机都有自己的定义。在各种定义中通常包括下面一些词语:渴望、需要、愿望、目标、追求、需求、驱力以及诱因等。严格来讲,动机(motivation)这个词最早应该追溯到拉丁文 movere,它的意思是"动起来"[①]。到底什么是动机? 第一节有详细的解释。

2. 为什么会出现"59 岁现象"?

"59 岁现象"大量存在于人们的社会生活中,在政治、经济等领域较为明显。政治领域中俗称"最后捞一把",是指领导干部在即将离退休前夕,认为"有权不用,过期作废",大肆贪污受贿的现象。经济领域中主要是一些国有企业的企业家在退休前一反几十年守法努力工作的常态,为自己大谋私利,侵吞国有资产的现象。为什么会出现这种现象呢?如何减少和避免"59 岁现象"的发生呢? 请进入第二节内容型激励理论寻找答案。

3. 高薪真的能激励员工吗?

人们常说:"金钱不是万能的,没有金钱是万万不能的"。由于人们的衣食住行等日常生活离不开金钱,所以,必须通过劳动来获取金钱。在管理领域,很多管理者都拿高工资、高奖金来激励员工。其实,光知道拿什么来激励员工还不行,就像烧菜一样,仅知道需要油盐酱醋和葱姜还不行,还要知道这些佐料怎样起作用,这样才能掌握它们添加的顺序和火候。同样,高薪、晋升机会、优厚的福利不一定就能激励员工,这些因素怎样才能真正起到激励作用呢?让第二节的过程型激励理论来告诉你吧。

---

① [美]弗雷斯·鲁森斯:《组织行为学》(第 11 版),人民邮电出版社,2009 年。

本章学习内容导图

```
工作动机
 └─ 动机概述
      ├─ 什么是动机
      ├─ 需要与动机
      └─ 动机的分类
 └─ 工作动机理论
      ├─ 内容型激励理论
      │    ├─ 需要层次理论
      │    ├─ ERG 理论
      │    ├─ 成就需要理论
      │    └─ 双因素理论
      ├─ 过程型激励理论
      │    ├─ 期望理论
      │    ├─ 公平理论
      │    ├─ 目标设置理论
      │    └─ 强化理论
      └─ 综合型激励理论
           ├─ 豪斯的综合激励模式
           └─ 罗宾斯的综合激励模式
```

第一节 动 机 概 述

工作动机问题是现代管理领域研究的核心论题之一,它涉及员工行为的基本源泉、动力和原因,最能反映行为的目的性、能动性特征。要合理地解释员工复杂多样的行为,进而引导他们的行为,调动他们的积极性,就必须弄清行为背后的基本动因。

一、什么是动机

动机(motivation)是指推动人去从事某种活动,指引活动去满足一定需要的意图、愿望、信念等①。这就是说,动机是行为的直接原因。例如,饮食动机会导致一个人的饮食行为,学习动机会导致学生的学习行为,同理,工作动机也会导致工作行为(见案例5-1)。动机的概念包含以下意义②:

第一,动机是个人行为的动力、原因;

第二,动机为个人行为提出目标;

第三,动机为个人行为提供力量以达到体内平衡;

第四,人的动机是由需要、外在条件和对它们之间关系的认识所决定的,因而动机使人明确其行为的意义;

第五,动机对人的活动起着发动、调节、维持和终止的作用。

案例5-1

杨木匠的房子

杨木匠在他58岁的时候,觉得自己年老体弱而准备退休,他告诉老板,说要离开建筑业,回家与妻儿共享天伦之乐。

老板舍不得跟了他多年的好工人走,问他是否能帮忙在郊区再建一

---

① 卢盛忠:《管理心理学》,浙江教育出版社,2006年。
② 廉茵:《管理心理学》,对外经济贸易大学出版社,2007年。

座房子,杨木匠说可以。但是,杨木匠的心已不在工作上,该用三颗钉子的地方他用一颗,本来要花三天时间才能干完的活他一天干完。房子建好的时候,老板把大门的钥匙递给他。

"这是你的房子,"老板说,"是我送给你的礼物。"

杨木匠震惊得目瞪口呆。

杨木匠现在就住在他自己建的房子里。每当看到自己建造的粗制滥造的房子时,他都觉得羞愧无比。

资料来源:张一纯等,《组织行为学》,清华大学出版社,2006年。

上述案例表明,动机影响着活动的性质和水平,即一个人的工作动机决定了他的工作态度和工作质量。有时,人们进行着同样的工作并追求着同样的目的,但由于动机的差异,其行为的效果会产生很大的不同。

经典名言

动机是构成人类大部分行为的基础。

——韦纳

动机是启动和指导行为的因素,以及决定行为的强度和持久性的东西。

——休斯顿

二、需要与动机

通过以上分析不难发现,动机与需要有着密不可分的联系。首先,人的行为是由动机引发的,而动机又是建立在需要基础之上的。**需要**(need)是个体在生活中感到某种欠缺而力求获得满足的一种内心状态。需要和动机的概念是有区别的。需要是人的积极性的基础和根源,是推动人的行为活动的原动力,动机则是推动人们活动的直接原因。不是所有的需要都能转化为动机,需要转化为动机必须满足以下两个条件:

第一,需要必须有一定的强度。就是说,某种需要必须成为个体的强烈愿望,迫切要求得到满足。如果需要不迫切,则不足以促使人去行动以满足这个需要。

第二,需要转化为动机还要有适当的客观条件,即诱因的刺激,它既包括物质的刺激,也包括社会性的刺激。有了客观的诱因,才能促使人去追求它、得到它,以满足某种需要;相反,就无法转化为动机。例如,人处荒岛,很想与人交往,但荒岛缺乏交往的对象(诱因),这种需要就无法转化为动机。

可见,人的行为动力是由主观需要和客观事物共同制约决定的。按心理学所揭示的规律,需求或需要引起动机,动机支配着人们的行为。当人们产生某种需要时,心理上就会产生不安与紧张的情绪,成为一种内在的驱动力,即动机。它驱使人选择目标,并进行实现目标的活动,以满足需要。需要满足后,人的心理紧张消除,然后又有新的需要产生,再引起新的行为。这样周而复始,循环往复。如图5-1所示。

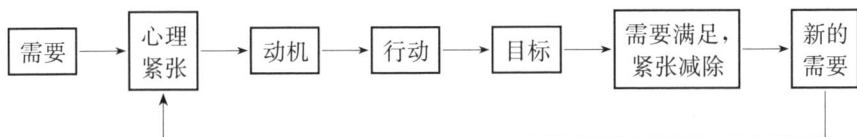

图5-1 需要、动机、行为的关系

三、动机的分类

根据动机对活动的影响和作用不同,可对动机进行不同的分类。

(一) 内在动机和外在动机

根据动机的引发原因,可将动机分为内在动机和外在动机。内在动机是由活动本身产生的快乐和满足所引起的,它不需要外在条件的参与。个体追逐的奖励来自活动的内部,即活动成功本身就是对个体最好的奖励。如有人设计了一个新产品,虽然未被他人表扬,但他感到自我满足,还想继续干下去,就属于内在动机。外在动机是由活动以外的刺激对人们诱发出来的推动力。如员工努力工作是为了获得更高的报酬或为了受到表扬等,并不是对工作本身发生兴趣。内在动机的强度大,时间持续长;外在动机持续时间短,往往带有一定的强制性。事实上,这两种动机缺一不可,必须结合起来才能对个人行为产生更大的推动作用。

(二) 主导性动机和辅助性动机

根据动机在活动中所起的作用不同,可将动机分为主导性动机与辅助性动机。主导性动机是指在活动中所起作用较为强烈、稳定、处于支配地位的动机。辅助性动机是指在活动中所起作用较弱、较不稳定、处于辅助性地位的动机。事实表明，只有主导性动机与辅助性动机的关系较为一致时，活动动力才会加强；如果主导性动机和辅助性动机彼此冲突，活动动力就会减弱。

（三）生理性动机和社会性动机

根据动机的起源，可将动机分为生理性动机和社会性动机。生理性动机是与人的生理需要相联系的，具有先天性，如饥、渴、性、睡眠等动机。人的生理性动机也受社会生活条件所制约。社会性动机又称心理性动机，是与人的社会性需要相联系的，是后天习得的，如兴趣、成就动机、权力动机、交往动机等。

（四）近景动机和远景动机

根据动机行为与目标远近的关系，可将动机划分为近景动机和远景动机。近景动机是指与近期目标相联系的动机；远景动机是指与长远目标相联系的动机。如有的员工努力工作，其目标是为多拿年终奖金；而有的员工努力工作，其目标是为今后成为行业专家打基础。前者为近景动机，后者为远景动机。远景动机和近景动机具有相对性，在一定条件下，两者可以相互转化。远景目标可分解为许多近景目标，近景目标要服从远景目标，体现远景目标。"千里之行，始于足下"，是对近景动机与远景动机辩证关系的描述。

（五）缺乏性动机和丰富性动机

现代心理学的一种重要分类方法是将个体的行为动机分为缺乏性动机和丰富性动机（见表5-1）。缺乏性动机又称生存和安全动机，如果得不到满足，个体会体验到痛苦和不安，并通过满足而消除痛苦和不安。丰富性动机又称满足和兴趣动机，与生存和安全或痛苦和危险无关，而是激发人们的探索、理解、创造、成就、爱情和自我实现等活动的动力。缺乏性动机因为缺乏某种东西而产生，随着满足而消除；丰富性动机不是因为缺乏而产生，也不会随着满足而消除，相反，它是在不缺乏的情况下或缺乏性动机得到满足以后产生的，并随着满足而变得越来越强烈。这就是说，缺乏性动机与消除痛苦有关，丰富性动机与追求快乐有关。

表 5-1　缺乏性动机和丰富性动机

维　度	缺 乏 性 动 机	丰 富 性 动 机
身体方面	回避饥饿、渴、缺氧、过度的热、冷和痛、膀胱或结肠太满、疲劳、过度的肌肉紧张、疾病和其他不舒服的身体状态等	获得愉快的味、嗅、声音等感觉经验；性快感；身体的舒适；肌肉运动；有节奏的身体运动等
与环境的关系	回避危险的动物和可怕的丑恶、讨厌的物体；回避寻找为将来的生存和安全所需要的物体；回避保持一个稳定、鲜明、可靠的环境等	获得快乐的占有；创造和发明东西；理解环境，解决难题；参加各种游戏和比赛；探索环境中的新奇与变化等
与别人的关系	回避人与人之间的冲突、恶化、敌意；回避维护社会成员的资格、威信和地位；回避受别人的保护；回避遵守小组的规范和社会准则；回避掌权和控制别人等	从别人或集体中获得爱和积极的确认；从与别人的交往中得到快乐；帮助和谅解别人，独立等
自我方面	把自己与别人或与理想的我比较时；回避产生自卑感和失败的情感；回避有失身份；回避羞愧、有罪、害怕、焦虑等情感	获得自尊和自信；自我表现；成就的情感；被人挑战的情感；建立道德的和其他的价值；发现自己在社会生活中的有意义的地位

资料来源：张一纯等,《组织行为学》,清华大学出版社,2006 年。

第二节　工作动机理论

　　一年到头，一天到晚，工作占据了我们最多的时间，甚至成为大多数人生活中最主要的内容。那么，人们究竟为什么工作呢？也许每个人对这一问题的回答互有不同之处，但都反映了人们的工作动机。

　　工作动机理论也称工作激励理论。自 1920—1930 年代以来，管理学家、心理学家和社会学家从不同的角度研究了应该怎样激励人的问题，并提出了许多激励理论。具体可划分为三种：内容型激励理论、过程型激励理论和综合型激励理论。

一、内容型激励理论

　　内容型激励理论（content theory）着重研究激励的原因与起激励作用的

因素的具体内容,基本上是围绕如何满足员工的需要进而调动其工作积极性开展研究,也称需要理论。这方面比较成熟的理论主要包括马斯洛(A. Maslow)的需要层次理论、阿尔德弗(C. F. Alderfer)的 ERG 理论、麦克利兰(D. C. Mcclelland)的成就需要理论和赫茨伯格(F. Herzberg)的双因素理论等。

(一) 需要层次理论

马斯洛认为个体有五种不同层次的需要:生理的需要、安全的需要、归属与爱的需要、尊重的需要和自我实现的需要,依次由较低层次到较高层次(如图 5 - 2)。

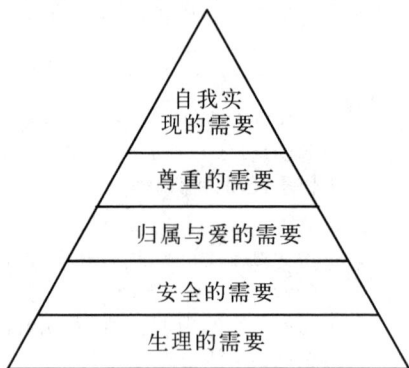

图 5 - 2　马斯洛的需要层次理论

1. 生理的需要

生理的需要是人们最原始、最基本的需要,包括饥有食品、渴有饮料、寒暑有衣服和庇护所,疾病有药物治疗。这些需要若不满足,则有生命危险。就是说,它是最强烈的不可避免的最底层需要,也是推动人们行动的最强大的动力。马斯洛认为,人的生理需要是最重要的,只要这一需要还未得到满足,他就会无视其他需要或把其他需要搁置在一边。

管理人员应该明白,如果员工还在为生理的需要而忙碌时,他们所真正关心的问题就与他们所做的工作无关。要让工作满足生理需要,可以为员工创造舒适、安全、愉快的工作环境,设法提供具有竞争力的薪酬,为那些需要更多钱的员工提供多挣钱的机会,如加班费或其他奖励。

2. 安全的需要

安全的需要包括对人身安全、生活稳定以及免遭痛苦、威胁或疾病等的需要。安全需要比生理需要高一级,当生理需要得到满足以后就要保障这种需要,即在安全需求没有得到满足之前,人们关心的就是这种需求。而一旦安全的需要基本上获得满足,接下来就会出现新的需要。

要让工作满足安全的需要,应该强调规章制度、职业保障、福利待遇,用安全条例和有关政策来保护员工,并定期沟通信息。

3. 归属与爱的需要

归属与爱的需要又称社交需要。它包含两方面的内容：一是归属的需要，即人都有一种归属感，都有一种要求归属于一个组织或群体的感情，希望成为其中一员并得到相互关心和照顾；另一个是爱的需要，即人都希望伙伴之间、同事之间的关系融洽或保持友谊和忠诚，希望得到爱情，希望爱别人，也渴望接受别人的爱。当生理需要和安全需要得到满足后，归属与爱的需要就会凸显出来，进而产生激励作用。在马斯洛的需要层次中，这一层次是与前两个层次截然不同的，这一层次的需要如果得不到满足，就会影响员工的精神，导致高缺勤率、低生产率、对工作不满及情绪低落。

管理者必须意识到，当归属与爱的需要成为主要的激励源时，工作被人们视为寻找和建立温馨的和谐人际关系的途径，能够提供同事间社交往来机会的职业会受到重视。管理者感到下属努力追求这类需求时，应该给员工提供团队工作和与其他部门合作的机会，帮助员工发展社交和被团队承认，对员工表示出关心并鼓励他们之间也这么做。

4. 尊重的需要

尊重的需要可分为自尊、他尊和权力欲三类，既包括对成就或自我价值的个人感觉，也包括他人对自己的认可与尊重。尊重的需要得到满足，能使个体感到自信、有价值、有能力、有力量等；尊重需要一旦受到挫折，就会使人产生自卑感、软弱感和无能感，甚至失去生活的基本信心。

要让工作满足尊重的需要，管理者应该做到：对于员工提出的问题要积极反馈，表扬要有理有据。帮助员工脱颖而出，并承担更高层次的责任，以展示他们的才能和技巧；根据业绩大小建立不同层次的奖赏计划；征求员工意见，让其他人参与计划过程；经常表达对员工的谢意。

5. 自我实现的需要

自我实现的需要是最高等级的需要，是指实现个人的理想和抱负、发挥个人的能力于极限的需要。满足这种需要就要求完成与自己能力相称的工作，最充分地发挥自己的潜在能力，成为所期望的人物。这是一种创造的需要。有自我实现需要的人，似乎在竭尽所能地使自己趋于完美。自我实现意味着充分地、活跃地、忘我地、全神贯注地体验生活。

要让工作满足自我实现的需要，应该允许工作中的适度自治，给予员工发挥自我创造的空间。将工作中的失误当作可借鉴的经验来看待，提供更有挑战性的工作。通过持续提供学习和培训的机会,支持个人的发展。

马斯洛把生理的需要和安全的需要归为低级需要,而把归属与爱的需要、尊重的需要和自我实现的需要归为高级需要。他认为各层次的需要之间有以下一些关系:

首先,上述五种需要是按次序逐级上升的。当下一级的需要获得基本满足后,追求上一级的需要就成为驱动行为的动力。但这种需要层次逐级上升并不遵照"全"或"无"的定理,不是一种需要百分之百地满足后,下一种需要才出现;

其次,这五种需要不是每个人都能满足的,越是靠近顶部的高级需要,满足的百分比越少;

第三,同一时期,个体可能同时存在多种需要,因为人的行为往往受多种需要支配,每一个时期总有一种需要占支配地位。

马斯洛的理论得到了广泛接受,尤其在实际管理工作中更是被认可,如表5-2所示。

表5-2 需要层次理论与管理措施对应表

需要层次	需要名称	诱因(追求的目标)	管理制度与措施
1	生理需要	薪水、健康的工作环境、各种福利	身体健康(医疗设备)、工作时间(休息)、住宅设施、福利制度
2	安全需要	职位的保障、意外的防止	雇佣保证、退休金制度、健康险制度、意外保险制度
3	社交需要	友谊(良好的人际关系)、团体的接纳、与组织一致	协商制度、利润分配制度、团体活动制度、奖金制度、娱乐制度、教育培训制度
4	尊重需要	地位、名份、权力、责任、与他人薪水之相对高低	人事考核制度、晋升制度、表彰制度、奖金制度、娱乐制度、教育培训制度
5	自我实现需要	能发展个人特长的组织环境,具有挑战性的工作	决策参与制度、提案制度、研究发展计划、劳资会议

资料来源:孙喜林、荣士壮、孙晓园,《管理心理学》,东北财经大学出版社,2006年。

后来,马斯洛对他以前所提出的五个层次的需要又作了补充,即认为人们还有认识和理解的需要(即求知的需要)及审美的需要。马斯洛认为这两类需要和前面的五个层次的需要并不处于同一层次的发展系统之中,而是表现出一种既互相重叠又互相区别的关系。

知识库 5-1

马斯洛补充的两种需要

◆ 认识和理解的需要,这是人人都具备的一种基本需要,即人们对各种事物的好奇、学习、探究事物哲理、对事物进行实验和尝试的需要。

◆ 审美的需要,也是一种基本的需要,如希望行动的完美、对事物对称性、秩序性、闭合性等美的形式的欣赏、对美的结构和规律性的需要等。

资料来源:孙喜林、荣士壮、孙晓园,《管理心理学》,东北财经大学出版社,2006 年。

(二) ERG 理论

ERG 理论是美国耶鲁大学的克雷顿·阿尔德弗(Clayton Alderfer)提出的一种新的人本主义需要理论。它与马斯洛的需要层次理论相关但又有所不同。阿尔德弗把人的需要分为三类,即生存的需要(existence)、相互关系的需要(relatedness)和成长发展的需要(growth)。由于这三类需要的英文名称第一个字母分别是 E、R、G,因此又称 ERG 理论。

1. 生存的需要

这类需要关系到机体的存在或生存,包括多种形式的生理的和物质的欲望,如衣、食、住等。这实际上相当于马斯洛需要层次理论中的生理需要和安全需要。

2. 相互关系的需要

这是人际关系的需要。这种需要通过工作中的或工作以外的与其他人的接触和交往得到满足。它相当于马斯洛需要层次理论中的社交需要和一部分尊重需要。

3. 成长发展的需要

这是个人自我发展和自我完善的需要,包括个人在工作上的创造性或个人成长的努力。这种需要通过发展个人的潜力和才能而得到满足。它相当于马斯洛需要层次理论中的尊重需要和自我实现的需要。

虽然 ERG 理论在需要的分类上并不比马斯洛的需要层次理论更完整,在概念论述上也并不比其更明确,但这种理论还是有其独特的见解。

首先,ERG 理论并不强调需要层次的顺序,它认为某种需要在一定时间内对行为起作用。各个层次的需要得到的满足越少,则这种需要越为人们所渴望。比如,满足生存需要的工资越低,人们就越渴望得到更多的工资。而当这种需要得到满足后,可能去追求更高层次的需要,也可能没有这种上升的趋势。

其次,当较高级的需要受到挫折而未能得到满足时,会产生挫折—回归现象,即把更强烈的欲望放在一个较低层的需要上。比如,成长需要受到挫折,就会下降到对人与人关系的需要产生更大的希望(见案例5-2)。这与马斯洛认为当一个人的某一层次需要尚未得到满足时,他可能会停留在这一需要层次上直到获得满足为止的观点相反。与马斯洛需要层次理论相类似的是,ERG 理论认为如果较低层次需要得到的满足越多,对较高层次的需要就越渴望。比如,个人的生存需要越是得到满足,对人和人关系的需要和工作成就的需要就越强烈。

案例5-2

他为什么辞职

A 大学毕业后去了一家外贸公司,由于公司效益不好,不久就跳槽去了一家在西亚和非洲从事国际工程承包的公司。去非洲是 A 儿时的梦想,A 进入公司后主动学习土建常识,很快在几个短期项目中被派驻国外从事资料管理、生活物资采购和标书翻译等从属性工作,之后被长期派驻东非 K 国。

当时,由于中国工程技术人员对监理制不适应,经常与国外监理发生冲突。A以监理工程师联络人的身份进入项目后,很快找出了控制冲突的有效办法,改善了承包商与监理的关系。A协调各方面关系的能力得到了该公司驻K国高层领导的认同,被晋升为驻K国的人事经理,并顺利地解决了棘手的员工关系问题,后被调到位于K国首都的办事处负责当地政府关系和保险索赔。从此,A得以从更高层面理解公司事务,日常接触的都是K国的政府官员。A很开心,工作得心应手,领导也非常信任他,只要有特殊事件发生,总是派他去处理,如当地工人罢工、恶性交通事故、法律纠纷、洪水围困施工营地,甚至在施工现场充当过一个月的负责人,成了救火队员。

公司有一条规定:只有处级干部和项目经理(与A平级)才能带家属去国外工作。A在临来K国时已结婚,三年过去了,规定的探亲假都用完了,但他还是希望办事处能安排家属过来一起工作。办事处总经理表示公司有规定,但他会想办法。此时,办事处正在筹划K国一个新项目,A主动负责这个项目的投标工作,他希望中标后自己可以自然成为项目经理,能将太太带来工作。

新项目中标了,但项目经理却是另一位有多年项目经理经验的同事。总经理私下对A讲,他不是学工科的,所以不适合做负责施工的项目经理。过了不久,A要求回国,公司劝不住他,只有安排他回国探亲。临行前总经理再三叮嘱,回去休养些时间就回来,这里需要他,A回国后却辞职了。

资料来源:闫鑫,"异地派遣员工管理个案分析",《人才资源开发》,2005年第10期。

最后,某种需要在得到基本满足后,其强烈程度不仅不会减弱,还可能会增强,这就与马斯洛的观点正好相反。

(三)成就需要理论

成就需要理论是美国哈佛大学教授戴维·麦克利兰(D. C. McClelland)提出的一项植根于文化的动机理论。他认为人都有三种特别主要的需要:成就需要、权力需要和亲和需要。

成就需要(need for achievement)是指追求卓越,不断向高标准进行挑战,

图 5-3　麦克利兰
（David C. McClelland,
1917—1998 年）

想要发挥自己所具有的潜力，争取成功，克服困难而达到目标的一种需要。具有挑战性的成就会引发人的快感，增加奋斗的精神，对行为起主要的影响作用。

权力需要（need for power）是指影响或控制他人且不受他人控制的需要。高权力需要者喜欢支配、影响他人，喜欢对别人"发号施令"，注重争取地位和影响力。他们喜欢具有竞争性和能体现较高地位的场合和情境，他们也会追求出色的成绩，但他们这样做并不像高成就需要的人那样是为了个人的成就感，而是为了获得地位和权力或与自己已具有的权力和地位相称。权力需要是管理成功的基本要素之一。

亲和需要（need for affiliation）是指建立友好和亲密的人际关系的需要。高亲和需要者渴望友谊，喜欢合作而不是竞争的工作环境，希望彼此之间的沟通与理解，他们对环境中的人际关系更为敏感。有时，亲和需要也表现为对失去某些亲密关系的恐惧和对人际冲突的回避。亲和需要是保持社会交往和人际关系和谐的重要条件。

成就需要理论认为：

① 不同的人对这三种基本需要的排列层次和所占比重是不同的，个人行为主要决定于其中被环境激活的那些需要。

② 具有高成就需要的人的特点是：事业心强，比较实际，敢冒一定的风险，常为自己设立必须通过努力才可以达到的目标；把个人成就看得比成功的报酬更重要，把报酬看作是衡量成就大小的工具；十分重视自己工作表现的信息反馈，也就是说，要知道自己表现的结果如何，总是想着如何把工作干得更好些。对于高成就需要者的管理，应考虑以下措施：鼓励他们参加目标设置，或让他们自我设置工作目标，增强他们的工作自主性，创造条件让他们施展才华，让他们做挑战性、责任感强的工作，提供及时、准确的绩效反馈，对他们少监督，多支持。

③ 高成就需要的人对组织和国家有重要作用。一个组织拥有这种人越多，它的发展越快，获利越多；一个国家拥有这种人越多，就会越兴旺发达。据

麦克利兰的调查,1925 年,英国的国民经济情况很好,当时,英国所拥有的高成就需要的人数在被调查的 25 个国家中名列第五;第二次世界大战以后,英国经济走了下坡路,1950 年再作调查时,英国所拥有高成就的人数在被调查的 39 个国家中名列第 27 位①。

④ 在大型企业或其他组织中,高成就需要者并不一定就是一个优秀的管理者,原因是高成就需要者往往只对自己的工作绩效感兴趣,并不关心如何影响别人去做好工作。

⑤ 亲和需要与权力需要和管理的成功密切相关。麦克利兰发现,最优秀的管理者往往是权力需要很高而亲和需要很低的人。如果一个大企业的经理的权力需要与责任感和自我控制相结合,他很有可能成功。

麦克利兰的成就需要理论在组织管理中很有应用价值。首先,在人员的选拔和安置上,通过测量和评价一个人动机体系的特征,对于如何分派工作和安排职位有重要意义。其次,由于具有不同需要的人需要不同的激励方式,了解员工的需要与动机有利于合理地建立激励机制。再次,麦克利兰认为动机是可以训练和激发的,因此,可以训练和提高员工的成就需要,以提高其工作效率。

表 5 - 3　美国总统的成就需要

姓　　名	成 就 需 要	权 力 需 要	亲 和 需 要
克林顿	高	中	高
布　什	中	中	低
里　根	中	高	低
肯尼迪	低	高	高
罗斯福	低	高	中
林　肯	低	中	中
华盛顿	低	低	中

资料来源: 李剑锋,《组织行为管理》(第五版),中国人民大学出版社,2013 年。

---

① 孙喜林、荣士壮、孙晓园:《管理心理学》,东北财经大学出版社,2006 年。

(四) 双因素理论

20 世纪 50 年代末期,美国的行为学家弗雷德里克·赫茨伯格(Frederick Herzberg)在企业调查中发现,员工感到不满意的因素大多与工作环境或工作关系有关,使员工感到满意的因素则一般与工作内容或工作成果有关,据此,他提出了双因素理论,也称激励——保健因素理论(见图 5-5)。

图 5-4　赫茨伯格
(Frederick Herzberg,
1923—2000 年)

保健因素就是那些造成员工不满的因素,它们的改善能够解除员工的不满,但不能使员工感到满意并激发起员工的积极性。它们主要有企业的政策、行政管理、工资发放、劳动保护、工作监督以及各种人事关系处理等。由于它们只带有预防性,只起维持工作现状的作用,也被称为维持因素。

保健因素的满足对员工产生的效果类似于卫生保健对身体健康所起的作用。保健从人的环境中消除有害于健康的事物,它不能直接提高健康水平,但有预防疾病的效果;它不是治疗性的,而是预防性的。当这些因素恶化到人们认为可以接受的水平以下时,就会产生对工作的不满意。但是,当人们认为这些因素很好时,它只是消除了不满意,并不会导致积极的态度,这就形成了某种既不是满意又不是不满意的中性状态。

激励因素就是那些使员工感到满意的因素,唯有它们的改善才能让员工感到满意,给员工以较高的激励,调动积极性,提高工作效率。它们主要有工作表现机会、工作本身的乐趣、工作上的成就感、对未来发展的期望、职务上的责任感等。

经典名言

　　增强员工工作动力和满意度的源泉来自:挑战——成就——认可的动机循环模式。

　　　　　　　　　　　　　　　　　　　　　　——赫茨伯格

只有激励因素具备了,才能对人们产生更大的激励作用。从这个意义出发,赫茨伯格认为传统的激励假设,如工资刺激、人际关系的改善、提供良好的

工作条件等,都不会产生更大的激励;它们能消除不满意,防止产生问题,但这些传统的激励因素即使达到最佳程度,也不会产生积极的激励。

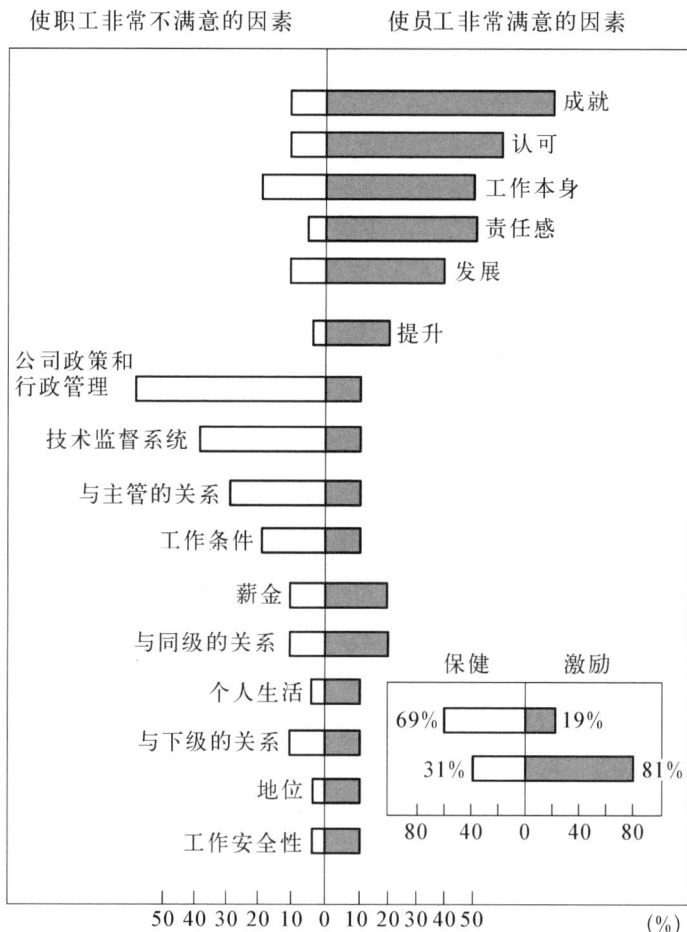

图 5 - 5   保健因素与激励因素比较

资料来源:王垒,《组织管理心理学》,北京大学出版社,1993 年。

传统的观念认为,满意的反面是不满,但赫茨伯格的理论认为,满意和不满意并非共存于单一的连续体中,而是截然分开的,满意的对立面是没有满意,不满意的对立面是没有不满意(见图 5 - 6)。这就意味着一个人可以同时感到满意和不满意,只有充分运用激励因素,才能使员工感到满意;而充分运用保健因素,最多只能使员工感到没有不满意。

满意 ←——传统观点——→ 不满意

满意 ←——赫茨伯格的观点——→ 没有满意
激励因素

没有不满意 ←——赫茨伯格的观点——→ 不满意
保健因素

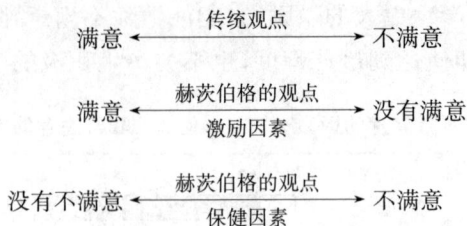

图 5－6 赫茨伯格双因素理论的框架

按照赫茨伯格的意见,管理者应该认识到保健因素是必需的。不过,它一旦使不满意中和以后,就不能再产生更积极的效果。只有那些被称为激励因素的需要得到满足,才能激发人的积极性,才能使人们有更好的工作成绩。但是,保健因素和激励因素不是一成不变的,而是可以相互转化的。如果员工的工资、奖金同其个人的工作绩效挂钩,就会产生激励作用,变为激励因素。如果两者没有联系,奖金发得再多,也构不成激励。一旦减少或停发,还会造成员工的不满。因此,有效的管理者,既要注意保健因素,以消除员工的不满,又要善于把保健因素转变为激励因素。现在多数企业在激励机制上处在"保健阶段"。很多企业以为只要改善工作环境,提供良好的福利和待遇,就能充分调动员工的积极性。但事实证明,保健因素只能在短时间内起到稳定作用,它们也并没有产生多大的工作积极性。一段时间过后,工作内容的单调重复,领导对员工缺乏关注和赞赏等,往往会导致员工对工作产生厌倦情绪,整个企业组织内部士气低落。此外,对保健因素和激励因素应进行具体情况具体分析。对于不同的人来说,这两种因素的划分是不同的,而且即使是同样的人,企业采取的方式不同而产生的效果也是不同的。同一因素,对有的人来说属于保健因素,对另一些人来说却属于激励因素。因此,企业应根据不同员工的需要,采取相应的激励方式,为员工提供比较多的成长机会。

双因素理论很好地解释了为何有时员工的收入和福利均相当不错,还不能使其努力工作,并明确了薪金和福利的保健作用。这一理论充分重视了工作本身的激励作用,为创立新的劳动组织形式、促使工作丰富化、提高工作意义及挑战性等提供了理论依据。

赫茨伯格的双因素理论同马斯洛的需要层次论有相似之处。他提出的保健因素相当于马斯洛提出的生理需要、安全需要、归属与爱的需要等较低级的需要;激励因素则相当于尊重的需要、自我实现的需要等较高级的需要。当然，他们的具体分析和解释是不同的。但是，这两种理论都没有把个人需要的满足同组织目标的达到联系起来。

二、过程型激励理论

过程型激励理论（process theory）着重研究人的行为是怎样产生的，是怎样向一定方向发展的，如何能使这种行为保持下去，以及怎样结束这种行为发生的整个过程。其中，最有影响的是弗鲁姆的期望理论、亚当斯的公平理论、洛克的目标设置理论和斯金纳的强化理论。

（一）期望理论

期望理论（expectancy theory）由著名心理学家和行为科学家维克托·弗鲁姆（Victor H. Vroom）于 1964 年提出。该理论认为，人们之所以采取某种行为（如努力工作）是因为他觉得这种行为有达到目标的可能，并且这种结果对他有足够的价值。换句话说，动机激励水平取决于个休认为在多大程度上可以期望达到预计的结果，以及个体判断自己的努力对于个人需要的满足是否有意义。激励水平取决于期望值与效价的乘积，用公式可以表示为

图 5-7　弗鲁姆
（Victor H. Vroom）

$$M = V \cdot E$$

式中，M 表示动机激发力量，是指个人所受激励的程度。V 表示**效价**，即目标价值，是指达到目标对于满足个人需要的价值。同一目标，由于人们所处的环境不同，需求不同，其需要的目标价值也就不同。同一个目标对每一个人可能有三种效价：正、零、负。效价越高，激励力量就越大。E 表示**期望值**，又称期望概率，指个体根据以往的经验进行主观判断，达到目标并能导致某种结果的概率，即对实现目标可能性的估计。

根据期望公式，由于效价和期望值不同，会产生不同的激励水平。效价高，期望值高，激励水平就高；两者中有一者低，激励水平就低。因此，要使激励水平达到最高，应该使效价和期望值都高。只要其中有一个值很低，就起不到激励员工的目的。

弗鲁姆认为，要运用好期望理论，有效地激发员工的工作动机，就要正确

处理好以下三种关系,这些也是调动员工工作积极性的三个条件。

第一,努力与绩效的关系。人们总是希望通过一定的努力达到预期的目标。如果个人主观认为达到目标的概率很高,就会有信心、有决心,从而激发出强大的工作力量;反之,如果他认为目标太高,可望而不可即,通过努力也不会有很好的绩效,或者是目标太低,唾手可得,他就会失去内在的动力,导致工作消极。

第二,绩效与奖励的关系。人总是期望在达到预期的绩效后能够得到奖励,当然,这个奖励是综合的,既包括物质上的,也包括精神上的。如果他认为取得绩效后能得到合理的奖励,就可能产生工作热情,否则,就可能没有积极性。

第三,奖励与满足个人需要的关系。人总是希望自己所获得的奖励能满足个人的需要。然而,由于人们在年龄、性别、资历、社会地位和经济条件等方面都存在着差异,反映在需要上也有明显的个别差异。因此,同一种奖励办法对于不同的人,能满足的需要程度不同,能激发出的工作动力也就不同。

期望理论给管理者的启示是:不要泛泛地采用一般的激励措施,而应当采用多数组织成员认为效价最大的激励措施。在激励过程中,要适当控制期望概率和实际概率,加强期望心理的疏导。期望概率过大,容易产生挫折;期望概率过小,又会减少激励力量。而实际概率应使大多数人受益,最好实际概率大于平均的个人期望概率,并与效价相适应。

(二) 公平理论

公平理论(equity theory)分为分配公平理论和程序公平理论。前者是传统的公平理论,后者是较新的一种公平理论。

1. 分配公平理论

分配公平理论又称社会比较理论,它是美国行为科学家亚当斯(J. S. Adams)提出的一种激励理论。该理论主要探讨报酬分配的合理性、公平性及其对员工行为和工作积极性的影响。

分配公平理论的基本观点是:当一个人做出了成绩并取得了报酬以后,他不仅关心自己所得报酬的绝对量,而且关心自己所得报酬的相对量。因此,他要进行种种比较来确定自己所获报酬是否合理,比较的结果将直接影响今后工作的积极性。人们怎样确定报酬是否公平呢? 亚当斯提出了公平关系的下述公式:

$$\frac{O_A}{I_A} = \frac{O_B}{I_B} \quad （A、B 代表相比较的两个个体）$$

式中，I(input)表示投入，指个体对组织的贡献，如教育程度、所作努力、用于工作的时间、精力和其他无形损耗等；O(output)表示产出，指个体从组织中得到的回报，如薪金、工作安排以及获得的赏识等。该公式表示的是当事人将自己获得的"报酬"与自己"投入"的比值与组织内其他人作社会比较，称为横向比较。当事人也会把自己目前投入的努力与目前所获得报酬的比值，同自己过去投入的努力与过去所获报酬的比值进行比较，称为自我比较或纵向比较。

通过自我比较或横向比较，会出现两种结果，即公平和不公平。当 $(O/I)A = (O/I)B$ 时，A、B 两者所得相等，这时候，两者都会感觉公平、满意；当 $(O/I)A > (O/I)B$ 时，即 A 感到自己得到的多，这时候，A 会感到满意；当 $(O/I)A < (O/I)B$ 时，即 A 感到自己得到的少，这时候，A 会感到不公平，不满意。

调查和试验的结果表明，不公平感的产生，绝大多数是由于经过比较认为自己目前的报酬过低而产生的；但在少数情况下，也会由于经过比较认为自己的报酬过高而产生。如果个体在组织中通过比较认为是公平的，他就会保持现状，自己的投入不会减少；一旦产出更多时，个体会更主动地投入，以保持两边比例的平衡，如果感到不公平，可能会采取以下行动：

◆ 减少投入（如不再那么努力）；

◆ 改变自己的产出（例如，实行计件工资制的员工通过增加产量、降低质量来增加自己的工资）；

◆ 改变认知（例如，阿 Q 精神，夸大自己的贡献）；

◆ 改变对他人的看法（例如，改变对他人投入产出的看法，认为他人可能工作时间更长，或拿到的奖金并不多）；

◆ 改变比较对象（例如，不和比自己获得结果多的人比，找那些不如自己的人比）；

◆ 抱怨、情绪衰竭甚至离职（这是对付不公平的最后一招，当员工感到不公平却又无力改变现状时，可能会提出辞职）。

分配公平理论对我们有着重要的启示：首先，影响激励效果的不仅有报酬的绝对值，还有报酬的相对值。由于员工对工作和组织的投入各不相同，他们得到的报酬也应有所不同,不应毫无区别地对所有员工给予相同的报酬。例如,几乎100%的人都认为"大锅饭式"的奖金制度不公平;其次,激励时应力求公平,要让结果与行为一致,即应根据员工对工作和组织的投入(努力和绩效)分配报酬;再次,要告诉下属他们怎样做才能得到奖励,他们正在做的哪些事是错误的;最后,在激励过程中应注意对被激励者公平心理的引导,使其树立正确的公平观,认识到绝对的公平是不存在的,不要盲目攀比。

2. 程序公平理论

除了分配公平外,程序公平(procedural justice)也受到员工的关注。西波特和沃而克提出了程序公平的概念,程序公平理论是一种较新的激励理论,它研究报酬分配时使用的程序、过程的公正性。

程序公平理论主张,如果员工认为用于分配的程序公平,他的业绩得到实事求是的评定,他就会有更高的工作积极性,从而达到更高的绩效水平;反之,就会挫伤工作积极性。

程序公平理论对工作激励意义的研究还处于起步阶段,但有一些研究表明,即使报酬的分配在某些方面存在问题,如果员工认为用于分配的程序公平,也能接受。就是说,如果员工认为自己能控制作决策的过程(如可以提出自己的证据、有机会表述自己的意见),就会补偿分配公平上的不足之处,他们的公平感就会提高。这种现象被称为公平过程效应或发言权效应。在员工所得报酬普遍较低的情况下,如果能在程序上使员工产生公平的知觉,也会使员工的工作积极性保持在较高水平上。

因此,要使员工感到程序的公平,应该做到:管理者对员工一视同仁,尊重员工的权力和意见,及时反馈员工的工作进展情况,向员工解释分配决策,让员工了解如何评定和评估绩效,如何决定分配报酬,这样既有利于政策的落实,又能达到激励效果。

(三) 目标设置理论

目标设置理论(goal-setting theory)是美国马里兰大学管理学和心理学教授洛克(E. A. Locke)提出的,简称目标理论。

目标设置理论认为,工作目标的明确性有较大的激励作用,可以提高工作的绩效。从激励的效果来说,有目标比没有目标好,有具体的目标比空泛的、

号召性的目标好,有适当难度的目标比唾手可得的
目标好。因为人有希望了解自己行为的结果和目
的的认知倾向,这种了解能减少行为的盲目性,提
高行为的自我控制水平。明确的工作目标可以使
人们知道他们要完成什么工作,以及必须付出多大
努力才可以完成。特别是目标有一定难度但又可
以实现时,比简单的目标更能导致较高的绩效,因
为这种目标能提供一种挑战性,通过目标的完成,
可以使人获得成就感,也满足了自我成长的需要。

图 5 - 8　洛克
(Edwin A. Locke)

因此,一个成功的目标设置应当具备以下特点:

- ◆ 目标难度适当。有难度但又可能实现的目标是最有效的。
- ◆ 目标具体。清晰、准确、具体的目标是最有效的。
- ◆ 目标为员工所接受。员工对目标的接受程度越高越有效。
- ◆ 员工对完成任务作出承诺。员工的承诺反映了员工对达到目标的责任
  感和兴趣。

目标设置理论给管理者的启示是:首先,应当致力于为员工设置清晰、具
体、难易适当、具有挑战性的目标,而不是简单地告诉员工"请尽最大努力去
做",同时,在工作中应及时给予员工工作情况的反馈,使得员工对自己的工作
完成情况有清楚的认识,从而提高工作绩效;其次,对于那些难度较大的工作
任务,如果能让员工参与目标的设置过程并将工作目标的完成与激励结合起
来,而不是仅由管理人员规定,可增强目标的合理性、可接受性,增加员工对目
标的认同,从而产生更大的激励作用,提高工作绩效。

(四) 强化理论

强化理论(reinforcement theory)也称学习论或操作条件反射论,强调研
究个人的外在行为,侧重于研究个人行为结果对行为的作用,是由美国心理学
家斯金纳等人提出的一种理论(见知识库 5 - 2)。斯金纳所倡导的强化理论是
以学习的强化原则为基础的关于理解和修正人的行为的一种学说。

知识库 5-2

斯金纳的强化实验

斯金纳（B. F. Skinner，1904—1990），美国心理学家，是新行为主义的主要代表和操作条件反射理论的创始人。斯金纳对强化的概念作了系统的论述，他在长期用动物作实验的过程中创造了一种特殊的实验装置——"斯金纳箱"。箱内装有一个按压杠杆，把小白鼠放在箱内自由走动，偶然碰到杠杆，就会有一粒食物沿沟槽滚入箱内。由于按压杠杆可以得到食物，所以，小白鼠很快学会了按压杠杆取食物的操作。这就是说，形成了操作条件反射。这种操作条件反射形成的关键条件则是得到食物的强化。

斯金纳对强化的解释与巴甫洛夫有些不同。巴甫洛夫只是把强化看成是使条件反射避免消退和得以巩固的措施，斯金纳则把强化看成是增强某种反应、某种行为概率的手段，是保持行为和塑造行为必不可少的关键因素。

图 5-9　斯金纳
（B. F. Skinner，
1904—1990 年）

强化理论认为，行为的结果对行为本身有强化作用，是行为的主要驱动因素。即认为个体倾向于重复那些伴随有利结果的行为，而不重复那些伴随不利结果的行为。

斯金纳认为，强化有正强化、负强化、消退和惩罚四种情况。如表5-4所示。

表 5-4　强 化 的 类 型

事　物 组织行为	令人愉快或所希望的事件	令人不快或不希望的事件
事件的出现	正强化 （行为变得更加可能发生）	惩罚 （行为变得更不可能发生）
事件的取消	消退 （行为变得更不可能发生）	负强化 （行为变得更加可能发生）

正强化又称积极强化,就是通过出现积极的、令人愉快的结果而使某种行为得到增强或增加。如努力工作后得到一次晋升,假设晋升正是个人所期望的,行为即被强化。奖金、休假、晋级、认可、表扬等都可以作为正强化的方法。

负强化又称消极强化,是指为鼓励良好行为而撤销或减轻原有的消极后果的办法。例如,喷气式飞机机械师发现耳朵上戴上噪声隔离器以后,可以避免由于飞机发动机噪声所带来的不舒适感(消极后果),这种强化鼓励佩戴合适的防噪声装置。

消退是指当某种令人愉快的事件被取消之后,会使某种行为发生的可能性减少,又称不强化。如做好事后没有被表扬。

惩罚是指某种行为后出现一个令人讨厌的结果,会使这种行为的出现频率减少。如偷窃他人财物后被拘留。

强化理论认为"行为决定于它的结果",因此,管理上可以通过操纵结果,从而控制(至少是影响)员工行为。如果要鼓励一些个体的行为(如高生产率、工作质量好),或者要抑制一些个体行为(如迟到、工作质量差),必须要建立强化机制。

在应用强化手段时,应该遵循以下原则:

1. 因人而异采取不同的强化方式

人们的年龄、性别、职业、学历、经历不同,需要就不同,强化方式也应不一样。例如,有的人更重视物质奖励,有的人更重视精神奖励,就应区分情况,采用不同的强化措施。同样,不同员工的绩效大小不同,如果奖酬实施平均主义,会导致惩罚了完成工作最好的,奖励了完成工作最差的,这种情况会使完成工作最好者减慢他们的产出或跳槽。

2. 小步前进,分阶段设立目标,以增强行为转化的信心

只有目标明确而具体时,才能进行衡量和采取适当的强化措施。同时,还要将目标进行分解,分成许多小目标,完成每个小目标都要及时给予强化,这样不仅有利于目标的实现,而且通过不断地激励可以增强信心。如果目标一次定得太高,会使人感到不易达到或者说能够达到的希望很小,这就很难充分调动人们为达到目标而做出努力的积极性。

3. 及时反馈和及时强化

所谓及时反馈,就是通过某种形式和途径,及时地将工作结果告诉行动

者。要取得最好的激励效果,就应该在行为发生后尽快采取适当的强化方法。一个人在实施了某种行为以后,即使是领导者表示"已注意到这种行为"这样简单的反馈,也能起到正强化的作用。如果领导者对这种行为不予注意,这种行为重复发生的可能性就会减小以至消失。所以,必须利用及时反馈作为一种强化手段。

4. 正强化比负强化更有效

在强化手段的运用上,应以正强化为主;必要时,也要对坏的行为给予惩罚,做到奖惩结合,以奖为主(见案例5-3)。

案例5-3

乔利民是不是个好科长

乔利民是一位工程师,他在技术方面有丰富的经验。在技术科,每一位科员都认为他的工作相当出色。不久前,原来的科长调到另一个厂去当技术副厂长了。领导任命乔利民为技术科科长。

乔利民上任后,下定决心要把技术科搞好,他以前在水平差的领导下工作过,知道这是一种什么滋味。在头一个月内,全科室的人都领教了乔利民的"新官上任三把火"。在第二天,小张由于汽车脱班,赶到厂里迟到了三分钟,乔科长当众狠狠地批评了他一顿,并说"技术科不需要没有时间概念的人"。第二个星期,老李由于忙着接待外宾,一项技术改革提案晚交了一天,乔科长又大发雷霆,公开表示,再这样,要把老李调走。当乔科长要一份技术资料时,小林连着加班了三个晚上替他赶了出来,乔科长连一句表扬话也没有。到了月底,乔科长还在厂部会议上说,小林不能胜任工作,建议把小林调到车间去。

一年过去了。厂领导发现,技术科似乎出问题了,缺勤的人很多,不少人要求调动工作,对许多工作技术都应付不过来了。科室里没有一种和谐而团结的气氛。厂领导决定要解决技术科的问题了。

资料来源: http://forum.ceconline.com/FORUM_POST_900001_900004_898954_0.htm.

强化理论只讨论外部因素或环境刺激对行为的影响,忽略了人的内在因素和主观能动性对环境的反作用,具有机械论的色彩。但是,许多行为学家认为,强化理论有助于对人们行为的理解和引导。因为一种行为必然会有后果,而这些后果在一定程度上会决定这种行为在将来是否重复发生。与其对这种行为和后果的关系采取一种碰运气的态度,就不如加以分析和控制,使大家都知道应该有什么后果最好。这并不是对员工进行操纵,而是使员工有一个最好的机会在各种明确规定的备择方案中进行选择。因而,强化理论已在管理领域被广泛地应用。

三、综合型激励理论

内容型激励理论和过程型激励理论从不同的角度对激励问题进行了研究,众多理论使得激励问题看起来更为复杂。综合型激励理论试图将各种激励理论归纳起来,从系统的角度解释人的行为过程。

(一)豪斯的综合激励模式

罗伯特·豪斯(Robert J. House)基于几类激励理论,提出了包含内、外激励因素的一个综合激励模式,其表达公式为:

$$M = V_{it} + E_{ia}(V_{ia} + E_{ej}V_{ej})$$

式中,M 表示某项工作任务的激励水平高低,即动力的大小;V 表示效价;E 表示期望;i 表示内在的;e 表示外在的;t 表示任务本身的;a 表示完成;j 表示外在奖酬的项目,$j = 1,2,3,\cdots,n$。

V_{it} 代表工作本身的内酬效价,反映的是工作任务本身的挑战性等因素引起的激励程度,是一种内在激励。它所引起的内激励不计任务完成与否及其结果如何,故不包括期望值大小的因素,也可以说期望值最大是1,所以,可不表示。

E_{ia} 代表工作任务完成的期望,也就是主观上对任务可能性的估计,进行这种活动时,人们要考虑自己完成任务的能力以及客观上存在的困难等。

V_{ia} 代表完成任务的效价;$E_{ej}V_{ej}$ 代表一系列双变量的总和;其中,E_{ej} 代表任务完成能否获得某项外在奖酬的期望,是一种主观性估计;V_{ej} 代表对该项外在奖酬的效价。

$E_{ia}V_{ia}$ 代表工作任务完成所引起的内激励程度;$E_{ia}E_{ej}V_{ej}$ 代表各种外酬

所起的激励效果之和,其中,引入两项期望值是因为前者是对完成任务可能性的估计,后者则仅是对完成任务与获得奖酬相联系的可靠性的估计。

从这个激励的综合模式来看,要提高激励水平,可以从内、外激励两个方面入手。

1. 内在性激励的提高

对员工的内在性激励包括工作本身的内酬效价(V_{it})和完成工作给员工所能带来的内在性激励作用($E_{ia} \times V_{ia}$)。提高工作本身的内酬效价有许多办法,如采取工作丰富化和工作多样化等措施,让员工经常体验到一些新的工作,感受到工作的乐趣和挑战性,减少工作的单调乏味感;鼓励员工参与决策计划的制订工作,让他们了解自己所从事的工作在整个组织工作中的位置和作用,提高他们对自身工作重要性的认识。在员工认识到自己所从事的工作的重要性之后,还要设法保证员工凭自身努力之后,能够达到预期的目标,实现预期的期望。同时,根据员工在工作中作出的各种成绩,随时对员工进行强化,使他们明确自己正在不断地朝着目标迈进,从而提高完成工作任务的自信心,加大工作动力。

2. 外在性激励的提高

外在性激励取决于员工对各种外在性报酬的追求。所以,要提高外在性激励水平,必须了解员工所追求的外在性报酬的种类及重视程度,以便对症下药。例如,企业领导经常深入群众之中,定期或不定期地走访员工家庭,就某些问题向员工进行问卷调查等,在不同程度上都具有这样的目的。另外,要注重奖罚及时兑现,取信于民。员工努力工作并取得较大成绩之后,要及时地满足他们对外在性报酬的需求,这样才能促使员工继续努力地工作。

(二) 罗宾斯的综合激励模式

斯蒂芬·P·罗宾斯试图将各种理论进行整合,提出了当代激励理论的整合模型,如图5-10所示。

罗宾斯认为[①],机会既可以促进也可以妨碍个人的努力。"个人努力"方框中还有一个由外进入的箭头,它来自"个人目标"。这与目标设置理论的观点相一致,目标—努力链提醒我们注意目标对行为的导向作用。

---

① 斯蒂芬·罗宾斯、蒂莫西·贾奇,《组织行为学》(第16版),中国人民大学出版社,2016年。

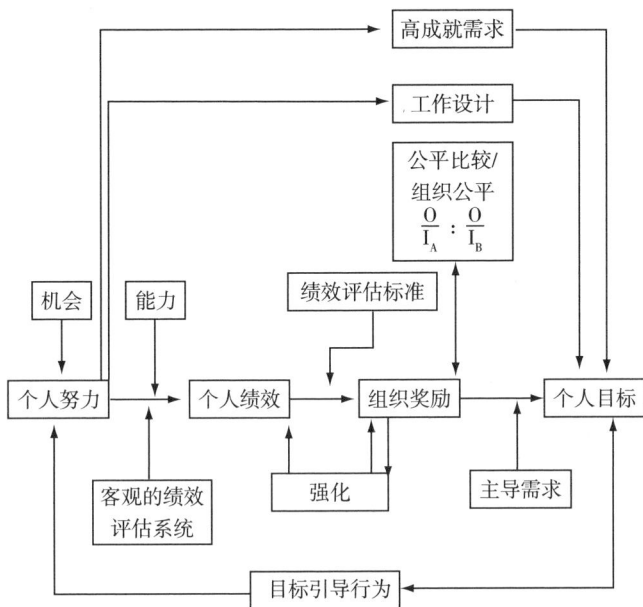

图 5 - 10   罗宾斯对当代激励理论的整合

资料来源：斯蒂芬·罗宾斯、蒂莫西·贾奇，《组织行为学》（第 16 版），中国人民大学出版社，2016 年。

期望理论预测，如果一个员工感到努力和绩效之间、绩效和奖励之间、奖励和个人目标满足之间存在密切联系，他就会努力工作。反过来，每一种联系又受到一些因素的影响。个体的绩效水平不仅取决于他的努力程度，还取决于它在完成工作时所具备的能力水平，以及组织有没有一个被人们视为公平客观的绩效评估体系。如果一个人觉得自己是根据绩效因素（而不是其他因素，如资历、个人爱好或其他标准）而受到奖励的，绩效—奖励关系就会更强。如果认知评价理论在实际工作中完全有效，我们可以料想到，基于工作绩效的奖励会降低个体的内部动机水平。在期望理论中，最后一个联系是奖励—个人目标关系。如果个体由于工作绩效而获得的奖励能满足个人目标相一致的主导需要，他就会表现出极高的动机水平和工作积极性。

仔细观察图 5 - 10 不难发现，该模型还考虑到成就需要、工作设计、强化以及公平理论/组织公平。高成就需要者受到的激励不是来自组织对他的绩效评估或组织提供的奖励。对他们来说,努力与个人目标之间有着最直接的关系。请记住,对于高成就需要者来说,只要他们从事的工作能提供个人职责、信息反馈和中等程度的风险,他们就会产生完成工作的内在驱动力。所以,这些人并不关心努力—绩效、绩效—奖励以及奖励—个人目标的关系。

强化理论也包括在该模型当中,它通过组织提供的奖励对个人绩效的强化而体现出来。如果员工认为奖励体系是对高工作绩效的补偿,这种奖励就会进一步强化和鼓励持续的高绩效水平。奖励也是组织公平研究中的关键部分。员工会通过比较自己与他人的所得来判断对自己的产出(如工资)是否满意,他们也会考虑自己被对待的方式,当员工对薪酬不满时,他们对程序公平和主管的关怀会更加敏感。

这一章我们阐述了许多激励理论,在应用这些理论时应小心,因为它们假设的文化特点不具有普遍性(见知识库5-3)。

知识库5-3

警告:激励理论有文化局限性

当前,大多数的激励理论是由美国人提出的关于美国人的理论。这些理论中内在的大多数特征是亲美国的。例如,目标设置理论和期望理论都重视目标的实现以及理性的和个人的思考,让我们看看这种文化偏见是怎样影响几种激励理论的。

马斯洛的需要层次理论认为,人们由生理层次的需要开始,然后沿着这个需要层次的顺序前进:生理、安全、社交、尊重和自我实现。这个需要层次如果有现实意义,就是和美国文化相一致的。在一些国家,如日本、希腊和墨西哥,不确定性规避的特征是很明显的,因此,安全需要可能处于需要层次的顶端。在一些追求生活质量特征的国家中,如丹麦、瑞典、挪威、荷兰和芬兰,社交需要可能处于顶端。可以预言,当一个国家的文化在生活质量标准上得分较高时,群体工作会对员工有更大的激励作用。

另一个明显具有美国文化偏见的概念是成就需要。把高成就需要作为一种内部激励因素的观点预先假定了两种文化特征——乐于接受中等程度的冒险和关心绩效。在美国、英国和加拿大可以看到这种结合的存在。可是,这些特征在智利和葡萄牙基本上不存在。

但是,也不要认为不存在任何跨文化的一致性。例如,不论民族文化如何,渴望有趣的工作看来对所有的工人都是重要的。在一项包括 7 个国家的研究中,在 11 项工作目标中"有趣的工作"在比利时、英国、以色列和美国列第一位,在日本、荷兰和德国列第二位或第三位。同样,对美国、加拿大、澳大利亚和新加坡的毕业生工作偏好的比较研究中发现,成长、成就和责任列前三位,并且具有相同的排序。这两项研究都说明了激励一保健理论中内部因素的重要性,并且它具有普遍的意义。

资料来源: http: //course. cug. edu. cn /org_behavior /chapter6 /chap6 /p184 /p184. htm.

本章要点总结和复习

◆ 激励理论可以分为内容型激励理论、过程型激励理论和综合型激励理论三种。每种激励理论都各有长处和短处,对组织管理工作皆有一定的指导意义,应注意对其进行消化吸收,扬长避短。

◆ 内容型激励理论强调动机的内容,主要有马斯洛的需要层次理论、阿尔德弗的 ERG 理论、麦克利兰的成就需要理论和赫茨伯格的双因素理论等,主要解释人为什么工作。

◆ 过程型激励理论着重研究从动机到选择何种具体行为的心理过程,主要有弗鲁姆的期望理论、亚当斯的公平理论、洛克的目标设置理论和斯金纳的强化理论。

◆ 综合型激励理论试图通过一个模式将各种激励理论归纳起来,从系统的角度解释人的行为过程。

学习游乐场5

动 机 练 习

◆ **形式**：集体参与

◆ **时间**：10分钟

◆ **材料**：用于贴在椅子下面的几张一元的钞票

◆ **场地**：教室

◆ **应用**：动机的理解；激励的理解；了解激励的正确方法

——目的

◆ 动机是内在的。

◆ 外在的奖励能激励人们的行为。

——程序

◆ 对学习者说："请举起你们的右手。"过一会，谢谢大家，问他们："你们为什么举起右手？"回答会是："因为你要我们这么做。"或是"因为你说请"。

◆ 得到3～4个答案后，说："请大家站起来，并把椅子举起来。"

◆ 绝大多数情况下，没有人会采取行动。老师继续说："如果我告诉你们，在椅子下有钞票，你们会不会站起来并举起椅子看看？"

◆ 绝大多数人仍然不会行动，老师说："好吧，我告诉你们，有几张椅子底下真的有钱。"（通常2～3个学习者会站起来，然后很快，所有人都会站起来）于是，有人找到了纸币，叫着："这里有一张！"

——讨论

◆ 为什么第二次请你做事时，要花费更多的努力？

◆ 钱是否能激励你（强调指出金钱并非总是人们的动机所在）？

◆ 激励人们的唯一正确方法是什么？

——总结与评估

◆ 因为第二次老师请学习者做事时，学习者认为要花费力气，而且无目的性，因而老师就要花费更多的努力去让他们做事。

◆ 钱是激励的一个外在因素。

◆ 激励人们的唯一正确的方法是让他们想去做，除此以外，别无他法。

　　资料来源：众行管理资讯研发中心，《管理培训游戏全案》，广东经济出版社，2003 年。

心理测试 5：激励能力诊断

　　如果你已经是或即将成为一名管理者，下面的这个测试可以让你更加清楚地知道你是否能够有效地将激励方法应用到管理实践中去。

　　下列 20 个选择都有 4 个答案：完全同意、有点同意、有点不同意、完全不同意。哪一个答案最能表达你的看法，你就选择哪个答案。

序号	问　　题	答　　案	序号	问　　题	答　　案
1	员工中工作做得非常好的，其工资应该增加	A. 完全同意 B. 有点同意 C. 有点不同意 D. 完全不同意	6	工作绩效高于标准的员工，应予以表扬	A. 完全同意 B. 有点同意 C. 有点不同意 D. 完全不同意
2	详细写明一个员工所承担的职务和责任及主要的工作方法很有价值，它使员工知道该做什么工作	A. 完全同意 B. 有点同意 C. 有点不同意 D. 完全不同意	7	在管理上对人漠不关心，会伤害人的感情	A. 完全同意 B. 有点同意 C. 有点不同意 D. 完全不同意
3	要员工记住：他们是否继续工作下去，要看公司能否进行有效的竞争	A. 完全同意 B. 有点同意 C. 有点不同意 D. 完全不同意	8	要使员工感到，他们的技能和力量都能在工作上发挥出来	A. 完全同意 B. 有点同意 C. 有点不同意 D. 完全不同意
4	管理人员应关心员工的工作条件	A. 完全同意 B. 有点同意 C. 有点不同意 D. 完全不同意	9	公司退休金与补贴以及员工子女的工作安排是使员工安心工作的重要因素	A. 完全同意 B. 有点同意 C. 有点不同意 D. 完全不同意
5	管理人员应在员工中尽力营造友好的气氛	A. 完全同意 B. 有点同意 C. 有点不同意 D. 完全不同意	10	几乎每一种工作都可以使它具有激发性和挑战性	A. 完全同意 B. 有点同意 C. 有点不同意 D. 完全不同意

续　表

序号	问　　题	答　　案	序号	问　　题	答　　案
11	许多员工都想在工作上干得非常出色	A. 完全同意 B. 有点同意 C. 有点不同意 D. 完全不同意	16	个人奖励会改进员工的工作绩效	A. 完全同意 B. 有点同意 C. 有点不同意 D. 完全不同意
12	管理当局在业余时间安排社会活动,这表明当局对员工的关怀	A. 完全同意 B. 有点同意 C. 有点不同意 D. 完全不同意	17	员工要能和高层管理人员接触	A. 完全同意 B. 有点同意 C. 有点不同意 D. 完全不同意
13	一个人对工作感到自豪,就是一种重要的报酬	A. 完全同意 B. 有点同意 C. 有点不同意 D. 完全不同意	18	员工一般喜欢自己安排工作,自作决定,不要太多的监督	A. 完全同意 B. 有点同意 C. 有点不同意 D. 完全不同意
14	员工希望在工作上能称得上"佼佼者"	A. 完全同意 B. 有点同意 C. 有点不同意 D. 完全不同意	19	员工的工作要有保障	A. 完全同意 B. 有点同意 C. 有点不同意 D. 完全不同意
15	非正式群体中的良好关系是十分重要的	A. 完全同意 B. 有点同意 C. 有点不同意 D. 完全不同意	20	员工要有良好的设备进行工作	A. 完全同意 B. 有点同意 C. 有点不同意 D. 完全不同意

测试结果与分析参见本书附录2。

课后练习

一、单项选择题

1. 下列关于需要的描述不正确的是(　　　)。

　　A. 一切有机体,为了维持自己的生存,对外界环境必然存在各种各样的需要

B. 需要是一种主观的心理状态

C. 需要是一种对有机体内部缺失状态的感知

D. 需要只有人才会具备

2. 一个尊重需要占主导地位的人,( )激励措施最能产生效果。

A. 提薪　　　　　B. 升职　　　　　C. 解聘威胁　　　D. 工作扩大化

3. 某公司来了一位新员工,工作一段时间后,领导发现该员工工作热情饱满,业绩提高很快。对这种情况,除了按公司激励制度的正常规定给予相应奖励外,如果你是该公司的领导,最赞同( )。

A. 及时肯定他的进步,鼓励他取得更大的成绩

B. 顺其自然,让他通过自我激励不断提高绩效

C. 给他提供进一步提高业绩的方法与程序指导

D. 充分肯定他的成绩,并提醒他不要骄傲自满

4. 某民营企业一位姓姚的车间主任,手下有十几名工人,他对自己"独有"的领导方式感到颇为自豪。他对手下人常说的一句口头禅就是:"不好好干回家去,干好了月底多拿奖金。"可以认为,姚主任把他手下的工人都看作是( )。

A. 只有生理需要和安全需要的人

B. 只有生理需要和归属需要的人

C. 只有归属需要和安全需要的人

D. 只有安全需要和尊重需要的人

5. 中国企业引入奖金机制的目的是发挥奖金的激励作用,但到目前,许多企业的奖金已经成为工资的一部分,奖金变成了保健因素。这说明( )。

A. 双因素理论在中国不怎么适用

B. 保健因素和激励因素的具体内容在不同国家是不一样的

C. 防止激励因素向保健因素转化是管理者的重要责任

D. 将奖金设计成为激励因素本身就是错误的

二、多项选择题

1. ( )因素属于赫茨伯格所认为的保健因素。

A. 富有挑战性的工作　　　　　B. 良好的人际关系

C. 较高的工资水平　　　　　　D. 完备的管理制度

E. 同工作绩效挂钩的奖金

2. 阿尔德弗的 ERG 理论所包含的需要是(　　　)。

    A. 物质需要　　　B. 关系需要　　　C. 生存需要　　　D. 成长需要

    E. 精神需要

3. 内容型激励理论包括(　　　)。

    A. 成就需要理论　　　　　　　　B. 目标设置理论

    C. ERG 理论　　　　　　　　　　D. 需要层次理论

    E. 双因素理论

4. 根据弗鲁姆的期望理论,(　　　)是正确的。

    A. E 中×V 中＝M 中　　　　　　B. E 低×V 低＝M 低

    C. E 高×V 零＝M 中　　　　　　D. E 零×V 高＝M 中

    E. E 高×V 高＝M 高

5. 马斯洛的需要层次理论所包含的需要是(　　　)。

    A. 生理的需要　　　　　　　　　B. 安全的需要

    C. 归属与爱的需要　　　　　　　D. 尊重的需要

    E. 自我实现的需要

三、判断题

1. 只有激励因素能激励员工,所以,激励因素才重要,而保健因素不重要。

    (　　　)

2. 通常情况下,运用奖励这种强化手段效果要好于惩罚。(　　　)

3. 结果一样就公平。(　　　)

4. 根据双因素理论,奖金属于保健因素。(　　　)

5. 动机是个体在生活中感到某种欠缺而力求获得满足的一种内心状态。(　　　)

四、案例分析题

张经理的苦恼

    张强是 A 公司的人力资源部经理,近段时间他却烦恼透顶,两位他所看重的公司业务骨干要调走。主要原因是两位员工认为他们现在所做的贡献远大于回报,而且事实也的确如此。公司则认为他们所取得的成绩是因为有公司作后盾,离了公司他们什么也不是,又怎么会有作为? 相持之下,两人一气走之。

思考:

1. 两位业务骨干为什么要调走?
2. 张经理应该采取什么措施才能避免骨干人才的再次流失呢?

五、实训题

　　到某一组织了解组织激励员工的措施,看看体现了哪些激励理论,并试着提出相应的改革措施。

☞ **推荐阅读**

▶▶ 〔美〕亚伯拉罕·马斯洛:《动机与人格》(第三版),中国人民大学出版社,2013 年。

▶▶ 〔美〕弗雷德里克·赫茨伯格、伯纳德·莫斯纳、巴巴拉·斯奈德曼:《赫茨伯格的双因素理论》(修订版),中国人民大学出版社,2016 年。

▶▶ 〔美〕B. F. 斯金纳:《超越自由与尊严》,中国人民大学出版社,2018 年。

▶▶ 斯蒂芬·罗宾斯、蒂莫西·贾奇:《组织行为学》(第 16 版),中国人民大学出版社,2016 年。

6

第 章

工 作 压 力

学习目标

学完本章并做完练习,你应该可以做到:

◆ 理解压力及工作压力的内涵

◆ 找出工作中压力的主要来源

◆ 列出影响个体工作压力感受性的常见因素

◆ 结合现实的组织情境,描述工作压力产生的
后果

◆ 学会如何从个体和组织两个层面进行压力
管理

章前引例：需要急救的"急救中心"

　　紧急救护，意外发生，人们已经熟记了120、999之类的急救热线电话，而他们的反应速度和急救效率也直接关系着病人的生命安全。最近，有一位浙江宁波的听众给央广新闻热线400-800-0088打来电话，说他们那里一位急救中心的大夫因为工作压力两度轻生[①]。

　　记者通过调查了解到，工作待遇低、急救任务重、没有专业方向、自己在这份工作中看不到发展等多重压力是导致这位医生轻生的主要原因。

　　目前，随着工作与生活节奏的不断加快，许多人都像上述这位医生一样面临着各种各样的压力。压力不仅威胁着人们的身心健康，而且对个体的工作绩效也会产生巨大影响。因此，作为压力的重要形式之一的工作压力，无疑也就成为学术界和企业界普遍关注的焦点。什么是工作压力？组织情境中的压力主要有哪些来源？工作压力会导致什么样的后果？如何对工作压力进行有效的管理？本章拟结合当今组织成员面临的工作压力问题进行深入分析和探讨，并在此基础上对工作中压力的管理和应对提出一些有价值的建议。

---

　　① 杜金明、王娴：《急救中心医生无法调动两度轻生　"120"面临人员不足》，http://china. cnr. cn/xwwgf/201108/t20110823_508406408. html

问题聚焦

1. 你怎样解读"人生压力图"?

不知你是否在网上留意过一组主题为"人生压力图"的漫画？这组漫画生动形象地展示了现代中国人在各个年龄段所面临的压力。人一出生，就面临着奶粉安全问题；上学了，面对的是做不完的作业和沉重的升学压力；工作以后更是被事业、买房、养家糊口等一座座大山压得透不过气来；到老了还得面临子女啃老。着实是"从出生压到入土"。你是如何理解压力的？你的压力源主要来自哪里？第一节的内容可以帮助你清晰地回答这两个问题。

2. 某公司为什么接二连三地出现跳楼事件?

某公司是高新科技企业，仅 2010 年 1 月至 11 月，该公司共发生 14 起跳楼事件，引起社会各界乃至全球的关注。2011 年 7 月，又有一名员工跳楼，年仅 21 岁。2013 年，该公司的分部又传出两人跳楼的消息。人们纷纷对公司的企业管理制度产生质疑。这个公司为什么会接二连三地出现跳楼事件？为什么该公司有的员工面临的压力比跳楼者还要大却没有选择轻生？你可以通过学习第一节的"工作压力感受性"和"工作压力的后果"找到答案。

3. 如何顶住职场压力?

现代职场就像一个巨大的高压锅，每个身处其中的人都能感受到压力的存在。工作量大、担心公司倒闭、裁员、减薪、人事复杂、工时过长、工作方向常常转变、职位角色含糊等……这一切共同组成了当下变化莫测的职场环境，给人

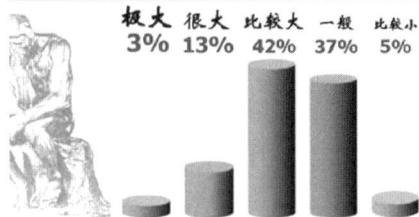

们制造了大量的压力。北京易普斯咨询公司曾对全国 14 123 名各类组织的员工进行过工作压力情况的调查，结果显示(如图)，3％的员工表示压力极大，13％的员工反映压力很大，42％的员工称压力比较大，37％的员工认为压力一般，仅有 5％的员工认为压力较小。也就是说，58％的员工都感觉到工作压力大。

在压力重重的时代，决定职场中最终成败的往往不是经验与训练，而是驾驭压力的能力。值得庆幸的是，驾驭压力的能力并非造物主对少数人的恩赐，而是基于一系列技能与态度。这些技能与态度每个人都可以通过学习而掌握。压力管理的策略与方法参见第二节。

本章学习内容导图

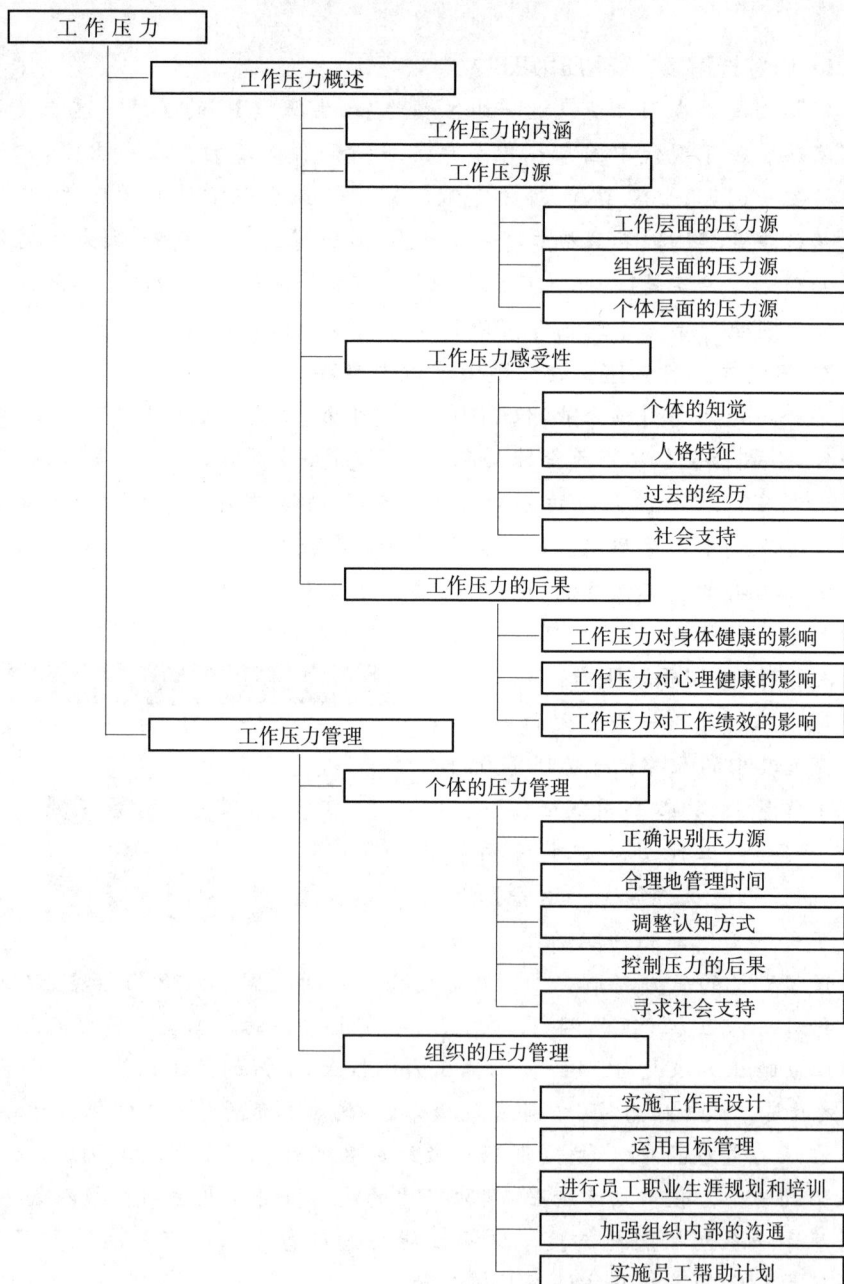

```
工作压力
├─ 工作压力概述
│   ├─ 工作压力的内涵
│   ├─ 工作压力源
│   │   ├─ 工作层面的压力源
│   │   ├─ 组织层面的压力源
│   │   └─ 个体层面的压力源
│   ├─ 工作压力感受性
│   │   ├─ 个体的知觉
│   │   ├─ 人格特征
│   │   ├─ 过去的经历
│   │   └─ 社会支持
│   └─ 工作压力的后果
│       ├─ 工作压力对身体健康的影响
│       ├─ 工作压力对心理健康的影响
│       └─ 工作压力对工作绩效的影响
└─ 工作压力管理
    ├─ 个体的压力管理
    │   ├─ 正确识别压力源
    │   ├─ 合理地管理时间
    │   ├─ 调整认知方式
    │   ├─ 控制压力的后果
    │   └─ 寻求社会支持
    └─ 组织的压力管理
        ├─ 实施工作再设计
        ├─ 运用目标管理
        ├─ 进行员工职业生涯规划和培训
        ├─ 加强组织内部的沟通
        └─ 实施员工帮助计划
```

第一节 工作压力概述

一、工作压力的内涵

为了更好地理解工作压力的内涵,首先有必要了解什么是压力。在日常工作和生活中,我们每个人都会感到压力的存在。例如,公司决定裁员,进行组织重组和变革,个体可能会面临被解雇的压力;上级领导分配一项具有高挑战性的工作,员工可能会面临不能胜任的压力等。"压力"这一概念最早是由赛耶(Selye)等人在20世纪30年代提出并进行研究的,他们认为压力就是内外环境中各种因素作用于有机体时所产生的非特异性反应。自此之后,许多领域的研究者都从不同的角度对压力进行定义,并在此基础上展开相关的研究和探讨。实际上,尽管研究者对压力的定义众说纷纭(见知识库6-1),但总体来看,研究者们对压力的定义可以被归结为以下三种。

第一种,压力指的是一种刺激物,具体就是指那些使人感到紧张的事件或环境刺激。实际上,这里的压力也就是我们后面将要阐述的压力的来源问题。

第二种,压力是指人的一种主观性的感受,是人们对压力的体验和认知。它是一种主观反应,这些反应具体包括焦虑、疲劳、紧张等。

第三种,压力是人体对内部需要或伤害性侵入的一种生理反应。也就是外界的刺激所引起的个体生理上的心跳加速、血压升高、头痛、呼吸困难等各种反应。

知识库 6-1

压力的四种学说

◆ 内部平衡。由医学心理学家坎农(Cannon)提出,他认为当外部环境的寻求搅乱了一个人本来的稳态平衡(即内部平衡)时,压力就会产生。坎农认为,人体有天生的防御机制,用来保持内部平衡。

◆ 认知评价说。由拉扎勒斯(Lazarus)提出,他不再强调反应的医学和生理学方面,而是强调它的心理认知方面。对于一个人有压力的人或事并不一定会对另一个人形成压力,即个体的知觉和认知评价在决定什么是压力的过程中是非常重要的。

图6-1 拉扎勒斯
(Richard Stanley Lazarus,
1922—2002年)

◆ 个体—环境匹配说。由卡恩(Kahn)提出,他强调在个体的社会角色中模糊和冲突的期望是如何给该个体制造压力的。当个体的技能和能力与角色期望相匹配时,就会出现良好的个体—环境匹配,此时,个体就没什么压力。否则,会出现相反的情况。

◆ 精神分析说。由莱文森(Levinson)提出,他认为是人格的两个因素之间的相互作用导致了压力。其一是自我理想,即一个人完美自我的化身;其二是自我意象,即这个人对自己的真正看法。压力来自自我理想和自我意象之间的差异,差异越大,压力就越大。

资料来源:苏勇、何智美,《现代组织行为学》,清华大学出版社,2007年。

对压力的概念有所了解后,让我们来剖析另一个与压力有密切关系的概念——工作压力。如同上述压力的定义一样,对于工作压力,至今还没有一个能为学者们所公认的概念。通过对大量相关文献的总结,工作压力的定义主要基于三种取向:一种是基于刺激取向,一种是基于反应取向,还有一种是基于两者相互作用取向。目前,大多数学者倾向于基于刺激和反应相互作用的取向来对工作压力进行定义。鉴于此,我们借鉴刺激和反应相互作用的取向,在比较、整合前人研究文献的基础上,最终把**工作压力**定义为:在工作过程中,由于环境要求和个体特征相互作用而使个体产生一系列生理、心理和行为反应的过程。也就是说,工作压力是个人在应对那些自己认为无法应付的环境要求时,所产生的生理、心理和行为上的反应。

二、工作压力源

自从学者们发现压力对人们造成的影响之后,他们便开始从不同的角度出发去探究压力形成的原因,即压力源,它主要是指导致压力的刺激、事件或环境,如繁重的工作负担、高度紧张的组织氛围、极其复杂的人际关系等。一般来说,压力源主要包括两类:一类是工作压力源;另一类是生活压力源。所谓工作压力源,是指与组织或工作相关的压力源。根据压力来源方向的不同,可以把工作压力源划分为工作层面的压力源、组织层面的压力源和个体层面的压力源三大类。

(一) 工作层面的压力源

1. 工作负荷

工作负荷可划分为工作超负荷和工作负荷不足两种。工作超负荷主要表现在工作的数量和质量上。具体地说,一方面,如果在规定期限内要完成的工作量过大,设定了过高的定额,就容易造成个体的疲劳和精神紧张;另一方面,如果所完成任务的难度要求超过了个人能力,且质量要求过高,如规定非常低的出错率,为了达到过于精细的质量要求,员工必须格外集中注意力,当然,就处于高度紧张状态。工作超负荷现象在基层和中层管理者身上表现得比较突出。近期的一项调查显示,72%的基层管理者认为自己存在角色负荷,86%的中层管理者认为自己不得不进行超负荷工作。案例 6-1 中的中层管理人员张羽,就是一个现实工作中超负荷工作的典型例子。

案例 6-1

张 羽 的 一 天

张羽是 A 市科技局下属某事业单位的副主管,负责 A 市科技园和创业中心的各项具体业务。为了今后的发展,他还在上 MBA 在职研究生班。这一天,张羽像往常一样早晨 6 点半起床,洗漱完毕,便下楼买早点,回来后,妻子和 7 岁的儿子正好起床,一家人吃完早餐,他便匆匆送儿子上学。离开学校,张羽赶紧乘车去预算外管理局,上午 8 点,在门口和同事王飞汇合。两人由财政局的一位熟人介绍,和预算外管理局的负责人和经办人洽谈有关本单位的预算外资金管理问题。离开预算外管理局,9 点半,张羽乘车去市发改委,向基建科和重点项目办公室咨询创业中心扩建工程立项问题。由于项目建议书必须要由有资质的机构制作,他又来到市工程咨询院,了解和洽谈委托的具体内容。上午11点,张羽回到市科委向分管领导汇报具体情况。中午回家的路上,张羽倍感疲惫,在公交车上睡着了,差一点下错站。

吃完午饭,张羽稍事休息,下午2点,又乘公交车去远在开发区的单位上班。单位领导已经急等着和他商议工作。这时,MBA班的同学来电话,通知下学期专业报名和英语过关考试的事。3点半,张羽召集有关人员开会,讨论和布置单位预算外资金管理的具体问题。4点半,他终于空闲下来,正准备思考一下人力资源的论文素材,又有外单位人员进门来洽谈业务。5点20分,快到下班时间,同事老李来找张羽,告诉他以前的同事郝云从美国回来探亲,晚上6点约好在"烧鹅仔"聚会。张羽赶紧和妻子联系,妻子告诉他晚上也要出席工作宴会,他必须在7点30分回家照看儿子。张羽心不在焉地参加了聚会,喝了几杯酒,主食没吃就匆匆回家。辅导完孩子的功课,他精疲力尽。妻子回来不满地说,脸色怎么这么难看,胡子几天没刮,头发也乱。张羽带着MBA功课毫无进展的遗憾,简单洗漱一下就入睡了。

资料来源: http://bbs.tianya.cn/post-415-4390-1.shtml.

工作负荷不足主要表现为工作高度单调、乏味。近年来,随着科技日新月异的发展,工业的自动化导致了工作的简单化、重复化,从事这样工作的个体就很容易体验到压力。据美国密歇根大学一项涉及23个职业2 000多人的调查显示,对工作单调乏味抱怨最多的是流水线装配工人,要比其他一些职业的工人更为经常地出现焦虑、压抑和郁闷等精神压力症状。原因在于这些员工的工作任务比较简单,缺乏挑战性而使其无所事事。因此,很容易让个体感到头痛、眼花或其他身心上的不适。有人将类似工作导致的压力症状称为"生产线歇斯底里症"。另外,工作负荷不足还有一些其他表现。比如,当一个具有某些能力或技能的员工没有得到能够发挥自己才干的工作时,也会面临压力。

2. 工作条件

工作条件是与工作压力密切相关的一个因素。一般来说,恶劣的、令人不适的、危险的工作环境,如气温过高或过低、噪声、拥挤、工作中过多的无关干扰、野外或高空作业等,都会使人产生不安全感、焦虑甚至恐惧,导致一定的工作压力,对工作活动产生消极影响。另外,机器设计与维护状态欠佳,也会对个体构成压力。近年来大量的管理心理学研究也显示,温度、噪音和工作布局等因素的确会影响员工的工作绩效和工作满意度,它们也是造成工作压力的来源。另外,有研究显示,不同的职业由于其工作环境和条件的不同,带给个体工作压力的大小也是不同的(具体见表6-1)。

表6-1　工作压力最大和最小的不同职业

工作压力最大的职业	工作压力最小的职业
监狱管理人员、警官、社会工作者	博物馆工作人员、美容师、美发师
教师、救护车驾驶员、护士	自然资源保护学家、图书管理员
医生、消防队员、牙医	教会工作人员、眼镜商
矿工、士兵、建筑工人	手足病医生、天文学家
演员、新闻记者	体育/娱乐管理人员

3. 工作的复杂性

当某些工作岗位需要个体具备极其丰富的知识和娴熟的技能时,对大部分人而言,这种工作的高度复杂性就会使个体觉得自己不能胜任而产生责任恐惧,或因害怕工作绩效低下、工作失败而构成心理上的压力。当然,这种压力就会使个体出现过于紧张、焦虑等各种生理和心理上的反应。此外,新技术的引进和使用也会增加工作的复杂性,从而给员工带来不小的压力,即"技术压力"(详见知识库6-2)。

知识库6-2

"技术压力"原因之解析

- ◆ 由于不熟悉新技术或者掌握新技术有困难而感到忧心忡忡;
- ◆ 由于担心新技术的使用让他们丧失已建立起来的技术优势;
- ◆ 由于担心过于依赖电脑等新技术而荒废自己的技能,工作变得机械而无聊；

◆ 由于担心电脑等新技术会取代人，从而导致公司裁员；

◆ 由于担心电脑等新技术会使管理者们对自己的控制更加严密，失去工作的自主性或自由空间。

资料来源：刘永芳，《管理心理学》，清华大学出版社，2008 年。

（二）组织层面的压力源

1. 角色模糊和角色冲突

角色模糊是指个体在工作中没有明确的任务事项、权利责任以及工作的要求与标准，使其不知如何开展工作的状况。这种状况在现代组织中是十分常见的。根据美国的一项调查，在不同行业中，大约有 35％～60％的员工认为自己在工作中存在着某种程度的角色模糊现象。绝大多数员工对自己处于这种角色模糊的工作状况是感到难受的，并认为工作角色的不确定性会给自己造成较大的工作压力。新近的一项研究表明，工作中的角色模糊容易导致紧张感和疲惫感，使人产生尽快离开工作的意图，产生高度焦虑、生理和心理的损伤和缺勤的后果。

角色冲突指的是当个体在工作中面临多种期待时，如果服从了一种角色的要求，就很难满足另一种角色的要求，这时便产生了角色冲突。麦尔斯（Miles，1976）把角色冲突划分为四种类型（见知识库 6-3）。当组织内部的个人职能出现交叉重叠，或者部门权限责任范围分界不清时，角色冲突就会发生。例如，经理既要服从上级领导的要求，又不得不考虑下属的实际情况，上级和下属对经理期待的不同，就容易使经理体验到角色之间的冲突，置其于不知所措的境地，给其造成一定的角色压力。

知识库 6-3

角色冲突的四种类型

◆ 人与角色的冲突（person-role conflict）。当个体的上级让其承担的角色与个体自己秉持的价值观产生矛盾的时候，这种冲突就发生了。比如，当你的老板要求你开除绩效差的员工，这也许有违你的人道主义原则。

- ◆ 角色接受者之间的冲突(interrole conflict)。指个体所承担的不同角色之间所存在的冲突。比如,你的老板希望你50％的工作时间都出差在外,你的配偶却威胁说,如果出差时间超过工作时间的25％,他就和你离婚。

- ◆ 角色赋予者之间的冲突(intersender conflict)。当不同的人让你完成相互矛盾的工作时,这一类冲突就发生了。比如,你的上司要你加班加点完成一个应急项目,公司政策却规定不允许支付给员工加班费。

- ◆ 角色赋予者本身的冲突(intrasender conflict)。当一个人要你完成两个互相矛盾的工作时,这一类冲突便发生了。比如,当你的老板让你快点完成工作,同时又要求你少犯错误的时候,你就会体验到这种冲突。

资料来源:〔美〕安德鲁·杜布林,《心理学与工作》(第6版),中国人民大学出版社,2007年。

2. 职业生涯发展

希望职业生涯得到预期、顺利的发展,可以说是每个员工的愿望和梦想。通常伴随职业生涯发展的压力包括工作的稳定性与安全性、晋升、发展机会等。当员工对职业生涯的种种期望和需求无法得到如期的实现或满足时,个体就会感到有很大的压力,进而产生较低的工作满意度水平。例如,如果某企业一名员工的职务晋升比较迟缓,未能像其预期的那样正常晋升,或者过快越级晋升,被提拔到个人能力无法胜任的职位上,都会对这个员工造成一定的压力。

3. 人际关系

根据马斯洛的需要层次论观点,社会中的个体具有与人交往的需要和归属的需要。因此,在组织情境中,当员工在工作中得不到他人的关心和支持、与上级和同事相处不融洽而受人冷落和孤立时,其人际交往的心理需要就得不到很好的满足,随之就会造成巨大的人际压力。总之,人际关系(见知识库6-4)是工作中最普遍的压力来源,办公室政治、冲突的人际氛围等都会使人感到不同程度的压力,最终导致个体抑郁、苦恼、孤独、人际退缩等不良的情绪和行为反应。已有研究表明，人际关系融洽不仅可以减轻由于高度紧张的工作所带来的负面影响的压力，而且对个体的职业生涯发展、人生的成功都起着至关重要的作用。

知识库 6 - 4

人际关系状况诊断

有以下五种情况之一，即可视为人际关系不良：

◆ 缺少知心朋友。能够与人正常交往，人际关系也不错，但缺乏能互吐衷肠、配合默契的朋友，常常感到孤独无助和无奈。

◆ 交往平淡。能够与他人交往，但交往的质量不高，在群体中处于"有他不多，没他不少"的位置。没有人值得他牵挂，也没有人会想念他，时常会感到迷茫、失落。

◆ 交往技能不足。渴望交往，但交往能力有限。不知道如何与别人打交道。有时会表现得过度热情，有时又会表现得过于谨慎。过分在意别人对自己的评价，容易体验到伤害感。

◆ 羞怯。在交际场合或大庭广众之下，羞于启齿，害怕见人。有不必要的担心、过分的焦虑，当众发言的时候，会表现得言语支吾，不知所措。

◆ 社交恐惧。对人际交往特别害怕，极力回避与人接触，不得不交往时，会表现得紧张、恐惧、面红耳赤。常常陷入焦虑、自卑之中，严重者会影响到身心健康和日常生活。

资料来源：耿兴永、吴洪珺，《心理压力与健康》，华东师范大学出版社，2006 年。

4. 组织系统

组织系统本身存在的问题也会给员工带来工作压力。具体表现为组织结构设计不合理、规章制度不健全、缺乏参与决策的机会等。比如，一些企业没有员工参与决策制度，这样就会给员工造成很大的工作压力。因为在现代组织中，大多数员工都持有一种对自己所从事的工作最为了解、最有发言权的心情。所以，如果员工被排除与他们有关的决策之外，就会产生工作控制力下降，当然，产生压力就不足为奇了。这种现象在组织中是普遍存在的。已有的许多调查表明,有相当多的员工感到自己在那些有关自己工作的决策中缺乏参与的机会。

(三) 个体层面的压力源

除工作层面和组织层面的压力源外,个体层面的一些因素也构成压力的来源。它主要包括生活因素和个人因素两类。

1. 生活因素

生活因素具体包括:(1)工作与家庭冲突。家庭通常需要员工付出一定的时间和精力,而这种需求会与额外加班以争取事业发展的需要产生冲突,从而成为工作中的压力来源。(2)家庭问题。和谐美满的家庭会成为员工的有力后盾;相反,家庭的紧张关系或家庭的困难与不幸都会给员工造成很大的压力。(3)经济问题。经济是员工及其家庭安全的基本保障,如果经济上发生困难,个体自然会倍感压力。(4)生活条件。住房、居住环境等都可能会成为员工压力的来源。

2. 个性因素

员工个性方面的种种不足也是造成工作压力的重要来源,具体表现在:(1)过于追求完美。追求完美的人把每件事的标准都定得很高,本来在短时间内可以完成的工作,自己往往为求尽善尽美而多花几倍的时间去完成,从而给自己造成压力。(2)过于风险规避。对于那些缺乏冒险精神、不敢追求上进的人,任何具有挑战性的任务对他们来说往往都是难以承受的,当然,有时他们就面临沉重的压力。(3)缺乏自信。工作中遇到困难是司空见惯的事,有些员工面对困难却不敢去尝试解决,优柔寡断,迟迟不作决定,明显表现出自信心的不足,无疑地,他也会体验到不同程度的压力。(4)过高的自我期望。不切实际的过高自我期望是造成压力的主要原因之一。在工作中,自我期望过高会有一些常见的表现(见知识库6-5),可以根据这些表现来诊断自己是否对自身期望过高。可以想象,如果个体总是对自己期望过高,过分驱使自己,对自己的表现永远不满意,当然会感受到压力而不能从工作中获得轻松感。

📚 **知识库6-5**

自我期望过高的7大表现

◆ 为自己设定太高的、常常是不可实现的目标;

◆ 为了实现目标可以不择手段；

◆ 不能容忍反面意见，要求别人完全服从于自己；

◆ 喜欢夸耀自己的才能，显示自己的与众不同；

◆ 对金钱、权力与地位抱有痴迷的梦想；

◆ 渴望受到持久的关注和赞美；

◆ 嫉妒那些强于自己的人，缺乏同情心。

资料来源：耿兴永、吴洪珺，《心理压力与健康》，华东师范大学出版社，2006 年。

值得注意的是，上述组织情境中三个层面的压力并非是工作压力的唯一来源，发生组织情境以外的社会生活事件产生的持久压力也会被带到工作中来，从而给个体造成工作压力。例如，亲人的生病或亡故、离婚、结婚等，这些突发性、重大的生活事件会对人们的身心健康产生什么影响呢？美国著名精神病学家赫姆斯（Holmes）根据对 5 000 人的社会调查，对生活事件对工作压力的影响进行了研究。他编制一个社会再适应量表对生活事件的压力进行评定，具体见表 6－2。这个量表包括 43 种常见的引起压力的生活事件，每个生活事件所引起的压力值称为生活变化单元（life change units，LCU），一个人在特定时期所经历的各种生活事件的压力值可以用 LCU 的值相加得到。

表 6－2　社会再适应量表

顺序	生 活 事 件	压力值（LCU）	顺序	生 活 事 件	压力值（LCU）
1	配偶死亡	100	7	结 婚	50
2	离 婚	73	8	被解雇	47
3	夫妻分居	65	9	复 婚	45
4	被判入狱	63	10	退 休	45
5	家中亲人死亡	63	11	家庭成员患病	44
6	个人受伤或生病	53	12	怀 孕	40

续　表

顺序	生　活　事　件	压力值 (LCU)	顺序	生　活　事　件	压力值 (LCU)
13	性生活问题	39	29	生活习惯改变	24
14	子女出生	39	30	和老板相处困难	23
15	生意上的变化	39	31	工作时间或环境改变	20
16	经济状况变化	38	32	搬　家	20
17	好友去世	37	33	转　学	20
18	工作性质改变	36	34	娱乐方式变化	19
19	与配偶争吵	35	35	宗教活动改变	19
20	中等数额的贷款抵押	31	36	社交活动变化	18
21	贷款或抵押品赎取权取消	30	37	小额贷款或抵押	17
22	工作职责变化	29	38	睡眠习惯改变	16
23	子女离开家庭	29	39	家庭成员数量改变	15
24	和儿媳或女婿相处困难	29	40	饮食习惯改变	15
25	杰出的个人成就	28	41	休　假	13
26	妻子开始或停止工作	26	42	大型节日	12
27	学业开始或结束	26	43	轻微触犯法律	11
28	生活环境变化	25			

资料来源: Holmes,T.H., Rahe,R.H. (1967)。

从表6－2中可以看出,压力最高的三个生活事件分别是配偶死亡、离婚和夫妻分居。由此可见,家庭生活尤其是婚姻生活事件与个体的压力密切相关。赫姆斯(Holmes)根据LCU的分值对生活事件压力程度进行了分类。LCU在150～199分为轻度生活危机,200～299分为中度生活危机,300分以上为高度生活危机。

三、工作压力感受性

由上面的论述可以看出,工作压力的来源是多种多样的。然而,工作压力源仅是形成工作压力的客观条件。换句话说,至于这些来源是否造成工作压力以及造成的压力程度有多深,这都要结合个体对压力的感受性才能得以全面了解。所谓**工作压力感受性**,是指个体对工作压力源或压力事件的敏感程度。每个人对压力的感受性是不同的,这种感受性的高低既与个体的生活经历和知识经验有关,也与个体的人格特征与心理特点有关。一般来说,个体对压力的感受性主要受以下四个因素的影响。

(一) 个体的知觉

个体对压力的知觉可能会影响其随后体验到的压力感受性。例如,两个员工面对同样一份困难而复杂的工作,一个员工可能将它视为无法逾越的障碍,觉得自己如果做不好就会被别人笑话,被老板炒鱿鱼;另一个员工则可能觉得这是对自己的挑战,是一个使自己成长或学习的好机会。由此可见,在某些情境下,个体对同一对象知觉的不同的确会影响个体对工作压力的感受性。

(二) 人格特征

1. 自我效能感

自我效能感是个体对自己能否完成某一活动所具有的能力判断和信念。自我效能感作为个体人格特征的一项重要内容,在工作压力的产生和作用过程中扮演非常重要的角色。一般来说,具有高自我效能感的个体,通常面对压力时对自己更加自信,不会把压力看作是对自己的威胁,他们倾向于以积极的方式应对和处理压力;相反,低自我效能感的人则容易把压力看作是一种冲击自己身心的劫难,从而表现出悲观、自卑等消极情绪反应。另外,自我效能感的高低还会影响个体压力应对策略的选择。研究表明,与低自我效能感的个体相比,具有高自我效能感的个体在面对压力时更倾向于选择积极的应对策略,有时甚至他们会在压力产生之前就会采取措施加以应对。自我效能感高低的识别可以通过专门的自我效能感量表(见知识库 6-6)来进行测量和完成。

知识库 6-6

测测你的自我效能感

指导语：以下 10 个句子是关于您平时对自己的一般看法，请根据实际情况进行选择。1＝完全不正确，2＝有点正确，3＝多数正确，4＝完全正确。

- 如果我尽力去做的话，我总能解决问题。　　　　　　　　1　2　3　4
- 即使别人反对，我仍有办法取得我所要的。　　　　　　　1　2　3　4
- 对我来说，坚持理想和达成目标是轻而易举的。　　　　　1　2　3　4
- 我自信能够应付任何突如其来的情况。　　　　　　　　　1　2　3　4
- 以我的才能，一定能应付意外情况。　　　　　　　　　　1　2　3　4
- 如果付出必要的能力，我一定能够解决大部分难题。　　　1　2　3　4
- 我能冷静地面对困难，因为我相信自己处理问题的能力。1　2　3　4
- 面对一个难题，我通常能找到几个解决的办法。　　　　　1　2　3　4
- 有烦恼的时候，我通常能想到一些应付的办法。　　　　　1　2　3　4
- 无论在我身上发生什么事，我都能够应付自如。　　　　　1　2　3　4

结果分析：

分数越高，说明自信心越高。

- 1～10 分，你的自信心很低，甚至有点自卑，建议经常鼓励自己，相信自己是行的，正确地对待自己的优点和缺点，学会欣赏自己。
- 10～20 分，你的自信心偏低，有时候会感到信心不足，找出自己的优点，承认它们，欣赏自己。
- 20～30 分，你的自信心较高。
- 30～40 分，你的自信心非常高，但要注意正确看待自己的缺点。

资料来源：赵国秋，《心理压力与应对策略》，浙江大学出版社，2006 年。

2. 消极情感

消极情感是指容易体验到消极情绪状态的倾向。更具体地说，具有消极情感的人容易感受到各种消极情绪，包括紧张、不安、忧虑、悲伤等，同时还伴有各种消极行为，如发怒、退缩以及对自己的不满。具有这种人格特征的个体，往往过于在意理想和现实之间的显著差距。同样一种情况，对于他人来说是刺激而富有挑战性的,对于消极情感的人而言就会变得压力重重。例如,一家公司为了提高产品质量,在各个部门之间开展竞赛,一个有消极情感人格特征的人如是说:"管理层又对我们这么做了。我们总是一再被推到极限,即使我们已经超负荷工作。没有奖金,只有额外的工作。这个地方的工作压力已经让我难以承受。"由此可见,消极情感人格特征的确会影响到个体对工作压力的感受。

3. A 型人格

A 型人格或 A 型行为模式是美国著名心脏病学家弗里德曼（M. Friedman）和罗森曼（R. H. Roseman）于 20 世纪 50 年代提出的概念。他们经过研究发现,具有 A 型人格个体的特点是:精力旺盛、做事迅速,经常给人以攻击性、竞争性和野心勃勃的印象。与 A 型人格相对的人格为 B 型人格,这种人格类型个体的突出特征是从容、随和,不太有时间紧迫感,很少表现出敌意和攻击性行为（见知识库 6 - 7）。大量的研究表明,与 B 型人格的个体相比,具有 A 型人格的人无论是在工作中还是在其他情境中都容易产生压力感。而且,A 型人格的个体更容易患心脏病,研究者推测这可能与他们的过度紧张、敌意和易怒有关。

知识库 6-7

A 型与 B 型人格特征的比较

A 型人格特征	B 型人格特征
◆ 向自己拟定的目标迈进	★ 未有上述任何一项 A 型人格特征在身上发现
◆ 渴望得到别人的肯定	★ 从未感到被时间所迫,也未因时间不够用而感到厌烦
◆ 声音属破裂爆炸型	★ 除非不得已,不在别人面前自夸
◆ 将生命以数字计算	★ 万事逆来顺受,不对别人产生敌意
◆ 竞争心强	★ 消遣时,尽兴而返
◆ 自大、垄断	★ 消遣时,即身心松弛,心旷神怡,与世无争

- ◆ 休息时自感不安或有罪恶感 ★ 休息而无罪恶感
- ◆ 现实主义者 ★ 不易为外界事物所扰乱
- ◆ 永远感到时间紧迫 ★ 不了了之,很容易使自己放下未完成之事而稍作休息或另觅生活之情趣
- ◆ 工作讲求效率
- ◆ 不知如何欣赏大自然与鸟语花香
- ◆ 从事许多事情,关心的范围很广泛
- ◆ 习惯性动作或局部痉挛
- ◆ 相信成功之道为:比别人工作效率高
- ◆ 急速地移动、走路和饮食的习惯
- ◆ 一方面相信自己属于Ａ型性格者,另一方面又自认无法改变

4. 控制源

心理学家从控制源的视角出发,把个体分为内控型和外控型两类。内控型个体认为自己的能力是事情发展的决定因素,自己可以控制命运;外控型个体则认为自己的命运由外部力量(如运气、他人等)所主宰。研究表明,内控型个体比外控型个体感觉到的压力更轻。具体地说,当两类人面对压力相似的工作情境时,内控型个体更倾向于认为自己可以对行为后果产生影响,因此,他们就会积极采取行动去控制事件的发生。相反,外控型个体更倾向于消极防守,他们往往屈服于压力的存在。所以,处于紧张气氛中的外控型个体容易产生压力感。

(三) 过去的经历

当个体具有某种征服困难情境的经历之后,以后再遇到类似的情境,他就不会再感到有压力或感到的压力要减小。因为人们通常认为全新的或不确定的情境会使个体感觉到压力。例如,刚踏入工作岗位的大学生,由于没有丰富的工作经验,常常在工作中会感受到更多的压力。鉴于此,在工作中,个体应努力尝试使自己多一些经历,以此不断积累应对压力的经验,有效地进行压力管理。

(四) 社会支持

当个体面临压力时,他能够得到的社会支持或社会支持的可能性大小,将

会影响其压力的感受性。具体来说,当工作中遇到压力事件时,有的人与周围的人有着良好的关系,他可以向他人倾诉、咨询,寻求他人的帮助和支持,因此,他们感受到的压力就会小一些;相反,有些人则孤立无援,得不到他人的支持,当然就会感到更大的压力。另外,作为组织,尤其组织中的管理者应采取一些策略(见知识库6-8),为员工提供必要的社会支持,进而帮助员工处理工作中遇到的各种压力。

知识库6-8

经理人社会支持的5大秘诀

◆ 做其他人特别是下属支持来源的榜样。

◆ 鼓励开放的沟通和最大限度的信息交换。

◆ 确保给下属提供及时的绩效反馈,并以鼓励的而不是威胁的态度提供。

◆ 由工作群体中的资深成员为缺乏经验的成员提供辅导。

◆ 为保持和增加工作群体的凝聚力而努力。

资料来源:约翰 M.伊万切维奇、罗伯特·康诺帕斯基、迈克尔 T.马特森:《组织行为与管理》(第7版),机械工业出版社,2006年。

四、工作压力的后果

在工作中,人们时刻都会面临来自不同方面、不同程度的压力,但工作压力对工作和生活造成的影响并非全是消极和负面的。适度的工作压力对身心健康和工作成就具有一定的积极作用。我们常说"有压力,才有动力",就是指适度的压力对工作效率产生的积极正面的影响。但是,过高或过低的压力水平却会给个体带来不良的身心后果,从而影响个体的工作绩效,最终阻碍组织目标的顺利实现。由此不难发现,压力具有积极和消极两方面的后果。

经典名言

> 压力就如一把刀,它可以为我们利用,也可以把我们割伤。那要看你握住的是刀刃还是刀柄。遇到压力时,如果握住刀刃,就会割到手;如果握住刀柄,就可以用来切东西。
>
> ——罗伯特

工作中的压力究竟对员工产生哪些负面影响?下面从三个方面对这个问题给予回答。

(一) 工作压力对身体健康的影响

人的压力反应原本是为了更好地应付外界的紧急情况,更好地保护自己。但如果人们长期处于一种压力状态下,则会对身体健康产生严重影响,造成对人体健康器官系统的各种损害。这类疾病可统称为压力性疾病。根据医疗保健专家的研究,工作压力能使个体新陈代谢紊乱、心率与呼吸频率增加、血压升高、头痛、易患心脏病。在现代社会中,因紧张压力而引起身体生病甚至死亡的现象非常普遍,大家所熟知的"过劳死"(见图6-2和知识库6-9)是压力

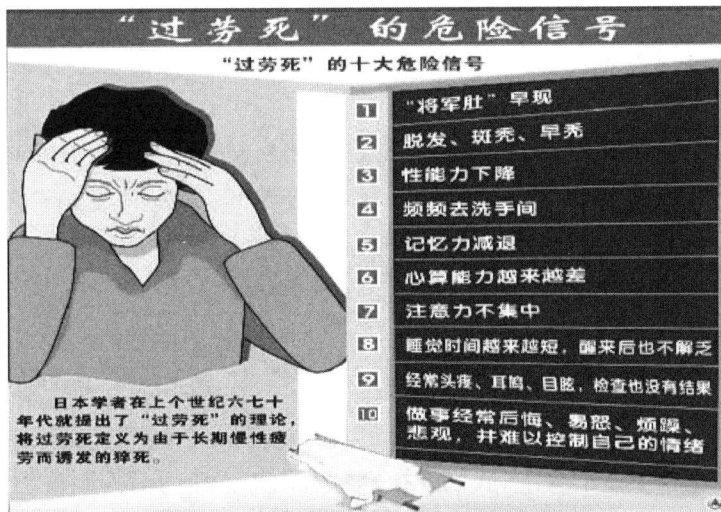

图6-2 过重的工作压力对身心健康的影响
林平编制(见彩插5)

影响身体健康的最好体现。最近,日本的一位研究者曾调查了 654 名门诊患者,其中竟有 42.8% 属于紧张状态病。而在 20 世纪 30 年代,英国一位医学家在肯尼亚的一个部落中发现的情况是,在他看过病的 1 800 多名患者中,竟然没有一个患高血压。这是由于这个部落基本处于原始社会的生活状态,人与人之间的关系比较简单,没有接触过西方社会生活方式中形形色色的各种刺激。由此可见,压力的确会大大提高个体患疾病的概率,对其身体健康产生严重的不良影响。

知识库 6-9

"过 劳 死"

◆ **何谓"过劳死"**

这个词源于日语的"过劳死(karoshi)"。它是指在非生理的劳动过程中,劳动者的正常工作规律和生活规律遭到破坏,体内疲劳淤积并向过劳状态转移,使血压升高、动脉硬化加剧,进而出现致命的状态。

◆ **"过劳死"的主要表现**

经常出现身体乏力、睡眠不稳、记忆减退、头痛头昏、腰痛背酸、食欲不振、视觉紊乱等疲劳症状。但到医院去检查,却又没有明显的病症。

◆ **"过劳死"的主要特点**

"过劳死"与一般猝死几乎没什么不同,但其特点是隐蔽性较强,先兆不明显,这点很容易为一般人所忽视。"过劳死"最常见的直接死因有:冠心病、脑出血(高血压)、心瓣膜病、心肌病和糖尿病并发症等。

资料来源:http://health.sohu.com/s2006/guolaosi.

(二) 工作压力对心理健康的影响

过高的工作压力不仅会影响个体的身体健康,还影响人们的心理健康,从案例 6-2 中曾小姐的身上,我们就很容易看出工作压力对人们身心健康所产生的严重影响。工作压力的心理症状的表现形式有:紧张、焦虑、抑郁、记忆力减退等。在最近的工作压力对心理健康影响的研究文献中,提及较多的就是工作压力对工作倦怠的影响。工作倦怠是工作压力的特殊心理反应形式,国内外有关工作压力的研究表明,多数人在面对压力时会出现身心紧张反应,如果这种状态得不到有效的缓解,持续下去就可能会出现对工作的倦怠感。Kittel和Leynen(2003)在对比利时中学教师的工作压力源和工作倦怠的研究中发现,工作高要求和工作倦怠相关,并且与其中的情感衰竭维度联系更为密切。Mearns和Cain(2003)在以中小学教师作为被试的研究中发现,过高的工作压力不仅可以很好地预测工作倦怠这一结果,也能为分析工作压力对教师心理健康的影响提供证据。

案例6-2

曾小姐的苦恼

曾小姐是一家大公司的高级主管,平时精力充足,是一个名副其实的工作狂,从早到晚忙忙碌碌,经常飞来飞去,整个公司在她的管理下,经济效益一年比一年好。深受老板赏识的她也已经身家几十万,在别人看来的确是一个成功者。可近来却不断出现失眠、头昏、紧张,总觉得力不从心,记忆力减退,见了下属也不想打招呼,常常烦躁不安,动不动就想发火,她自己也能意识到,但就是不能控制,于是,老板赶紧催促她去看医生。经过一番检查,没发现什么疾病,最后,医生把她的健康状况诊断为亚健康状态。

(三) 工作压力对工作绩效的影响

在组织情境中,过高的工作压力会带来许多不良的行为后果,如攻击、缺勤、工作倦怠、离职等消极行为,严重的情况下还可能表现为盗窃公司财产等。因此,过高的工作压力会大大降低个体的工作绩效水平,最终不利于组织发展目标的实现。那么,过低的工作压力对工作绩效会有什么影响呢?

为了深入分析工作压力水平对工作绩效的影响,我们把工作压力细分为三个水平:压力过低、压力适度和压力过高,用图6-3中的横轴表示;把工作绩效划分为高和低两个水平,用图6-3中的纵轴表示。图6-3表明,过高和过低的工作压力都未达到最佳的工作绩效水平,只有在适度的工作压力水平上,个体的工作绩效才达到最高。

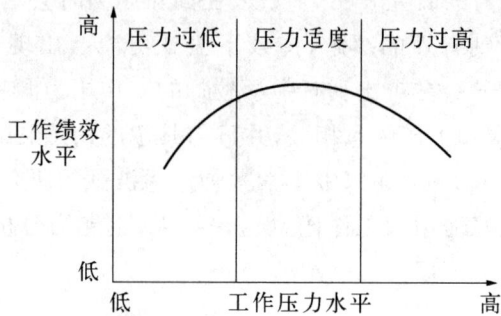

图6-3　工作压力与工作绩效的关系

在管理心理学中,适度的压力又称良性压力(eu-stress)。它会充分调动员工的工作积极性和主动性,具有很强的动力作用。例如,组织中常见的"鲶鱼效应"(见知识库6-10)就是借助新员工("鲶鱼")的引进来给老员工("沙丁鱼")适度的压力,从而激发其活力和积极性,打破固有的僵化和惰性,最终达到提高工作绩效的目的。

知识库6-10

鲶 鱼 效 应

沙丁鱼非常娇贵,极不适应离开大海后的环境。当渔民们把刚捕捞上来的沙丁鱼放入鱼槽运回码头后,用不了多久沙丁鱼就会死去。而死掉的沙丁鱼味道不好,销量也差,倘若抵港时沙丁鱼还活着,卖价就要高出若干倍。为延长沙丁鱼的存活期,渔民们想方设法让其活着到达港口。后来,渔民想出一个法子,将几条沙丁鱼的天敌鲶鱼放在运输容器里。因为鲶鱼是食肉鱼,放进鱼槽后,鲶鱼便会四处游动寻找小鱼吃。为了躲避天敌的吞食,沙丁鱼自然加速游动,从而保持旺盛的生命力。如此一来,沙丁鱼就一条条活蹦乱跳地回到渔港。这在经济学上被称作"鲶鱼效应"。

其实,用人亦然。一个公司,如果人员长期固定,就缺乏活力与新鲜感,容易产生惰性。尤其是一些老员工,工作时间长了就容易厌倦、疲惰、倚老卖老,因此,有必要找些外来的"鲶鱼"加入公司,制造一些紧张气氛。当员工们看见自己的位置多了些"职业杀手"时,便会有种紧迫感,知道该加快步伐了。这样一来，企业自然而然就生机勃勃了。

当压力存在时，为了更好地生存与发展下去，惧者必然会比其他人更用功，而越用功，就跑得越快。

适当的压力犹如催化剂，可以最大限度地激发员工的潜力。

为什么过低和过高的工作压力不会导致最佳的工作绩效呢？原因在于，在低工作压力水平下，会让个体慵懒疲沓，警觉性、敏感性较低，注意力无法集中，因此，个体处于松懈的状态，工作绩效自然不高；当压力逐渐增大时，压力成为一种动力，激励人们努力工作，绩效水平将逐步提高；当压力超过个体最大承受能力之后，即在高工作压力水平，会让个体无法集中注意力或者思维枯竭，不能获得最佳的工作绩效。总之，我们要一分为二地看待工作压力对工作绩效的影响，当压力较小时，应适当增加压力；当压力较大时，就应缓解压力，最终找到压力水平的最佳点，获得最佳的工作绩效。

第二节　工作压力管理

通过上一节的论述可知，工作压力不仅关系到员工的身心健康，而且对个人和组织的工作绩效都会产生很大的影响。所以，在组织情境中，个体和组织如何有效应对管理工作中的压力便成为企业管理的重要内容。所谓**工作压力管理**，就是指个人或组织采取策略和方法来应付和处理工作中压力问题的过程。下面从个体和组织两个层面来对压力管理的有关内容加以介绍。

一、个体的压力管理

个体的压力管理主要是指个体从自身的角度出发，去寻求有效的管理压力和降低其负面影响的一系列策略和方法。

（一）正确识别压力源

只有清楚地了解自己的压力来自何处，才能有针对性地管理压力。有些压力源可以永久性消除，如性格与职业不匹配，可以选择跳槽；有些压力源可以暂时性消除，如加班加点完成一项艰巨的工作任务后，可以选择外出旅游或带薪休假;有些压力源则是不可控又无法回避的,如疾病、意外受伤、公司裁员、技术革新、金融危机等,需要我们进行有效的管理。压力管理就是将压力转变为积极的影响因素的过程,压力管理的前提是个体首先要具备识别压力源的能力。

(二)合理地管理时间

工作超负荷和巨大的工作紧张性刺激,特别容易导致时间压力和超时工作。因此,员工应合理安排自己的时间,努力使自己有效地工作,愉快地生活。但要实现这个目标,个体具备有效时间管理的知识、技能和能力就显得尤其必要(见知识库6-11)。时间管理可以帮助员工最有效果、最有效率地利用他们花在工作上的时间,它可以使一个人将超负荷的工作压力最小化,为工作和业余活动划分优先次序,从而有效地缓解员工面临的各种工作压力。

知识库6-11

有效时间管理的7大原则

◆ 列出每天要完成的事情。

◆ 根据重要程度和紧急程度,分清工作任务的主次顺序。

◆ 了解自己的生物钟,在自己最清醒和效率最高的时间段里完成最主要的工作。

◆ 把要用的材料或东西放好地方,避免在寻找东西上耽误时间。

◆ 把大的项目分成小项目,分别确定时间,按部就班地完成。

◆ 规定每项任务的完成时间。

◆ 集中时间处理琐碎小事,每天留出一些固定时间来处理这些事情。

(三)调整认知方式

一个人的心态和思维方式在很大程度上决定了其对周围事物的态度和看法。乐观、积极、自信的人面对挑战会适当地调整自己的行为,缓解压力,知难而上;而悲观、消极、自卑的人遇到困难会优柔寡断、焦躁不安。可见,个体的心态直接影响到其对压力的反应。另外,如果你是一个追求完美的人,总是希望自己的工作做得十全十美,而事实上,主客观因素又总是制约着工作的结果,你就需要面对现实,恰当调整自己的工作期望值,改变自己的思维方式,积极修正完美主义观。总之,在组织情境中,员工和管理者应客观地评价自己,在尊重事实的基础上,变压力为动力,不断进取,攀登事业的巅峰。杰克·韦尔奇就是一个值得大家学习的楷模。他在美国通用电气集团工作的初期,曾因不堪忍受公司中存在的严重官僚作风而一度产生了辞职的念头,但他以非凡的魅力,顶着巨大的工作压力,勤奋工作,最终赢得了同事们的认可,带领通用电气全体员工创造了一个又一个奇迹。

(四) 控制压力的后果

控制压力产生的后果是压力管理的一种常见策略。它包括两种可具体操作的方法:第一种方法是体育锻炼。体育锻炼是最为经常被专家推荐为应对压力的一种重要措施。体育锻炼的形式可以多种多样,具体因人而异,如慢跑、跳高、打太极、游泳等。大量的研究均表明,体育锻炼可以减轻压力的生理后果,帮助员工降低呼吸、肌肉紧张、心律及胃酸的水平。罗伯特·伍德·约翰逊基金会(Robert Wood Johnson Foundation)是一家大型健康慈善机构,该机构非常重视体育锻炼,为了增加体育运动的机会,它甚至故意把其位于新泽西州普林斯顿的新总部办公室拆散开来。基金会的一位档案员说:"我每天增加了额外的 2.5 英里的步程。"

另一种控制压力生理后果的办法是放松和冥想。通过放松活动,比如做深呼吸、催眠、听音乐、看笑话书等,个体可以充分化解脑力和体力的紧张,放松身心,松弛肌肉,从而让人变得平和。冥想(见知识库 6-12)也是一种缓解压力的技巧,这种方法是由一位指导者说出一个神秘的词或短语,由一个舒适而坐的人在心里重复,进而把个体的注意力从工作压力中转移开来,最终达到应对压力的目的。因此,个体应尽量每天用一点时间做冥想放松,适时地缓解紧张、焦虑等不良情绪和压力反应。

知识库 6-12

冥想练习法

第一阶段——放松

◆ 静坐:双脚平放地面,深呼吸 2~3 次

◆ 闭眼

◆ 逐渐放松:让所有肌肉尽可能地松弛,从脚趾到头部,先绷紧肌肉,再安然放松

◆ 静坐并体验放松带来的沉重感或轻松感

◆ 再次对易于忽略的部位(如脚掌、舌头等)做用力放松练习

第二阶段——静默

轻闭双眼,只注意呼吸,但不要特别用力。除了呼吸什么都不去想,把注意力集中在两个鼻孔,静静地"注视"呼吸气流在鼻孔中的流进流出。如此持续 10～20 分钟。如果你感到松弛了,就不必再做了,慢慢睁开眼,先不要着急站起来,保持被动的态度,任松弛的过程自由发展,不必担心松弛过度。如果出现注意力涣散的情况,不能听之任之,要拉回思绪,重数自己的呼吸,以重新获得集中。

第三阶段——想象

在静默 10～20 分钟后,可开始这一阶段。由于联想的目的不是身体的松弛,而是求得心理上的满足。因此,"想象"的练习很重要。你可以想象任何令你满足的情景:想象你自己是一个无忧无虑的孩子,高高兴兴地在玩耍;想象你在绿树丛林间,芬芳的大自然气息让你陶醉……

资料来源:殷智红、叶敏,《管理心理学》(第 2 版),北京邮电大学出版社,2007 年。

(五) 寻求社会支持

个体拥有的社会支持网络的数量和质量,对压力的管理和改善具有重要作用。社会支持包括来自他人和群体的支持、帮助和信息提供。它可以表现为情感支持,如亲密关系、信任、友谊等;也可以表现为评价支持,如反馈、证实;还可以表现为信息支持,如提供建议、劝告、指导等。有研究显示,社会支持能够有效缓解个体面临的工作压力。所以,个体要努力成为有效的社会支持网络中的一部分,在需要时寻求他人的支持和帮助,千万不要让自己孤立起来。一般来说,社会支持至少在三个方面可以降低个体对工作压力的感受:① 社会支持可以让员工觉得他们是有价值的。这就可以提高员工的自尊,增强处理工作压力源的信心。② 社会支持可以提供信息帮助员工去解释、理解甚至消除压力的来源。③ 来自他人的情感支持可以直接缓解员工的压力

体验。

二、组织的压力管理

由于工作压力的产生是个体与组织相互作用的结果,因此,在组织情境中,压力的应付与管理仅依靠个体的努力是远远不够的,有时它还需要组织采取一些必要的措施和方法来弥补个体应对的不足,以此使得个体和组织两个层面的策略相互作用、相互影响,最终实现成功管理压力的目标。从组织的角度出发去管理压力,主要包括的策略有:实施工作再设计、建立支持性社会网络、运用目标管理、组织生涯规划的咨询和培训、建立良好的社会心理环境和企业文化、加强组织内部的沟通等。在此,结合国内企业的现状,着重分析以下几种压力管理策略。

(一) 实施工作再设计

工作压力的产生是个体需要与工作环境相互作用的结果。如何通过工作活动的调整与重新设计、实现工作特征的改进,从而满足员工的需求,是压力管理的重要内容。下面主要从工作丰富化、工作自主性和工作反馈三个方面来阐述如何实现工作的再设计。

1. 实现工作丰富化

工作丰富化是指通过工作内容和责任层次的基本改变,使员工在计划、组织、指挥、协调、控制等方面承担更多责任的工作再设计形式。工作丰富化是工作的纵向扩展,它不仅给员工分派了更多的工作任务,还为员工提供了获得更多赏识、进步、成长和职责的机会。工作丰富化在现代组织中越来越得到普遍地应用(见案例6-3)。工作丰富化的具体措施主要包括:① 工作轮换。通过一套不同的但是类似的工作轮换,可提供工作的多样性,减少由于工作上的单调倦怠而造成的压力。同时,工作轮换还能提供工作机会的分享,从而避免个体长期暴露于高压力的水平下。② 工作扩大化。是为了增加工作的种类和多样性,使工作的范围包括更多的任务。一些组织结构相对扁平的企业,由于无法给员工提供事业发展进步的机会,对其而言,工作扩大化是一种提供更多变化种类和工作挑战的方法。总之,工作丰富化的目的就是改变系统工作活动单调乏味的状况,减少由于高节奏简单重复所产生的心理厌倦,以及由此产生的工作压力,最终提高工作本身的吸引力和趣味性。

案例 6 - 3

办公室工作

胡女士真的很厌倦她所在部门的风气。她知道办公室工作的确无聊,但她的行政助理花费太多的时间用于聊天和社交。隔壁办公室的其他三个行政助理工作特别努力,几乎没有时间参与社会活动,但他们因为主管不愿意处理那些爱讲闲话、表现拙劣的员工而感到士气受挫。一些工作看起来确实无聊,但是员工们似乎并没有改进这种状况的愿望。胡女士确信一定有方法使无趣的工作变得更有趣,从而提高员工们承担义务的积极性。"至少我要试图丰富他们的工作并鼓励他们学习,我有可能会改善他们的表现。"她想。

胡女士采取了一些试验性的措施。首先,她将整个部门分成若干个工作小组,给每一个工作小组指定任务并让其分担工作。接下来,她建立了一个反馈系统。顾客的反馈,对管理者或员工的意见,都会被及时地张贴出来。此外,她还帮助员工们制定了工作轮换的计划。到目前为止,这项措施的成果是令人鼓舞的。

资料来源: 赵国秋,《心理压力与应对策略》,浙江大学出版社,2006 年。

2. 改进工作自主性

明确工作的责任要求,改进工作的自主性,可以提高员工对工作的认真负责精神,增强其主人翁意识,减少由于缺乏控制所造成的工作压力。国外有一项心理研究专门探索了在噪声刺激下,对刺激的自主控制性与精神紧张的关系。实验要求被试在高噪声下工作,其中一组被试有一个噪声控制开关,如果他们认为噪声不堪忍受时,可将其关闭;而另一组被试没有对噪声的自主控制权。实验结果表明,后一组被试在工作中显得更为紧张、焦虑、工作中更容易出差错。

在现实的组织情境中,改进工作自主性已经成为一种非常重要的管理措施。改进工作自主性的常见做法有:① 弹性工作制。它是指在完成规定的工作任务或固定的工作时间长度的前提下,员工可以灵活自主地选择工作的具体时间安排,以代替统一、固定的上下班时间。这种制度可以在不损失工作时间的情况下,满足个人多样化的时间需要,提供工作的自主性。具体到实际操作中,弹性工作制可以有多种灵活形式(见知识库 6 - 13)。② 分权与授权。它是指组织高层在一定情况下,将工作中的权力向下层人员下放的活动,以此增强员工在工作活动方面的自由度。通过分权授权,员工通常可以自主设置其工作日程表,即允许员工在工作日程表和步骤的设置上有一定的灵活性,当然,管理者也可能会设置工作任务的最后期限和目标,但这些做法还是能够在一定程度上改进工作的自主性,缓解了员工可能面临的工作压力。

知识库 6 - 13

弹性工作制的 4 种形式

◆ 核心时间与弹性时间结合制。这种形式的弹性工作制主要由核心时间、带宽时间和弹性时间组成。核心时间是每天的工时中所有员工必须到班的时间;带宽时间界定了员工最早到达和最晚离开的时间;弹性时间则是员工根据个人需要,可以自由选择的时间。

◆ 成果中心制。是以任务的完成为指标的,员工只需在所要求的期限内按质按量完成任务即可获得薪酬,具体的时间进度安排可根据个体差异,将工作活动调整到身心状态最佳、最具生产效率的时段内进行。

◆ 紧缩工作时间制。可根据员工个人实际能力,通过增加每天的工作时间长度,使一个完整的工作周在少于五天的时间内完成。

◆ 全日制工作与临时雇员队伍相结合制。即双轨雇佣制,核心轨道是全日制的正式雇员队伍,辅助轨道则是机动灵活的临时工队伍,两者互相配合。

资料来源: 刘永芳,《管理心理学》,清华大学出版社,2008 年。

3. 提供及时有效的反馈

及时有效的反馈能够有效地提高员工工作活动过程中的计划性和控制

性,进而达到缓解工作压力的目的。为此,组织应不断加强和完善工作中的反馈体系,多角度地开辟反馈渠道,为员工提供更多、更有效的反馈信息。比如,在办公室张贴工作进度统计表、薪酬结构表等各种实用表格,允许员工收集和保留有关信息。此外,反馈本身就是一种有力的强化形式,通过反馈,可以使员工充分了解公司对他的期望和评价,帮助他们及时准确地把握自己的工作状况,更好地消除员工由于反馈不足或无效而造成的工作压力,最终使之起到提高员工工作效率的作用。

(二) 运用目标管理

如前所述,角色冲突和角色模糊是造成工作压力的重要原因之一,因此,从组织的角度来看,应为管理者和员工设置明确的、特定的、具有挑战性的工作目标,并且为目标完成的程度提供及时的信息反馈,这样可以增强员工的工作动机,提高其工作的效率水平。明确的目标不仅对管理者和员工具有激励作用,而且也可以使他们清楚地了解组织的期望、消除角色冲突,降低工作压力的水平。从另外一个角度来看,及时提供目标完成的反馈信息,也可以使管理人员和员工更清楚地了解自己的实际工作绩效,大大减少角色模糊与冲突现象的发生。实际上,在组织中,目标管理是一种由一些步骤组成的(见知识库6-14)、操作性很强的管理技术,它要求管理者和员工为工作绩效和个人发展共同设置目标,而且定期对员工在实现目标过程中的进步进行评价,并对个体、团队、部门和组织的目标进行整合。

知识库6-14

目标管理的四个步骤

◆ 第一步,建立每位评估者所应达到的目标。在许多组织中,通常是上级评估者与被评估者一起来共同制定目标。目标主要指所期望达到的结果,以及为达到这一结果所应采取的方式、方法;

◆ 第二步,制定被评估者达到目标的时间框架。即当他们为这一目标努力时,可以合理安排时间,了解自己目前在做什么,已经做了什么和下一步还将要做什么;

◆ 第三步,将实际达到的目标与预先设定的目标相比较。这样评估者就能够找出原因,为什么未能达到目标,或为何实际达到的目标远远超出了预先设定的目标。这一步骤有助于决定对培训的需求,也能提醒上级评估者注意到组织环境对下属工作表现可能产生的影响,而这些客观环境是被评估者本人无法控制的;

◆ 第四步,制定新的目标以及为达到新的目标而可能采取的新的战略。凡是已成功地实现了目标的被评估者,都可以被允许参与下一次新目标的设置过程。

资料来源:https://baike.so.com/doc/5381199-5617509.html

(三)进行员工职业生涯规划和培训

组织应当承担起辅导和支持员工进行职业规划的责任,将员工的发展纳入组织总的发展目标之中,从而实现双赢的目的。目前,许多知名的国际大企业在这方面都已经形成了一些成熟的做法(见案例6-4)。为员工提供职业生涯规划、咨询和培训等服务,不仅能够缓解员工过重的压力,而且能提高组织绩效。同时,组织也应为员工提供各个方面的培训和咨询,包括专业的咨询和培训、解决问题技能的培训等。另外,组织还可以给员工提供压力管理培训,帮助员工了解、识别压力的来源,使员工对压力产生的严重影响有充分的认识,掌握压力应对与管理的策略和方法等,以此减少员工的焦虑,起到减压的作用。

案例6-4
美国第一银行的员工职业生涯规划

美国第一银行在企业内部成立了职业生涯资源中心,该中心以5P原则帮助员工发展职业生涯。这5P是指:

个人(person),帮助员工了解自己,包含自己的技能、价值观、兴趣,并且知道如何综合运用这些特质,找到适合自己的职业生涯路径。

看法(perspective),员工必须了解别人对他们的看法,并获得他们的主管、同事以及其他工作相关人士的意见反馈。

位置(place),员工必须了解自己所在的位置,包含自己的职务、企业、产业,掌握变化的趋势,并且知道自己需要增加哪些技能以适应形势的发展。

可能(possibility),员工必须了解职业发展的可能性,在企业里,员工的发展成长有三种方式:第一种是垂直移动,也就是升迁;第二种是水平移动,虽然在同一级别里,但是更换不同的职务;第三种是不移动,虽然是同样的职务,但是让员工的工作内容丰富多元化和挑战性更高。

计划(plan),员工必须针对以上四方面拟定计划,决定自己需要增加哪些能力和技巧,以达到目标。

资料来源:http://www.docin.com/p-750195258.html

(四) 加强组织内部的沟通

组织内部沟通包括正式沟通和非正式沟通两种。坦诚的双向沟通能够增强管理者与员工间的信任与理解。管理者通过了解员工对工作的真实想法以及心中存在的困惑,找到问题的症结所在,帮助员工解决困难,减少工作压力,进而提高工作效率。非正式沟通虽然是自发的、随意的,但员工在非正式沟通中往往更倾向于表达自己的真实想法。因而,组织应努力营造信任、合作、融洽的文化氛围,对员工的思想行为进行合理的引导。

联想集团在缓解员工压力方面就有自己独特的做法,如在每周的"C-Time"(coffee time and communication time,指每周二中午的咖啡时间),员工可以与公司总裁室成员一起沟通。同时,公司设有"进步信箱",每一位员工都可以提出自己的意见、想法,与企业一起进步。这主要是从工作本身和组织结构入手,促进任务、角色的清晰化和丰富化,增强工作自身的激励因素,激发员工的内在工作动机,提高工作满意度,从而减少压力产生的可能。

(五) 实施员工帮助计划

工作压力不仅损害个体,而且也破坏组织的健康,从而最终导致组织中员工工作绩效的降低。员工帮助计划(employee assistant program,简称 EAP)是美国、英国、日本等国多年来普遍采取的压力解决方案。它是组织为其成员设置的一套系统的、长期的福利与支持项目,主要通过专业人员对组织的诊断、建议和对员工及其直属亲人提供专业指导、培训和咨询,以帮助解决员工及其家庭成员的各种心理和行为问题,提高员工在组织中的工作绩效。目前,不少组织(见案例6-5)已经开始逐步引入并实施EAP,取得了较佳的效果。

案例6-5

用心做员工关系
——台积电公司的员工帮助计划

台湾集成电路制造股份有限公司(简称台积电)创立于1987年,是全球最大的晶圆代工企业。当今复杂多变的环境迫使人们不断追求挑战,对台积电的员工而言也是如此,这样,工作时间长了,其压力对身心健康的影响也慢慢凸显出来,成为公司需要解决的问题。在这种背景下,台积电公司开始引入EAP。

台积电制订的EAP目标是追求物质和心灵并重,努力营造工作与生活融合的舒适环境。例如,如公司设置了一个24小时的开放空间,员工可以在这里舒解工作压力。时间是员工最宝贵的资源之一,公司为了节省员工去医院排队看病的时间,他们引进了健康门诊,员工可以在这里经由网络预约挂号后,按约定的时间看病而无需排队。此外,在公司举办的年终晚会上,他们曾请来最受员工欢迎的明星,如张惠妹、周华健等现场表演,员工只需凭员工证就可入场欣赏演出,不必像外面的演唱会花上三天三夜排队买票。公司女性比例占了52%,为了照顾女性的需要,公司特意设置了哺乳室,这里还成了妈妈们交流照顾孩子心得的新的生活空间。台积电还在新竹、台北和台南地区找了专业律师事务所,向员工提供法律咨询服务。首先由公司法律部门确认他们的专业水平,然后再介绍给员工,员工就省去了验证这些律师事务所是否具备专业资质的麻烦。公司员工可以通过电话进行免费咨询,如果需要进一步的法律服务,则需按员工优惠价格付费。

台积电做员工帮助计划不是因为公司大,而且做员工帮助不一定要花很多钱。可以不花很多钱却依然能达到很好的效果,关键在于要用心去做。比如心理咨询,早期的做法是引进专业心理咨询师,但后来发现员工更需要的,是当他们需要帮助时,能以更隐秘的方式走进咨询室,这样才不至于有太多的压力。于是,公司和"新竹生命线员工协助中心"合作,在公司外部设置咨询中心,让员工直接打电话去预约、咨询。整个咨询过程公司都不会介入,公司只要知道有多少人次做过咨询、男性和女性的比例、主要是哪些问题就可以了。这个改变过程并没有增加额外的成本,但是效果却很好。

还有如办公室美化,都由员工自己动手布置,还会邀请一些艺术家来展出作品,员工可在公司就近欣赏或购买艺术品。还有洗衣服务,很多工程师不常自己洗衣服,公司就引进这个项目,洗衣店可以到公司指定的地点收取衣服,帮助员工解决了一些生活琐事,在工作上也就更专注。很多大企业都办有托儿所,台积电和其他企业做法不同的是,他们用网络将托儿所和员工的计算机联机。员工只要输入托儿所网址,就可以看到他的孩子在托儿所上课的情形,如此贴心的设计,让员工更加放心。

台积电员工帮助计划的工具和主要方案有:员工服务、健康中心、福利委员会、全天候供应美食街、门诊服务、各类员工社团活动、驻厂洗衣服务、健康促进网站、员工季刊、员工宿舍与保全服务、健康检查、急难救助、员工交通车与厂区专车、健康促进活动、电影院与文艺节目、员工休闲活动中心、健康讲座、家庭日、阳光艺廊、办公室健康操 运动园游会、网上商城、体能活力营、员工子女夏令营、员工休息室、妇女保健教室、托儿所、咖啡吧、哺乳室、特约厂商驻厂服务、书店、心理咨询、百货公司特惠礼券、便利商店 、咨询服务(法律、婚姻、家庭)、福委会网站。

资料来源:刘洋,《职场压力管理——做一个轻松的人》,中国经济出版社,2006年。

1. EAP 的分类和内容

根据不同的标准,对 EAP 可以进行如下分类:① 根据实施时间长短,分为长期 EAP 和短期 EAP。长期 EAP 是作为组织中一种常设的职能或者一个系统项目来实施的。短期 EAP 是组织在某种特定状况下才实施的,比如裁员期间的沟通压力、心理恐慌和被裁员工的工作压力状态,它是在相对较短的时间内帮助员工解决一些特殊问题,或者帮助组织顺利度过一些特殊阶段。② 根据服务提供者的不同,分为内部 EAP 和外部 EAP。内部 EAP 建立在企业内部,配置专门机构或人员,为员工提供服务。比较大型和成熟的企业会建立内部 EAP,它能更贴近和了解企业及员工的情况,更及时有效地发现和解决问题。外部 EAP 由外部专业 EAP 的服务机构操作。专业服务机构往往能很好地满足员工的心理敏感和保密需求,容易使员工建立信任,而且这些服务机构在技能和经验方面也比较有优势。在实践中,内部 EAP 和外部 EAP 往往结合使用,通常先实施外部 EAP,最后建立内部的、长期的 EAP。

EAP 的内容主要包括三部分:第一部分针对造成问题的外部压力源,即减少或消除不适当的管理和环境因素;第二部分是处理压力所造成的反应,即缓解情绪、行为及生理等方面的症状;第三部分是改变个体自身的弱点,即改变不合理的信念、行为模式和生活方式等。近年来,EAP 已经逐渐发展成为一种综合性的服务,其内容包括压力管理、职业心理健康、裁员心理危机、灾难性事件、职业生涯发展、健康生活方式、法律纠纷等许多方面。解决这些问题的核心目的在于帮助解决员工的各种心理和行为问题,维护员工的心理健康,提供员工在企业中的工作绩效以及改善组织气氛和管理。

2. 实施 EAP 的步骤

一般来说,实施 EAP 通常包括以下几个步骤:

第一步,把脉与诊治。由专业人员采用专业的心理健康评估方法评估员工的心理生活质量现状及其问题产生的原因。这些做法既可以为实施具体的员工帮助计划措施提供参考依据,也可以为组织的管理者提出相关的管理建议,以便组织的管理者可以减少或消除不良的组织管理因素。

第二步,宣传教育。在组织内部利用海报、自助卡、健康知识讲座等多种媒介进行宣传,推广员工帮助计划。主要目的就是提高管理者和员工对员工帮助计划的关注和重视,了解心理健康知识,提高员工心理健康和自我保健意识。

第三步,全员培训。开展员工和管理者培训,通过压力管理、挫折应对、保持积极情绪等一系列培训,让管理者学会帮助员工进行压力管理的方法和技巧,从而增强管理者和员工对心理问题的抵抗力。

第四步,对员工进行咨询。对员工开展压力应对、积极情绪、工作与生活平衡、自我成长等咨询服务。当然,还可以通过开通咨询热线、设立邮箱、团体辅导、个人面询等多种途径,使员工能够顺利、及时地获得帮助和服务。

3. EAP 的作用

EAP 的作用体现在以下三个方面。

第一,EAP 可以降低离职缺勤率和事故率,节省招聘费用,从而降低成本。EAP 国际协会主席 Donald G. Jorgensen 博士指出,在美国,对 EAP 每投资 1 美元,将有 5～7 美元的回报。1994 年,Marsh & Mclennon 公司曾对 50 家企业做过调查,在引进 EAP 之后,员工的缺勤率降低了 21%,工作中的事故率降低了 17%,而生产率提高了 14%;美国通用汽车公司的 EAP 每年为公司节约 3 700 万美元的开支。美国联合航空公司估计在 EAP 上 1 美元的投入能够得到 16.95 美元的回报。美国联邦政府卫生和人事服务部实施的员工咨询服务计划的成本收益分析显示,员工咨询服务计划的回报率为 29%。

第二,EAP 可以维护员工的身心健康,提高个人工作与生活质量,提高员工满意度,提升工作生产率。众所周知,人力资源是第一资源,维护员工的身心健康对组织长久持续的发展至关重要。因此,组织应为员工提供健身器材设施,从各个方面支持员工参加体育锻炼,努力提高员工的工作与生活质量。同时,由于员工的工作绩效与身心状态之间存在密切的关系,所以,身心状态的好坏直接会对员工工作绩效产生影响。从这个意义上说,组织也应当给员工提供 EAP 服务,为其创造一个和谐的工作环境,进而提高员工的工作满意度和工作绩效。

第三,EAP 服务可以帮助组织创建积极健康的组织文化。组织文化是组织的灵魂,它的核心是对人的重视和尊重。EAP 不仅强调员工的心理因素,而且把全面关心员工的身心健康和机能的正常发展作为目标,EAP 不只是把员工看成是管理的对象,更重要的是作为伙伴和朋友,强调采用体贴、关怀的方式构筑组织和谐的气氛。EAP 服务可以使员工产生对组织的认同感,增强员工对组织的忠诚度,从而使组织员工在心理上产生一种凝聚力,最终达到创建积极健康文化的目的。

本章要点总结和复习

◆ 工作压力是指在工作过程中,由于环境要求和个体特征相互作用而使个体产生一系列生理、心理和行为反应的过程。也就是说,工作压力是个人在应对那些自己认为无法应付的环境要求时,所产生的生理、心理和行为上的反应。

◆ 工作压力源可划分为工作层面的压力源、组织层面的压力源和个体层面的压力源三大类。工作层面的压力源包括工作负荷、工作条件、工作的复杂性;组织层面的压力源包括角色模糊和角色冲突、职业生涯发展、人际关系和组织系统;个体层面的压力源主要包括个体的生活因素和个性因素。

◆ 影响个体工作压力感受性的因素包括个体的知觉、人格特征、过去的经历和社会支持

◆ 工作压力的后果包括工作压力对身体健康的影响、对心理健康的影响和对工作绩效的影响。

◆ 个体压力管理的策略主要有:正确识别压力源;合理地管理时间;调整认知方式;控制压力的后果;寻求社会支持。

◆ 组织压力管理的策略主要有:实施工作再设计;运用目标管理;进行员工职业生涯规划和培训;加强组织内部的沟通;实施员工援助计划。

学习游乐场 6

如何消除工作中怯场的压力

◆ 目的

这个练习设计用来帮助你对压力环境作出判断,并确定如何采用压力管理以应对这种状况。

◆ 背景

怯场(包括害怕在公共场所说话)是许多人在日常工作生活中所遇到的最紧张的情况之一。据估计,将近75%的人经常会怯场,即使面对很少的人群说话或动作时也会。这个关于压力管理的小组练习是怯场的一个好论题,因为怯场的生理和心理症状其实就是压力的症状。换句话说,怯场是在特定的公众场合时的压力感受。在小组成

员个人感受的基础上,要求小组识别怯场的症状并找出防止怯场的压力管理方法。

◆ **步骤**

第一步:将学员分成小组,通常4~6人一组,最好每个组里有1个或1个以上的人承认经历过怯场。

第二步:每个小组的第一个任务是识别怯场的症状,找出症状的最好方法就是对照压力产生的三类后果:生理、心理和行为的后果。小组要识别出怯场的几个症状,并在小组成员个人感受的基础上列举怯场的一两个特殊症状(注意:怯场的个人感受不需要对着全班描述出来)。

第三步:每个小组的第二个任务是找出特定的方法来减轻怯场。本书中所写的压力管理策略为怯场已经做了很好的示范,每个小组要总结出控制怯场的几种方法,并能举出一两个例子说明这些方法。

第四步:全班聚集起来,听取每个小组关于怯场症状和解决办法的分析,将这些与压力感受及压力管理方法分别进行比较。

资料来源:史蒂文 L. 麦克沙恩、玛丽·安·冯·格里诺,《组织行为学》(第3版),机械工业出版社,2006年。

心理测试 6-1:工作压力诊断性测量量表

指导语:如果以下问项所描述的状况从来不是您的工作压力来源,请写1;很少是您的工作压力来源,请写2;偶尔是您的工作压力来源,请写3;有时是您的工作压力来源,请写4;经常是您的工作压力来源,请写5;通常是您的工作压力来源,请写6;总是您的工作压力来源,请写7。

1. 我的工作任务和工作目标不明确。

2. 我的工作任务或目标有时显得没有多大意义。

3. 我的工作任务繁重,有时不得不在晚上或周末加班。

4. 上级对我的工作质量提出了过高的要求。

5. 我缺乏合适的晋升机会。

6. 我对其他员工的发展负有责任。

7. 我不清楚该向谁汇报工作,也不清楚谁该向我汇报工作。

8. 我被夹在上司和下属之间左右为难。

9. 我常因为一些无关紧要的会议影响了正常工作。

10. 给我分派的任务太复杂或太难了。

11. 我在本组织得到提升的可能性很小。

12. 我有很大的责任给下级提供指导和帮助。

13. 我缺乏行使职责的权威。

14. 组织中的正式指令系统不够完善,比较混乱。

15. 我同时负责许多工作任务和项目,几乎管不过来。

16. 我的工作任务复杂性程度好像越来越高了。

17. 我的事业目标很难在组织中实现。

18. 我的行动或决定会影响到其他人的安全和工作。

19. 我不太清楚组织对我的期望。

20. 我在工作中做的事情会被某个人认可,而其他人并不认可。

21. 我的工作任务十分繁重,时间紧迫。

22. 组织对我的期望超过我的能力与技能范围。

23. 在工作中我学不到新知识和技能。

24. 我在组织中的职责更多的是与人有关而非与事有关。

25. 我不太了解我的工作与组织目标之间的关系。

26. 我从两个或多个人那里接到相互冲突的工作要求。

27. 我感到我的休息时间很少。

28. 我缺乏足够的培训和经验去更好地完成我的工作。

29. 我感到我的事业处于停顿状态。

30. 我对他人的未来(事业生涯)发展负有责任。

资料来源: Ivancevich & Matteson,1980.

测试结果与分析参见本书附录 2。

心理测试 6－2：A 型与 B 型人格自评问卷

手机扫一扫,查阅内容。

课后练习

一、单项选择题

1. 人们常说"有压力,才有动力",就是指( )对工作效率产生的积极正面的影响。

    A. 高度压力   B. 轻度压力   C. 适度压力   D. 情境压力

2. 下列影响工作压力感受性的因素中,不属于人格特征范畴的是( )。

    A. 自我效能感   B. 消极情感   C. A型人格   D. 过去的经历

3. 当个体在工作中没有明确的任务事项、权利责任以及工作的要求与标准,不知如何开展工作,这种状况造成个体所面临的压力属于( )。

    A. 组织层面的压力源   B. 工作层面的压力源

    C. 个体层面的压力源   D. 生活层面的压力源

4. 下列从组织角度进行压力管理的策略是( )。

    A. 合理地管理时间   B. 正确识别压力源

    C. 实施工作再设计   D. 控制压力的后果

5. 个性的种种不足也会导致个体产生一定程度的工作压力,渴望受到持久的关注和赞美属于( )。

    A. 过于追求完美   B. 过于风险规避

    C. 缺乏自信   D. 过高的自我期望

二、多项选择题

1. 属于个体层面的工作压力源的包括( )。

    A. 家庭问题   B. 经济问题   C. 生活条件   D. 个性因素

    E. 人际关系

2. 从个体角度进行压力管理的策略有( )。

    A. 正确识别压力源   B. 合理地管理时间

    C. 调整认知方式   D. 控制压力的后果

    E. 寻求社会支持

3. 工作压力过大会影响( )

    A. 工作条件   B. 身体健康   C. 心理健康   D. 组织结构

E. 工作绩效

4. 下列属于 EAP 主要内容的是(　　　)。

　　A. 减少或消除不适当的管理和环境因素

　　B. 处理压力所造成的反应

　　C. 改变个体自身的弱点

　　D. 裁员心理危机

　　E. 缩减成本

5. EAP 的作用主要有(　　　)。

　　A. 降低离职缺勤率和事故率,节省招聘费用

　　B. 维护员工的身心健康,提高个人工作与生活质量

　　C. 帮助组织创建积极健康的组织文化

　　D. 使员工产生对组织的认同感

　　E. 增强员工对组织的忠诚度

三、判断题

1. 工作压力是指在工作过程中,由于环境要求和组织相互作用而使个体产生一系列生理、心理和行为反应的过程。(　　　)

2. 与低自我效能感个体对比,高自我效能感个体更容易体验到工作压力。(　　　)

3. 工作压力越低,工作绩效水平越高。(　　　)

4. 个体的人格特征影响其工作压力感受性。(　　　)

5. EAP 是组织层面进行压力管理的策略之一。(　　　)

四、案例分析题

杭州—快递员送货路上猝死

　　在浙江省杭州市,刚入物流行业 3 个多月的快递员邱师傅于 2013 年 10 月 30 日中午倒在送货路上,人们发现时,他的脉搏已经停止了跳动。

　　据了解,邱师傅 30 多岁,本来在一家工厂上班,为了多赚点钱,几个月前转行干起了快递。据其妻介绍,丈夫之前没什么毛病,常规体检也一切正常。就是干了快递之后,每天早上 6 点 30 分出门,晚上 8、9 点才回家,工作很累。

　　随着网购的兴起,快递员成为人们日常生活中难以或缺的角色。网购巨量成交背后的每个订单,需要快递员跑遍城市角角落落送货而最终完成,快递

员收入也因此"水涨船高"。尽管"高薪",但毕竟是体力活,劳动强度大、休息时间不固定等问题突出。

一个普通快递员的一天是这样的:早上8点上班,到公司收取快件后便到自己的片区发送快件,9点到11点是最忙的时候,下午1点左右吃午饭是常态,晚上通常要到8点才能下班。而国庆、"双十一"、春节前等业务量倍增的时候,忙到夜里11点回家也很正常。

思考:

1. 你认为快递员该如何管理自己的工作压力?
2. 你认为快递公司该如何管理快递员的工作压力?

五、实训题

每位同学采用工作压力诊断性测量量表,对5名员工进行问卷调查,然后分别到讲台上向大家简要介绍自己的调查结果,并针对5名员工不同的工作压力源提出有针对性的减压措施。

☞ **推荐阅读**

▶▶ [美]沃特·谢弗尔:《压力管理心理学》(第4版),中国人民大学出版社,2009年。
▶▶ 李秋菊:《现代员工的压力管理与心理调适》,企业管理出版社,2016年。
▶▶ [美]西华德:《压力管理策略:健康和幸福之道》(第五版),中国轻工业出版社,2008年。
▶▶ [美]格林伯格:《全面管理压力》(第九版),高等教育出版社,2008年。
▶▶ [美]萨尔瓦多·麦迪、黛博拉·克拉巴,《顶住职场压力:将危机转化成机会》,中信出版社,2009年。

第 **7** 章

群体心理与团队建设

学习目标

学完本章并做完练习，你应该可以做到：

◆ 理解群体的含义及群体与团队的异同

◆ 列出群体中常见的心理效应

◆ 描述群体的动力性特征

◆ 能够结合组织情境分析影响群体人际关系的
  因素

◆ 掌握沟通的含义、过程及分类

◆ 列出有效沟通中遇到的障碍

◆ 说明如何进行冲突管理

◆ 描述团队的定义及类型

◆ 掌握团队建设的常见途径

章前引例：合作的最高境界

荷兰杰出的化学家范特荷夫发现，甲烷分子是一种正四面体的立体结构，每个面上的顶角为一百零九度。有位学生对老师说："在实验室里，当这种气体通过一段玻璃导管吹到手背上，那种轻柔的感觉怎么也无法想象出它的立体结构。"

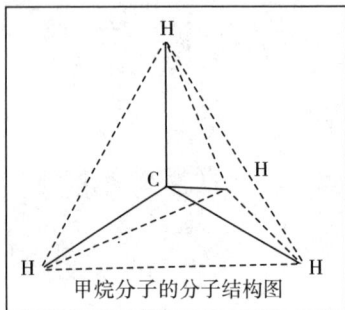

甲烷分子的分子结构图

范特荷夫笑了，他风趣地告诉学生："个体和群体的差异是无法靠想象来判断的。当你在夏天的海滩边，躺在沙滩上，尽情地往身上撒着细细的沙子，享受阳光和闲暇时，你不会想到每一颗沙子在显微镜下，会有那么多锋利的尖角。"①

甲烷分子和沙子，正如群体中的个体，每个个体都充满了鲜明的个性，当他融入群体之中，虽然保持了自己的立体结构和锋利的尖角，却不影响整体的轻柔和舒服。保持自我却又能融入整体的和谐，此乃合作的最高境界！

在现代组织中，人们的大部分活动都是以群体的方式开展和进行的。每个人都会是一个或几个群体中的成员，接受着来自所属群体的影响，反过来，自身也影响着所在的群体。了解和把握群体的心理和行为规律是非常必要的。本章拟对群体的内涵、群体的心理效应、群体人际关系、群体的沟通与冲突、团队建设等有关内容进行介绍。

___

① 林永祥："个体和群体"，《意林》，2008 年第 9 期。

问题聚焦

1. 日本地震为什么会引发中国的抢盐风波?

2011 年 3 月 11 日,日本发生里氏 8.9 级大地震,地震威力巨大,导致福岛核电站发生泄露。不知哪里传出的谣言说碘盐可以帮助对抗核辐射,于是,这种言论如同插上翅膀的蚊虫,纷飞于国内的大街小巷,自 3 月 17 日起,中国沿海省份浙江、江苏、山东发生大规模的购盐潮,盐价一路飙升至 20 元每袋。盐架扫空,各大超市相继挂出免战牌,大家又将视线转至酱油……后来,食盐污染说法被官方否定,盐恢复供应,价格也回归正常,各地又来

漫画来源:http://zyydxb.cuepa.cn/show_more.php? doc_id=419263

了一出退盐记,引发网友争议。从谣言到抢盐,让人不仅要问,"为什么逻辑上根本站不住脚的谣言,却有那么多的人相信?"这反映了人们怎样的心理? 你可以从第一节的群体心理效应中找到答案。

2. 最有价值的个人资产是什么?

在当今社会,与人相处的能力被认为是个人最有价值的资产,个体的自我实现往往需要与他人圆满合作才能达到。如何使自我与他人、组织及社会相容,第二节有详细的介绍。

3. 为什么说管理就是沟通?

通用电器公司原总裁杰克·韦尔奇有句名言:"管理就是沟通、沟通、再沟通!"沟通是管理过程中一个必不可少的要素,是人与人之间传达思想感情和交流情报信息的桥梁,是管理者的一项职业能力。可以说,管理成败的关键,很大程度上取决于沟通效果的好坏。因此,要实现成功的管理,一定要过好沟通这一关。如何提高自己的沟通管理能力呢? 你可以进入第三节进行学习。

4. 大雁飞行对人有何启示?

大雁飞行是排成"V"字形或"一"字形的,这是因为它们整天的飞,单靠一只雁的力量是不够的,必须互相帮助,才能飞得快飞得远。当每一只雁展翅拍打时,造成其他的雁立刻跟进,使得整个雁群抬升。借着"V"字形或"一"字形,整个雁群比每只雁单飞时,至少增加 71% 的飞升能力。当领队的雁疲倦了,它会退到队伍后方,另一只雁则接替飞在队形的最前端;飞行在后的雁群则会利用叫声鼓励前面的同伴来保持整体的速度;当一只雁脱队时,它立刻感到独自飞行时的辛劳与阻力,所以,很快又回到队形中,继续利用前一只雁所造成的浮力。大雁飞行给你哪些启示? 第四节的学习有助于你更全面地回答这个问题。

本章学习内容导图

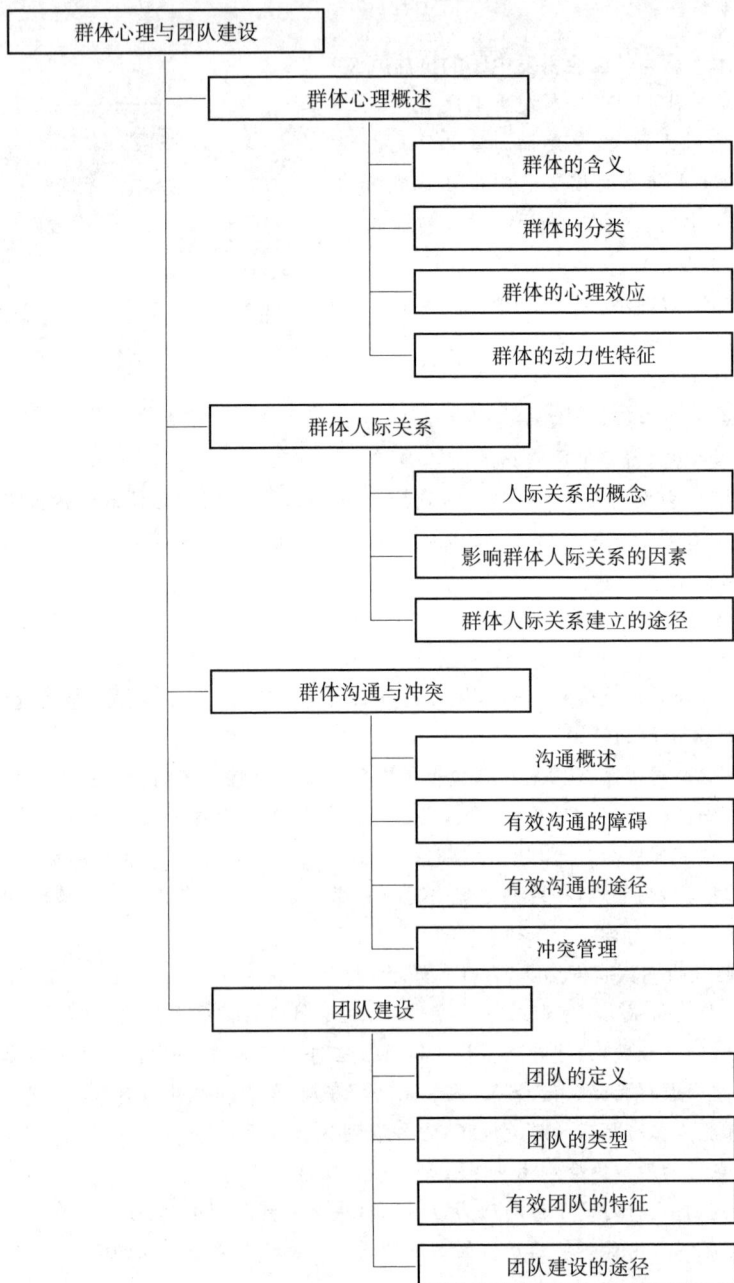

```
群体心理与团队建设
    │
    ├── 群体心理概述
    │       ├── 群体的含义
    │       ├── 群体的分类
    │       ├── 群体的心理效应
    │       └── 群体的动力性特征
    │
    ├── 群体人际关系
    │       ├── 人际关系的概念
    │       ├── 影响群体人际关系的因素
    │       └── 群体人际关系建立的途径
    │
    ├── 群体沟通与冲突
    │       ├── 沟通概述
    │       ├── 有效沟通的障碍
    │       ├── 有效沟通的途径
    │       └── 冲突管理
    │
    └── 团队建设
            ├── 团队的定义
            ├── 团队的类型
            ├── 有效团队的特征
            └── 团队建设的途径
```

第一节　群体心理概述

一、群体的含义

在现代管理心理学中，**群体**常被做如下定义：为了实现特定的共同目标，由两个或两个以上相互作用、相互依赖的个体组合而成的集合体。值得一提的是，群体不是个体的简单集合，几个人乘坐电梯或十几个人在候车室等车，这些人都构不成群体。而且，群体与后面将要介绍的团队也是不同的（见知识库7-1）。为了能够帮助读者比较全面深入地理解群体的内涵，在此从以下三个方面来对这个定义进行解读。

首先，群体人数的要求，即要组成群体必须有两个或两个以上的个体，单独的个体无法构成群体。需要注意的是，尽管群体有最少人数的限制，但没有最多人数的限制。另外，群体人数也是群体心理与行为研究中的常用变量，它对群体的心理与行为产生很大的影响。

其次，群体成员之间相互作用、相互依赖。换句话说，成员之间必须以某种方式相互联系、相互沟通，否则，就很难称得上是群体。在当今信息网络时代，由于信息传递媒介的飞速发展和不断演进，人们之间相互作用的方式也呈多样化的发展趋势。当然，人们仅聚在一起而不相互联系的情况也是存在的，但此时这些人只是一堆人，而不能称为群体。

最后，群体要努力实现特定的共同目标。可以说共同目标是群体存在和发展的基础，如果群体没有特定的共同目标，它也就构不成群体。同时，群体成员之间都能相互意识到这个目标，在目标实现的过程中，他们扮演一定的工作角色，担负一定的工作任务，从而使群体的行为不断朝着共同目标迈进。

知识库7-1

群体和团队相同吗

联系

◆ 群体和团队都是在两个或两个以上的人相互联系的前提下产

生的；

◆ 群体和团队都为组织工作的进行及成员间的合作提供了一种组织关系；

◆ 群体和团队中的成员在技术、领导、解决问题和情绪等方面都能发挥各自的特殊作用；

◆ 群体和团队成员都有共同的目标。

区别

◆ 团队始于群体，但它是群体的特殊形式；

◆ 团队成员之间有一定程度的依赖性，并有实现共同目标的动机；

◆ 并不是每个群体都能发展成熟并形成相互依赖的关系而成为团队。

资料来源：约翰 M. 伊万切维奇、罗伯特·康诺帕斯基、迈克尔 T. 马特森，《组织行为与管理》(第 7 版)，机械工业出版社，2006 年。

二、群体的分类

在组织情境中，群体是普遍存在的，从不同的视角和标准出发，可以对群体进行不同的分类。这里着重介绍几种比较常见的群体类型。

(一) 正式群体与非正式群体

根据群体有无明文规范规定，可以把群体划分为正式群体和非正式群体。实际上，这种划分最早是由美国心理学家梅奥在霍桑实验中提出的。所谓正式群体，是由明文规范规定产生的群体，是为完成组织赋予的责任、任务而组建的。如企业的行政机构、政府机关、工作团队等。在组织中，正式群体一经形成往往就比较稳定，成员对群体具有较强的依附感和服从心理，而且正式群体通常在所有群体类型中占主导地位，发挥着主导作用。

非正式群体是没有明文规范规定的，只是人们为满足自身的各种社会需要而在工作环境中自发形成的群体。换句话说，非正式群体不是刻意组成的，而是自然演变而来的，群体成员之间比较自由、松散。如一些兴趣活动小组、俱乐部等。另外，非正式群体成员之间的关系存在着明显的感情色彩，它以个人好恶为基础。在现代组织中，正式群体和非正式群体往往是同时存在的,在正式群体中存在着非正式群体。通常情况下,这两类群体之间没有根本的利害冲突,在功能作用上能够实现互相补充。

(二)实属群体与参照群体

根据群体成员身心归属的方式,可以把群体分为实属群体和参照群体。所谓实属群体,是指个体实际归属的群体,即个体的确参与的群体。比如,工会(许多会员参加)就属于实属群体。所谓参照群体,是指个体在心理上归属的群体,又称标准群体或榜样群体。个体将这种群体的规范、标准、价值观作为自己行动的参照和学习的榜样。在管理心理学中,研究参照群体具有很强的实际应用价值。我国当代企业中设立的质量信得过班组、产品零缺陷班组等都是一种参照群体,供其他群体进行学习和效仿。

(三)大群体与小群体

根据群体规模的大小,可以把群体划分为大群体和小群体。大小群体的划分是相对的,车间对公司而言是小群体,对班组而言则是大群体。所谓大群体,是指群体成员之间只是以间接方式(如各层组织结构)取得联系的群体。大群体中成员较多,组织结构复杂,成员之间较少存在直接的联系和依赖关系,比如像企业、机关、学校、协会等都是大群体。

所谓小群体,是指相对稳定、人数不多、为共同目的而结合起来的、成员之间能够直接接触和联系的群体。它有共同的目的,全体成员为此目的作共同努力。小群体中成员之间通常都互相熟悉、经常交往。一般来说,小群体规模不能少于2人,但一般不超过30～40人。比如像家庭、工作团队、班级等都可以看作是小群体。与大群体相比,小群体是管理心理学研究关注的焦点。

三、群体的心理效应

(一)从众

从众是指个体在群体压力下,在知觉、判断、信仰及行为上,表现出与群体中大多数人一致的现象。它是群体内一种普遍的现象,是社会心理学家阿希通过实验研究证实的一种群体心理效应(见知识库7-2)。从众现象广泛地存在于我们的日常生活中,人云亦云、随波逐流、随大流等,都蕴含了从众心理的因素。

知识库 7-2

阿希的"从众"实验

社会心理学家阿希(S. Asch, 1956)曾进行了有关从众的经典研究。实验所用材料是 18 套卡片,每套两张,分标准线段与比较线段(如图 7-1 所示),要求被试比较判断 a、b、c 三条线段中哪一条线段与标准线段等长,并要求被试大声说出他所选择的线段。在实验中共有 7 名被试,其中的 6 人是阿希的助手,只有一人是真正的被试,而且该被试总是被安排在倒数第二个回答。18 套卡片共呈现 18 次,前 6 次大家都作出了正确的选择。从第七次开始,假被试故意都作出错误的选择,观察被试的反应是独立的还是从众的。阿希通过多次的重复实验,得到了以下研究结果:① 大约有 1/4~1/3 的被试保持了独立性、没有发生过从众行为。② 大约有 15% 的被试,在回答次数中平均有 75% 的从众行为,即 12 次回答中有 9 次表现出从众行为。③ 所有被试的平均从众行为是 34%。由此可见,阿希的实验的确证明了从众行为的存在。

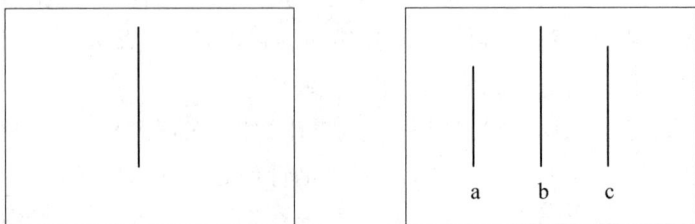

图 7-1 阿希从众实验使用的卡片

资料来源:申荷永,《社会心理学:原理与应用》,暨南大学出版社,2004 年。

尽管工作和生活中不少人会表现出从众行为,但这些情况是各不相同的。具体地说,就是区分从众行为的表面反应和内心反应,因为这两个方面有时并不一致。一般来说,可以分为四种不同的情况:① 表面顺从,内心也顺从,也就是口服心服;② 表面顺从,内心并不同意,即所谓口服心不服;③ 表面不顺从,但内心顺从,这也就是所谓的心服口不服;④ 表面和内心都不顺从,也就是所谓的口不服心也不服。

影响从众行为产生的因素主要包括两类：情境因素和个人因素。从情境因素来看，如果该群体是个体的参照群体，而且群体的意见比较一致，也就是说群体比较团结，个体就容易在群体压力之下产生从众行为；从个人因素来看，如果一个人的智力较差、情绪不稳定或自信心不足等，他也容易表现出从众行为。

为什么大部分人会表现出从众呢？究其原因，主要是因为群体压力对个体产生的影响。具体地说，群体的风气、规范能够形成一种压力，这种压力与权威命令不同，它不是自上而下明确规定的，不是去强制改变个体的行为，而是大多数人的一致的意见影响了个体的行为反应。当一个群体成员发现自己的意见与群体中大多数人的意见不一致时，他便感受到了这种压力，并促使他改变个体行为而表现出"随大流"，即产生从众。

（二）服从

在社会心理学中，**服从**是指个人按照社会要求、群体规范或他人的命令而做出的行为，这种行为是在外界明确的要求下发生的。服从这种心理现象是由心理学家米尔格拉姆（S. Milgram）用实验发现并提出的（见知识库7-3）。服从行为一般在两种不同的情况下产生。一种是在有一定组织的群体规范影响下的服从，如遵纪守法、维护社会秩序等；另一种是对权威人物命令的服从，如一切行动听指挥、下级服从上级等。

服从和前述的从众两个概念之间是有区别的，服从是被动的，即对行政命令、群体规范或权威意志的服从，是无条件的，无论是否理解都得服从；从众不是对群体规章的服从，而是对社会舆论或群体众人执行规范所形成的压力的随从。

知识库7-3

米尔格拉姆的"服从"实验

心理学家米尔格拉姆做了这样一个实验：他通过在报纸上刊登广告招募40位市民做被试，实验时告诉这些被试他们将参加一项研究惩罚对学生学习影响的实验。随后把两人匹配为一组，一人当学生，一人当教师。由于事先的安排，实际上每组只有一个为 40 人中的真被试，另一个是特意安排的实验者的助手，抽签结果，真被试总是当教师，假被试总是当学生。实验开始时，"学生"的身体被连接到一根电击棒上，电击棒由"教师"操控，"学生"每次背错一个单词，"教师"就要对其进行电击一次，电压强度逐次提高 15 伏，最高达到 300 伏。实验过程中，很多被试在高压电流的刺激下，反复挣扎，发出惨叫，请求停止实验，当时情形如同梦魇，按照一般人的逻辑，目睹"学生"的种种挣扎，很多"教师"一定会停止电击，放弃实验。但事实是，所有 40 名真被试中，只有很少的人（14 人）停下来，其余人（26 人）全部完成了实验，也就是说，对"学生"都实施了电击，最高达到 450 伏。由此米尔格拉姆证明了个体服从行为的存在。

哪些因素会影响人们的服从行为呢？概括起来主要有两个方面：一方面来自命令发出者，如发出者的权威性、有无监督等。如果命令发出者是一个权威专家，其命令就容易被他人接受，表现出服从行为。如果命令发出者直接在场监督，也会增加人们的服从行为；另一方面来自命令执行者，如执行者的道德水平、人格特征、文化背景等。一般来说，个体道德判断水平越高，服从权威的可能性越小。而且不同民族、不同文化背景的人，在服从行为方面的表现也是不同的。

（三）社会助长

社会助长是指个体活动效率因群体中其他成员的影响而出现提高的现象。它是由社会心理学家特瑞普里特（N. Triplett）通过实验证实的（见知识库 7 - 4）。在日常工作和生活中，不乏社会助长的实例。比如，运动员在比赛时，如果有很多观众为他加油助威，他往往能顺利甚至超水平发挥，所以，东道主更容易获胜。

知识库 7 - 4

社会助长实验

最早用科学方法揭示社会助长作用的是美国心理学家特瑞普里特（N. Triplett）。他让被试在三种情境下骑车完成 25 英里路程。第一种情境是单独骑行计时;第二种情境是骑行时让一个人跑步伴随;第三种情境是与其他骑车人竞赛。结果显示,单独计时情况下,平均速度为每小时24英里;有跑步伴随时,时速达到31英里;竞赛情境则有更大改善,平均时速为32.5英里。特利普里特在实验室条件下,让被试完成计数和跳跃等工作,也发现了同样的社会助长作用。

群体中会产生社会助长的原因主要有:① 个体为了满足尊重、赞许和一定程度自我实现的需要。恰恰由于这个原因,群体中的个体通常会充分挖掘自己的能量和资源,以力求取得更好的成绩。② 个体从群体中可得到其他成员心理或工作上的帮助。相对于独自工作而言,群体工作中成员之间可以相互沟通,给予各自各种形式的帮助,这些都会提高群体活动的效率。③ 个体可从群体中获得反馈而不断改进自己的工作,这样也会提高整个群体的绩效水平。

(四) 社会抑制

社会抑制是指个体活动效率因为群体中其他成员的影响而受到抑制减弱的现象。在日常工作和生活中,社会抑制的例子比比皆是。例如,当员工刚开始从事自己不熟悉的工作时,如果有人在一旁观看,其工作绩效反而会下降;在考试的时候,考生就特别害怕监考老师走到他们面前,有的人甚至在老师站在旁边时,一个字都写不出来了。

社会抑制现象在社会心理学研究中已得到证明。例如,有研究表明,如果要求大学生学习一些毫无意义的音节,他们在观众面前学会这些音节花费的时间要比他们在独处的情况下所花费的时间多。这就从研究的视角证明了社会抑制作用的存在。至于社会抑制产生的原因,研究者认为,它主要来自个体非良性的心理紧张对完成工作造成的不良影响。这种心理紧张主要是由于个体想从群体中得到尊重和赞许的愿望与自身对工作的信心之间的差距造成的。

由上面的论述不难看出,社会助长和社会抑制是相对立的两种心理现象。那么,个体何时出现社会助长?何时出现社会抑制呢?社会心理学的研究表明,这关键取决于活动的性质和个体技能熟练的程度。在复杂的脑力活动中,群体情境对个人有抑制作用;在简单的机械活动中,群体情境对个人有助长作用。但即使在简单活动中,也只有在个体已经十分熟练地掌握了活动技能的情况下，群体才有助长作用，否则，也有抑制作用。

（五）社会惰化

社会惰化又称"社会性磨洋工"，是指个体与他人共同工作时比自己单独工作付出的努力更少的倾向。借用中国的一句俗语就是，"一个和尚挑水喝，两个和尚抬水喝，三个和尚没水喝"。在社会惰化现象被提出之前，人们总有一种刻板印象认为，群体情境会激励成员加倍努力地工作，从而提高群体的生产效率。20世纪20年代末，心理学家瑞格尔曼（Ringelmann）做了群体拉绳子的实验（见知识库7-5），从而有力证实了社会惰化现象的存在。

知识库7-5

拉 绳 实 验

瑞格尔曼（Ringelmann）曾经设计了一个令人深思的拉绳实验：他把被试实验者分成一人组、两人组、三人组和八人组，要求各组用尽全力拉绳，同时用灵敏度很高的测力器分别测量其拉力。从理论上讲，若被试单独拉绳时所发出的力量与集体拉绳时发出的力量相同，集体拉绳的合力就应等于每个人单独拉绳的力量总和。然而，瑞格尔曼发现了有趣的结果：两人组拉绳的只是单独拉绳时两人拉力总和的95%；三人组的拉力只是单独拉绳时三人拉力总和的85%；八人组的拉力则降到单独拉绳时八人拉力总和的49%。

群体中为什么会出现社会惰化现象？目前，学术界主要有两种解释。一种解释认为是由于个体追求公平的心理。当群体成员相信其他人没有尽到应尽的职责时，即当你觉得别人是懒惰或无能的，你就可能会降低自己的努力程度，这样你才会感到公平。另一种解释是责任扩散。由于群体活动的结果无法归结为具体某个人的作用，因此，个人投入与群体产出之间的关系就变得模糊不清。在这种情况下，个体可能会试图成为一个"搭便车者"——乘机搭上群体努力的大车而不费自己太大力气。也就是说，当人们发现自己的贡献无法衡量时，群体活动效率就会下降。

四、群体的动力性特征

著名心理学家勒温首创群体动力理论。该理论从动态和系统的观点,分析了群体中人和环境两方面的许多因素。所谓群体动力,就是指群体活动的方向,研究群体动力,就是研究影响群体活动动向的各种因素,诸如群体规范、群体压力、群体凝聚力、群体士气等。下面对这些群体的动力性特征逐一加以介绍。

(一) 群体压力

在引出群体压力的概念之前,有必要先了解群体规范的概念。**群体规范**是指群体所确立的行为准则和标准,群体的每个成员都必须遵守这些准则和标准。但群体的规范并不是规定其成员的一举一动,而是规定群体对其成员行为可以接受和不能容忍的范围。群体的规范可能是正式规定的,如各种规章制度、法令等,但大部分规范是非正式的、约定俗成的,如各种风情民俗、习惯等。群体规范主要是在模仿、暗示、顺从的基础上形成的,心理学家谢里夫的实验就是一个很好的例证(见知识库7-6)。

知识库 7-6

群体规范形成过程的实验

美国心理学家谢里夫(M. Sherif)做了这样的心理学实验:实验在暗室进行,首先让单个被试坐在暗室里,面前的一段距离内出现一个光点。光点出现几分钟后熄灭,然后让被试判断光点移动多远。实际上,光点并没有动,但在暗室中看光点,每个人都觉得光点在移动,这是心理学中典型的视错觉实验。这样的实验进行几次,每个被试都建立了个人的反应模式。有人觉得光点向右上方移动,有人觉得光点向左上方移动。每个被试的反应模式各不相同。随后,这些被试在暗室里一起观看出现的光点,大家可以讨论并说出自己的判断。实验反复进行,过了一段时间后,大家对光点移动的判断逐渐趋于一致。这就是说,群体规范代替了个人的反应模式。最后,当把这些被试重新分开单独作判断时,每个人并没有恢复其原先建立的个人反应模式,而是一致保持群体形成的规范。

    群体压力是指已成型的群体规范对群体成员行为的约束力，它迫使群体成员按照群体的目标和准则调节自己的行为。它直接影响着群体成员行为的一致性程度，影响着群体效力的发挥。当然，群体压力不是一蹴而就形成的，它要经历一些必要的阶段（见知识库 7-7）才能完成，从而对个体心理和行为产生影响。

知识库 7-7

群体压力形成要经历的 4 个阶段

    心理学家莱维特指出，群体压力形成的过程大致经历以下 4 个阶段：

◆ 合理辩论——群体成员都可以自由发表自己的意见和看法，并耐心听取对方的不同意见，通过合理的询问或充分的辩论，大家的看法逐渐形成多数派与少数派。

◆ 劝导说服——群体成员对少数意见不同者抱着好言相劝、诉诸感情或诱之以利的方式，希望他们放弃自己的意见，以使群体意见达成一致，于己于人皆有好处。

◆ 舆论攻击——如果经过好言相劝，坚持己见者仍然"执迷不悟"或不肯妥协，群体成员将对这些少数意见者做舆论谴责，说他们破坏合作、对群体缺乏忠诚或自私自利、不顾大局等。

◆ 心理隔离——经过群体成员的批评谴责后，如果少数意见者仍然不改初衷，大家便会不理睬他们，这种感情上的疏远和心理上的孤单，会使少数意见者有陷入四面楚歌境地的感觉。

    资料来源：石兴国、安文、姜磊，《组织行为学——以人为本的管理》，电子工业出版社，2005 年。

    群体压力对于群体具有非常重要的积极意义。一方面，群体压力可以约束群体成员的异端行为，促使群体成员采取一致的行动。这种一致性有助于群体任务的完成及群体组织的存在和发展。同时，群体压力也能促使群体成员以合作的方式在群体内互动，有助于协调群体内不同意见以及矛盾冲突，增强群体团结，提高群体效率。另一方面，群体成员的一致行为有助于增加个体的安全感。群体压力使个体与他人行为保持一致,促使个体妥协和退让,从而增加个体被群体接受的可能。当个体发现自己的观点和意见得到多数人的赞同和支持时,就会觉得自己得到多数人的欢迎和接纳,内心才有安全感。

(二) 群体凝聚力

1. 群体凝聚力的概念

群体凝聚力是指群体成员之间的相互吸引力,或使群体成员愿意留在群体内的力量。当群体成员之间的吸引力达到一定程度、成员之间协调一致、彼此赋予一定的价值时,这个群体就具有较高的凝聚力(见知识库 7 - 8)。相反,群体成员之间互不信任,甚至人心涣散,则群体的凝聚力就低。群体凝聚力作为一种向心力,是维持群体存在的必要条件,也是实现群体目标的重要条件。

知识库 7 - 8

高凝聚力群体的 4 大特点

◆ 群体成员之间具有良好的人际沟通,人际关系和谐。

◆ 群体成员乐于加入到群体中来,积极参加群体组织的各种活动。

◆ 群体成员对群体拥有责任意识,自觉维护群体的利益和荣誉。

◆ 群体成员拥有较强的归属感、尊严感和自豪感。

2. 影响群体凝聚力的因素

① 群体规模。群体规模太大或太小,都会影响凝聚力。群体规模太大,群体成员之间相互沟通比较困难,人际关系也会变得更复杂,难以处理,因此,很难有高凝聚力;群体规模太小,人数太少,会因缺少中间力量而使内部矛盾难以解决。有研究表明,7~8 人是群体的最佳规模。

② 领导风格。群体领导的领导风格直接影响群体凝聚力。研究表明,民主型的领导风格,群体成员之间友情深、沟通多、士气高、凝聚力强;而专制式领导风格,群体内人心涣散、士气低落、活动受阻,当然凝聚力就会比较低。

③ 过去的成功经验。如果群体一直都有成功的表现和极高的荣誉度,它就容易以建立起的群体合作精神来吸引和团结群体成员。毫无疑问,个人更

倾向于认同成功的群体,而不是接受失败的群体。而且,群体成员更愿意相信群体将继续取得成功,从而实现他们的个人目标(晋升、奖金等)。这也就从一个侧面解释了为什么成功的组织比不成功的组织更容易吸引和招聘到新员工;对于成功的研究小组、知名大学和常胜运动团队而言,同样如此。

④ 外部竞争和挑战:在群体成员面对外部竞争或一项具有挑战性的重要目标时,群体凝聚力趋于增加。这主要是因为外部的竞争和挑战使群体成员不得不同舟共济、求同存异,改进沟通和加强协调,以便继续生存和发展。比如,管理者处罚某个员工时可能会激起该员工所在小组的同仇敌忾之心;再比如,两兄弟昨天还大吵了一架,今天其中一个遇到外姓人欺侮,兄弟俩马上便会团结起来一致对外等。当然,需要注意外部竞争威胁的程度。有研究表明,当外部威胁很严重时,群体的凝聚力较低。

3. 群体凝聚力与工作效率之间的关系

研究表明,在一般情况下,凝聚力高的群体,其工作效率要高于凝聚力低的群体。但是凝聚力与群体效率的关系相当复杂,不能简单地说凝聚力高就好。换句话说,群体凝聚力高,其群体工作效率不一定高。在此,凝聚力与群体工作效率之间的关系主要取决于群体的态度与群体所属组织目标的符合程度。两者的关系可用图7-2来表示。如果群体的凝聚力很强,而群体的态度与所属组织目标的符合程度又很高,群体的工作效率就很高,表现为高产出、高质量,群体员工积极合作等。相反,如果一个群体的凝聚力很高,但其态度却与群体目标背道而驰,则群体工作效率就低。如果群体凝聚力低,但与群体目标的符合程度较高,则群体的工作效率处于中等水平。如果群体凝聚力及群体态度与组织目标的符合程度都很低,则对群体工作没有什么影响。

群体态度与 其正式目标 的一致程度	高	工作效率大幅提高	工作效率中等提高
	低	工作效率降低	对工作效率无明显影响
		高	低

群体凝聚力

图7-2 凝聚力与群体工作效率之间的关系

（三）群体士气

1. 群体士气的概念

群体士气是指群体所具有的一种高昂意志状态以及为完成工作任务所具有的积极进取的态度和顽强奋斗的精神。群体士气是与群体凝聚力密切相关的一个概念。一个群体,有了高昂的士气(见知识库7-9),就可以迸发出巨大的力量。一旦士气低落或全无士气,便会成一盘散沙,丧失战斗力,成语"溃不成军"就是一种全无士气的真实写照。另外,有的群体总能完成艰巨的任务,而有的群体在客观条件基本一样的情况下,总是完不成任务或是完成得并不十分理想,很重要的原因也是士气问题。因此,研究群体士气是非常必要的,它反映一个群体的战斗力,关系到群体所能取得成就的大小。

知识库7-9

高士气群体的7大特征

美国心理学家科瑞奇(D. Krech)等认为,一个士气高昂的群体应具有以下7种特征:

◆ 群体的团结来自内部的凝聚力,而非来自外部的压力。

◆ 群体的成员没有分裂为互相敌对的小团体的倾向。

◆ 群体本身具有适应外部变化的能力以及处理内部冲突的能力。

◆ 群体成员之间具有强烈的认同感和归属感。

◆ 群体中每个成员都明确地意识到群体的目标。

◆ 群体成员对群体的目标及领导者抱肯定和支持的态度。

◆ 群体成员承认群体的存在价值,并具有维护其群体存在和发展的意向。

2. 群体士气的影响因素

① 激励方式。能否恰当地采取激励方式,将会直接影响群体士气。例如,能否给员工提供合理的报酬。有时,合理的经济报酬不只是意味着群体成员生理、安全和自尊等需要得到了满足,它还代表一个人在组织中的成就、贡献和社会地位,所以,当经济报酬和奖励不合理时,就会挫伤员工的工作积极

性,降低士气。

② 管理者的品质和风格。管理者的品质和风格对下属的工作态度影响很大。管理者如果具有比较民主、关心员工的疾苦、善于听取员工的建议和意见等品质或风格,所管理的群体士气就会高昂。反之,则会人心涣散,大大影响工作效率。近代心理学研究也表明,凡是一个士气高昂的战斗群体,其领导大多比较民主,乐于采纳大家的意见、体谅下属。相反,官僚主义的管理者高高在上或我行我素,听不得别人的意见,就会造成成员怨声载道,出现信任危机,轻则使工作受阻,重则将众叛亲离。

③ 群体人际关系。具有和谐人际关系的群体,其成员对群体的认同感和归属感就会很强烈,人人心情舒畅,乐于发表建设性意见,主动为实现群体目标奋斗,从而就会有良好的群体士气。反之,如果群体成员互相扯皮闹矛盾,必然波及群体士气。另外,有较高士气的群体通常也有较强的凝聚力。因此,增强群体凝聚力,搞好群体内部团结,及时解决各种冲突,对于提高群体士气也是非常重要的。

3. 群体士气与工作效率的关系

群体士气与群体的工作效率之间不是简单的对应关系。管理者如果以严格的方式管理员工,可能会出现高的工作效率,但员工士气低落,这种情况下的高效率不可能维持太长时间,员工的不满和抱怨很快就会不断增加,工作效率随之下降;管理者如果只关心员工的需要,协调群体成员之间的关系,而忽视了工作目标和任务的完成,也会造成和和气气的怠工,这种管理将导致高士气、低工作效率;如果工作目标与员工的需要趋于一致,群体能接受组织的目标,就能出现高士气、高工作效率的状况。由此可见,管理者既要关心群体员工的需要,又要注意调动员工的工作积极性,不断提高工作效率。总之,群体士气是高工作效率的必要条件,但不是充分条件。换句话说,士气低落不可能有高的工作效率,但高的士气也不一定带来高的工作效率。

第二节　群体人际关系

在群体中,人与人之间总会建立各种各样的关系,从一定意义上说,这些关系都属于人际关系。处理好这些人际关系,不仅有利于群体行为的管理,而且有利于提高群体的工作效率。所以，无论是理论研究者还是实践工作者，都应关注群体中良好人际关系的建立和发展。本节将从人际关系的概念、影响群体人际关系的因素及群体人际关系建立的途径等方面进行阐述。

一、人际关系的概念

人际关系是指人与人在相互交往过程中所形成的心理关系。它反映个人或群体满足其社会需要的心理状态，它的发展变化决定于双方社会需要满足的程度。如果双方在交往中，彼此的需要都得到了满足，相互间便产生并保持接近心理关系。该定义包含三层含义：

首先，人际关系表明群体中人与人相互交往过程中心理关系的亲密性、融洽性和协调性的程度，它主要指的是人与人之间的心理关系。

其次，人际关系是由一系列心理成分构成的。它既有认知成分、情感成分，也有行为成分。

最后，人际关系是在彼此交往活动的过程中建立和发展起来的。交往是联系个人与他人、个人与群体、群体与群体的桥梁，没有人际交往，也就无所谓人际关系。进一步说，人际关系建立以后，还需要通过不断的交往加以巩固和发展。

群体人际关系则是指群体成员之间和群体之间的交往和联系的状态。它包括群体内部成员之间的人际关系和群体之间的人际关系。群体人际关系对个体、组织的许多方面都会产生影响。例如，它会影响到组织的氛围和组织的凝聚力；影响员工的工作满意感和幸福感；影响组织的工作效率和组织目标的实现。由此可见，研究群体人际关系的有关主题是非常必要的。

二、影响群体人际关系的因素

在群体中，人们之间的人际关系的密切程度有很大的差别，有的关系密切，不论大事小事，群体成员总要在一起交谈；有的则除了工作联系，其余时间互不往来。在组织情境中，影响人际关系的因素不仅繁多，而且因素之间的关系错综复杂，具体可概括为以下三类：时空距离因素、个人特征因素、相似性和互补性因素。

（一）时空距离

时空距离是影响人际关系的一个最基本的因素。一般说来，个体与个体之间、群体与群体之间，距离越接近，交往的频率可能就越高，也就越容易建立良好的人际关系，正所谓"近水楼台先得月，向阳花木早逢春"。

1. 距离

通常，距离较近的人比距离远的人更易于形成人际关系。中国有句俗话"远亲不如近邻，近邻不如对门"，就是说人们之间地理位置越接近，空间距离越小，就越容易建立人际关系，因为距离近，使双方易于交往，易于了解，易于熟悉和接近。当然，个体之间的距离也有一定的限制条件，当这个距离过于接近，超过人们心理可接受的距离时，距离的作用就会适得其反，而且从另外一个角度来看，它也违背了人际交往中的"刺猬法则"（见知识库7-10）。

知识库 7-10

人际交往中的"刺猬法则"

两只困倦的刺猬，由于寒冷而挤在一起，可各自身上的刺却刺得对方怎么也睡不着。它们分开，又冷得受不了，于是又凑到一起。几经折腾，两只刺猬终于找到一个合适的距离，既能互相获得对方的体温，又不至于被扎。"刺猬法则"就是人际交往中的"心理距离效应"。做合群的人，必须处理好人际交往中的心理距离，慢慢去适应，才能找到最适合你的位置，也只有这样，你才能获得成功！

资料来源：熊勇清，《组织行为学》，湖南人民出版社，2006年。

美国心理学家费斯汀格（L. Festinger）等研究者曾对美国麻省理工学院17栋已婚学生的住宅楼进行过调查。每栋楼房3层，每层5个单元。住户住宅的安排都是偶然的，具有随机性。询问的问题一律是："你经常打交道的最亲近的3位住户是谁？"调查结果表明，住房距离越近，彼此交往关系就越密切。仅以同层次为例，隔壁的邻居交往率为41％，隔户的则为22％，第三户为10％。当然，这里还有一个能否满足别人需要为附加条件，不管怎么说，同一条件下，距离越近，关系就越密切，这是确定无疑的。

2. 交往频率

交往频率是指人们在单位时间内相互接触次数的多少。一般来说，人们的交往越频繁，刺激对方的机会就越多，"重复呈现"的次数就越多（见知识库

7-11),彼此增进了解的机会就多,就越容易形成融洽关系。相反,如果"鸡犬之声相闻,老死不相往来",自然不能建立亲密的人际关系。当然,交往频率也并非越高越好,俗话说"久聚难为别,频来亲也疏",所以,交往频率只是影响人际关系发展的一个客观条件。

知识库 7-11

交往频率对人际关系的影响实验

美国心理学家扎琼克(R. S. Zajonc)在 1986 年进行了交往频率对人际吸引影响的实验研究。他将被试不认识的 12 张照片随机分为 6 组,每组 2 张,按以下的方式展示给被试:第一组 2 张只看 1 次,第二组 2 张看 2 次,第三组 2 张看 5 次,第四组 2 张看 10 次,第五组 2 张看 25 次,第六组 2 张被试从未看过。在被试看完全部照片后,实验者再出示全部照片,加上从未看过的第六组照片。要求所有被试按自己的喜欢程度将照片排成顺序,结果发现一种极明显的现象:照片看的次数越多,被选择排在最前面的机会也越大。由此可见,简单的重复呈现确实会导致人际吸引,彼此接近、常常见面,的确是建立良好人际关系的必要条件。

资料来源: 俞国良,《社会心理学》,北京师范大学出版社,2006 年。

(二) 个人特质

个人特质也是影响人际关系的重要因素。具体地说,个人特质主要包括个体的仪表和外貌、能力与个性品质等因素,这些因素对人际关系的影响是通过个体的心理内化来实现的。

1. 仪表和外貌

仪表和外貌对人际交往产生影响是毋庸置疑的,尤其是和陌生人初次打交道更是如此。一般来说,人们倾向于对那些漂亮的人产生积极反应,而对那些外貌普通的人产生消极反应。沃尔斯特(E. Walster,1996)等研究者让男女大学生各 332 名(每两个组成一对)进行了两个半小时的舞会,舞会结束时,询问学生是否希望再次同对方进行约会,结果表明,与希望再次约会的回答有关系的因素只有对方的外貌。表 7-1 是回答希望同对方再次约会学生所占的百分比。

表7-1　希望再次同对方约会的百分比

	对 方 的 外 貌		
	丑　的	一　般　的	美　的
丑的男性	41	53	80
一般的男性	30	50	78
美的男性	4	37	58
丑的女性	53	56	92
一般的女性	35	69	71
美的女性	27	27	68

另外,还有研究发现,外貌的魅力有一种明显的"辐射效应"(见知识库7-12),人们对高魅力者的评价带有明显的倾向性。例如,兰迪(D. Landy)等人的研究发现,由于"辐射效应",人们对客观质量一样的文章,当被认为是外貌有魅力的作者所写时,会得到更好的评价。

知识库 7-12

外貌的"辐射效应"

社会心理学家的实验表明,外貌的魅力会引发明显的"辐射效应"(radiating effect)。心理学家兰迪(D. Landy)等人进行了如下的研究:他们让男性被试评价有关电影影响社会的短文。被试被告知短文的作者都是女性。论文的客观质量有好坏两种。实验分为有魅力组、无魅力组和控制组。有魅力组接到的短文附有作者照片,照片为一个公认有魅力的女性。无魅力组所附的照片则是没有魅力的女性。控制组所读的短文没有附照片。结果表明,由于"辐射效应"的作用,同样的文章,当被认为是有魅力的作者所写时,得到的评价更高,文章本身质量并不好时尤其如此。

资料来源:熊勇清,《组织行为学》,湖南人民出版社,2006年。

一般情况下,仪表和外貌在人际交往初期的作用较大,而交往时间越长,这种影响作用就越小。另外,一个人也并非长相越英俊漂亮其吸引力就必然越大。实验证明,人们常常觉得外貌与自己相差不多的人对自己才有较大的吸引力,更容易与其建立人际关系。同时,一个人若只有美丽的长相,而没有美好的心灵,同样也不会具有吸引力。正如奥斯特洛夫斯基所说:"要是没有美的心灵,我们常常会厌恶他漂亮的外表。"

2. 能力与个性品质

个人的能力不仅是一个人求职和职业成功的关键因素,而且在人际关系的建立中也起着不可忽视的作用。在其他条件都相同的情况下,比较有能力的人更容易受到人们的喜欢,愿意与他接近,对其产生敬佩感,更容易建立人际关系。尽管仪表和外貌是影响人际关系的一个显著而稳定的因素,但这时它就可能退居次位而凸显出个人能力的重要性。那是不是说,个人能力越强,越完美,就越容易得到别人的认可,越能与他人建立良好的人际关系呢?答案是否定的。研究表明,一个很有才华而又有小缺点的人,反而更使一般人喜欢接近他。这种现象称为"仰巴脚效应"(意指出丑效应)(见知识库 7-13)。

知识库 7-13

"仰巴脚效应"

一位心理学家把四段情节类似的访谈录像分别放给他准备要测试的对象看:在第一段录像里接受主持人访谈的是个非常优秀的成功人士,他在自己所从事的领域里取得了辉煌的成就,在接受主持人采访时,他的态度非常自然,谈吐不俗,表现得很有自信,没有一点羞涩的表情,他的精彩表现不时赢得台下观众的阵阵掌声;第二段录像中接受主持人访谈的也是个非常优秀的成功人士,不过他在台上的表现略有些羞涩,在主持人向观众介绍他所取得的成就时,他表现得非常紧张,竟把桌上的咖啡杯碰倒了,咖啡还将主持人的裤子淋湿了;第三段录像中接受主持人访谈的是个非常普通的人,他不像上面两位成功人士那样有着不俗的成绩,整个采访过程中,他虽然不太紧张,但也没有什么吸引人的发言,一点也不出彩;第四段录像中接受主持人访谈的也是个很普通的人,在采访的过程中,他表现得非常紧张,和第二段录像中一样,他也把身边的咖啡杯弄倒了,淋湿了主持人的衣服。当心理学家向他的测试对象放完这四段录像,让他们从上面的这四个人中选出一位他们最喜欢的,选出一位他们最不喜欢的。最不受测试者们喜欢的当然是第四段录像中的那位先生了,几乎所有的被测试者都选择了他,可奇怪的是,测试者们最喜欢的不是第一段录像中的那位成功人士,而是第二段录像中打翻了咖啡杯的那位,有95%的测试者选择了他。

另外,个体的个性品质也会影响人际关系的建立和发展,而且这种影响通常比较持久、稳定和深刻。保持其他条件不变,如果一个人诚实、正直、乐于助人、友好、和善,而不奸诈狡猾、损人利己、敌对冷酷,人们就比较容易喜欢他。诺尔曼·安德森于1968年曾进行了一项研究,他列出555个描写人的个性品质的形容词(见表7-2),让被试指出他们在多大程度上喜欢一个有这些特点的人。研究结果表明,被试评价最高的品质是真诚和真实,而评价最低的是说谎和虚伪。

表7-2　个人品质受到喜欢的程度分类

最积极品质	中间品质	最消极品质	最积极品质	中间品质	最消极品质
真　诚	固　执	古　怪	热　情	羞　怯	不可信
诚　实	刻　板	不友好	善　良	天　真	恶　毒
理　解	大　胆	敌　意	友　好	不明朗	虚　假
忠　诚	谨　慎	饶　舌	快　乐	好　动	令人讨厌
真　实	易激动	自　私	不自私	空　想	不老实
可　信	文　静	粗　鲁	幽　默	追求物欲	冷　酷
智　慧	冲　动	自　负	负　责	反　叛	邪　恶
可信赖	好　斗	贪　婪	开　朗	孤　独	装　假
有思想	腼　腆	不真诚	信　任	依赖别人	说　谎
体　贴	易动情	不善良			

(三) 相似性与互补性

相似性和互补性也是影响人际关系的因素。交往对象态度的相似、兴趣爱好的一致、需要的互补等都会影响人际关系建立的深度和强度。

1. 相似性

根据社会心理学的有关研究,群体内交往双方如果有较多类似的地方,就有利于彼此之间人际关系的建立。这种相似性可以体现在人生和工作经历方面,如年龄、性别、学历、成长环境等相似性越多,就越容易产生亲近感,共同交谈的话题也越多,并容易产生共鸣。当然,相似性也可以体现在兴趣、爱好、理想、信念、价值观等方面,成员之间在这些方面越相似,越容易相互吸引和产生亲近感,从而更容易建立融洽的人际关系,我们常说的"志同道合"就是这个道理。反之,则会出现"志不同,道不合"的现象。另外,在文化背景上,同一地域或民族、同一国家的人,往往在生理和心理上有很大的相似性,故也易于建立人际关系。"老乡见老乡,两眼泪汪汪"、"美不美家乡水,亲不亲故乡人",说的就是这个道理。

美国心理学家纽科姆做过这样一个实验:让互不相识的 17 名大学生住在同一间宿舍里,对他们的亲密化过程进行近 4 个月的追踪研究。实验前调查了他们的态度,然后调查谁与谁结成朋友,陆续让这些学生自由选择同室的对象。结果发现,在见面的初期,多是住在附近的人成为好伙伴,后来,态度的相似性逐渐成为人际吸引的主要因素。而且学生对自己的朋友各方面相似的评价远远超出了实际情况。由此可见,相互间的相似性增加时,认识深度和吸引力也在逐步增加和深化,从而为群体内部良好人际关系的建立奠定了基础。

2. 互补性

所谓互补性,是指兴趣、专长和个性特点等方面的长短互相补充。交往双方虽然兴趣、性格等方面大相径庭,但如果彼此能满足对方的某些需求,也容易导致人际吸引,进而形成良好的人际关系。例如,独立性较强的人和依赖性较强的人能够友好相处;脾气急躁的人和脾气温和的人成了好朋友。究其原因,关键在于他们可以彼此取长补短,互相满足对方的需要,从而互相吸引,能够建立并保持良好的人际关系。

有一位心理学家研究发现,在 25 对结婚有一定年限的夫妻中,夫妻之间需求的互补性是婚姻关系得以持久的基础。另一位心理学家在对已建立恋爱关系的大学生的调查中也发现,对短期伴侣来说,推动人际吸引的动力主要是相似的价值观,驱使长期伴侣发展的动力,则主要是需要的互补性。

需要注意的是,并非所有相反的或不同的特征都能互补。例如,一个人喜欢贪玩,一个人喜欢学习,两人就不会形成互补关系。同时,即使可以互补的特征也未必能达成互补关系。例如,一个踏实做学问的人,很难同一个热衷于搞关系的人达成互补关系。因此,群体成员之间能否实现人际吸引,关键取决于彼此是否在现有关系中有喜欢和愉快的情感体验。

三、群体人际关系建立的途径

(一) 塑造良好的个人形象

良好的个人形象在人际关系建立的过程中扮演着非常重要的角色。塑造良好个人形象的具体策略有:首先,要注意仪表美。衣着整洁大方,举止自然得体,会给人一种亲近感;反之,过分修饰,油头粉面,浓妆艳抹,则会给人一种不合宜的印象。其次,待人要真诚热情。一般情况下,交往双方总是先接受说话的人,然后才会接受对方陈述的内容。因此,对人讲话时,态度应该诚恳,避免油腔滑调、高谈阔论、哗众取宠、垄断话题,否则,会使人感到不愉快。实事求是、态度热情,往往给人一种信赖感和亲近感,有利于交往的继续深入;反之,如果言不由衷、转弯抹角、态度冷淡,则给人一种虚假、冷淡的感觉,交往很难再深入下去。最后,要做一个忠实的听众。每个人都需要有自我表现的机会。在初次交往中,有效地表现自己固然重要,但做一个耐心的听众,鼓励别人多谈他们自己,同样也是不可或缺的。

(二) 主动交往

很多人之所以不能和他人建立良好的人际关系,原因之一就是因为他们在人际交往过程中总是采取消极的、被动的退缩方式,总是期待友情从天而降。因此,虽然他们同样处于一个人来人往、熙熙攘攘的世界,却仍然无法摆脱心灵的孤寂。要知道,别人是不会无缘无故地对我们感兴趣的。因此,要想赢得别人,同别人建立良好的人际关系,就必须成为交往的始动者。当你主动与陌生人打招呼或攀谈时,你会发现自己的努力几乎都是成功的。当你的成功经验越来越多时,你的自信心也会越来越充分,你的人际关系处境也会越来越好。总之,要善于主动与别人交往。只有这样,建立良好的人际关系才有可能得以实现。

经典名言

　　与人交谈一次，往往比多年闭门劳作更能启发心智。思想必定是在与人交往中产生，而在孤独中进行加工和表达。

——列夫·托尔斯泰

（三）移情

　　人际关系从本质上说是人与人之间在感情上的联系。这种感情联系越密切，与双方共有的心理世界的范围就越宽，人际关系也就越亲密。移情恰恰是沟通人们内心世界感情的纽带。所谓移情，就是指站在别人的立场上设身处地地为别人着想，用别人的眼睛来看这个世界，用别人的心来理解这个世界。正所谓思人所思，想人所想。在人际交往中，唯有做到移情，给他人多一些宽容和体贴，你才能容易受到别人的欢迎，进而才能比较容易地与他人建立良好的人际关系。

（四）善用表扬与批评

　　心理学家认为，表扬能释放一个人身上的能量，调动人的积极性。正所谓"表扬能使羸弱的身体变得强壮，能给恐怖的内心以平静与依赖，能让受伤的神经得到休息和力量，能给身处逆境的人以务求成功的决心"。据报载，一位欧洲妇女出门旅行，她学会了用数国语言讲"谢谢你"、"你真好"、"你真是太棒了"等，所到之处，都受到热情接待。真心真意，适时适度地表达你对别人的赞扬，对良好人际关系的建立是非常必要的，同时，表扬既要对人也要对事，这样更能够增进彼此的人际吸引力。

　　与表扬相对的是批评。一般情况下，应多作表扬，少用批评。批评是负性刺激。通常只有当用意善良、符合事实、方法得当时，批评才有可能产生积极的效果，才能促进对方的进步。另外，批评时应注意场合与环境，应对事不对人，不能对一个人全盘否定，这样会挫伤对方的积极性与自尊心，同时，批评的措词与态度应是友好真诚的。

　　其实，建立良好人际关系的途径还有很多，如尊重他人、宽容他人、帮助他人等，这里不再详细阐述。

第三节　群体沟通与冲突

众所周知,在现代组织中存在着各种各样的群体,如正式群体、非正式群体等。实际上,组织内的这些群体并不是静止和孤立的,而是处在不断的相互作用过程中。群体的相互作用也被称为群体之间的互动,群体沟通与冲突就是群体互动的两种重要形式。本节将对群体沟通与群体冲突的有关内容进行论述。

一、沟通概述

(一) 沟通的概念

沟通是指两个或多个信息传递主体之间传达思想和交流信息的过程。从这个定义中不难看出:第一,沟通是一种由不同环节所构成的过程性的活动;第二,沟通具有目的性,它是为了实现沟通活动发起者所设定的目标而把思想、信息或观念在个体或群体间进行传递,并期望实现意义上的理解。

沟通在现代管理中扮演着十分重要的角色。亨利·明兹伯格(H. Mintzberg)曾对高级管理人员的时间安排做过调查。结果表明,管理人员78％的时间用于从事与沟通有关的活动,剩余22％的时间才用于桌面工作及各种活动的安排。实际上,在组织的社会交往及工作关系中,信息的传递、人际关系的交往及工作关系的交往等工作,都是通过有效的沟通来完成的,沟通效率的高低会影响组织的绩效。

(二) 沟通的过程

各种各样的沟通过程概括起来都可以用图7-3来表示。从图中可以看出,沟通发生之前必须存在一个意图,我们称之为信息。它在信息源(发送者)与接收者之间传送。完整的沟通过程包括七个要素:信息源、编码、信息、通道、解码、接受者、反馈。

信息源是信息的发送者,是具有信息并试图进行沟通的某个人或某个组织,他们把头脑中的思想、观念进行编码从而生成信息,信息是一个从编码器中输出的物理产品。比如,说出的话、面部表情等都是信息。通道是指传送信息的媒介物。比如面对面的会议、电子邮件以及其他形式的手写邮件或者备忘录,还有电话沟通或者语言邮件。传送媒介的选择对沟通过程有着非常重要的影响。有的人对某些确定的渠道比对其他渠道利用得更好,有些信息在某些特别的渠道中能更好地处理。

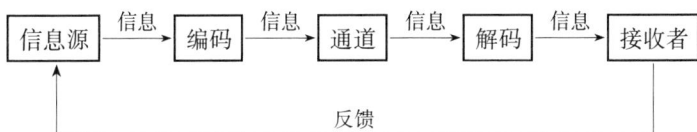

图7-3 沟通过程模型

接收者是信息指向的客体。但在信息被接收之前,接收者必须先将其中加载的符号翻译成他能理解的形式,即对信息进行解码,解码过程会受到接收者的知识和经验及其与信息发送者之间关系的影响。沟通过程的最后一个环节是反馈回路。反馈是对信息的传送是否成功以及传送的信息是否符合原本意图进行核实,它用来确定信息是否被理解,能够改进沟通的过程。因此,应始终保持反馈渠道的开放与畅通。

(三) 沟通的类型

沟通的形式或类型是非常多的,可以从不同的角度把其划分为不同的类型。下面介绍几种常见的沟通类型。

1. 正式沟通与非正式沟通

按沟通的组织系统,可以把沟通划分为正式沟通与非正式沟通。所谓正式沟通,是通过组织中正式的沟通渠道进行信息传递和交流的方式,它一般只进行与工作相关的信息沟通。比如,工作任务的分配、上级的命令、请示汇报制度等,都属于正式的沟通,组织中的正式沟通渠道决定了组织中的沟通关系。它具有组织的严肃性、程序性、稳定性、可靠性等特点。非正式沟通是指在正式沟通渠道之外进行的信息传递和交流。比如员工之间私下交谈、小道信息的传播、案例7-1中麦当劳的"走动式管理"等,都属于非正式沟通。它的特点是自发性、灵活性和不可靠性。非正式沟通作为正式沟通的补充有其积极的作用,通过它可以掌握群体成员的心理状况,并在一定程度上为组织决策提供依据。

案例 7-1

麦当劳的"走动式管理"

麦当劳快餐店创始人雷·克罗克(Ray-mond A. Kroc)是美国社会最有影响的企业家之一。他不喜欢整天坐在办公室里，大部分工作时间都用在"走动式管理"(management by wandering around)上，即到所属公司、部门走走、看看、听听、问问。麦当劳公司曾有一段时间面临严重亏损的危机，克罗克发现其中一个重要原因是公司各职能部门的经理有严重的官僚主义，习惯躺在舒适的椅背上指手画脚，把许多宝贵时间耗费在抽烟和闲聊上。于是，克罗克想出一个"奇招"，将所有经理的椅子靠背锯掉，并立即照办。开始很多人骂克罗克是个疯子，但后来大家就体会到他的一番"苦心"。他们纷纷走出办公室，深入基层，开展"走动式管理"，及时了解情况，现场解决问题，终于使公司扭亏为盈。

对管理者来说，"走动式管理"是一种十分有效的面对面的沟通方式。管理者走出自己的办公室，在工作区与下级就存在的问题进行非正式沟通，而不是通过正式会议、书面报告等正式渠道与下级进行沟通。这种非正式沟通为管理者和下级提供了重要信息，同时培养了积极、良好的上下级关系。事实表明，"走动式管理"是一种管理者和下级进行沟通的极为有效的途径。

资料来源：曹正进，《组织行为学》，经济管理出版社，2007年。

2. 语言沟通与非语言沟通

按沟通的方式或工具，可以把沟通划分为语言沟通与非语言沟通。语言沟通是指借助语言文字符号系统进行的沟通。它是人类最普通的沟通形式，可以分成两类：一类是口头沟通，即会议、会谈、对话、演说、报告等运用口头语言形式进行的沟通。其优点是快捷、高效、反馈及时、双方自由交换意见等，其缺点是信息传递经过的中间环节越多，信息被曲解的可能性就越大；另一类是书面沟通，即文件、信函、刊物、通讯等借助书面语言形式进行的沟通。其优点是沟通的内容具体化、直观化，沟通信息能被永远保存，便于查询。其缺点是会花费大量时间,缺乏及时的反馈。非语言沟通是指通过语言文字之外的符号系统所进行的沟通。这些非语言符号不仅数目众多,而且每种符号都有其特定的含义(见表7-3)。非语言沟通具体包括身体语言(如眼神、眼色、表情动作、体态变化等)沟通和辅助语言(如重音、笑声、停顿等)沟通两种。

表7-3 非言语信息及其典型含义

非言语信息	典型含义
目光接触	友好、真诚、自信、果断
不做目光接触	冷淡、紧张、害怕、说谎、缺乏安全感
搔头	迷惑不解、不相信
咬嘴唇	紧张、害怕、焦虑
踮脚	紧张、不耐烦、自负
双臂交叉在胸前	生气、不同意、防卫、进攻
抬一下眉毛	怀疑、吃惊
眯眼睛	不同意、反感、生气
鼻孔张大	生气、受挫
手抖	紧张、焦虑、恐惧
身体前倾	感兴趣、放松
懒散地坐在椅子上	厌倦、放松
摇椅子	厌倦、自以为是、紧张
驼背坐着	缺乏安全感、消极

资料来源:张德、吴志明,《组织行为学》,东北财经大学出版社,2006年。

3. 单向沟通与双向沟通

从信息沟通的传送方向,可以把沟通分为单向沟通和双向沟通。单向沟通是指信息的发送者和接收者的位置不变的沟通方式。在单向沟通中,发送者始终是在发送信息,接收者始终在接收信息而不进行反馈,发送者和接收者的地位是固定不变的。例如,下达命令、做演讲等都属于单向沟通。双向沟通是指信息的发送者和接收者的位置不断进行转换的沟通方式。在双向沟通中,发送者和接收者的位置是在不断进行互换的,发送者将信息发送给接收者,接收者要给发送者以反馈。例如,会谈、协商、讨论等都属于双向沟通。单向沟通与双向沟通是沟通的两种不同类型,每种类型各有优缺点(见知识库7-14),都有其适合的特定沟通情境。

知识库 7-14

单向沟通与双向沟通的优缺点比较

◆ 从沟通的速度看,单向沟通比双向沟通快。

◆ 从内容的正确性来说,双向沟通比单向沟通好。

◆ 从工作秩序来说,单向沟通显得安静规矩,双向沟通则较吵闹而无秩序。

◆ 从接收者来说,双向沟通易于知道正确和错误,对自己的行为较有把握。

◆ 从发送者来说,双向沟通时感到心理压力较大,随时可能受到接收者的质问与批评。

二、有效沟通的障碍

如前所述,沟通是一个过程,这个过程的任一环节出现障碍,都可能对有效地沟通产生影响。例如,在编码环节,如果编码不认真,发送者发出的信息就会出现失真;在通道环节,如果通道选择不当,也无法达到沟通的目的。由此可见,沟通过程中的障碍的确很多。在此,我们主要对几种常见的沟通障碍予以分析。

(一)选择性知觉

在沟通过程中,信息接收者往往根据自己的需要、动机、经验、背景以及其他个性特点有选择地去看或去听信息(见图7-4)。同时,信息接收者在解码时通常还会把自己的兴趣和期望带进信息中。例如,大学刚毕业的新员工对问题的看法往往会被人忽视,一个信誉好的部门经理的看法则会被人重视,并认为其合理,但事实上可能并不一定如此。

(二) 信息过滤

指发送者有意操纵信息,以使信息显得对接收者更为有利。例如,一名管理者告诉上级的信息都是上级想听到的东西,这名管理者就是在过滤信息。当信息向上传递给高层经营人员时,下属常常压缩或整合这些信息以使上级不会因此而负担过重。在进行整合时,个人的知识经验、兴趣也加入进去,并因此而导致了过滤。美国通用汽车公司的前总裁德洛里

图 7 - 4　凶手(见彩插6)

恩(J. Deloeran)曾说过:"从下级报上来的信息经过层层过滤,往往使上面接触不到实际情况。下级提供的资料,往往是为了获得他们所希望的回答。或者是报喜不报忧,猜测领导者需要什么,然后上报什么。"过滤的主要决定因素是组织结构中的层级数目,组织纵向上的层级越多,过滤的机会就越多。

(三) 情绪状态

情绪状态对信息的传递影响很大,如果双方都处在激情状态或心境不佳的时刻,就难以沟通意见,甚至会歪曲对方的信息。例如,有人被情绪所左右,常常喜欢根据主观判断去推测对方的意图和动机,猜测对方的"言外之意"、"弦外之音"。这样不仅会造成沟通障碍,而且还会影响正常的人际关系。另外,语言的不准确有时也会挑动起各种各样的情绪,这些情绪可能会更进一步歪曲信息的含义。比如,当高层管理人员谈及进行"激励"的必要性时,基层管理人员常常会产生反感,并有一种身不由己被支配的感觉。心理学的研究表明,接收者的情绪感受也会使个体对同一信息的解释截然不同,极端的情绪体验(如狂喜或伤悲)可能产生情绪性解释,而大大阻碍有效的沟通。

(四) 沟通焦虑

一项调查表明,一些人(大约占总人数的 5%～20%)总有某种程度的沟通焦虑。尽管很多人都害怕在人群面前讲话,但沟通焦虑所产生的问题比这要严重得多,它会影响到全部沟通技术的使用。比如,沟通焦虑者很难与其他人进行面对面交谈,或当他们需要使用电话时极为焦虑。为此,他们会依赖于

备忘录或信件传递信息，即使打电话这种方式更快、更合适。有研究表明，口头沟通的焦虑者通常会回避那些要求他们进行口头沟通的情境，而且他们为了把沟通需要降低到最低限度，有时也会扭曲工作中的沟通要求。

（五）语义障碍

语言是信息传递的基本工具，人与人之间的沟通主要通过语言（包括口头语言和书面语言）来进行，而语言毕竟不是思想本身，它只是表达思想的符号系统。一般说来，年龄、受教育程度和文化背景是影响一个人的语言风格及其对词汇界定的三个最主要的因素。而且由于人们的语言修养不同，表达能力不一，对同一种思想、观念或事物，有的人表达得很清楚，有的人表达不清，这都会妨碍有效沟通的顺利开展和进行。由此可见，用语言表达思想、事物，不可避免地会产生语义上的障碍，如语言使用不当、文字不通顺、文字模棱两可、口齿不清等，都很容易引起误解、曲解而影响沟通。

三、有效沟通的途径

如前所述，群体内的沟通常常会遇到许多障碍，这就使有效沟通变得异常困难和复杂。为了保证沟通的顺畅性和有效性，采取一些途径和策略来改进群体内的沟通就显得格外必要。常见的有效沟通的途径有：

（一）正确使用语言文字

众所周知，信息沟通主要是通过语言来完成的，由此，能否正确使用语言文字对有效沟通就至关重要。在运用语言文字上，要做到语言真挚动人，使用对方容易接受的词句，同时措辞要恰当，做到通俗易懂。另外，信息的发送者一定要根据接收者的知识经验、背景、需要等特点确定恰当的表达方式。同样的内容，对不同的个体应该有不同的表达和编码方式，使用不同的语言。很多公司的领导者有很好的管理理念，为了让员工能真正领会，他们经常用简单通俗的语言来传达。例如，北京一家生产开关的企业为了强调质量管理的重要性，提出了"99＋1＝0"的口号，挂在公司门口。其含义是：一件产品的 99 个方面（如工序等）做得好，但只要有一个方面不好，就会使质量受影响，所以，要精益求精。

（二）积极倾听

西方有一句谚语：上帝给了我们两只眼睛、两只耳朵，但只有一张嘴巴，为什么？就是要我们多听、多看、少说。事实上，在有效沟通中，听有时的确比说更重要。进行有效沟通必须学会积极的倾听（见知识库 7－15）。倾听是对信息进行积极主动的搜寻。在倾听时接收者和发送者双方都在思考。有效地倾听是积极主动的,单纯地听则是被动的。俗话说"听话听声,锣鼓听音"、"话里有话,话外有音"。如果不积极地倾听,就不可能真正理解说话者的意图。

知识库 7-15

积极倾听的4项基本要求

◆ 专注——积极倾听者要精力非常集中地听人发言。具体地说,应该关闭分散注意力的念头,积极地概括和综合所听到的信息,并留意需反馈的信息内容。

◆ 移情——积极的倾听者要把自己置于说话者的位置,努力理解说话者想表达的含义,要从说话者的角度调整自己的所见所闻,使自己对信息的认知符合说话者的本意。

◆ 接受——积极的倾听者要客观地、耐心地倾听说话者所说的内容,而不应即刻作判断。积极的倾听者应该做到豁达大度、兼收并蓄。

◆ 对完整性负责的意愿——积极的倾听者要千方百计地从沟通中获得说话者所要表达的信息。这就要求在倾听内容的同时要倾听情感,力求从对方的表情、语调等方面了解说话者的真实意图。

经典名言

　　耳朵是通向心灵的路。

——伏尔泰

　　只愿说而不愿听,是贪婪的一种形式。

——德谟克利特

(三) 运用反馈

　　很多沟通问题都是由于误解或信息不准确造成的,如果管理者有意识地学习和掌握一些反馈的技巧(见知识库 7-16),在沟通过程中有效地运用反馈则会减少这些问题的发生(见图 7-5)。反馈的方式是多样的,可以用语言的方式，也可以用非语言的方式；可以是积极的，也可以是消极的。一般来说，人们对积极反馈的感知比对消极反馈更快、更准，而且，积极反馈总是容易被接受，消极反馈则常常遭到抵制，因为人们希望听到好消息而不是坏消息。但这并不意味着管理者必须避免消极反馈。研究表明，当消极反馈来自可靠的信息源或比较客观时，也是容易被接受的。

图7-5　群体沟通与冲突（见彩插7）

知识库7-16

有效反馈的六大技巧

◆ 反馈的内容强调具体的行为和表现，而不是一般或抽象的东西。

◆ 反馈是针对工作的反馈，而不是有关人，避免对人评头论足。

◆ 反馈是有目的的反馈，在反馈中，始终围绕主题，而不要分散话题。

◆ 把握反馈的良机，保持反馈的及时性。

◆ 反馈要确保沟通双方理解，必要时，让接收者复述反馈内容，以判别对方是否真正理解。

◆ 反馈接收者的缺点、差错时，要强调接收者可控制或能接受的方面，特别要指出如何改进的地方，并使之处于可控制的方面。

（四）采用恰当的沟通方式

选用适当的沟通方式对有效沟通是十分重要的，原因在于群体内的沟通内容千差万别，针对不同的沟通需要，应采取不同的沟通方式。从沟通的速度方面来看，利用口头和非正式的沟通方式就比书面的和正式的沟通速度快；从反馈上看，面对面沟通可以获得立即的反应，书面沟通有时却得不到反馈；从接受效果来看，同样的信息，由于来自不同的渠道，就会造成不同的接收效果。比如正式的书面通知，会使接收者十分重视，在社交场合所提出的意见，却被对方认为讲过就算了而不加以重视。总之，要根据沟通渠道的不同性质，采用不同的沟通方式，沟通的效果就会大大提高。

（五）注意非语言信息

非语言信息是揭示交流双方内心世界的窗口。从传递信息的角度来看，在沟通过程中人们需要注意自己的动作，确保它与语言相搭配并起到强化的作用。有效的沟通者十分注意自己的非语言信息，以便能够强化传递出去的信息。从接收信息的角度来看，沟通的双方必须懂得辨别对方非语言信息的意义，时刻注意交谈的细节问题，不要忽视对方的想法和感受。一项调查表明，美国人发出和接受的信息 90% 以上是非语言的。非语言比口头语言表达更多的信息。因此，理解别人的非语言信息是理解别人的一个重要途径。然而，真正将非语言信息有效运用到人际沟通中却不是一件容易的事。这需要做两件事：一是理解别人的身体语言，二是恰当地使用自己的身体语言。

四、冲突管理

（一）冲突概述

冲突是指由于目标的互不相容或相互排斥而在群体或个人心理上形成的矛盾状态。冲突是群体中普遍存在的现象，可以分为三类：个人心理冲突、群体内成员间冲突和群体间冲突。个人心理冲突是指个体面临不相容目标时所产生的左右为难的心理体验。群体内成员间冲突又被称为人际冲突，它主要表现为群体中两人或几个人因个性特点、角色差异或因利益问题而产生的矛盾状态。群体间冲突表现为群体之间因群体利益而产生的矛盾状态。

冲突具有双重性。一方面，冲突有其积极的意义，它能暴露组织中不合理的现象和制度，使组织能不断变革和创新。同时，冲突还能将组织内的一些矛盾公开化，大家开诚布公地沟通交流，从而增进理解，消除更大的分裂和隐患因素,取得更为一致的意见。另一方面,冲突也会带来一些有害的结果。如冲突带来的压力,会影响组织成员的身心健康;另外,剧烈冲突会造成资源的错误分配,给组织的整体利益带来损失。当冲突双方的立场走向极端时,甚至可以使整个组织陷入崩溃和分裂。因此,管理者要正确认识冲突的双重性,在充分发挥冲突积极意义的同时,应尽力回避其带来的消极作用,最终达到使冲突服务于组织目标的目的。

(二) 冲突管理

如前所述,冲突具有积极和消极双重属性。在组织情境中,具体到每一种冲突,对组织活动和目标实现到底产生何种影响,这往往是与管理者采取何种态度和策略有直接关系。正确的策略可以化害为利,而错误的策略就可能化利为害,因此,采取何种冲突管理的策略是非常关键的问题。所谓**冲突管理**,是指采用一定的干预手段改变冲突的水平和形式,以最大限度地发挥其益处而抑制其害处。在组织情境中,通常可以从以下几个方面开展或加强冲突管理:

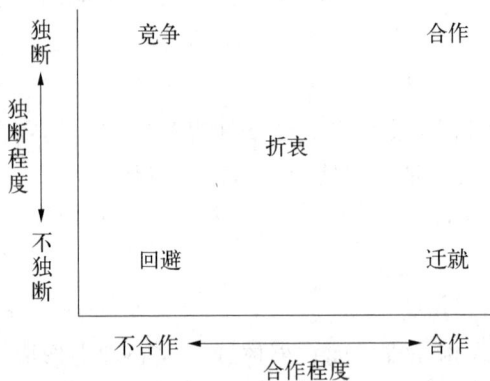

图 7-6 冲突管理风格

1. 冲突管理风格

美国行为学家托马斯(K. Thomas)曾从合作和独断两个维度对冲突管理风格进行了研究,如图 7-6 所示。托马斯认为,独断维度指冲突主体双方满足己方利益的独断程度,合作维度指冲突主体一方与另一方合作的程度。根据这两个维度,他提出五种典型的冲突管理风格:竞争、回避、迁就、折衷和合作。

竞争是指以他人的利益为代价,试图在冲突中占上风。这种极端不合作的冲突管理方式通常并不是最佳解决方案。但是,当确定自己是正确的,且分歧需要在较短时间内解决时,竞争是必要的。例如,试图以牺牲他人的目标为代价来达到自己的目标;试图向别人证实自己的结论是正确的,而他人的是错误的;出现问题时,试图让别人承担责任。

回避是指试图通过逃避问题情境的方式来平息冲突。这种比较消极的冲突管理方式在应对不太紧要的问题时比较有效。此外,当问题需要冷处理时也可作为权宜之计,来防止冲突进一步激化。但是回避无法从根本上解决问题,且容易导致自己和对方产生挫败感。如试图忽略冲突、回避其他人与自己不同的意见等。

迁就是指完全屈从于他人的愿望,而忽视自身的利益。当对方权力相当强大或问题对于自身并不是太重要时,迁就是比较有效的方式。但它容易令对方得寸进尺,从长远看,迁就并不利于冲突的解决。例如,愿意牺牲自己的目标使对方达到目标;尽管自己不同意,但还是支持他人的意见;原谅他人的违规行为并允许他继续这样做。

折衷是指试图寻求一个中间位置,使自身的利益得失相当。这种方法比较适合难以共赢的情境。当双方势均力敌,且解决分歧的时间期限比较紧迫时,折中是比较有效的。由于忽略了双方的共同利益,折中往往难以产生非常令人满意的问题解决方法。例如,愿意接受每小时 1 元的加薪,而不是自己提出的 2 元加薪;承认在某些看法上是共同的;对于违规问题承担部分责任。

合作是指双方通过积极地解决问题来寻求互惠和共赢。其特征是双方乐于分享信息,并善于在此基础上发现共同点和最佳解决方法。通常,合作是首选的冲突管理方式。但只有当双方没有完全对立的利益,且彼此有足够的信任和开放程度来分享信息时,合作才能有效地发挥作用。例如,试图找到双赢的解决办法,使双方目标均得以实现;寻求综合双方见解的最终结论。

冲突管理的五种风格各有特点。一般认为,合作是唯一完全体现双赢取向的风格。事实上,没有一种风格适用于所有的情境,在某一种情境下,都有最适宜的冲突管理方式。因此,针对不同的情境采用不同的冲突管理风格,是冲突管理的精髓所在。

2. 冲突管理策略

(1) 树立高级目标

高级目标指超越冲突双方各自具体目标的更高一级的目标,是冲突双方服务和追求的共同目标。该目标由任何一方单独凭借自己的资源和精力均无法达到,而只有冲突双方协作才可能达到。在这种情况下,冲突双方可以互相谦让和作出牺牲,共同为这个高级目标作出贡献,从而使原有的冲突可以与高级目标统一起来。此外,共同合作为彼此增进了解提供了机会,便于互相理解,这样也有利于双方重新审视自己的工作及其存在的问题,进而有助于改变工作态度与合作态度。这时,他们必须共同把精力集中于目标的达成,从而缓解相互之间的对立情绪。谢里夫(Sherif)的一个现场实验可以证明这一点(见知识库 7 - 17)。

知识库 7 - 17

谢里夫的冲突实验

谢里夫召集 12 岁的男孩兴办夏令营。开始,他把这些孩子分成互相独立的两个小组,彼此没有交往。这些男孩尽情玩耍并形成了群体规范。后来,谢里夫故意挑起争端,分别告诉两个小组,对方拥有特殊装备(如独木舟),所以,有些活动只能让对方参加。结果,两个小组互相不满起来。当冲突明朗化后,谢里夫又试图使他们和睦起来。开始,谢里夫分别向每组说对方的好话,但结果失败,因为对对方的成见使他们拒绝接受或认可这些信息。谢里夫又让两组的孩子一起吃饭、看电影,但仍无效果,当两组孩子接近时互相的敌意就立即显露出来。谢里夫又让两组的领袖坐下来讲和,但也不奏效。因为领袖们不敢背叛自己的成员,担心被罢官。最后,谢里夫导演了几幕小品,其中给孩子们设置了更高水平的目标。孩子们为了使自己的群体获益,必须消除敌意,共同参与实验这些目标。小品之一是,谢里夫故意弄坏营地的食品运输车,使得双方孩子必须一起来推车才能把食品运回营地。由于需要一起克服苦难,两个小组的孩子最终采取了友好和合作的行为。在活动结束时,其中一组还有剩余资金,他们用它为两个组买了点心,而不是自己享用。

资料来源: 张德,《组织行为学》,高等教育出版社,2005 年。

(2) 采取强制方法

利用组织赋予的权力有效地处理并最终从根本上强行解决群体间的冲突。从处于冲突中群体的角度来看,有两种方法可以提高强制程度:第一,两个群体之一直接到管理者那里寻求对其立场的支持,由此强行采取单方面解决问题的方法;第二,其中的一个群体可以设法集合组织的力量,办法是与组织里的其他群体组成联合阵线,这种来自联合阵线的强大阵容常常能迫使组织里的另一些群体接受某个立场。强制是一种权力型的冲突解决方式。

（3）解决问题

由于组织内的群体、个人可能不经常进行相互间的沟通，这种情况下，采取问题解决的办法来处理冲突或许最合适，它可以用来就事论事地处理某些具体问题。这种方法是将冲突双方或代表召集到一起，让他们把其分歧讲出来，辨明是非，找出分歧的原因，探讨解决的途径，最终选择一个双方都满意的解决方案。这样，冲突双方通过面对面的会晤和坦率真诚的讨论能够很好地化解矛盾。应该说这是解决冲突的理想或最佳途径，但在具体操作时需要一定的条件，比如相互间的信任与真诚就非常关键，而且解决问题的策略有时会需要双方放弃一些已有价值的东西以达成共识。

（4）增进沟通和理解

有效的沟通对冲突管理是至关重要的，它能消除刻板印象带来的偏见和负面情绪，增进彼此的理性认识。在组织管理中，常用的沟通方法有对话法和组间镜像法。对话法是指通过团队成员之间正式或非正式的交谈来讨论彼此的分歧，在了解各自基本设想的基础上建构团队共同的思维模式。组间镜像法一般适用于双方冲突已恶化到公开对立地步的情形，通常需要管理者有计划、有步骤地进行干预。其目标旨在为冲突各方提供一个充分表达各自观点、讨论分歧的机会，并最终通过改变错误观念来找到改善双方关系的途径。

（5）协商、调解、仲裁解决

在冲突双方实力相当时，或者存在共同利益时，双方常常通过谈判、协商达成协议。如果协商无效，就可以通过双方都信赖的第三方出面调解，或者完全依靠法规来解决冲突。在具体操作上，一是采用"一对一"式，即冲突双方都仅代表自身利益，自己处理冲突问题，双方既可以采取非正式磋商的方式，也可以采取正式谈判，经过讨价还价使问题得到解决。二是采用"代理"式，即冲突各方均指派他人为代理人，如律师、工会领导等，采用"第三方介入"式，即应冲突双方共同邀请，或出于管理权限的原因，第三方积极干预。

其实，冲突管理策略远不止上面这些，在日常工作和生活中，还有许多化解冲突的策略和方法（见知识库7-18），这就需要我们结合具体冲突情境，善于总结有效的策略，从而达到有效应对和管理冲突的目的。

知识库 7 - 18

解决冲突的小建议

◆ 维护对方自尊——预留让步的空间，要给对方一个台阶下。在冲突的过程中，一定要给对方留余地。也就是说，即使你和对方冲突到最严重的地步，你至少要和对方维持貌合神离，绝对不容许演变到貌离神离的地步。如果演变到貌离神离，很多当事人可能为了面子而意气用事，使得冲突无法化解。

◆ 学会换位思考——在冲突解决过程中，冲突当事人应该学会换位思考，从对方的立场和角度考虑问题。这样做的目的是更加深入地了解和理解对方，只有彼此增进了解，才更可能达成共识，解决冲突。

◆ 运用利益思维——在大多数情况下，冲突之所以产生是因为它涉及各方的利益。从满足彼此利益的角度切入，最能化解冲突。不要简单地看对方是如何说的，而要更多地考虑对方为什么这样说，言词背后关心的实质利益究竟是什么。事情的本质与其呈现出来的说法之间往往有很大的差距。

第四节　团 队 建 设

20 世纪 80 年代以来，"团队"成为管理心理学研究的热点。团队工作方式日益成为组织管理的重要内容，也是组织不断提高工作效率的一种主要方式。随着团队作用的不断凸显，团队工作正被越来越多的组织所采用，如美国电话电报公司、惠普公司、苹果公司（见案例 7 - 2）、摩托罗拉公司、联邦快递、爱默生电子公司等。本节主要介绍团队的定义、有效团队的特征和团队建设等内容。

案例7-2

乔布斯团队理论

2011年10月5日，苹果公司联合创始人史蒂夫·乔布斯因患胰腺癌与世长辞，年仅56岁。乔布斯为人类留下了了不起的电子通讯和娱乐产品，被公认为计算机领域和娱乐业的标杆人物。

电子产品深刻地改变着现代通讯、娱乐和生活方式，改变世界的乔布斯信仰的却是佛教，同时也是Pixar动画公司的董事长和首席执行官。不久前才公开的乔布斯语录，更增进了世人对乔布斯的敬仰，原来乔布斯很早就有了自己关于团队的创意理论，这是他留给人类的另一份遗产——乔布斯团队理论。

乔布斯认为，对于重视利润的人来讲，很重要的一点是，善于将具有不同能力的不同人物凝聚在一桩共同的事业上。为了完成一项共同的任务，必须有一个理想的团队，而团队是否能起到增效作用（或称有效协同）和下列因素有关：首先是畅通对话，对话式的沟通是起决定作用的因素。这样做，在一个团队里，有利于不同的观点和理论受到尊重。其次是方向一致，团队成员应将自己的能力贡献给团队的共同梦想，有利于将梦想变成现实。多样性：团队是一个由各种不同特长和不同个性的个体组成的互补集体和具有各方面价值的集体。体现增效过程，正因为团队是建立在互补基础上的，所以只有看得到增效过程，才能形成一种使团队成员乐于贡献自己优势的氛围。团队犹如"人人赢游戏"，创意竞争的目标是强化每一个个体，促进实现共同目标，所有的团队成员都是分享成果者。

乔布斯非常清楚，团队的中心问题往往是成员的数量问题，说白了，其实是一个决定权的问题。他认为"人多主意多"，"人多了也许不会带来人们所希望的那么多好处。""过程损失随着团队的增大而增加。"不能否认，人增加了，才干也多了；但必须看到同时出现的协调力的消耗、合作难度的增加、团队内部的满意度的减少和凝聚力的降低。

资料来源：陈钰鹏，"乔布斯团队理论"，《新民晚报》，2018年8月3日。

一、团队的定义

团队是指由数名知识与技能互补、彼此承诺协作完成某一共同目标的员工组成的特殊群体。该定义具有以下几个特点：

第一，知识与互补的技能。真正的团队成员必须具有互补的、完成团队目标所必需的知识与技能组合。

第二，有共同的目标。目标是团队存在的理由，也是团队运作的核心动力。目标为团队指明了努力的方向，在目标的指引下，团队成员凝成一股绳，劲往一处使，不断朝着既定的方向前进。案例7-3中福特公司的质量团队就是一个很好的实例。

案例7-3

福特公司的质量团队目标

20世纪80年代，著名的美国福特汽车公司以团队为基本的组织机制推行了全面质量管理。该公司认为："全面质量管理非常复杂，如果不采用团队形式，管理者就无法对它施加影响。"在建设解决质量问题的工作团队时，福特公司的管理层确定了以下五个目标：① 团队的规模应该尽量小，以提高其效率和效果；② 对团队成员必备的技能进行适当的培训；③ 给团队足够的时间以解决问题；④ 给予团队解决问题和采取正确行动的权力；⑤ 给每个团队指定一个"冠军"，让他们帮助团队解决工作中可能出现的问题。

第三，共同承担责任。团队成员共同承担责任是团队区别于个人以及一般群体的重要特征。明确的分工与共同的目标使成员在行动上达成一致，而对责任的共同承担又促使成员成为利益相关者。

第四，人数不多。团队的人员规模具有一定的特征，它更接近于经验法则。现有团队大多都在2～25人，其中，以10人左右居多。规模过大的团队由于成员过多，容易造成管理与协调上的困难。

二、团队的类型

根据团队的目标、功能和特点,可以将团队分为四种类型:问题解决型团队、自我管理型团队、多功能型团队和虚拟型团队。

(一) 问题解决型团队

问题解决型团队是最早的团队形式。团队一般由来自同一个部门的5～12个员工组成,他们定期见面,一起讨论如何提高产品质量、生产效率和改善工作环境等问题。在问题解决型团队里,成员就如何改进工作程序和工作方法互相交换看法或提供建议。例如,我们常见的企业质量小组、攻关小组、高校中的课题组等都属于这种团队类型。20世纪80年代,企业中非常流行的质量圈(见图7-7),就是典型的问题解决型团队(见图7-8)。但是,团队没有权力根据这些建议单方面采取行动。因此,在调动员工参与决策的积极性方面,尚有不足。

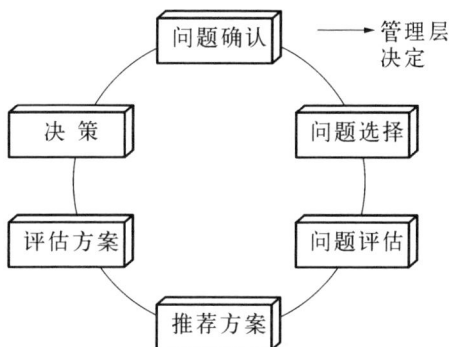

图 7-7 质量圈

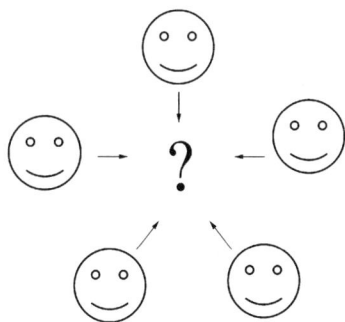

5～12名员工组成
每周碰头若干个小时
着重改善质量/效率/环境
改进程序和工作方法
几乎无权采取行动

图 7-8 问题解决型的团队

(二) 自我管理型团队

与问题解决型团队相比,自我管理型团队不仅注意问题的解决,而且还执行解决问题的方案。它通常是由10～15人组成,被赋予相当的自主权。一般来说,团队成员承担的责任包括控制工作节奏、决定工作任务的分配、安排工作时间等。完全自我管理型团队甚至可以挑选自己的成员，并让成员相互进行绩效评估。施乐公司、通用汽车公司、惠普公司等许多大企业都早已纷纷使用了自我管理团队(见图7-9)。

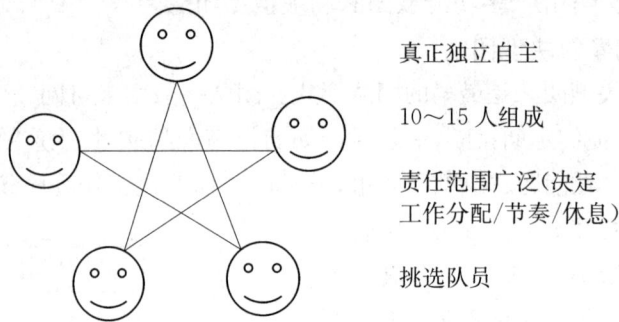

真正独立自主

10~15 人组成

责任范围广泛(决定工作分配/节奏/休息)

挑选队员

图7-9　自我管理型的团队

(三) 多功能型团队

多功能团队(见图7-10)也是应用非常广泛的一种团队类型。它由来自不同工作领域、具有不同专业技能的员工组成，他们为了完成一项共同任务来到一起。许多组织在完成一项新任务时采用这样的团队。多功能团队是一种处理复杂问题或项目的有效方式，它能使组织内(甚至组织间)不同层级、不同部门、不同领域的成员之间充分交换信息，发挥各自的专业优势，协调复杂的项目。例如，波音公司新型 777 双引擎客机的设计和开发就是由设计人员、生产专家、维修人员、客户服务人员、财务人员甚至顾客组成的 8～10 人的多功能团队来完成的。该公司将 8～10 人组成一个小团队，由这些小团队从头到尾负责飞机的设计以及生产的各个环节。这样做不仅提高了效率、降低了成本，还使

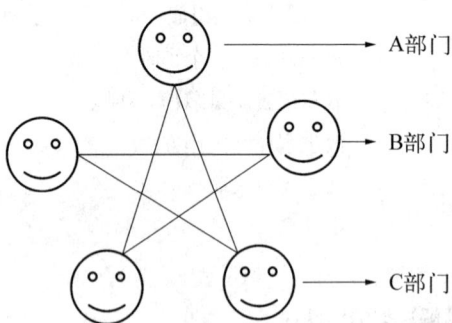

A部门

B部门

C部门

图7-10　多功能型的团队

得产品在设计时就能充分考虑来自客户的意见。

(四) 虚拟型团队

近年来，由于计算机和通信技术的飞速发展，使虚拟组织、虚拟团队越来

越普遍。许多企业纷纷采用虚拟团队这种形式,并取得了成功,案例7-4中的太阳微型系统公司就是一个典型的例子。虚拟团队是一种通过计算机技术把身处异地的人们联系起来以实现共同目标的工作团队。他们使团队成员在"线上"进行合作。例如,通过宽带网、可视电话会议系统、电子邮件等沟通联络方式——无论他们只有一墙之隔,还是远隔千山万水。虚拟团队可以完成其他团队能够完成的所有工作——分享信息、作出决策和完成任务。而且,他们既可以包括同一组织中的成员,也可以与其他组织中的成员取得联系(如供应商或合资伙伴)。他们既可以仅仅在几天时间里组织起来解决一个问题,也可以花几个月时间完成一个项目,或者是长期存在。

案例7-4

"太阳团队"的成功

自1982年以来,以加州为根据地的太阳微型系统公司(Sun Microsystems)一直把公司发展的前景寄托在对计算机空间的充分利用上。这家高度分权化的公司由六个独立的"运作公司"组成,并且这六家公司维持着一个特殊的信息结构:每天公司内部的17 000人要互发150万封电子邮件。甚至公司内部有些员工说已经根本不再需要使用任何纸张了。有些公司凭借人力创造成功,太阳微型公司则试图以先进、快速的信息通讯系统创造成功。1995年,公司总裁考特·麦克尼(Scott McNealy)在公司内部建立了一套新的标准,即"在不向品质妥协的前提下,通过互联网运作"。

随着公司销售量的大幅增加以及经济效益的稳步增长,太阳微型系统公司再接再厉,又出新招,以解决公司研究开发部门所碰到的"令人讨厌的问题"。在短短几个月的时间里,公司组建了70支跨越时间、空间以及组织的边界共事的虚拟团队——"太阳团队",以便解决公司出现的诸多关键问题。

资料来源:杰西卡·利普耐克、杰弗里·斯坦普斯,《虚拟团队管理——21世纪组织发展新趋势》,经济管理出版社,2002年。

三、有效团队的特征

(一) 认同的目标

有效的团队具有一个大家公认的、有意义的目标,它能够为成员指引方向、提供推动力。换句话说,团队成员不仅明确团队的整体目标,还从心底对目标产生强烈的认同感。这种认同感可以激励团队成员把个人目标升华到群体目标中去,使群体成员愿意为实现团队目标作出承诺。有效的团队还善于把他们的共同目标转变为具体的、可以衡量的、现实可行的绩效目标。另外,团队通常会花大量的时间和精力来讨论、修改和完善一个在集体层次和个体层次上都被大家接受的目标。这种目标一旦为团队所接受,在任何情况下,都能对团队的活动起到指导作用。

(二) 互补的技能

有效的工作团队是由一群技能互补的成员组成的。他们所具备的技能大致可以分为三种(见知识库 7 - 19),而且成员相互之间有能够进行良好合作的个性品质,从而出色地完成任务。可以说后者尤其重要,但却常常被人们忽视。有精湛技术能力的人并不一定就有处理群体内人际关系的技巧,有效的团队成员则往往兼而有之。

知识库 7 - 19

有效团队必备的 3 大技能

◆ 技术性或智能性的专业技能。比如,一个工作团队可能包括技术开发人员、财务人员、法律顾问等具备多种专业技能的人员。

◆ 解决问题的技能和决策的技能。要求成员能够及时发现团队的问题、提出解决问题的建议;面对团队的机遇和挑战,成员需要具备作出正确决策的技能。

◆ 人际关系的技能。团队成员之间的有效沟通与良好的人际关系是团队形成共同目标、产生共鸣的前提。同时,解决实际问题也依赖人际关系的技能。

(三) 相互之间的信任

成员之间、成员与领导之间相互信任是有效团队的显著特征。在团队的有效运作中，每个成员需要对其他人的人格特点、工作能力和正直、诚实、负责等品行都确信不疑。信任是合作的基础和前提，互信能够提高团队合作的能力和品质，更容易使大家把注意力集中在工作上而不"分心"。当然，信任是相互的，只有信任他人，才能换来被他人信任。信任具有可测量性（见知识库7-20），个体可以适时地对自己的信任水平进行评估和诊断，从而改善自己与他人之间的关系。

研究发现，正直程度和能力水平是判断一个人是否值得信任的两个最为关键的特征。通常，人们会把正直程度看得很重，因为如果对别人的道德品质和基本的诚实缺乏把握，信任的基础就可能失去了；能力水平也被看得很重，主要可能是因为团队成员为了顺利完成各自的任务，需要与同伴进行相互作用。

知识库7-20

小测试——别人是否认为我可以信任

要想了解别人对你的信任程度，请完成下面的问卷。但首先你要找出一位会对你进行如实评估的人，如上司、同事、朋友、团队领导等，然后由他来协助你完成此项测试。

请评估人利用下面的量表给每个题目打分：

强烈反对 1 2 3 4 5 6 7 8 9 10 **强烈赞同**

得　分

1. 别人可以期望我很公正。

2. 你对我应该有信心。

3. 我会讲真话，这一点毫无疑问。

4. 我永远不会故意向别人掩饰自己的观点。

5. 如果我承诺要帮助别人，我一定会做到这一点。

6. 如果我同别人有约，我一定会准时赴约。

7. 如果我借了别人的钱，我一定会尽快归还。

测试结果

将 7 项得分相加,下面提供对你总分的参考解释:

57~70 分,你非常值得信任;

21~56 分,你值得信任的程度为中等;

7~20 分,别人对你的信任程度很低。

资料来源:姚裕群,《团队建设与管理》,首都经济贸易大学出版社,2006 年。

(四) 一致的承诺

有效团队的成员对团队表现出高度的忠诚和承诺,为了能使团队获得成功,他们愿意去做任何事情。这种忠诚和奉献被称为一致承诺。对成功团队的研究发现,团队成员对他们的群体具有认同感,他们把自己属于该群体的身份看作是自我的一个重要方面。因此,承诺一致的特征表现为对群体目标的奉献精神,愿意为实现这一目标而调动和发挥自己的最大潜能。

(五) 良好的沟通

这是有效团队必不可少的特点。群体成员通过畅通的渠道交流信息,包括各种语言和非语言信息。此外,管理层和团队成员之间高效率的沟通反馈有助于化解成员的人际关系冲突,营造良好的合作氛围。有效团队应拥有全方位的、各种各样的、正式的和非正式的沟通渠道,信息沟通直接高效,层次少,基本无信息障碍。沟通不仅是信息的沟通,还包括情感的沟通,每个成员都具有良好的交际能力,在团队内有开放、坦诚的沟通气氛,团队成员在团队会议中能充分沟通意见,愿意倾听并接纳其他成员的意见,并经常能得到反馈。

(六) 恰当的领导

有效的领导者能让团队跟随自己共同度过最艰难的时期,因为他能为团队指明前途所在。他们向成员阐明变革的可能性,鼓舞团队成员的自信心,帮助他们更充分地了解自己的潜力。有效团队的领导者往往担任的是教练和后盾的角色,他们对团队提供指导和支持,但并不试图去控制它。此外,领导者在领导风格上既重团队绩效,又重人际关系,能在实现团队目标和满足成员的个人需要之间取得有机的动态协调。领导者要对团队成员充分信任,积极促进团队成员的迅速成长,也能充分调动团队成员的积极性、主动性和创造性,能把激情传播到整个团队之中,并长时间保持。

(七) 内部和外部支持

要成为有效的工作团队,还必须要有它的支持环境。从内部条件来看,团队应拥有一个合理的基础结构。这包括:适当的培训、一套易于理解的用以评估员工总体绩效的测量系统和一个起支持作用的成员结构。恰当的基础结构能支持并强化成员行为以取得高绩效水平。从外部条件来看,管理层应给团队提供完成工作所需要的各种资源。

四、团队建设的途径

当今社会处于变革时代,各类组织都强调变革的作用。随着组织寻求更小规模、跨功能整合和更富弹性的运作优势,团队越来越成为关注的焦点。因此,如何建设团队就显得极为重要。所谓**团队建设**,是指旨在增进团队发展与改善团队机能的各种正式活动。它既适用于新建团队,也适用于在团队发展过程中出现倒退现象的老团队。优质的团队建设活动能够促进团队发展,增强团队凝聚力。在具体的团队建设中,团队建设的途径选择因为团队的目标、内容和成员对象的不同而不同。但归纳起来,主要有价值观途径、角色定义途径、人际互动途径和任务导向途径。

(一) 价值观途径

价值观途径是在团队成员之间就共同价值观和某些原则达成共识,形成团队价值观。目的在于发展团队成员之间的相互理解,但它把重点放在团队成员就价值观和目标达成的共识上,而不是组成团队的人们的性格或他们所承担的角色上。魏斯特(West)在1994年曾经提出了这种团队建设模式,他认为,最重要的因素是该团队应该就其价值观和目标形成一种共识。在这种模式中,团队管理最基本的特征是:形成明确的"任务说明",由所有希望参加团队的人进行协商。通过确保团队中的每个人都拥有共同的价值观,确保团队的工作目的反映这些价值观,并反映团队的共同价值观等。因此,建设有效团队的一个首要任务就是建立共识(见表7-4)。共同价值观体系的建立,有利于形成团队的凝聚力和向心力,提高员工的忠诚感,使员工的潜能充分发挥出来,使团队的全体成员自觉地认同必须承担的责任并愿意为此共同努力工作。

表 7 - 4　团队共识的 5 个特征

明确的目标	必须有明确的团队目标、价值观以及指导方针,这种明确的过程有时可能要经过多次讨论
鼓动性的价值观	共识必须是团队成员相信并且愿意努力工作去实现的
力所能及	团队共识必须是团队确定能够实现的——不现实或无法达到的目标是没有用的,因为这只会使人们更想放弃
共同支持	得到所有的团队成员的支持是至关重要的,否则,他们很可能发现各自的工作目标彼此相反或者无法协调,甚至冲突
未来潜力	团队共识必须具有在未来进一步发展的动力。拥有固定的、无法改变的团队共识是没有意义的,因为人员在变,组织在变,工作的性质也在变。因此,需要经常重新审视团队共识,使它能够适应新的情况和新的环境

(二) 角色定义途径

角色定义途径侧重从团队角色和成员角色进行团队建设,是深受团队建设者喜爱的一种方法。有效的团队,其成员应该是根据任务需要精心配备的;每个人在技能上是互补的;每个成员都应清楚自己在团队中的位置、责任以及团队中其他成员对他的期望。只有这样,才能使团队充分发挥每个人的特长,使之产生协同效应,使团队的绩效大于个体绩效之和。实际上,角色定义的目的就是检查团队成员之间的角色期待,并使他们明确将来各自应履行的角色责任。也就是说,通过界定团队成员参与团队活动时以什么样的角色出现,明确每个人对自己的期望、整个群体的规范以及不同成员所分担的责任。鼓励团队成员描述他们对自己角色的理解以及对其他团队成员角色的期望。讨论这些认识之后,团队成员就重新定位其角色,并以一种共同的思维模式来履行各自的责任。

(三) 人际互动途径

人际互动途径主要通过在团队成员之间形成较高程度的理解与尊重,来推动团队的工作。敏感性训练法(详见知识库 7 - 21)是运用较多的方法,一些培训机构为组织提供的许多户外体验活动也属于这种类型。这些活动将团队成员放在不同的工作环境中,进行合作而不是让其单独行动。面对困难的时候需要合作,从而让成员发现良好人际关系对他们潜能发挥的重要作用,使他们深刻体会到信任和尊重对团队协作的必要性。团队成员从中学到平衡彼此的长处和短处,确立成员之间相互关怀和信任的牢固纽带。通过解决隐藏的误解来试着建立团队成员间的信任和开放式沟通。

知识库 7-21

敏感性训练法

敏感性训练法(sensitivity training, ST)又称 T 团队训练法。敏感性训练要求学员在小组中就参加者的个人情感、态度及行为进行坦率、公正的讨论,相互交流对各自行为的看法,并说明其引起的情绪反应。目的是提高学员对自己的行为和他人行为的洞察力,了解自己在他人心目中的"形象",感受与周围人群的相互关系和相互作用,学习与他人沟通的方式,发展在各种情况下的应变能力,帮助其在团队活动中采取建设性行为。

(四) 任务导向途径

任务导向途径是团队形成最常见的形式。任务为团队成员提出了聚集在一起的理由,提供了资源和环境,界定了每一个人在其中扮演的角色,也提供了相互交流信息的需要和场所。按照这一途径,团队必须清楚地认识到某项任务的挑战,然后在已有的团队知识基础上研究完成此项任务所需要的技能,并设定具体的目标和工作程序,以确保完成任务。目标确定法和问题解决法是任务导向途径经常使用的团队建设方法。

1. 目标确定法

一些团队清晰阐明团队的绩效目标,增加团队达成这些目标的动机,并建立基于团队目标绩效的系统反馈机制。它是在团队目标确立以后,把目标分成长期目标和短期目标,建立团队成员共同工作的明确的时间表,说明每个短期目标应该何时完成。同时,这些目标应与系统的反馈形式和对团队的评估相结合。通过不断提供一个个可以实现的目标,使成员集中精力于主要任务;通过一个个短期目标的实现,增强成员对团队的信心;通过在团队建设中确立起来的定期评估和反馈制度,增强成员的力量,肯定他们的成就,从而培养成员对团队的认同感和自豪感。

2. 问题解决法

是让团队成员参加一些模拟他们工作经验的训练,目的是帮助团队成员认识并明确显示出所能遇到的困难。当人们在每一次处理问题时,团队全力以赴,找到解决的方案,并实施这个方案。每次成功地迎接了挑战,成功地解决了困难,都会增强团队的能力,更重要的是,增强团队对自己能力的认识。

本章要点总结和复习

- 群体是指为了实现特定的共同目标,由两个或两个以上相互作用、相互依赖的个体组合而成的集合体。群体的心理效应主要有从众、服从、社会助长、社会抑制和社会惰化等。群体的动力性特征主要包括群体压力、群体凝聚力和群体士气等。

- 人际关系是指人与人在相互交往过程中所形成的心理关系。影响群体人际关系的因素主要有时空距离、个人特质、相似性与互补性等。群体人际关系建立的途径包括塑造良好的个人形象、主动交往、移情、善用表扬与批评等。

- 沟通是指两个或多个信息传递主体之间传达思想和交流信息的过程。完整的沟通过程包括信息源、编码、信息、通道、解码、接受者和反馈七个要素。有效沟通的障碍主要有选择性知觉、信息过滤、情绪状态、沟通焦虑和语义障碍等。有效沟通的途径包括正确使用语言文字、积极倾听、运用反馈、采用恰当的沟通方式和注意非语言信息等。

- 冲突是指由于目标的互不相容或相互排斥而在群体或个人心理上形成的矛盾状态。冲突管理风格包括竞争、回避、迁就、折衷和合作。冲突管理的具体策略主要包括树立高级目标、采用强制方法、解决问题、增进沟通与理解以及协商、调解和仲裁解决等。

- 团队是指由数名知识与技能互补、彼此承诺协作完成某一共同目标的员工组成的特殊群体。根据团队的目标、功能和特点,可以将团队分为问题解决型团队、自我管理型团队、多功能型团队和虚拟型团队四种类型。有效团队的特征主要包括认同的目标、互补的技能、相互之间的信任、一致的承诺、良好的沟通、恰当的领导、内部和外部支持等。团队建设的途径主要有价值观途径、角色定义途径、人际互动途径和任务导向途径等。

学习游乐场 7-1

"捆绑"沟通

目的

使团队充满活力,培养团队精神,增进团队成员之间的沟通与了解,使全体团队成员融合在一起。

准备

形式:以小组的形式进行,每个小组20人,共分若干个小组。

材料:无。

场地:室外空地。

时间:15分钟。

规则

小组成员必须想办法在不松手的情况下,将自己从"捆绑"中解脱出来。

方法与步骤

1. 小组成员站成一圈,让大家用左手去抓住同伴的右手,不要放开,这样,大家就被手给"捆绑"在一起了。

2. 在不松手的情况下,想办法把自己从"捆绑"中解脱出来(别松手)。这时,可能会出现大家都从"捆绑"中解脱出来了,却形成了几个小圈,而不是原来大圈的情形。

3. 如果还有时间,可以做个"信号"旅行,即由任意一个成员首先发出信号,比如用自己的左手加力发出信号,接到信号的成员也这样传递下去,是否能得到返回的信息?

讨论

1. 游戏过程中出现了什么困难?你是如何克服的?

2. 每个人都把自己在游戏中承担的任务同实际工作联系起来,谈谈自己的看法。

资料来源:谭志远,《团队游戏——创建高效团队的110种游戏》,中华工商联合出版社,2005年。

学习游乐场 7-2

盲　行

手机扫一扫,查阅内容。

心理测试 7-1：群体凝聚力小测试

指导语：根据你对所在群体或曾经待过的群体的认识,回答下列问题。选择最能反映你感受的答案。

1. 你是否认为你是群体的一部分?

5——的确是群体的一部分;

4——在大多数情况下如此;

3——在某些方面如此,在其他方面则不是这样;

2——没有感受到自己是群体的一部分;

1——从不与群体中的任何人一起工作。

2. 如果你有机会到另外一个群体从事相同的活动,而且你又能够得到相同的报酬(如果那是一个工作群体),你是否打算离开现在的群体?

1——非常想离开;

2——想要离开,而不愿意留下来;

3——对于我来说无所谓;

4——愿意留下来而不愿离开;

5——非常愿意留下来。

3. 与你熟悉的另一个群体相比较,你所在的群体在以下几个方面是什么样的情况?

● 人们相处的方式;

● 人们相互支持的方式;

● 人们在工作方面帮助他人的方式。

　　5——大多数情况下比另一个群体要好；

　　3——大多数情况下一样；

　　1——大多数情况下不如另一个群体好。

资料来源：苏勇、何智美：《现代组织行为学》，清华大学出版社，2007 年。

　　测试结果与分析参见本书附录 2。

心理测试 7 - 2：与人交往，你属于哪类人

手机扫一扫，查阅相关内容。

课后练习

一、单项选择题

1. 下面（　　　）属于群体。

　　A. 邻居　　　　　　　　　　　　B. 同乘一辆车的人

　　C. 同一支球队的队友　　　　　　D. 同在一家餐厅吃饭的人

2. 有明文规范规定产生的群体，是为完成组织赋予的责任、任务而组成的群体属于（　　　）。

　　A. 非正式群体　　B. 正式群体　　C. 小群体　　　　D. 参照群体

3. 个体与群体中大多数人保持一致的行为是（　　　）。

　　A. 服从行为　　　B. 社会助长　　C. 社会惰化　　　D. 从众行为

4. 个体活动效率因群体中其他成员的影响而出现提高的现象是（　　　）。

　　A. 社会惰化　　　B. 社会抑制　　C. 社会助长　　　D. 服从

5. 我们常说的"一个和尚挑水喝，两个和尚抬水喝，三个和尚没水喝"属于（　　　）现象。

　　A. 社会抑制　　　B. 社会惰化　　C. 社会助长　　　D. 从众

6. 凝聚力是群体成员之间的相互（　　　）力，或使群体成员愿意留在群体内的力量。

　　A. 吸引　　　　　B. 竞争　　　　C. 协作　　　　　D. 破坏

7. "仰巴脚效应"说明（　　　）因素对人际关系的影响。

A. 能力　　　　　B. 交往频率　　　　C. 互补性　　　　D. 相似性

8. 在沟通中,信息的发送者称为(　　)。

A. 交流源　　　　B. 信息源　　　　　C. 接收源　　　　D. 活动源

9. 按信息沟通的传送方向,可以把沟通划分为单向沟通和(　　)沟通两种。

A. 语言　　　　　B. 正式　　　　　　C. 双向　　　　　D. 横向

10. 冲突是由于(　　)互不相容或相互排斥,在群体或个人心理上形成的矛盾状态。

A. 组织　　　　　B. 群体　　　　　　C. 利益　　　　　D. 目标

11. 自我管理型团队的组成人数通常是(　　)。

A. 5 人以下　　　B. 5～10 人　　　　C. 10～15 人　　　D. 15 人以上

二、多项选择题

1. 群体的心理效应包括(　　)。

A. 从众　　　　　B. 服从　　　　　　C. 社会助长　　　D. 社会惰化

E. 社会抑制

2. 群体的动力性特征有(　　)。

A. 群体压力　　　B. 社会抑制　　　　C. 群体凝聚力　　D. 去个性化

E. 群体士气

3. 影响群体凝聚力的因素包括(　　)。

A. 外部竞争和挑战　　　　　　　　　B. 群体规模

C. 领导风格　　　　　　　　　　　　D. 群体压力

E. 过去的成功经验

4. 影响人际关系的因素有(　　)。

A. 相似性　　　　B. 互补性　　　　　C. 交往的频率　　D. 距离的远近

E. 外貌

5. 良好人际关系建立的途径有(　　)。

A. 塑造良好的个人形象　　　　　　　B. 主动交往

C. 善用表扬与批评　　　　　　　　　D. 移情

E. 注意非语言信息

6. 语言沟通包括(　　)。

A. 口头沟通　　　　　　　　　　　　B. 非语言沟通

C. 书面沟通　　　　　　　　　　　　D. 非正式沟通

E. 单向沟通

7. 下列( )会影响有效的沟通。

    A. 选择性知觉   B. 情绪状态   C. 信息过滤   D. 语义障碍

    E. 沟通焦虑

8. 托马斯的冲突管理风格的两个维度是( )。

    A. 合作性   B. 冲动性   C. 敏感性   D. 破坏性

    E. 独断性

9. 下列( )属于冲突管理的策略。

    A. 树立高级目标   B. 增进沟通与理解

    C. 采用强制方法   D. 协商、调解和仲裁解决

    E. 解决问题

10. 根据团队的目标、功能和特点,可以把团队划分为( )。

    A. 问题解决型团队   B. 自我管理型团队

    C. 全面提高型团队   D. 多功能型团队

    E. 虚拟型团队

11. 有效团队具备的特点包括( )。

    A. 认同的目标   B. 互补的技能

    C. 相互之间的信任   D. 一致的承诺

    E. 良好的沟通

三、判断题

1. 有很多人组成的集合体就是群体。( )

2. 群体不一定有明确的目标。( )

3. 根据群体规模的大小,可以把群体划分为大群体和小群体。( )

4. 群体凝聚力越大,其工作绩效就越高。( )

5. 适度的距离更有利于良好的人际关系的形成。( )

6. "老乡见老乡,两眼泪汪汪"描述的是影响人际关系的相似性因素。( )

7. 所有的冲突都是起消极作用的。( )

8. 应用最为广泛的问题解决型团队是质量圈。( )

9. 目标确定法和问题解决法是任务导向途径经常使用的团队建设方法。( )

四、案例分析题

研发部的梁经理

研发部梁经理才进公司不到一年,工作表现颇受主管赞赏,不管是专业能力还是管理绩效,都获得大家肯定。在他的缜密规划之下,研发部一些拖延已久的项目都开始有了进展。

部门主管李副总发现,梁经理到研发部以来几乎每天加班,梁经理电子邮件的发送时间经常是晚上10点多,然后又在第二天早上7点多发送另一封邮件。这个部门总是梁经理第一个到、最晚离开。但是,即使在工作量吃紧的时候,其他员工似乎也都准时下班,很少跟着他留下来。平常也难得见到梁经理和他的部下或是同级主管进行沟通。

李副总对梁经理怎么和其他同事沟通工作觉得好奇,开始观察他的沟通方式。原来,梁经理都是以电子邮件交代工作的。他的部下也都用电子邮件回复工作进度及提出问题。很少找他当面报告。电子邮件似乎被梁经理当作和员工们合作的最佳沟通工具。

但是,大家似乎对梁经理这样的沟通方式反应不佳。李副总发觉,梁经理所管理的部门逐渐没了向心力,他的部下除了不配合加班,还只执行交办的工作,不太主动提出企划或问题。而其他各主管也不会像梁经理刚到研发部时那样,主动去找他聊天,大家见了面,只是客气地点个头。开会时的讨论,也都是公事公办的味道居多。

李副总在楼梯间碰到另一部门的陈经理时,以闲聊的方式问及梁经理。陈经理表示,梁经理工作相当认真,可能对工作以外的事就没有多花心思。李副总也就没再多问。

这天,李副总刚好经过梁经理房间门口,听到后者在打电话,讨论内容似乎和陈经理的业务范围有关。随后,他到陈经理那里,刚好陈经理也在打电话。李副总确定是两位经理在谈话。之后,他找了陈经理,问他怎么一回事。明明两个经理的办公房间就在隔邻,直接走过去就行了,为何要用电话交谈。

陈经理笑答,这个电话是梁经理打来的,梁经理似乎比较希望用电话讨论工作,而不是当面沟通。陈经理曾试着要在梁经理办公室里当面沟通。梁经理不是用最短的时间结束谈话,就是眼睛一直盯着计算机屏幕,让他不得不赶紧离开。陈经理说,几次以后,他也宁愿用电话的方式沟通,免得让别人觉得自己过于热情。

　　了解这些情形后,李副总去找了梁经理。梁经理觉得,效率应该是最需要追求的目标。所以,他希望用最节省时间的方式达到工作要求。听了梁经理的想法,李副总决定以过来人的经验与梁经理聊聊①。

思考:

你认为李副总会与梁经理聊什么呢? 为什么?

☞ **推荐阅读**

▶▶ [法]古斯塔夫·勒庞:《乌合之众:群体心理研究》,北京时代华文书局,2018 年。

▶▶ 孙科炎、詹燕徽:《群体心理学》,中国电力出版社,2012 年。

▶▶ [美]戴尔·卡耐基:《卡耐基人际关系与说话技巧——把握大众心理,探究处世之道》,清华大学出版社,2017 年。

▶▶ 曾仕强、刘君政、杨智雄:《人际关系与沟通》,清华大学出版社,2016 年。

▶▶ 余世维:《打造高绩效团队》,北京联合出版公司,2012 年。

---

　　① 陈红:《管理心理学》,华东师范大学出版社,2014 年。

第 **8** 章

领导心理与行为

学习目标

学完本章并做完练习,你应该可以做到:

◆ 解释领导的概念

◆ 列出领导影响力的构成要素

◆ 阐述并能够运用各种领导理论

◆ 描述决策的过程

◆ 说明决策心理的构成要素

◆ 描述并能够运用集体决策的方法

章前引例：杰出的领导艺术家

前美国通用电气公司总裁杰克·韦尔奇是20世纪最伟大的CEO之一，被誉为"经理人中的骄傲"和"经理人中的榜样"。

在一次全球500强经理人员大会上，韦尔奇与同行们进行了一次精彩的对话交流。

有人说："请您用一句话说出通用电气公司成功的最重要原因。"

他回答："是用人的成功。"

有人说："请您用一句话来概括高层管理者最重要的职责。"

他回答："是把世界各地最优秀的人才招揽到自己的身边。"

有人说："请您用一句话来概括自己最主要的工作。"

他回答："把50%以上的工作时间花在选人用人上。"

有人说："请您用一句话说出自己最大的兴趣。"

他回答："是发现、使用、爱护和培养人才。"

有人说："请您用一句话说出自己为公司所做的最有价值的一件事。"

他回答："是在退休前选定了自己的接班人——伊梅尔特。"

有人说："请您总结一个重要的用人规律。"

他回答："一般来说，在一个组织中，有20%的人是最好的，70%的人是中间状态的，10%的人是最差的。这是一个动态的曲线。一个善于用人的领导者，必须随时掌握那20%和10%的人的姓名和职位，以便实施准确的奖惩措施，进而带动中间状态的70%。这个用人规律，我称之为'活力曲线'。"

有人说："请您用一句话来概括自己的领导艺术。"

韦尔奇回答："让合适的人做合适的工作。"

管理心理学是以提高组织绩效为目标的，而一个组织的绩效在很大程度上决定于组织的领导者。因为领导者的领导理念、心理素质、领导能力不仅影响其个人的工作效率，更对其下属乃至组织的绩效产生重要影响。所以，领导是对组织行为最有影响的因素之一。

本章在进行领导概述的基础上，介绍了领导理论的四个发展阶段，即特质理论阶段、行为理论阶段、权变理论阶段、现代最新领导理论阶段；最后对决策进行阐述，包括决策过程、决策心理以及集体决策与个人决策。

问 题 聚 焦

1. 领导与管理有什么区别？

领导与管理的区别就好比思想与行为。管理是有效地把事情做好，领导则是确定所做的事情是否正确；管理是在成功的阶梯上努力往上爬，领导则指出所爬阶梯是否靠在正确的墙上。关于领导与管理的区别请学习第一节。

2. 什么样的人适合做领导者？

多年来，人们一直在研究什么样的人适合做领导者，试图分离出一种或几种领导者具备而非领导者不具备的特质。尽管研究者们付出了相当大的努力，但至今仍未得出明确的结论。美国学者威廉·詹金斯（William Jenkins）在对领导者性格问题进行广泛的调查研究后，总结说"找不出任何一项性格或任何一组特性，可用以区分领导人与一般人。"领导人并没有一种或几种与一般人不同的性格或特性。也就是说，领导者并不是天生的，领导者的特性和品质是在实践中形成的，可以通过培养和训练造就。你是否能成为一名合格的领导者呢？请进入第二节找寻答案。

3. 什么是头脑风暴法？

头脑风暴法又称智力激励法，是现代创造学奠基人奥斯本提出的，是一种创造能力的集体训练法。

头脑风暴是外来词语，有两个来源。一是来源于美国英语词汇"brainstorming"，中文意思是"常常是为了解决一个问题、萌发一个好创意而集中一组人来同时思考某事的方式"。有点类似汉语的"集思广益"的意思。二是来源于美国英语词汇"brainstorm"，这是"brainstorming"的动词形式，作为名词时，它等同于英国英语的"brainwave"，意为灵感、妙计。头脑风暴法是一种较为典型的集体决策方法。涉及领导与决策的相关内容请关注第三节。

本章学习内容导图

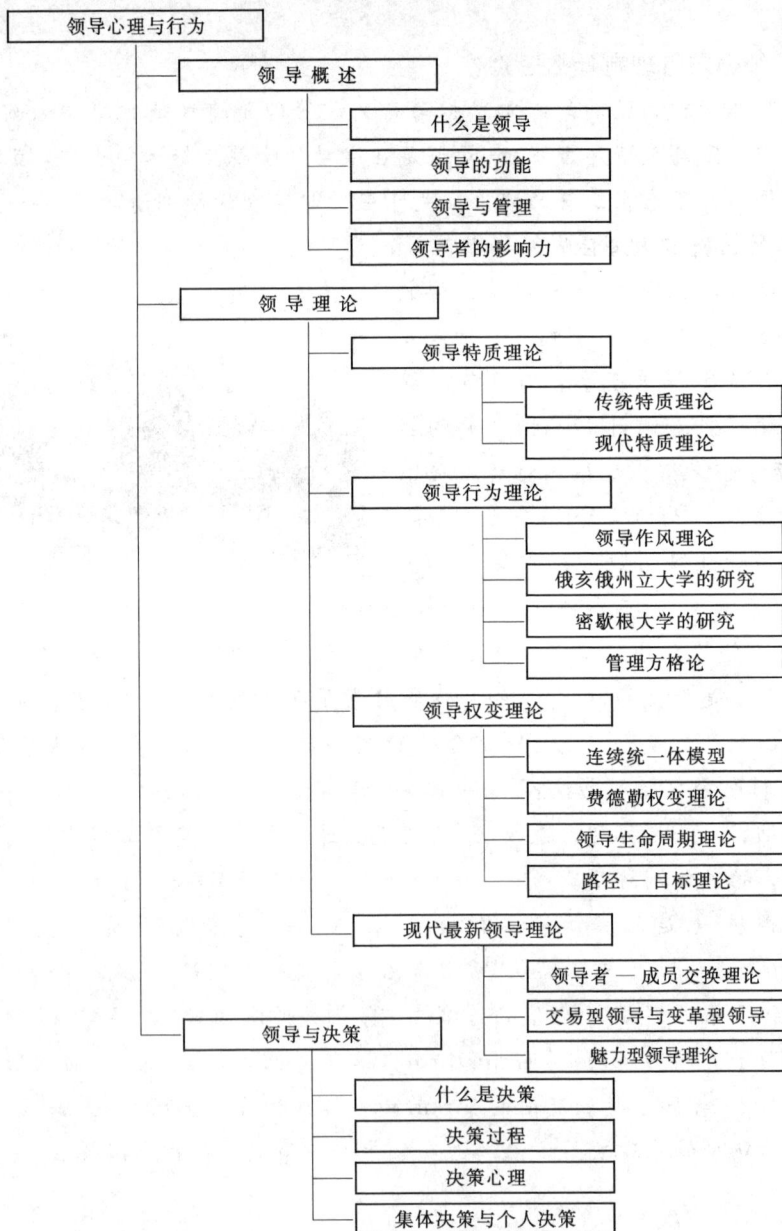

```
领导心理与行为
    ├── 领导概述
    │       ├── 什么是领导
    │       ├── 领导的功能
    │       ├── 领导与管理
    │       └── 领导者的影响力
    ├── 领导理论
    │       ├── 领导特质理论
    │       │       ├── 传统特质理论
    │       │       └── 现代特质理论
    │       ├── 领导行为理论
    │       │       ├── 领导作风理论
    │       │       ├── 俄亥俄州立大学的研究
    │       │       ├── 密歇根大学的研究
    │       │       └── 管理方格论
    │       ├── 领导权变理论
    │       │       ├── 连续统一体模型
    │       │       ├── 费德勒权变理论
    │       │       ├── 领导生命周期理论
    │       │       └── 路径 — 目标理论
    │       └── 现代最新领导理论
    │               ├── 领导者 — 成员交换理论
    │               ├── 交易型领导与变革型领导
    │               └── 魅力型领导理论
    └── 领导与决策
            ├── 什么是决策
            ├── 决策过程
            ├── 决策心理
            └── 集体决策与个人决策
```

第一节　领　导　概　述

一、什么是领导

尽管领导科学已有几十年的历史,但关于领导的概念,在学者那里有着各种各样的表述。在大多数人看来,领导有时是指领导者这一角色,有时是指领导职位,有时是指领导行为,有时是指一种特殊的社会现象。在英语中,领导(leadership)和领导者(leader)是两个词,西方对领导的研究是指对 leadership 的研究。

心理学家对"领导"这一概念有着许多不同的解释:

领导是一门促使其下属充满信心、满怀热情地完成任务的艺术;

领导是影响人们自动地为达成群体目标而努力的一种行为;

领导即行使权威与决定;

领导是一种说服他人热心于一定目标的能力;

领导就是在某种情况下,经过意见交流的过程所施行出来的一种为了达成某个目标的影响力;

领导是对组织内群体和个人施行影响的活动过程;

领导即有效的影响。

西方学者斯托格迪尔和巴纳德综合各种学派的观点,对领导提出了 11 种界定(见知识库 8 - 1)。

知识库 8 - 1

斯托格迪尔和巴纳德对领导的界定

1. 领导意味着群体过程的中心;

2. 领导意味着人格及其影响;

3. 领导意味着劝导服从的艺术;

4. 领导意味着影响力的运用;

5. 领导意味着一种行动或行为;

6. 领导意味着一种说服的形式;

7. 领导意味着一种权利关系;

8. 领导意味着一种互动中逐渐形成的效果;

9. 领导意味着一种分化出来的角色;

10. 领导意味着结构的创始;

11. 领导意味着一种实现目标的手段。

资料来源:张一纯、王蕴等,《组织行为学》,清华大学出版社,2006年。

尽管说法各不相同,但它们又有共同之处:一是群体是领导活动的前提;二是领导的基本特征是权力和影响力;三是领导主体与客体之间是一种互动的关系;四是领导活动是在一定的组织结构中进行的;五是领导活动必须指向一定的目标[①]。

把上述各种表述归纳起来,对领导这一概念可以作如下界定:**领导**是对群体或个体施加心理影响,从而使之主动为实现组织目标而富有热情地工作的过程。

二、领导的功能

优秀的领导对于企业、政府以及无数组织和团体都是非常重要的,这已是大家公认的真理。领导者与组织一样,可分为正式领导者和非正式领导者两种,他们的具体功能为:

(一) 正式领导者

正式领导者拥有组织结构中的正式职位、权力和地位,其主要功能就是领导员工达成组织目标,具体表现为:

① 研究、制订和执行组织的方针、政策与计划;

② 提供情报知识与技巧;

③ 授权下级分担任务,并进行技能辅导;

④ 对员工实行奖惩,调动员工积极性;

---

① 张一纯、王蕴等:《组织行为学》,清华大学出版社,2006年。

⑤ 代表组织对外交涉；

⑥ 控制组织内部关系，沟通组织内上下的意见，协调人际关系，创造和谐的组织氛围。

正式领导者的功能是组织赋予的，能实现到何种程度，要看领导者的能力以及领导者本身是否为其部属所接受来决定。

（二）非正式领导者

非正式领导者虽然没有组织赋予的职位和权力，但由于其个人的条件优于他人，如知识丰富、技术超人或具有某种人格上的特点，受到大家的尊敬，因而对员工具有实际的影响力，也可称为实际的领导者。其主要功能是满足员工的个别需要，具体表现在[①]：

① 协助员工解决私人问题（家庭的或工作的）；

② 倾听员工的意见，安慰员工的情绪；

③ 协调与仲裁员工间的关系；

④ 提供各种资料情报；

⑤ 替员工承担某些责任；

⑥ 引导员工的思想、信仰及对价值的判断。

非正式领导并非任何时候都是存在的。只有当正式领导无法满足下属的某些需求时，才会产生非正式领导。非正式领导对员工具有实际影响力，但对组织的作用是两面的，既可能是积极的，也可能是消极的。如果他赞成组织的目标，则可以起积极作用，带动员工执行组织的任务；反之，如果他不赞成组织的目标，他也可能阻挠组织任务的执行。

案例8-1表明，组织中有两种重要的领导角色。李坤江是质检部的正式领导，因而有权施加正式的影响。案例中的张革则是质检部的非正式领导，是自发的领导，行使非正式影响，这种影响来自他工作多年的经验和乐于助人的精神。如果李坤江具备这些品质，他也会成为非正式领导者。张革之所以能成为非正式领导者，正是因为李坤江未能满足某些员工的需要。可见，一个真正有作为的领导者，应该同时具备正式领导者和非正式领导者的功能，这样既能实现组织的目标，又能满足员工的个别需要。

---

① 苏东水：《管理心理学》（第五版），复旦大学出版社，2013年。

案例 8-1

正式领导和非正式领导

李坤江是合众精密仪器公司的质检部经理,他担任这个职位已经两年了。两年前,也就是他从机械制造专业毕业 6 年后,他从一个技术部门的骨干调任质检部门经理。刚开始,因为技术与质检毕竟有较大的差别,在业务上他无法对下属进行具体的指导。好在质检部元老张革乐意承担员工的指导工作,并且部门其他员工也愿意听他的。事实上,作为质检方面的行家里手,张革一直在该部门备受尊敬。质检部员工把张革看作主心骨,平时大家更愿意与张革在一起。李坤江常常感到与比较粗放的员工们相处有一定的困难,员工也只是在涉及任务、公司政策等来自官方的问题时,才来找李坤江,其他问题更愿意找张革商量。起初,李坤江对此心态很复杂,一方面,技术指导要依赖张革;另一方面,感觉张革似乎占据了本该属于他的位置而对张革心存排斥。近来,李坤江干脆放手让张革负责员工技术指导工作,并且通过与张革的良好沟通,既完成了任务,又保持了与员工的良好关系。

资料来源:张一纯、王蕴等,《组织行为学》,清华大学出版社,2006 年。

三、领导与管理

领导是指对下属施加影响以完成组织目标和任务的过程,它与管理有一定的区别。管理者并不一定是领导者,领导者也不一定是管理者。在管理和领导之间既存在着差别,也存在着联系,见表 8-1。

表 8-1　领导与管理的区别

活　　动	管　　理	领　　导
制定工作日程计划	计划和预算:建立实现预期结果的详细步骤与时间表,分配必要资源,保证预期结果发生	建立愿景:开发未来愿景以及实现愿景的战略

续　表

活　　动	管　　理	领　　导
为完成工作日程计划开发人员网络	组织与人员配置：建立完成计划的结构，配备与结构相应的人员，制定政策与程序，指导员工开展工作	联合人员：运用各种方式与各工作团队的成员沟通，使他们理解与认同愿景和战略
执行计划	控制与问题解决：仔细监控工作结果，识别偏差，纠正偏差	激励与鼓舞：供给员工克服各种障碍的能量，满足他们的各种需要
结果	产生各种可预测的结果，如按时提供顾客所需产品等	产生各种巨大变化，如顾客所需新产品、员工所求的劳资新关系

资料来源：李剑锋，《组织行为管理》(第五版)，中国人民大学出版社，2013 年。

(一) 领导与管理的区别

领导是管理的重要部分，但不是全部内容。领导者可以是任命的，也可以是从一个群体中自发产生的。因为领导从根本上来讲是一种影响力，是一种追随关系，人们往往追随那些他们认为可以提供满足自身需要的人。所以，领导者既可以存在于组织中，也可能存在于一定的群体中；既可以存在于正式组织中，也可能存在于非正式组织中。

管理者是由组织任命的，是组织中有一定的职位并负有责任的人，他存在于正式组织之中，拥有合法的权力。他对组织成员的影响力，主要来源于其所在职位与所拥有的职权。

概括起来，领导与管理的区别主要体现在以下三个方面：

第一，领导具有全局性，管理具有局部性。领导侧重于战略，管理侧重于战术。领导侧重于重大方针的决策和对人、事的统御，强调通过与下属的沟通和激励实现组织目标；管理则侧重于政策的执行，强调下属的服从和组织控制，以实现组织目标。领导追求组织乃至社会的整体效益，管理则着眼于某项具体效益。

第二，领导具有超前性，管理具有当前性。领导活动致力于组织发展方向，管理则侧重于当前活动。领导主要处理变化的问题，领导者开发未来前景，研究达到前景的战略，并与员工进行有效的沟通，激励他们克服困难，实现目标；管理侧重于处理复杂的问题，优秀的管理者通过制订详细的步骤或时间表及监督计划实施的结果而确保目标的达成。

第三,领导具有超脱性,管理具有操作性。领导要从根本上、宏观上把握活动过程,管理却必须注意细节问题。领导注重宏观方面,着重于更长的时间范围,不排斥带有一定风险性的战略;管理的计划与预算强调微观方面,覆盖的时间范围约为几个月到几年,希望降低甚至排除风险,追求合理性。领导重在决策,管理重在执行。工作重点的不同,使领导不需要处理具体、琐碎的具体事务,主要从根本上、宏观上把握组织活动;管理则必须投身于人、事、财、物、信息、时间等具体问题的调控与配置,通过事无巨细的工作实现管理目标。

经典名言

管理者是把事做对的人,领导者是做对的事的人。
——沃伦·本尼斯

(二) 领导与管理的联系

领导是从管理中分化出来的,是管理的一个方面,属于管理活动的范畴,管理包含领导;但是除了领导,管理还包括其他内容,如计划、组织、控制等。从这一角度来讲,有效地进行领导的能力是作为一个有效管理者的必要条件之一;有效的管理者必须首先是一位具备较高领导艺术和能力的人。

领导与管理的联系主要体现在:

第一,在实际工作过程中,领导和管理经常是不可分的。领导是管理的四大主要活动之一,两者具有较强的相容性和交叉性,都是社会组织活动中一种行为、关系、职责、过程,都有组织、指挥、协调、控制等具体职能。

第二,领导和管理通过相互之间的制约紧密联系在一起。有力的领导可能会对一个有序的计划体制造成冲击,从而削弱管理的基础。而一个强有力的管理又可能削弱领导行为所需要的冒险行为和积极性[1]。

对于大多数中国的组织来说,都是领导过"强",而管理过弱。当然,领导过强很多时候并不是由于自身能力突出,而是由于传统的体制带来的委任制造成的。从国际范围来看,当今的组织是管理过度而领导无力。在理想的情况下,所有的管理者都应该是领导者。只有这样,他们的管理才会真正有效。

---

① 张一纯、王蕴等:《组织行为学》,清华大学出版社,2006年。

一个人处在组织的管理岗位是一回事,是否具备管理和领导能力又是一回事。

四、领导者的影响力

领导者进行有效管理的前提是必须具备影响力。所谓**影响力**,是指一个人在与他人交往中影响和改变他人心理与行为的能力[①]。包括权力性影响力和非权力性影响力两方面。

(一) 权力性影响力

权力性影响力又称强制性影响力,是由社会(组织、团体)赋予个人的职务、地位、权力等而对人们形成的一种影响力。

权力性影响力有四个特点:权力性影响力具有强制性和不可抗拒性,以服从为前提;权力性影响力的大小和权力大小成正比;权力性影响力只与权力有关,而与本人因素无关;权力性影响力产生的激励是有限的,会使人们产生服从感、敬畏感和敬重感。

构成权力性影响力的因素有:

1. 传统因素

即自然具备的下属对上级的服从及信任感,这是人们对领导者的一种传统观念。

2. 职位因素

领导者具有一定的职位,就自然拥有一定的权力并使下属产生敬畏心理。通常,职位越高,权力越大,影响力也越大。

3. 资历因素

即领导者过去的资格及丰富的阅历在人们心目中产生的敬重感。

(二) 非权力性影响力

非权力性影响力又称自然性影响力,这种影响力非社会赋予,而是由自身因素在被领导者对领导者的崇敬、信服的基础上产生的。

非权力性影响力的特点是:非权力性影响力不具备法定性质,是自然性的;非权力性影响力完全依赖领导者的个人修养来决定其在被领导者心目中的形象与地位;非权力性影响力比权力性影响力有更强、更持久的影响力量。

构成非权力性影响力的因素主要包括:

---

① 廉茵:《管理心理学》,对外经济贸易大学出版社,2007年。

1. 品格因素

即道德、品行、人格、作风等产生的敬畏感。

2. 学识因素

即渊博的知识使人产生的信赖感;反之,知识面狭窄,孤陋寡闻的领导者则易犯错误,影响力也势必大打折扣。

3. 才能因素

即聪明才智、工作能力、专业能力使人产生的敬佩感。

4. 情感因素

即对人的深厚真挚的感情使人产生的亲切感,反之,领导者则会与下属关系紧张,产生心理距离。

心理学家约翰·佛伦奇(John French)和柏崔姆·瑞文(Bertram Raven)将影响力分为5种:法定权、强制权、奖赏权、专家权和参照权。俞克(Gary A. Yukl)等人在此基础上增加了信息权。表8-2列出了这6种影响力的内容和影响方式。

表8-2　6种影响力

6种影响力	含　义	影响力类型	内容和影响方式
法定权	领导掌握支配下属的职位和责任的权力,期望下属服从法规的要求	权力性影响力	任命、罢免等权力,具有明确的垂直隶属关系
强制权	领导随时可以为难下属,下属避免惹他生气	权力性影响力	对不服从要求或命令的人进行惩罚,使之惧怕,如批评、训斥、降薪、降级、解雇等,是一种负性强化的方式
奖赏权	领导能给下属以特殊的利益或奖赏,下属知道与他关系密切有好处	权力性影响力	对合理期望者分配给有价值资源,如鼓励、表扬、发奖金、晋级,是一种正性强化的方式
专家权	领导的知识和经验使下属尊重他,服从他的判断	非权力性影响力	专业知识在决策、运营等方面的影响,影响方向可能是平行或自下而上的

6 种影响力	含　　义	影响力类型	内容和影响方式
参照权	下属喜欢、拥戴领导，并乐意为他做事	非权力性影响力	人格魅力和社交技能使人欣赏、喜欢、服从，示范和模仿是影响的主要方式
信息权	领导掌握和控制对下属而言非常有价值的信息，下属依赖领导的信息分享而行事	权力性影响力	以是否分享信息作为奖惩的手段，领导掌握分享信息的主动权

资料来源：陈国海，《组织行为学》(第 4 版)，清华大学出版社，2013 年。

　　领导者实施领导，靠的是影响力，因此，领导者的影响力越大越好。由于领导者的影响力是由权力性影响力和非权力性影响力两个方面构成的，而权力性影响力总是相对稳定的，所以，非权力性影响力比权力性影响力具有更重要的意义，是提高领导者影响力的关键。

第二节　领　导　理　论

　　对于领导的系统研究，始于 20 世纪 40 年代。1940 年以来，关于领导的理论研究经历了四个阶段：特质理论阶段、行为理论阶段、权变理论阶段、现代最新领导理论阶段。

一、领导特质理论

　　领导特质理论是指通过对领导者的身体、性格、气质、智力等方面的分析，找出成功领导者所必须具备的特性。传统的特质理论认为，领导者具有某些固有的特质，这些特质是人与生俱来的，只有先天具备这些特质的人才可能成为领导。其中，著名的特质理论包括包莫尔的领导特质理论、斯托格迪尔的六类领导特质理论等。经过长期的研究，领导特质理论已经由遗传论向后天论发展，研究者转向关注并开发采用相关的培训方法和技术，培养领导者素质。

（一）传统特质理论

1. 包莫尔的领导特质论①

美国普林斯顿大学的包莫尔（W. J. Baumol）提出了企业领导者应当具备的十个特质：

① 合作精神，既愿意与他人合作，也能感动、说服他人从而赢得他人的配合。

② 决策能力，善于根据实际情况而不是主观想象作出决策，具有高瞻远瞩的能力。

③ 组织能力，善于发掘下属的才智，善于组织人力、物力、财力。

④ 精于授权，能把握方向，抓住大事，而把小事分配给下属办理。

⑤ 善于应变，能随机应变，机动进取，不抱残守缺、墨守成规。

⑥ 敢于求新，对新事物、新环境、新技术、新问题有敏锐的感受能力。

⑦ 勇于负责，对国家、员工、消费者、社会有高度的责任心。

⑧ 敢担风险，敢于承担改变企业发展不景气的风险，有创造新局面的雄心和信心。

⑨ 尊重他人，重视和采纳他人意见，不武断狂妄。

⑩ 品德高尚，品德为社会人士、企业员工所敬仰。

2. 斯托格迪尔的六类领导特质论

美国俄亥俄州立大学的斯托格迪尔（R. M. Stogdill）教授对 1904—1970 年有关领导者素质的研究作了综述，归纳出六类领导特质：

① 身体特性，如身高、体重、外貌、年龄等。

② 社会背景特性，如社会经济地位、学历、经历、社会关系等。

③ 智力特性，如知识、智商、决断力、判断能力、口才等。

④ 个性特性，如自信、独立、诚实、自制、适应能力、进取心等。

⑤ 与工作相关的特性，如工作责任感、工作积极性、工作富有成效等。

⑥ 社交特性，如交际能力、老练程度、声誉、积极参加各种活动等。

（二）现代特质理论

现代人认为领导者的特性和品质是在实践中形成的，可以通过训练和培养加以造就。各国学者分别根据本国的具体条件，研究领导者应具备的个人

---

① 张一纯、王蕴等：《组织行为学》，清华大学出版社，2006 年。

特性,并提出了合格领导者应该具备的特性条件。

1. 日本企业要求领导者应具有以下十项品德和十项能力[1]

十项品德为:使命感、责任感、信赖感、积极性、忠诚老实、进取心、忍耐性、公平、热情、勇气。

十项能力为:思维决定能力、规划能力、判断能力、创造能力、洞察能力、劝说能力、理解能力、解决问题能力、培养下级能力、调动积极性能力。

2. 美国企业界提出企业家应该具备以下十大条件[2]

① 合作精神,能赢得人们的合作,愿与其他人一起工作,对人不是压服,而是感化和说服。

② 决策才能,依据事实而非依据想象进行决策,具有高瞻远瞩的能力。

③ 组织能力,能发挥部属的才能,善于组织人力、物力和财力。

④ 精于授权,能大权独揽,小权分散,抓住大事,把小事分给部属。

⑤ 善于应变,能随机应变,善于变通,不抱残守缺,不墨守成规。

⑥ 勇于负责,对上级、下级、产品、用户及整个社会抱有高度责任心。

⑦ 敢于求新,对新事物、新环境、新观念具有敏锐的感受能力。

⑧ 敢担风险,对企业发展中不景气的风险敢于承担,有改变企业面貌、创造新局面的雄心和信心。

⑨ 尊重他人,重视和采纳别人意见,不武断狂妄。

⑩ 品德超人,品德为社会人士、企业员工所敬仰。

3. 国内有关领导素质的研究

国内学者对企业领导的素质研究文献很多,有学者曾对 185 名处级领导干部的个性特质进行调查,结果如表 8 - 3 所示。

表 8 - 3　185 名处级领导干部个性特质的调查结果

因素命名	项目内容	出现频度(%)
决断性	善于决断、有预见性、思路清晰	89
开拓精神	有竞争意识、不墨守成规、敢冒风险	95

① 卢盛忠:《管理心理学》,浙江教育出版社,2006 年。

② 廉茵:《管理心理学》,对外经济贸易大学出版社,2007 年。

续　表

因素命名	项目内容	出现频度(%)
责任心	敬业精神、忠诚、成就动机、主动性	93
自律性	原则性强、信仰坚定、自我控制	91
人际关系	热情、善交际、替他人着想、心胸宽阔	97

资料来源：赵国祥，"185名处级领导干部的个性特质的研究"，《心理科学》，2002年第2期。

事实证明，领导特质理论既不能有效地解释成功领导的秘诀，也无法对领导者是否成功进行预测，因此，特质理论对领导行为的解释是不成功的。罗宾斯认为，至少有四个原因导致了这个结果：一是忽视了下属的需要；二是没有指明各种特质之间的相对重要性；三是没有对因与果进行区分（如到底是领导者的自信导致了成功，还是领导者的成功导致了自信）；四是忽视了情境因素。

> **经典名言**
>
> 　　过去，商界认为领导者就像船长：冷静、沉着、镇定。现在，我们觉得领导者应该人性化。领导应该是平易近人和善解人意的，并且是合群的。领导应该成为组织所从事的事业中的一个组成部分，而不是与之割裂开的。
>
> ——巴里·波斯纳

迄今为止，对领导者素质的研究仍具有现实意义，人与工作、组织、环境相匹配理论的有效性支持了这一点。现代的领导特质理论家们根据现代企业的要求，提出领导者素质的标准，并开发相应的专门训练方法，培养相关素质。领导者是否具有从事领导工作的能力和个人素质，是领导工作提出的要求。不过，具备了这些良好的素质，只是具备了作为有效领导者的必要条件，并不能充分保证其成为真正有效的领导者。

二、领导行为理论

同样的自信、严厉、果敢，既能导致企业的成功，也能使企业一蹶不振，可见，一个领导的行为确实对一个组织的绩效产生至关重要的影响。由于特质理论的失败,研究者们不再固执地寻找先天特质,而是转向考察领导者的行为与工作群体绩效和满意度之间的关系,致力于领导所做的事来谋求解释领导。领导行为理论就在于了解有效领导者的行为是否具有独特之处。

(一)领导作风理论

早在20世纪30年代,德国著名心理学家勒温的研究就已证明:领导者的不同领导作风、不同控制方式,将会影响群体的工作效率。20世纪30年代,勒温通过对儿童群体的实验,以权力定位和领导作风的相关程度为出发点,将领导作风区分为三种,见表8-4。

表8-4　三种领导风格

	专 制 型	民 主 型	放 任 型
权力分配	权力集中于领导者手中	权力在团体之中	权力分散在每个员工手中,采取无为而治的态度
决策方式	领导者独断专行,所有的决策都由领导者自己作出,不重视下属成员的意见	让团队参与决策,所有的方针政策由集体讨论作出决策,领导者加以指导、鼓励和协调	团队成员具有完全的决策自由,领导者几乎不参与
对待下属的方式	领导者介入到具体的工作任务中,对员工在工作中的组合加以干预,不让下属知道工作的全过程和最终目标	员工可以自由选择与谁共同工作,任务的分工也由员工的团队来决定,让下属员工了解整体的目标	为员工提供必要的信息和材料,回答员工提出的问题
影响力	领导者以权力、地位等因素强制性地影响被领导者	领导者以自己的能力、个性等心理特质影响被领导者,被领导者愿意听从领导者的指挥和领导	领导者对被领导者缺乏影响力
对员工评价和反馈的方式	采取"个人化"的方式,根据个人的情感对员工的工作进行评价。采用惩罚性反馈方式	根据客观事实对员工进行评价。将反馈作为对员工训练的机会	不对员工的工作进行评价和反馈

资料来源:张爱卿,《当代组织行为学理论与实践》,人民邮电出版社,2006年。

1. 专制型领导作风

专制型领导作风又被称为集权型或独裁型的领导作风。专制型领导作风的特点是领导者只注重目标,仅仅关心工作效率和任务的完成,而不关心下属的需求,权力集中于领导者个人手中,员工没有参与管理的机会。

2. 民主型领导作风

民主型领导作风又称为分权型或参与型领导作风。它的特点是领导者注重下属人员的需求,注重人际关系,通过协调、帮助、激励下属等方式实现组织目标,领导者和被领导者之间的社会心理距离比较近。权力在被领导者群体中,员工高度参与管理。

3. 放任型领导作风

这种领导作风也就是我国传统文化中所强调的"无为而治"。这种类型的领导作风特点是领导者只负责布置任务,对成员的活动不参与、不干预、不协调、不介入等,也不为成员提供任何帮助和指导。权力在群体中的每个人手里,领导者既不监督,也不检查。

勒温认为,民主型的领导作风效果最好,专制型的领导作风效果次之,放任型的领导作风效果最差。应当指出的是,勒温对领导风格的划分并不是领导风格的全部类型。在实践的过程中,多数领导者的领导风格可能体现出一种混合的类型。另外,领导风格应当与领导的情境相关,应当根据情境对领导风格作出选择。

勒温的研究虽然带有很大的人为性,但他首先以权力定位为基本变量对领导作风进行了分类,并提出不同领导作风对群体产生不同影响,为后人进行领导心理的研究开辟了一条新的途径。

(二) 俄亥俄州立大学的研究——结构维度和关怀维度

20世纪40年代末,俄亥俄州立大学的研究人员试图界定促使团队和群体达到目标的领导行为,即什么样的领导行为更能促进团队和群体去努力实现目标。该校从1945年开始由著名学者斯托格迪尔主持,搜集了大量的下属对领导的描述,通过统计分析,他们将领导行为分为两个维度,分别称为关怀维度和结构维度,或称关心人和抓组织。斯托格迪尔等人首创用两根轴线的图示法表示领导行为,画出了表示这两个维度多种结合情况的四分图(见图8-1)。所以,该理论又称领导行为四分图理论。

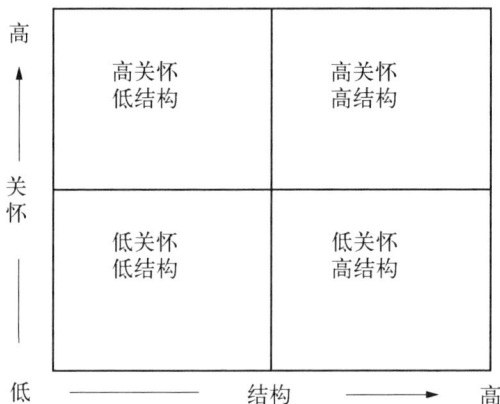

图 8 - 1　结构与关怀型领导图

1. 结构维度

结构维度(initiating structure)是指领导者更愿意界定和建构自己与下属的角色,以达成组织目标。它包括设立工作、工作关系和目标的行为。在这种组织中,领导者和下属职责分明,角色清晰,组织要按照一定的规则形成一种较为固定的结构。简言之,高结构维度的领导者通过确定绩效目标,要求员工保持一定的绩效标准,并强调工作的最后期限。

2. 关怀维度

关怀维度(consideration)是指领导者尊重和关心下属的看法和情感,更愿意建立相互信任的工作关系。这种风格的领导者强调要满足员工的需求,他们乐于变革,关注员工的个人福利,表现友好,易于接近,更愿意寻找时间聆听员工的心声。通常,高关怀型的领导者与员工的心理距离近,对下属的生活、健康、地位和满意度等问题十分关心,而且在工作中注重发挥下属的创造性,给下属的自由度较大。

以此为基础进行的大量研究发现,高结构—高关怀的领导者常常比其他三种类型的领导者(即高结构—低关怀、低结构—高关怀、低结构—低关怀)更能使下属取得高工作绩效和高满意度,但并非总能产生效果。比如,当工人从事常规任务时,高结构特点的领导行为会导致高抱怨率、高缺勤率和高离职率,员工的工作满意水平也很低。还有研究发现,领导者的直接上级主管对其进行的绩效评估等级与高关怀性呈负相关。总之,俄亥俄州立大学的研究表明,一般来说,高结构—高关怀领导风格能够产生积极效果,但也有足够的特例表明这一理论还需加入情境因素。

（三）密歇根大学的研究——生产导向和员工导向

与俄亥俄州立大学的研究差不多同一时期，在著名学者利克特的带领下，密歇根大学的研究人员进行了类似的研究。他们通过对众多高效或低效群体的比较，将领导者的行为划分为两个维度：生产导向型和员工导向型。

1. 生产导向型

生产导向型（production-oriented leader）的领导者主要关心群体任务的完成情况，并把群体成员看作是达成目标的手段，经常使用监督手段，使用合法权和强制权。这个方法与俄亥俄州立大学的结构维度相似，实际上是任务导向领导行为。

2. 员工导向型

员工导向型（employee-oriented leader）的领导者往往重视人际关系和责任下放，关心下属的需要、进步及个人成长，并承认人与人的不同。这个方法与俄亥俄州立大学的关怀维度相似。

密歇根大学的研究者指出，员工导向型比生产导向型使群体成员更为满意，也更有效。领导行为的效能不能仅从生产率单一角度去测评，还应将满意感这类与人有关的因素的测评包括进去。他们认为，员工导向型的领导者与群体的高生产率和高工作满意度呈正相关；生产导向型的领导者则与低群体生产率和低工作满意度联系在一起。

（四）管理方格论

1965年，美国得克萨斯大学的行为科学家罗伯特·布莱克（Robert Rogers Blake）和简·莫顿（Jane S. Mouton）在俄亥俄州立大学和密歇根大学研究成果的基础上，根据关心生产和关心人两个维度构建了关于领导行为类型的管理方格（the managerial grid），在一张纵轴和横轴各9等分的方格图上，纵轴和横轴分别表示组织领导者对人和对生产的关心程度，第1格表示关心程度最小，第9格表示关心程度最大。全图总共81个小方格，分别表示"对生产的关心"和"对人的关心"这两个基本因素以不同比例结合的领导方式，从而生成了81种领导方式，其中，最具代表性的有五种，如图8-2所示。

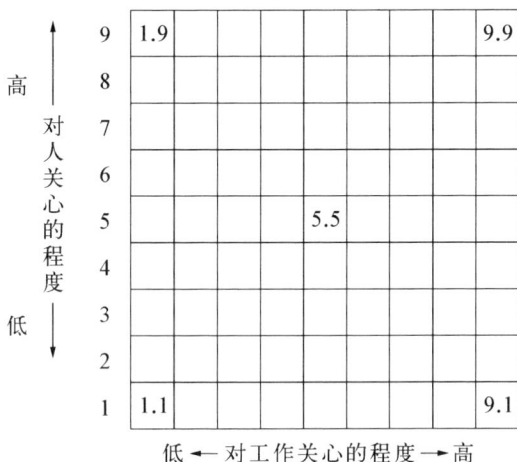

图 8-2 管理方格图

1. 1.1型——贫乏型管理

1.1型——贫乏型管理(impoverished management),这种管理方式既不关心生产,也不关心人。管理者只要以最小的努力来完成必须做的事情。领导仅仅扮演一个"信使"的角色,即把上级的信息单纯地传达给下级。这种管理方式将导致失败。只有当群体成员的素质都很高,都很自觉地为组织目标努力工作时,这种管理行为才是有效的。

2. 9.1型——任务型管理

9.1型——任务型管理(task management),这种管理方式对生产和工作的完成和绩效很关心,注重通过计划和指导来控制员工的工作活动,以完成组织目标。这种管理行为可能取得一定的效果,但时间久了,最终将失去士气的支持,工作效率也会一落千丈。

3. 1.9型——乡村俱乐部型管理

1.9型——乡村俱乐部型管理(country club management),这种管理方式只注重去创造一种良好的人际关系环境,让组织中的每一个人都感到轻松、友好和快乐,很少去关心其工作和任务的完成情况及存在的问题,也很少实行监督与控制,不注意健全规章制度。这种管理方式往往深受员工的欢迎,但不受上级的支持。一旦和谐的人际关系受到影响,会危及组织的正常运行。

4. 5.5型——中间型管理

5.5型——中间型管理（middle-of-the-road management），又称中间路线式管理，这种管理方式对人和生产都有中等程度的关心，既注意到计划、指挥、控制，又注意到引导、激励、鼓动，但都不够充分，其目的是追求正常的生产效率和较理想的士气。这类组织有一定程度的士气和工作效率，但缺乏创新精神，业绩并不突出。应努力使其向9.9型转变，以实施更为有效的管理。

5. 9.9型——团队型管理

9.9型——团队型管理（team management），又称协作式管理，这种管理方式无论对于人员还是生产都十分关心，既注重规章制度、反馈系统、绩效评估，又注重组织文化、员工要求、协调人际关系，能使组织的目标和个人的需要最理想、最有效地结合起来。

布莱克和莫顿认为，9.9型是一种理想的领导方式，只有9.9型的领导才是真正的"集体的主管者"，他们能够把组织的生产需要同个人的需要紧密地结合起来。但由于种种原因，在实际的组织管理工作中一般很难达到。此种方式给领导者的启示是：领导者应该客观地分析组织内外的各种情况，把自己的领导方式改造成为9.9型这种理想的管理方式，以达到最高的效率。

三、领导权变理论

世上的事物是不断发展变化的，人们在考虑问题和处理事情时，都应当考虑到这种变化。对领导的研究也是如此，领导特质理论和领导行为理论，都没有考虑到情境的变化，就相当于刻舟求剑（见案例8-2），尽管痕迹还在，木舟依旧，唯独剑不在了。

案例8-2

刻 舟 求 剑

楚人有涉江者，其剑自舟中坠于水，遽契其舟，曰："是吾剑之所从坠。"舟止，从其所契者入水求之。舟已行矣，而剑不行。求剑若此，不亦惑乎！

　　任何领导类型都可能是有效的,也可能是无效的,关键需要看它是否与环境相互适应。领导权变理论(又称偶然性领导模型)与特质理论和行为理论的最主要区别就是考虑了环境的变化。该理论强调领导无固定模式,领导行为因领导者、被领导者和工作环境的变化而变化。领导者必须是具有应变、适应能力的人。领导权变理论主要包括:连续统一体模型、费德勒权变理论、领导生命周期理论(情境理论)、路径—目标理论、领导者—参与模型等。

(一) 连续统一体模型

　　坦南鲍姆(R. Tannenbaum)和施米特(W. H. Schmidt)于 1958 年提出了领导行为独裁—民主领导的连续统一体模型(autocratic-democratic Continuum),1973 年稍作修改后再次发表。该理论认为,领导方式是一个连续变量,从"独裁式"领导方式到极端民主的"放任式"领导方式之间,由于领导者权力与下属权力不同的结合而形成多种领导方式。其中有 7 种代表性的领导模式,如图 8-3 所示。

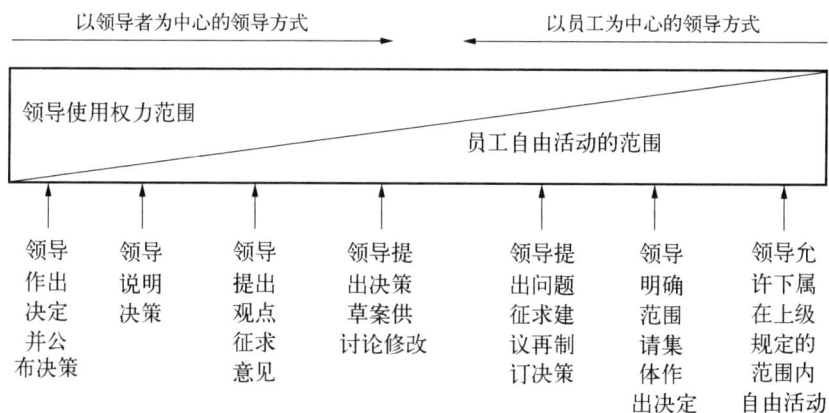

图 8-3　领导方式的连续统一体

　　图 8-3 表明了一系列民主程度(或独裁程度)不同的领导方式。在连续体的最左端,表示的领导行为是集权独裁的领导,遵循 X 理论的领导方式;在连续体的最右端,表示的是将决策权授予下属的民主型的领导,奉行 Y 理论的领导方式。在管理工作中,领导者使用的权威和下属拥有的自由度之间是一方扩大而另一方缩小的关系。

　　在上述各种模式中,坦南鲍姆和施米特认为,不能抽象地认为哪一种模式一定是好的,哪一种模式一定是差的。成功的领导者不一定是专权的人,也不一定是放任的人,而应该是在一定的具体条件下,善于考虑各种因素的影响,采取最恰当行动的人。当需要果断指挥时,他应善于指挥;当需要员工参与决策时,他能适当放权。通常,管理者在决定采用哪种领导模式时要在对下列因素进行分析的基础上结合组织的战略性考虑来决定。

1. 领导者自身的因素

包括:领导者的管理思想和价值观,领导者对下属的信任程度以及习惯采用的领导方式,领导者对风险的态度等。

2. 员工方面的因素

包括:员工的背景、教育、知识、经验、价值观、目标和期望等,员工对参与管理的愿望与要求,员工对组织目标的理解和认识程度,员工是否具备承担决策的责任等。

3. 环境方面的因素

包括:环境的大小、复杂程度,目标、结构和组织氛围,技术、时间压力和工作的性质等。

根据以上这些因素,如果下属有独立作出决定并承担责任的愿望和要求,并且他们已经做好了这样的准备,他们能理解所规定的目标和任务,并有能力承担这些任务,领导者就应给下级较大的自主权力。如果这些条件不具备,领导者就不该把权力授予下级。

这一理论的贡献在于,它不是将领导者简单地归结为专制型、民主型或放任型,而是指出成功的领导者应该是在多数情况下能够评估各种影响环境的因素和条件,并根据这些条件和因素来确定自己的领导方式和采取相应的行动。

坦南鲍姆和施米特的理论也存在一定的不足,这就是他们将影响领导方式的因素(即领导者、下属和环境)看成是既定的和不变的,实际上,这些因素是相互影响、相互作用的,他们对影响因素的动力特征没有进行足够的重视,在考虑环境因素时主要考虑的是组织内部的环境,而对组织外部的环境以及组织与社会环境的关系缺乏重视。

(二)菲德勒权变理论

菲德勒权变理论是由美国伊利诺斯大学教授菲德勒(Fred E. Fiedler)及他的同事在广泛调查取样和用庞大数据验证的基础上提出来的。菲德勒权变理论指出,有效的群体绩效取决于与下属相互作用的领导者的风格和情境对领导者的控制和影响程度之间的合理匹配。

领导风格是有效领导效果的关键因素之一。菲德勒相信,每个领导者的领导风格是由其人格特征所决定的,因而是相对稳定的。他开发出"最难共事者问卷"(least preferred co-worker questionnaire,LPC),用以测量领导是任务取向型还是关系取向型(见知识库 8-2)。

知识库 8-2

菲德勒的 LPC 问卷

这一问卷由 16 组对应形容词构成。接受调查者在填表前,先回想一下与自己共过事的所有同事,并找出一个你最不喜欢的同事(这个同事的姓名不必告诉调查人),然后在 16 组形容词中,每个词汇都要按从 1(最消极)到 8(最积极)的等级,对这个你最不喜欢的同事进行评估,给出 1~8 分的分值。如果偏向于积极评价,被调查人显然乐于与同事形成良好的人际关系,属于关系取向型的领导风格;如果偏向于消极评价,则被调查人可能更关注生产,属于任务取向型的领导风格。

快乐——8 7 6 5 4 3 2 1——不快乐

友善——8 7 6 5 4 3 2 1——不友善

拒绝——1 2 3 4 5 6 7 8——接纳

有益——8 7 6 5 4 3 2 1——无益

不热情——1 2 3 4 5 6 7 8——热情

紧张——1 2 3 4 5 6 7 8——轻松

疏远——1 2 3 4 5 6 7 8——亲密

冷漠——1 2 3 4 5 6 7 8——热心

合作——8 7 6 5 4 3 2 1——不合作

助人——8 7 6 5 4 3 2 1——敌意

无聊——1 2 3 4 5 6 7 8——有趣

好争——1 2 3 4 5 6 7 8——融洽

自信——8 7 6 5 4 3 2 1——犹豫

高效——8 7 6 5 4 3 2 1——低效

郁闷——1 2 3 4 5 6 7 8——开朗

开放——8 7 6 5 4 3 2 1——防备

按照 LPC 问卷的调查,16 个问题的得分相加并取平均值,如果得分在 1.2~2.2 分,领导人为任务导向型;如果得分在 4.1~5.7 分,领导人为关系导向型(因为所评价的对象是最不喜欢的同事,所以,在实际操作中没有出现 5.7 以上的高分);如果得分在 2.3~4.0 分,领导人处于中间状态。

资料来源:http://q.163.com/landiguwen/blog.

菲德勒认为,有效的领导行为依赖于情境对领导者是否有利。情境因素的区分由下列三种指标决定:

1. 上下级关系

包括领导者受其团体成员喜爱、信任和尊重的程度。

2. 工作结构

以是否明确为指标,包括:工作任务的程序化程度(工作任务规定的明确程度)和部下对这些任务的负责程度。

3. 职位权力

以强弱为指标。包括领导者的职位有多少权力、任职期限有多长等。

在上述 3 个指标中,最为重要的是上下级关系,3 种指标的不同结合方式形成了不同特点的领导环境,而不同的环境适宜于不同管理风格的管理者。上下级关系或好或差,工作结构或高或低,领导者的职权或强或弱,3 项指标总和起来,便得到 8 种不同的情境或类型,其中包含从 3 个条件齐备的最有利情境,到三者都缺的最不利情境,如表 8-5 所示。每个领导者都可以从中找到自己的位置。对于各种情境,只要领导风格与之相适应,都能取得良好的领导效果。

表 8-5　领导者与情境的匹配

情境对领导者的有利程度	该情境下领导者的控制和影响力	有效的领导方式	情境	上下级关系	工作结构	职位权力
最有利	高	任务取向(专权式)	1	好	高	强
			2	好	高	弱
			3	好	低	强

续　表

情境对领导者的 有利程度	该情境下领导者的 控制和影响力	有效的 领导方式	情 境	上下级 关系	工作 结构	职位 权力
中等有利	较高	关系取向 （参与式）	4	好	低	弱
			5	差	高	强
			6	差	高	弱
最不利	低	任务取向 （专权式）	7	差	低	强
			8	差	低	弱

表 8-5 中，情境 1 中的上下级关系好（下属对领导者十分尊重与信任），职位权力强（领导者对下属的奖惩自由），工作结构化程度高（工作具体明确），领导者的控制和影响力高。这种情境对领导者最有利，所以适用任务取向型的领导模式。

经典名言

在一个非常有利的情境中，领导者拥有权力、非正式的后援、相对结构化的任务、准备好被领导的组织，并且组织成员等待别人告知他们该做什么。想想即将迫降的机长，我们不可能期望他与他的全体队员开会讨论该如何降落。

——弗雷德·菲德勒

情境 8 中的上下级关系差（领导者不为下属爱戴），职位权力弱（领导者不能自由奖惩下属），工作结构化程度低（工作不明确），这种情境对领导最不利。在这种情境下，如果使用员工取向的领导方式，下属可能不会把领导者放在眼里，所以适用任务取向型的领导方式。

菲德勒权变模型的主要观点是：一个人的领导风格是与生俱来且固定不变的，即你不可能改变你的风格去适应变化的环境。因此，如果情境要求任务取向型的领导者，而在此领导岗位上的却是关系取向型的领导者时，要想达到最佳效果，则要么改变情境，要么替换领导者。

总之,有大量的研究对菲德勒模型的总体效度进行了考查,并得到十分积极的结果。也就是说,有相当多的证据支持这一模型。但是,该模型目前也存在一些欠缺,还需要增加一些变量来加以改进和弥补。另外,在LPC量表以及该模型的实际应用方面也存在一些问题。比如,LPC的逻辑本质尚未被很好地认识。一些研究指出,作答者的LPC分数并不稳定。另外,这些权变变量对实践者来说也过于复杂和困难,在实践中很难确定上下级关系有多好、工作的结构化有多高以及领导者拥有的职权有多大。

(三) 领导生命周期理论

菲德勒权变模型将上下级关系、工作结构、职位权力作为影响领导方式的关键因素。心理学家科曼(Karman)将工作与关系两个领导行为维度与下属的成熟度结合起来,于1966年提出了领导生命周期理论(life cycle theory of leadership),赫西(Paul Hersey)和布兰查德(Kenneth H. Blanchard)于1976年发展了该理论,称为情境领导理论(situational leadership theory)。该理论与费德勒权变模型的一个显著区别就在于对下属的能力和完成任务的意愿的重视。因为无论领导者做什么,其效果都取决于下属。

领导生命周期理论认为,领导者的行为应与被领导者的成熟程度相适应。赫西和布兰查德将成熟度定义为个体对自己的直接行为负责任的能力和意愿。它包括工作成熟度与心理成熟度。前者包括一个人的知识和技能。工作成熟度高的个体拥有足够的知识、能力和经验,完成他们的工作任务而不需要他人的指导。后者指的是一个人做某事的意愿和动机。心理成熟度高的个体不需要太多的外部激励,他们主要靠内部动机激励。表8-6列出了成员不成熟与成熟的表现。

表8-6 成员不成熟与成熟的表现

不成熟的表现	成熟的表现	不成熟的表现	成熟的表现
消极	积极	目光短浅	目光长远
依赖	独立	低的、从属的职位	高的、显要的职位
有限的行为	多样的行为	缺乏自知之明	自我意识强
对工作的兴趣肤浅	对工作的兴趣浓厚		

资料来源: 陈国海,《组织行为学》(第4版),清华大学出版社,2013年。

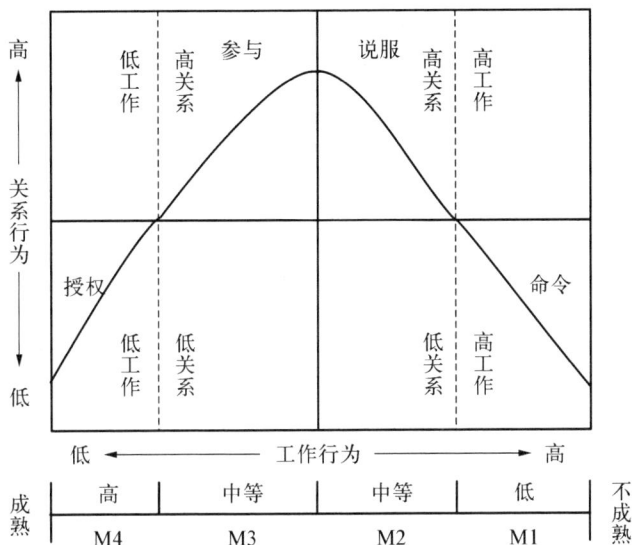

图 8-4　领导生命周期曲线模型

图 8-4 概括了领导生命周期曲线模型的各项要素。当下属的成熟水平不断提高时,领导者不但可以不断减少对下属行为和活动的控制,还可以不断减少关系行为。在第一阶段(M1)中,领导者需要给予具体而明确的指导,采用高工作—低关系的专制型领导方式最合适。在第二阶段(M2)中,领导者需要采取高工作—高关系行为;高工作行为能够弥补下属能力的欠缺;高关系行为则试图使下属在心理上"领会"领导者的意图。在第三阶段(M3)中,采用高关系—低工作的参与型领导方式最有效。最后,在第四阶段(M4)中,领导者不需要做太多事,因为下属愿意又有能力担负责任,采用低工作—低关系的授权型领导方式最合适。

尽管从目前的研究资料看,对领导生命周期理论的结论还存在一些争议。但这一理论自提出以来,一直被广大管理专家所推崇,并常常作为培训的手段来应用。《幸福》杂志 500 家企业中的众多公司包括 IBM、美孚石油等都采用此模型。

(四) 路径—目标理论

连续统一体模型、菲德勒权变理论、领导生命周期理论对影响领导的各项因素进行了分析。但从根本上看,领导者的核心工作是相同的——让下属努力实现组织目标。怎样才能让下属努力实现组织目标呢?那就是将个人目标与组织目标相结合,即帮助下属达到他们的目标,并提供必要的指导和支持以确保他们各自的目标与组织的目标相一致。罗伯特·豪斯(Robert J.

House)于 1971 年提出的一种领导权变模型——路径—目标理论,就是源于这种信念,该理论目前已经成为最受人们关注的领导观点之一。

路径—目标理论认为,领导是激励下属的过程。领导者的责任就是通过明确指出实现工作目标的途径来帮助下属,并为下属扫清通向目标的各项障碍和危险,从而使下属能够顺利达到目标。

实行路径—目标理论,要经过以下几个步骤:

1. 确定情境

路径—目标理论认为,影响领导行为的情境因素主要有下属的特点和任务的特点。下属的特点包括能力和人格,任务的特点包括任务结构和职权系统。

2. 明确可供选择的领导行为

路径—目标理论认为,有四种领导行为可供选择:

① 指导型领导。是指让下属明白领导者期望他们做什么,对下属如何完成任务给予具体指示,详细制订工作日程表,建立员工绩效的明确标准。

② 支持型领导。是指和下属建立信任、友好的关系,并表现出关心下属的需求、福利、幸福、地位及事业。

③ 参与型领导。是指遇到问题与下属共同磋商,并充分考虑下属的建议。

④ 成就取向型领导。是指为下属设置有挑战性的目标,期望并相信下属会尽力完成这些目标,从而大幅度提高绩效水平。

3. 情境与领导行为的匹配

情境评估的目的就在于选择适用的领导行为。以下是一些具体情境和相适宜的领导方式的例子[①]:

① 外控型下属(指依赖性比较强的人),对指导型领导比较满意。

② 内控型下属(指相信自己能掌握命运的人),对参与型领导比较满意。

③ 对经验比较丰富或能力比较强的下属,授权型领导比较适合。

④ 对经验不足或能力比较差的下属,指导型领导比较适合。

⑤ 在工作性质和任务不明确,下属也不知如何做,压力较大时,指导型领导比较适合。

⑥ 在工作性质和任务比较明确,下属也知道如何做时,支持型领导比较适合。

---

① 陈国海:《组织行为学》(第 4 版),清华大学出版社,2013 年。

⑦ 当群体成员内部存在激烈的冲突时，指导型领导可能比较有效。

⑧ 组织中的正式权力关系越明确，领导者越应表现出支持型行为，降低指导型行为。

路径—目标理论认为，领导者应该使自己的行为和领导类型适应下属的工作环境和下属的个人特征，将员工的努力、表现和奖惩有效地结合在一起，从而使下属满意、有收获并得到相应的好处。

四、现代最新领导理论

近年来，领导理论有些新发展，主要包括领导者—成员交换理论、交易型领导与变革型领导理论、魅力型领导理论等。主要研究在具体实施领导过程中，如何选择与领导者、被领导者、环境相适宜的领导方式。

（一）领导者—成员交换理论

领导者—成员交换理论（Leader-Member Exchange Theory，LMX），是由乔治·格雷恩（George Graen）等人在 1976 年首先提出的。他们在研究过程中，通过纯理论的推导，得到一个结论：领导者对待下属的方式是有差别的；领导者对待下属的差别并不是随机的。

领导者—成员交换理论指出，领导者都有一些嫡系———一个"小圈子"，当领导者与某一下属进行相互作用的初期，领导者就暗自将其划入圈内或圈外，并且这种关系是相对稳固不变的。圈内个体会受到信任，得到领导更多的关照，也可能享有更多的特权。作为交换，圈内下属也会对领导者忠心耿耿，支持领导者的决策，工作也更加卖力，因此，绩效和满意也会比圈外系数高；圈外人士则与领导者沟通较少，获得满意的奖励机会也较少，他们的领导—下属关系是在正式的权力系统基础上形成的，领导者可能会认为圈外下属的能力与动机都比圈内下属差，如图 8-5 所示。

领导者到底如何将某人划入圈内或圈外尚不清楚，但有证据表明领导者倾向于将具有下面这些特点的人员选入圈内：个人特点（如年龄、性别、态度、观点）与领导者相似，有能力，具有外倾的个性特点等。当然，圈内、圈外的下属可以相互流动。

LMX 理论认为，圈内和圈外的不同地位与下属的绩效和满意度有关。圈内地位的下属得到的绩效评估等级更高，离职率更低，对主管更满意，工作态度佳。所以，开发与每一位下属高质量的交换关系将有助于群体与组织绩效

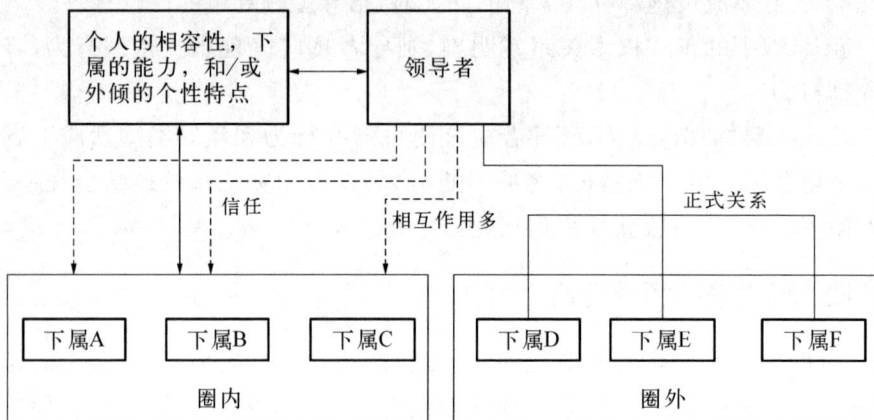

图8-5 领导者—成员交换理论

的提高,这意味着应当努力让所有下属都觉得自己是圈内人,这对领导者是一大挑战,但应当尽最大努力。

（二）交易型领导与变革型领导

1978年,伯恩斯(Burns)在对政治型领导人进行定性分类研究的基础上,提出领导过程应包含交易型和变革型两种领导行为,这一分类为领导行为的研究开辟了新的思路。1985年,巴斯(Bass)正式提出了交换型领导行为理论和变革型领导行为理论。表8-7描述了交易型领导者和变革型领导者的特征。

表8-7 交易型领导者与变革型领导者的特征

交 易 型 领 导 者	变 革 型 领 导 者
◆ 权变奖励:努力与奖励相互交换原则,良好的绩效是奖励的前提,承认成就 ◆ 通过例外管理(主动):监督发现不符合规范与标准的行为,并将其改正 ◆ 通过例外管理(被动):等待偏差、错误出现,才进行干预,采取正确行动 ◆ 自由放任:放弃责任,回避决策	◆ 领导魅力:榜样,牺牲自我,行动一致,高道德标准 ◆ 感召力:为下属工作提供意义和挑战,热情乐观,使下属预见不同的未来,通过言行激励下属 ◆ 智力激发:提出假设,重新定义问题,用新视角和方法处理老问题;从不公开批评下属的过失,对事不对人 ◆ 个性化关怀:把下属当作一个完整的人,而不是仅当作雇员看待,平等对待每一个人,并根据其不同情况给予培训、指导和建议

资料来源:陈国海,《组织行为学》(第4版),清华大学出版社,2013年。

交易型领导(transactional leader)通过明确角色和任务要求来指导或激励下属向着目标前进。交易型领导强调任务明晰、工作标准和产出,往往关注任务的完成和员工顺从,这些领导更多依靠组织的奖励和惩罚手段来影响员工的绩效,领导者既未将员工的需求个人化,也不关注其个人成长。当下属完成特定的任务后,交易型领导便给予承诺的奖赏,整个过程就像一项交易。前面谈到的领导行为理论和领导权变理论中的领导都属于交易型领导。

变革型领导(transformational leader)通过更高的理想和道德价值观来激励下属。变革型领导能够为组织制定明确的愿景,他们更多地通过自己的领导风格来影响员工(如增强员工的动机)和团队(如调解团队内部的冲突)的绩效。该领导方式可以使下属产生更大的归属感,满足下属高层次的需求,获得高的生产率和低的离职率。变革型领导行为的前提是领导者必须明确组织的发展前景和目标,下属必须接受领导的可信性。

交易型领导和变革型领导的行为并非是不相关的。一个领导者既有变革型的一面,又具有交易型的一面,变革型领导行为以交易型领导行为为基础,反向则不然。变革型领导行为可以说是交易型领导行为的一种特例,可以同时与一些目标和目的的实现相联系,这两种模式的不同主要表现在领导激励下属的过程中和目标设置的类型上。在竞争较为激烈的今天,研究变革型领导行为尤为必要。

(三) 魅力型领导理论

罗伯特·豪斯(Robert J. House)于 1976 年提出了魅力型领导理论(Charismatic leadership theory)。他认为,领导理论研究的核心是通过领导者独特的人格魅力对下属施加特殊的影响,试图改变员工的态度、信念和价值观等[1]。

沙米尔、豪斯和亚瑟(Shamir、House & Arthur)的研究表明,具有领袖魅力的领导者通过以下过程影响下属。领导者首先向下属描述一个和组织现状和未来相联系的愿景规划;同时,对下属表达出高绩效的期望,并对下属实现组织的未来愿景表现出充分的信心;接下来,领导者基于自身的领袖魅力通过言语和行为向下属传递一种有利于组织目标实现的新价值观念,并为下属树

---

① 赵国祥:"领导理论研究的现状与展望",《河南大学学报》(社会科学版),2009 年第 3 期。

立仿效的榜样；最后，具有领袖魅力的领导者会为了实现组织愿景而不惜作出自我牺牲，以表明他们的勇气和实现未来愿景的坚定信念，以此影响下属对组织目标的认同和提高工作绩效。

研究表明，具有领袖魅力的领导者与下属的高绩效和高满意度之间有着显著的相关性。从员工的角度看，魅力型领导者能够影响员工对领导者的信任、对领导者价值观的认同、对领导者的服从和认可，认同领导者提出的目标并全身心地投入。此外，魅力型领导者还可以提升员工的自我目标和增强完成任务的信心等。

魅力型领导理论看起来似乎是"天赋论"的推崇者，事实并不是这样。有研究者认为，个体可以经过培训而展现出领袖魅力，成为一名魅力型领导者。因此，魅力型领导理论在领导特质理论的基础上又进了一步，即主张领导者的后天可塑性。简而言之，魅力型领导者致力改变下属的以自我为中心的观念，试图将员工个人及其自我观念和整个组织的愿景目标联系起来共同发挥作用。该理论强调工作过程本身的收获，而不看重外在的奖励，期望员工把工作当成自己智慧和能力的体现，同时，领导者在工作过程中努力帮助下属树立自信心和提升自我效能感。

但是，魅力型领导理论并不适用于所有情境。当下属的任务结构不明确时，或者员工所处的环境带有极大的不确定性时，魅力型领导者能够起到很好的作用。如果员工的任务结构清晰，工作规范明确，员工又有良好的专业技能，就不需要这种领导。

第三节　领　导　与　决　策

众所周知，领导活动对组织绩效具有巨大的影响，这种影响是由于领导活动的根本内容——决策引起的。决策是领导工作的实质与核心，是领导的主要职能。

一、什么是决策

决策就是在面临某种问题的情况下，组织或个人为了实现某种目标，从两个或两个以上的备择方案中,选择一个方案的判断过程①。决策有广义和狭义之分。

狭义的决策就是具体的决策,是指在具体的管理工作中,为了实现某一特定目标,从两个或两个以上的备选方案中选择一个满意方案的过程。

广义的决策不仅指方案选择的瞬间过程,而且还包括作出选择之前的一系列准备工作,以及作出决定之后的执行和反馈过程。

(一) 决策的特征

决策的特征可以概括为:

1. 超前性

任何决策都是为了解决现在面临的、待解决的以及将会出现的新问题,都是针对未来行动的。这就要求决策者具有超前意识,能够预见事物的发展变化,适时作出正确的决策。

2. 目标性

决策要有明确而具体的决策目标,决策就是通过解决某些问题来达到目标,没有目标的决策或目标不明确的决策将导致决策无效甚至失误。

3. 选择性

决策要求有两个以上的备选方案,通过比较、判断进行选择,如果仅有一个方案或无法制订方案,决策就失去意义了。

4. 过程性

决策是一个过程,但既非单纯的"出谋划策",又非简单的"拍板定案",而是一个发现问题、分析问题、解决问题的系统分析判断过程。

5. 可行性

备选方案的可行性是保证决策方案切实可行的前提。"可行"是指方案本身具有可行的条件,能解决预期问题,实现预定目标,方案的影响因素及效果可进行定性和定量分析。

6. 科学性

决策追求的是最可能的优化效应。每个备选方案都有优缺点,决策者必须掌握充分的信息,并能够透过现象看本质,运用科学的方法进行逻辑分析,作出符合事物发展规律的决策。

----

① 孙时进、颜世富:《管理心理学》,立信会计出版社,2001年。

(二) 决策的分类

由于管理活动的复杂性,管理者的决策也多种多样。从不同的角度可以把决策分为不同的类型。

1. 战略性决策与战术性决策

按决策目标的远近、大小不同,决策可以分为战略性决策与战术性决策。

战略性决策是指与确定组织发展方向和远景目标有关的重大问题的决策,它具有全局性、长期性和战略性的特点。战略性决策是一种非程序化的决策。这种决策受许多目前不能控制的变动因素的影响,所以,无法依靠一种固定不变的决策程序来解决。它的成败只能依靠决策者本人的知识、经验、掌握的信息、决断能力、勇担风险的魄力等个人因素。企业中的技术革新、重要的人事变动、新产品开发、开拓海外市场、合资经营等都属于战略性决策。

战术性决策是一种局部的对具体问题的决策,它需要解决的是组织的某个或某些具体部门在未来一段较短时间内的行动方案。战术性决策是一种程序化的决策。它的先行条件一般都比较稳定,影响的因素也可以控制,因而可以依靠固定的决策程序来解决。企业中许多日常的管理业务,如编制生产计划、人事调整、资金筹措、材料的合理选择与使用等均属于战术性决策。

战略性决策解决的是"干什么"的问题,战术性决策解决的是"如何干"的问题,前者是根本性决策,后者是执行性决策。管理层次越高,战略性决策越多;越是基层的管理者,战术性的决策越多。

2. 程序化决策和非程序化决策

按决策问题出现的形式,可以分为程序化决策和非程序化决策。

程序化决策即有关常规的、反复发生的问题的决策。它是针对反复出现的组织问题所作出的决策,往往采取一系列合乎逻辑的步骤和标准方法,具有固定的模式。程序化决策适用于某种情况足够频繁地出现,以至于可以制定出决策规则,供今后使用。例如,当库存减少到一定程度时,再次订购货物加以补充;当开支超出预算(10%或10%以上)时,向上级报告;每次学校放完长假过后,都要求每个班进行点名,确定学生返校人数等。管理者一旦制定了决策规则,下属和其他人员就可以按照规则作出决策,这样,管理者才可以脱身去完成其他任务。

非程序化决策是指偶然发生的或首次出现而又较为重要的非重复性决策。当人们面临的形势是独一无二的、定义不清楚的、很大程度上不成体系的或者对组织有重要意义的时候,就不得不采用非程序化决策。许多非程序化决策都涉及战略计划问题,因为不确定性很大,决策也很复杂。如开发新产品或服务、进入新的区域市场、政府政策的突然转变等。

程序化决策与非程序化决策的一个主要区别在于管理者在决策的过程中所应对的确定性或不确定性的程度。一般来说,程序化决策有利于提高组织的效率,但由于高层管理者所面临的问题大多是新的,为了减少非程序化决策的随意性,管理中应尽量使非程序化决策转变为程序化决策,如制订标准作业程序,以提高组织效益,减少失误。

3. 确定性决策、非确定性决策和风险性决策

按决策问题具备的条件和决策结果的确定性程度,可以分为确定性决策、非确定性决策和风险性决策。

确定性决策是指决策者可以得到制订决策所需要的全部信息,面临的是稳定可控的环境或条件,每个方案只有一个确定的结果,可以通过直接比较选择出方案。

非确定性决策是指在不稳定的状态下进行的决策。管理者知道要实现的目标,但关于备选方案及未来事件的信息是不完整的。由于信息不充分,故管理者不能彻底弄清楚各个备选方案,也不能估计它们的风险大小,因而难以分析和预测可能对决策有影响的因素,如价格、生产成本等。管理者或许还得做出假设并借此制订决策。即使因假设不正确而导致错误的决策,管理者也必须针对备选方案提出创造性方法,并运用个人判断来确定哪个方案是最佳的。不确定性决策往往难以产生理想的效果。

风险性决策也称随机决策,是指决策者不能预先确知环境条件,每个备选方案会有不同的执行后果,无法确切地预测决策结果的成败,因此,不管哪个备选方案都有风险。不过,由于可以获取足够的信息,因而每个方案成功的概率是可以评估的,可以运用统计分析来计算成功或失败的概率。在这类决策中,自然状态不止一种,决策者不能预知哪种自然状态会发生,但可以知道有多少种自然状态和每种发生的概率。如新产品的开发、证券、保险、信贷投资等均属于风险性决策。

除了以上不同的分类,决策还有其他分类方法,例如根据目标的多寡,分为单目标决策和多目标决策;根据决策的规模和影响范围的不同,分为宏观决策、中观决策和微观决策;根据决策是否用数量来表示,可分为定量分析决策

和定性分析决策。

二、决策过程

决策过程常被描述为"在不同方案中进行选择",但这种观点显然过于简单了,因为决策是一项非常复杂、非常重要的管理工作。要作出正确决策,必须遵循正确的决策过程。图8-6描述了决策的制订过程,从识别问题开始,到选择能解决问题的方案,最后到评价决策效果结束。下面详细考察一下这个过程,以便对每一步的具体内容有所了解。

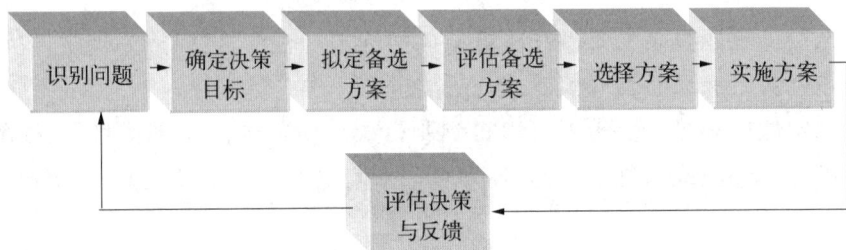

图8-6　决策制订过程

(一) 识别问题

决策源于一定的问题,管理人员要作出决策时,也就是他碰上难题或组织遇上发展机会的时候。所以,识别问题是决策的第一步。

识别问题就是搞清楚遇到的问题,寻求现实与期望状态之间的差异。所谓问题,就是认识主体与认识客体之间的矛盾。问题识别在决策制订过程中具有重要位置,但由于问题产生的来源很多,发现问题的方法也很多,所以,问题识别也并非易事。当组织内的环境发生变化或组织运行与计划目标发生偏差时,往往意味着问题的产生。

问题的识别受到组织文化、决策者的经验和现有的信息等方面的影响。同时,管理者的感知、注意力、情感等特点,也在问题的识别中起着重要作用。

(二) 确定决策目标

问题一旦确定,决策者就要根据需解决的问题来确定决策目标。所谓决策目标,就是指在一定的外部环境和内部环境条件下,在调查和研究的基础上所预测的组织在未来某一时期要达到的结果。

不同目标要采取不同的决策方案,因此,目标的确定十分重要。根据决策目标在决策中的地位和重要程度,将决策目标分为三类,即必须达到的目标、希望达到的目标和不予重视的目标。必须达到的目标对组织和决策者来讲是绝对重要的,完成它就意味着决策取得了成功;希望完成的目标对组织和决策者来讲是相对重要的,能够全面完成更好,部分完成也算决策的收获,因此,它是一种弹性的要求;不予重视的目标是对组织和决策者重要性不大的,在决策方案中无需专门考虑的目标①。

确定决策目标时,要把目标建立在需要和可能的基础上,要使目标明确、具体,不能含糊不清,并尽可能地使目标量化,同时,还要明确目标的约束条件。明确的决策目标应该具有以下特点:

(1) 可以计量其结果,以便进行考核。

(2) 可以规定时间,以便在拟订方案时有所参考。

(3) 责任明确,即明确由谁来对这项目标负责。

(三) 拟订备选方案

决策目标确定之后,就应拟订达到目标的各种备选方案。拟订备选方案分三个步骤:第一步是分析研究组织内外部环境条件、积极因素、消极因素以及决策事物未来的运动趋势和发展状况;第二步是在此基础上,将外部环境各限制因素和有利因素、内部业务活动的有利条件和不利条件等同决策事物的未来趋势和发展状况的各种估计进行排列组合,拟订出适量的实现目标的方案;第三步是将这些方案同目标要求进行粗略的分析对比,权衡利弊,从中选择出若干个利多弊少的可行方案,供进一步评估和抉择。拟订备选方案时要注意以下 3 个问题。

① 任何决策至少要拟出两个以上的备选方案,否则,就无从比较,更谈不上科学决策。

② 要明确列出各个方案中的限制性因素。

③ 拟订方案要求有创新性,不要被经验所束缚。

此外,还要求掌握一定的决策方法和决策技术。

(四) 评估备选方案

备选方案拟订以后,随之便是对备选方案进行分析、评估,看哪一个方案最有利于达到决策目标。评价时主要根据方案实施的可行性、风险性来判断。

---

① 王绪君:《管理学基础》,中央广播电视大学出版社,2005 年。

评价的方法通常有三种，即经验判断法、数学分析法和试验法。经验判断法是一种依靠决策者的实践经验和判断能力来选择方案的一种方法。对于比较复杂的方案，可用起码的满意程度或关键评价标准淘汰一些方案。数学分析法是一种用数学模型进行科学计算以选择方案的一种方法。当选择重大方案时，既缺乏实践经验，又无法采用数学模型，可选择少数的几个典型环境为试点单位，以取得经验和数据，作为选择方案依据的方法，这就是试验法。

评价一般分为三步：第一步要看备选方案是否满足必须达到的目标要求；第二步是按照希望完成的目标要求，对保留下来的方案进行评估；第三步是根据必须完成的目标和希望完成的目标，对各方案进行全面权衡，从中选择最满意的方案。

（五）选择方案

在对各种方案分析评价的基础上，决策者要从中选择一个满意方案。选择方案就是对各种备选方案进行总体权衡后，由组织决策者挑选一个最好的方案。方案的选择方式，依决策事物的重要性程度不同而有所不同。重要的决策方案，首先要将方案印发给有关人员，准备意见；其次是召开会议，由专家小组报告方案评估过程和结论；最后是决策者集体进行充分的讨论，选择出满意的方案。对重大决策，有条件的组织还应吸收高级顾问、咨询人员参加，以避免某些方面考虑不周，给组织带来不良后果；对一般性、程序性的决策，可不吸收智囊人员参加，也可由决策者个人进行选择，以降低决策成本，提高工作效率。

（六）实施方案

方案一旦选定后，就要予以实施。决策的目的在于行动，否则，再好的决策也没有用处，所以，方案实施是决策过程的重要步骤。实施决策，要做好思想动员，对实施方案的目的、意义、原则、方法、要求等进行解释说明、宣传和鼓动，要特别注意争取他人对决策的理解和支持，这是任何决策得以顺利实施的关键。

（七）评估决策和反馈

决策制订的最后一步是评估决策并及时反馈。评估决策是指根据决策目标，检查所实施的方案是否解决了问题。决策评估包括两方面：一方面，通过不断检查，取得信息反馈，在实践中评价决策是否正确；另一方面，利用各种反馈信息，及时发现问题，并采取相应措施，调整决策，修正方案。

以上决策的过程不是机械不变的,在具体决策过程中,可以根据实际情况,可能相互交叉,也可能省略有些阶段。总之,可以根据决策者的经验和决策的实际情境,灵活掌握。

三、决策心理

决策心理是指管理者在决策中的心理现象、个性特征及其心理活动过程。决策心理对决策过程有着直接的影响,研究决策中的心理特点与规律,对于提高管理者的决策水平起到重要作用。

决策心理结构非常复杂,在决策过程中,以下几个心理因素对决策有着较大的影响。

(一) 感知过程

决策方案的制订、选择及实施过程均受到决策者感知过程的影响。首先,对是否存在问题和是否有决策的需要是一个感知问题。例如,面对工厂年生产能力提高了 8% 的问题,一个管理者可能认为问题很严重,需要采取行动解决可能存在的问题,另一个管理者则可能觉得很满意;其次,决策者的感知过程会影响决策者对信息的解释和评估。因此,不恰当的感知可能使决策者错失与问题有关的信息而影响方案的制订。同时,由于对信息的不同过滤、加工和解释,感知还会影响决策者对方案的评价与选择。

(二) 思维

决策行为本身就是一个思维的过程。首先,问题的提出与发现,需要决策者创造性思维的探寻;其次,面对问题,需要决策者进行深入的分析与综合,并在此基础上,运用直觉、想象、发散性思维等创造性思维技术,从偶然性中探索寻找必然性,并制订与选择有效的决策方案;再次,在实施过程中,还需要决策者善于适应变化,运用灵活机动的思维方式和方法,使问题得到很好的解决。

良好的决策思维,是有效决策的前提和关键。决策思维直接关系到决策的正确性,决策者应该具备以下思维特征[1]:

1. 广阔的思维品质

是指决策者可以在不同的知识领域和不同的实践范围中深入问题的各个方面,进行综合研究,并能作出许多重要的抉择。

---

① 苏东水:《管理心理学》(第五版),复旦大学出版社,2013 年。

2. 善于深入思考的品质

是指能够从不被人们注意的一些日常现象中发现事物的本质和规律,预见未来发展进程,而不被片面的虚假现象所蒙蔽。对高级决策者来说,这种思维品质是不可缺少的。

3. 独立决断的能力

具有这种思维特征的人,头脑冷静,意志坚定,处理问题果断,有魄力,对任何复杂问题,都有自己的独立见解,不随声附和,能坚持自己的原则立场,勇于向强大的传统势力挑战。

4. 思维的敏捷性

决策者的思维敏捷性非常重要。具备这种思维特点的人在任何紧急情况下都能当机立断,迅速而正确地处理突然发生的各种复杂问题。

(三) 意志

决策行为往往与克服困难相联系,决策目标的确定、决策方案的制订,以及最终方案的顺利实施,均离不开决策者的意志过程。例如,在决策的确定阶段,由于存在多种不同目的,往往会导致决策者的内心冲突和动机斗争,需要进行权衡比较。意志坚强的人能在此基础上果断地作出决策,意志薄弱者则往往优柔寡断,迟迟作不出决定,甚至在目标确定后,还可能轻易地改变。在决策的实施阶段,由于可能会遇到一些意想不到的困难,更需要决策者自觉地调节、支配自己的行为,要有战胜困难的勇气和决心,克服懒惰、恐惧、动摇等消极心理,使决策目标得到实现。

(四) 情感

决策还受到决策者情绪和情感的影响。情绪和情感影响着人的其他心理过程,包括促成知觉选择、监视信息的变化、影响工作记忆和思维活动等。沉稳、愉快的情感会使决策者思维敏捷;抑郁的情绪会降低大脑的兴奋性,从而使思维迟钝,阻碍问题的顺利解决;过度兴奋也会妨碍合理的分析推断;暴躁的情绪情感往往会使所作的决策草率而冲动。因此,决策者应努力克服消极的不良情绪,培养积极乐观的情绪。

四、集体决策与个人决策

在实际工作中,可能经常碰到这样的问题:参与决策的人数到底多少为好? 由一个人来完成决策好,还是由包括两个人以上的集体来完成好? 这实际上是集体决策与个人决策的选择问题。如果在决策过程中,意见主要是由集体共同或各相关的局部群体共同作出的,我们称之为集体决策。组织中的许多决策,尤其是对组织的活动和人事有极大影响的重要决策,多是由群体来完成的,这些群体包括委员会、工作队、审查组、研究小组等。如果在决策过程中,个人作出意见和负责的倾向比较明显,一般是由个人来作出最后决断的,我们称之为个人决策。

组织中经常要进行集体决策,因为多数人决策往往比一个人决策更为可靠,正确性更高。如高层主管要经常集会,商讨重大事宜;为解决某项特殊问题,常常成立专门的委员会。但这并不能说集体决策就一定优于个人决策。集体决策和个人决策各有利弊,因此,应该在不同的条件下选用不同的决策方式。

不同国家习惯于不同的决策模式。如美国很少谈集体决策,而重视个人决策,日本是比较喜欢采用集体决策的国度,中国则介于两者之间。产生这种现象的原因在于每个国家的文化传统不同。

(一) 集体决策

1. 集体决策的优点

(1) 信息更全面

"三个臭皮匠,赛过一个诸葛亮。"相比个人决策,集体决策的参与者因为每人都有自己的经验和见识,可以汇总更丰富的信息,使决策建立在较多信息与专业知识的基础之上。

(2) 方案更多

集体决策以全面丰富的信息为思考对象,各抒己见,交换、比较、相互启发,可以从多个角度提出可能的方案,使决策有更多的选择余地。

(3) 增加认同感

集体决策能够充分发扬民主,避免个人决策可能出现的主观片面性。同时,让更多的人来参与决策,也会增加人们对决策认同的可能性,促成决策的执行。而且,如果决策的执行者也是决策的参与者,可以增加他们的满足感。

(4) 权责分散

权力高度集中于一人手中,组织风险太大。集体决策使权责分散,使决策更加民主化,既有利于相互制约和监督,又有利于通过分工形式,发扬各人所长,优化决策。

2. 集体决策的缺点

任何事物都有两面性,集体决策也不例外。具体说来,集体决策有如下缺点:

（1）耗时费钱

集体决策需进行沟通和讨论,耗时较多。在情况紧急亟需当机立断时,反复磋商讨论会延误决策时机;另外,为取得大体一致的意见,需要召开多次会议,费用也会很高。

（2）屈从压力

团体中存在着社会压力,这种压力迫使人屈从多数人的意见,因为人们都不希望自己被团体拒绝,这可能使人不愿意发表与多数人不一致的意见,人云亦云。

（3）责任模糊

集体决策时,成员共同分担责任,导致成员不像个人决策一样有强烈、明确的责任感。可能会出现决策时七嘴八舌,执行中无人负责或推卸责任的情况。

（4）少数人专制

即使是集体决策,通常也由一些关键人物主持或操纵。如果这少数人能力平庸,同样不能发挥集体决策的真正优势。

3. 集体决策的方法

（1）头脑风暴法

在群体决策中,由于群体成员之间的心理相互作用,易形成屈从于权威或大多数人意见的群体思维。群体思维削弱了群体的批判精神和创造力,损害了决策的质量。为了保证群体决策的创造性,提高决策质量,人们提出一系列改善群体决策的方法,头脑风暴法是较为典型的一个。

头脑风暴法（brainstorming）由美国广告策划人奥斯本（Alex Osborn）在20世纪40年代首先提出。它采用会议的形式,引导每个参加会议的人围绕某个中心议题,广开思路,激发灵感,毫无顾忌地发表独立见解,并在短时间内从与会者中获得大量的观点。

采用头脑风暴法组织群体决策时,要集中有关专家召开专题会议,主持者以明确的方式向所有参与者阐明问题,说明会议的规则,尽力创造融洽轻松的会议气氛。主持者一般不发表意见，以免影响会议的自由气氛，由专家们"自由"提出尽可能多的方案。

头脑风暴法提供了一种有效地就特定主题集中注意力与思想进行创造性沟通的方式，无论是对于学术主题探讨或日常事务的解决，都不失为一种可资借鉴的途径。但要注意的是，使用者切不可拘泥于特定的形式，因为头脑风暴法是一种生动灵活的技法，应用这一技法的时候，完全可以并且应该根据与会者的情况以及时间、地点、条件和主题的变化而有所变化，有所创新。

（2）德尔菲法

德尔菲法又称专家意见法，是美国兰德公司的专家们为避免集体讨论存在的屈从于权威或盲目服从多数的缺陷而提出的一种决策方法。德尔菲法是一种主观、定性的方法，为消除成员间的相互影响，参加的专家可以互不了解，它运用匿名方式反复多次征询意见和进行背靠背的交流，以充分发挥专家们的智慧、知识和经验，最后汇总得出一个能比较反映群体意志的决策结果。

德尔菲法的具体实施步骤如下：

① 组成专家小组。按照课题所需要的知识范围，确定专家。专家人数的多少，可根据预测课题的大小和涉及面的宽窄而定，一般不超过20人。

② 向所有专家提出所要解决的问题及有关要求，并附上有关这个问题的所有背景材料，同时请专家提出还需要什么材料。然后，各个专家根据他们所收到的材料，做出书面答复，并说明自己是怎样利用这些材料进行判断的。

③ 将各位专家第一次判断意见汇总，列成图表，进行对比，再分发给各位专家，让专家比较自己同他人的不同意见，修改自己的意见和判断。也可以把各位专家的意见加以整理，或请身份更高的其他专家进行评论，然后把这些意见再分送给各位专家，以便他们参考后修改自己的意见。

④ 再次将所有专家的修改意见收集起来，汇总，然后再分发给各位专家，以便做第二次修改。逐轮收集意见并为专家反馈信息是德尔菲法的主要环节。收集意见和信息反馈一般要经过三四轮，在向专家进行反馈的时候，只给出各种意见，但并不说明发表各种意见的专家的具体姓名。这一过程重复进行，直到每一个专家不再改变自己的意见为止。

⑤ 对专家的意见进行综合处理。

德尔菲法的优点是能充分发挥各位专家的作用，能把各位专家意见的分歧点表达出来，集思广益，准确性高。缺点是过程比较复杂，花费时间较长。

（3）名义群体法

名义群体法是指在决策过程中对群体成员的讨论或人际沟通加以限制，但群体成员是独立思考的。与召开传统会议一样，群体成员都出席会议，但群体成员首先进行个体决策。

名义群体法在问题提出之后，一般采取以下几个步骤：

① 成员集合成一个群体，但在进行任何讨论之前，每个成员独立地写下自己对问题的看法。

② 经过一段沉默后，每个成员将自己的想法提交给群体。然后一个接一个地向大家说明自己的想法，直到每个人的想法都表达完并记录下来为止（通常记在一张活动挂图或黑板上）。所有的想法都记录下来之前不进行讨论。

③ 群体开始讨论，以便把每个想法搞清楚，并作出评价。

④ 每一个群体成员独立地把各种想法排出次序，最后的决策是综合排序最高的想法。

名义群体法的主要优点在是使群体成员正式开会而不限制每个人的独立思考，传统的会议方式往往做不到这一点。

（4）电子会议法

电子会议法是将名义群体法与尖端的计算机技术结合的一种集体决策方法。这种方法利用现代科技手段，将决策问题通过计算机终端显示给决策参与者，决策者把自己对问题的思考打在计算机屏幕上，个人的评论和票数统计都投影在会议室内的屏幕上。电子会议的主要优点是匿名、诚实和快速。电子会议能避免面对面决策中存在的复杂利益关系干扰决策、少数人统治决策现象等，有利于实现决策科学化。

（二）个人决策

个人决策的优点是：职责明确，能有效杜绝互相推诿、不负责任的不良作风；权力集中，因而行动迅速有力；费时较少，降低了决策成本，在一定程度上提高了管理效益。

个人决策的不足是：个人的学识、经验、才干、精力和他要处置的复杂问题可能构成鲜明落差；个人权力过分集中，可能导致有效监督不够；个人性格的薄弱处可能在关键时刻无法得到有力弥补；个人决策一时可能挫伤下属参与管理的积极性，使民主管理风气不易形成，还可能使阿谀奉承者乘隙迎合等。

个人决策一般适用于以下情况：

① 面临突发事件或危急情景，需立即采取行动时。

② 环境动荡，反复磋商，久拖不决，会贻误战机时。

③ 问题清楚，无需数度审慎研究时。

④ 历史事件重现，个人经验和聪明才智可充分应对时。

集体决策与个人决策各有所长，也各有不足，在不同场合发挥各自无法替代的作用（见表 8-8）。对于一些能用标准过程解决的非结构良好问题，个人决策可以节省时间和人力，有利于提高工作效率，如果不适当地采用集体决策，可能会造成组织资源的浪费。对于一些具有战略性的决策问题，尤其是对组织的活动和人事有极大影响的重要决策，采用集体决策比较好，此时运用个人决策，可能会导致决策的低质量和低创造性，甚至造成较大的失误。具体采用哪种决策方式，应根据实际需要恰当地选择。

表 8-8　个人决策与集体决策的比较

	个 人 决 策	集 体 决 策
速　度	快	慢
正确性	一般	较好
创造性	较大（相对于工作结构不明确或需要创新的工作）	较小（相对于任务结构明确，有固定执行程序的工作）
风险性	视个人气质、经历而异	若群体成员特别是领导富于冒险性，则更趋于冒险性质。若群体成员特别是领导较保守，则更趋于保守

本章要点总结和复习

◆ 领导是对群体或个体施加心理影响，从而使之主动为实现组织目标而富有热情地工作的过程。领导者可分为正式领导者和非正式领导者。领导者的影响力包括权力性影响力和非权力性影响力。

◆ 领导理论的发展经历了领导特质理论、领导行为理论、领导权变理论和现代最新领导理论四个阶段。

◆ 决策是在面临某种问题的情况下,组织或个人为了实现某种目标,从两个或两个以上的备择方案中,选择一个方案的判断过程。从不同的角度可以把决策分为不同的类型。集体决策与个人决策是组织中经常采用的决策方式,两者各有优缺点。

学习游乐场 8-1

生存考验游戏

◆ **形式:** 10 人一组
◆ **时间:** 20 分钟
◆ **材料:** 列有 15 件物品的挂图或幻灯片
◆ **场地:** 不限
◆ **应用:** 理解集体决策与个人决策的优缺点

目的

使学习者认识到:

◆ 在决策速度方面,个人决策优于群体决策;

◆ 在创意方面,群体决策优于个人决策;

◆ 在解决问题的接受程度方面,群体决策优于个人决策。

程序

向学习者说明:

■ 某年某月的一天下午 4 点,我们所乘的轮船遇险,船舱进水,被迫停在大西洋中的一个小岛附近,轮船不久便沉入海底,10 名幸存的乘客登上了小岛。

■ 轮船遇险地点距目的地还有十几日路程,乘客们必须想办法获得救援或者自行到达目的地,并在此之前应付各种生存方面遇到的困难。

■ 乘客们在轮船沉没之前找到的物品有如表 8-9 所示(具体物品教师可根据实际情况自行决定,但事先一定要制订出唯一的标准答案)。

表 8-9　生存考验游戏表

	第 1 步	第 2 步	第 3 步	第 4 步	第 5 步
	您个人的排序	小组集体的排序	救生专家的排序	第 1、第 3 步之差	第 2、第 3 步之差
六分仪					
刮脸镜					
26 升罐装水					
蚊帐					
一箱军用干粮					
太平洋海图					
坐垫(漂浮装置)					
10 升罐装汽油					
小型无线电收音机					
鲨鱼驱赶器					
2 平方米不透明塑料布					
1.2 升 60 度烈性酒					
5 米长尼龙绳					
两盒巧克力					
钓鱼具					
				您的分数	小组的分数

◆ 每 10 人分成一组,假定为 10 名幸存下来的乘客,有 15 件物品供选择。

◆ 小组成员必须根据游戏介绍中提出的具体情况为先决条件,排列出 15 件物品的重要性填入表格。

◆ 首先由每人独立判断,然后把每人的排列结果拿出来进行小组讨论,确定小组的最终选择结果并填入表格。

◆ 公布标准答案(具体内容参见本章课后练习答案)。

讨论

◆ 标准答案与每个小组各自的结论之间呈现什么特点?

◆ 你们小组是通过什么方式来决定最终结果的? 你个人的结论与小组讨论得出的结论有什么差别?

总结与评估

◆ 小组最终讨论的结果还是少数服从多数,几乎每个人对小组产生的结果都有或多或少的不满。

◆ 最后的结果证明,每个组的讨论结果比该组内任何一个人的选择结果更接近标准答案。

　　资料来源: 众行管理资讯研发中心,《管理培训游戏全案》,广东经济出版社, 2003 年。(作者进行了部分改写)

学习游乐场 8-2

沙 漠 求 生

手机扫一扫,查阅内容。

心理测试8:决策类型量表

　　指导语:下面是描述个体作为重要决策的 8 种陈述。请如实回答你对每个陈述同意或不同意的程度,以便更好地了解自己的决策类型。做完后按后面的方法记分。

表 8 - 10　决策类型量表

陈　述　内　容	完全同意	同意	一般	不同意	完全不同意
1. 我更多地依靠事实而不是本能作出决策	5	4	3	2	1
2. 用逻辑和系统方法作决策我感到更为舒心	5	4	3	2	1
3. 作决策时我依靠直觉而非其他东西	5	4	3	2	1
4. 作决策时感觉到决策的正确性比其合理的理由对我来说更重要	5	4	3	2	1
5. 即使事实表明选择是对的,我也不会作出在感觉上不对的选择	5	4	3	2	1
6. 我的决策通常涉及细心的事实分析和权衡决策标准	5	4	3	2	1
7. 作决策时,我相信我的内在情感和反应	5	4	3	2	1
8. 我作出的最好选择是基于对事实信息的仔细分析	5	4	3	2	1

测试结果与分析参见本书附录 2。

课后练习

一、单项选择题

1. 处长大李任现职已有五年,其业绩在局里颇有口碑。大李为局长老王一手提拔,两人一向关系密切,但最近出现一些不和谐的征兆。大李私下抱怨老王不给自己留面子,在下级面前对自己呼三喊四,对自己的工作也干预太多;老王则觉得大李翅膀硬了,不像过去那样听话了。根据领导生命周期理论,你认为老王应当采取(　　)的领导方式较为合适。

　　A. 高工作、高关系　　　　　　　B. 高工作、低关系

　　C. 低工作、高关系　　　　　　　D. 低工作、低关系

2. 石家庄一位厂长说:"走得正,行得端,领导才有威信,说话才有影响,群众

才能信服。"这位厂长在这里强调了领导的影响力来源于(　　)。

    A. 法定权   B. 奖赏权   C. 专家权   D. 参照权

3. 管理方格图中的贫乏型领导是(　　)。

    A. 关心生产和效率,不关心人   B. 关心人而不关心工作或生产

    C. 对人和对生产都关心   D. 对人对工作都不关心

4. 情境领导理论认为,随着下属由不成熟到成熟,领导行为的轨迹是(　　)。

    A. 低工作低关系→高工作高关系→低工作高关系→高工作低关系

    B. 高工作低关系→高工作高关系→高关系低工作→低工作低关系

    C. 低工作低关系→高工作低关系→高工作高关系→高关系低工作

    D. 低工作高关系→低关系高工作→低关系低工作→高工作高关系

5. 1985年,时任青岛电冰箱总厂厂长的张瑞敏发现库房里共有76台冰箱存在缺陷。多数职工认为这些缺陷不影响使用,便宜点儿处理给职工算了。张瑞敏说:"我要是允许把这76台冰箱卖了,就等于允许你们明天再生产760台这样的冰箱。"他宣布这些冰箱要全部砸掉,并抡起大锤亲手砸了第一锤! 三年以后,海尔人捧回了我国冰箱行业的第一块国家质量金奖。从这个例子可以看出张瑞敏属于(　　)类型的领导。

    A. 放任型   B. 民主型   C. 交易型   D. 变革型

二、多项选择题

1. 勒温将领导作风区分为(　　)。

    A. 专制型领导作风   B. 协商型领导作风

    C. 民主型领导作风   D. 独立型领导作风

    E. 放任型领导作风

2. 菲德勒认为,在工作中要取得好的成绩,必须考虑到三个情境因素,即(　　)。

    A. 职位权力   B. 工作结构   C. 个性结构   D. 环境结构

    E. 上下级关系

3. 路径—目标理论认为,领导方式有(　　)。

    A. 指导型   B. 支持型   C. 参与型   D. 成就导向型

    E. 独裁型

4. 根据连续统一体模型,管理者在决定采用哪种领导模式时,要对以下(　　)因素进行分析的基础上结合组织的战略性考虑来决定。

    A. 上级部门   B. 领导者自身   C. 员工方面   D. 客户方面

E．环境方面

5．构成权力性影响力的因素有（　　　）。

A．传统因素　　　B．品格因素　　　C．学识因素　　　D．职位因素

E．资历因素

三、判断题

1．领导行为四分图理论由俄亥俄州立大学的研究人员提出。（　　　）

2．管理方格图中的乡村俱乐部型领导主要表现为关心人而不关心工作或生产。（　　　）

3．领导者的权威来自强制性影响力。（　　　）

4．德尔菲法由美国广告策划人奥斯本在 20 世纪 40 年代首先提出。（　　　）

5．领导是对群体或个体施加心理影响，从而使之主动为实现组织目标而富有热情地工作的过程。（　　　）

四、简答题

1．领导理论的发展经历了哪几个阶段？每个阶段的研究内容是什么？

2．集体决策的优缺点是什么？

3．集体决策的方法有哪些？

4．个体决策的适用条件是什么？

五、案例分析题

三个领导者，三种管理风格

刚刚大学毕业的吴君通过学校推荐来到钢材集团总公司下属的第三分公司，给张总经理做秘书。张总经理可谓日理万机，因为公司的大小事情都必须要向他汇报，得到他的指示才能行事。尽管如此吴君感到工作还是比较轻松。因为任何事情她只需要交给总经理，再把总经理的答复转给相关责任人，就算完成任务了。可是好景不长，因为张总经理每日太过奔波劳碌，病倒了。

新上任了王总经理。王总经理对吴君每日无论大小事都要请示提出了批评，让她慢慢学会分清轻重缓急，有些事情可以直接转交其他副总经理处理。这样，王总经理每日有更多的时间去考虑公司的长远目标，确立组织发展方向，然后在高层领导者之间召开会议，进行研讨。自王总经理上任以来，公司出台了新的发展战略、市场定位及公司内部的规章制度。公司的业绩也在短期内有了很大的提高。同时，吴君也很忙碌，有时需要跑很多的部门去协调一件工作，让她觉得学到了很多东西，也充实了不少。因为业绩突出，王总经理

干了一年就被调到总公司去了。

之后又来了李总经理。相对于张总经理的事必躬亲以及王总经理的有张有弛,李总经理就要随意得多了。他到任以后,先是了解了一下公司的总体情况,感到非常满意,就对下面的经理说:"公司目前的运营一切顺利。我看大家都做得比较到位,总经理嘛,关键时刻把把关就可以了,不是很重要的事情你们就看着办吧。"这样一来,吴君享受到了自工作以来没有过的轻松,因为一周也没有几件事情要找总经理。

吴君现在有时间了,她对比、思考着这三个领导,真是各有各的特点。

思考:

1. 你认为三个领导者的管理风格有区别吗?
2. 你认为哪个领导者的管理风格更可取?

六、实训题

重点访问一位领导者,了解其职位、管理方式,看看符合哪些领导理论。并试着提出相关的改革建议。

☞ **推荐阅读**

▶ 〔美〕R. R. 布莱克、A. A. 麦坎斯:《领导难题·方格解法》,中国社会科学出版社,1999 年。

▶ 〔美〕沃伦·本尼斯、伯特·纳努斯:《领导者》(纪念版),浙江人民出版社,2016 年。

▶ 〔美〕詹姆斯·M. 库泽斯、巴里·Z. 波斯纳:《领导力:如何在组织中成就卓越》(第 6 版),电子工业出版社,2018 年。

▶ 冯秋婷、齐先朴:《西方领导理论研究》,人民出版社,2008 年。

▶ 〔美〕大卫·梅西克、罗德里克·克雷默:《领导心理学——新视野及其研究》,复旦大学出版社,2010 年。

▶ 〔美〕加里·克莱因:《如何作出正确决策》,中国青年出版社,2016 年。

9

第 9 章

组织心理分析

学习目标

学完本章并做完练习，你应该可以做到：

- ◆ 描述组织结构的构成因素及类型
- ◆ 说明组织设计的程序
- ◆ 掌握组织文化建设的有效方法
- ◆ 列出组织变革的动力和阻力
- ◆ 理解组织发展的模式

章前引例：一只大雁能独自飞到南方吗

科学研究发现，当大雁扇动双翼时，尾随的同伴可以借力飞行，雁群排成V字形方式飞行，比孤雁单飞增加了71%的飞行距离。不论何时，当一只大雁脱离队伍时，它马上会感受到一股动力阻止它离开，借助前一只伙伴的"支撑力"，它很快便能回到队伍。雁群中当数头雁最辛苦，一旦头雁疲倦了，它会退回队伍中，由另一只雁来取代它的位置。

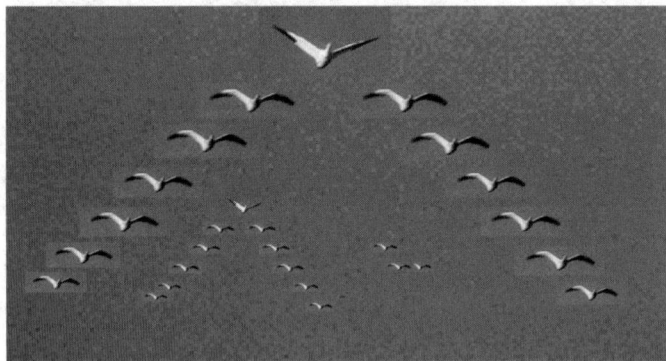

这一自然现象对我们的启示就是：与拥有相同目标的人同行，能更快速、更容易地到达目的地，因为人与人之间本来就是相互依赖、彼此推动的。同时，忙忙碌碌的主管有时也需要调整角色，让更适合的人来担任主角；轮流担任与共享组织权是必要且明智的选择，因为我们在组织中本来就是相互依赖的；组织也是需要不断进行变革才能发展的。

组织不同于个体，也不同于群体，它有其自身的运作机制和行为规律。其中，组织结构就是组织的框架或构成，结构的优劣不但影响到组织的运行，还对组织文化、组织变革与发展产生明显的影响。组织结构的设计必须要注意到组织运行的安全性、内部的协调性、沟通性等。本章对组织结构与设计、组织文化建设、组织变革与发展等方面进行阐述。

问 题 聚 焦

1. 人浮于事的现象可以避免吗？

目前,很多企业越做越大,机
构越来越多,人员也随之增加,但
细心的人却发现,虽然职能齐全
了,人员充足了,可办事效率却不
见提升,甚至出现了拖拉、推诿等
问题。企业建立健全其职能,本
应是企业规范化管理的需要,为
何会出现机构臃肿、人浮于事？

没看到我们正忙着吗？

图片来源：http://opinion.hexun.com/2012-09-13/145814208.html

这种现象可以避免吗？请到第一节中寻找答案。

2. 如何突破企业文化的同质化瓶颈？

鲁迅说过,"世上本无路,走的人多了,也便有了路。"经过多年探索实践,
在企业文化建设领域,国内企业算是有路可走了。但是有路之后,更让人感觉
到,无路可走难,有路可走更难。难就难在如何摆脱"老路"和"别人的路",真
正走自己的路。如何突破企业文化的同质化瓶颈呢？请进入第二节进行
学习。

3. 为什么员工会抵制变革？

在很多组织中,尽管高层管理者费尽了努力,但组织变革却常常以失败而
告终。研究表明,这些失败至少有一个共同的根源:高层管理者和员工对变革
的不同看法。对高层管理者而言,变革意味着机遇,不仅是组织的机遇,而且
也是自己的机遇。但对很多员工来说,变革似乎意味着破坏和强人所难。在
组织变革期间,员工的行为被要求进行或多或少的调整,他们被要求改变日常
工作方式、工作地点、工作关系,甚至是思维方式。相对于组织整体发展战略
转变而言,这种改变也许是微不足道的,但对于面对这些转变的个人而言,这
些转变就意味着一切。如何减轻或减少组织变革时期员工的抵制呢？请关注
第三节。

本章学习内容导图

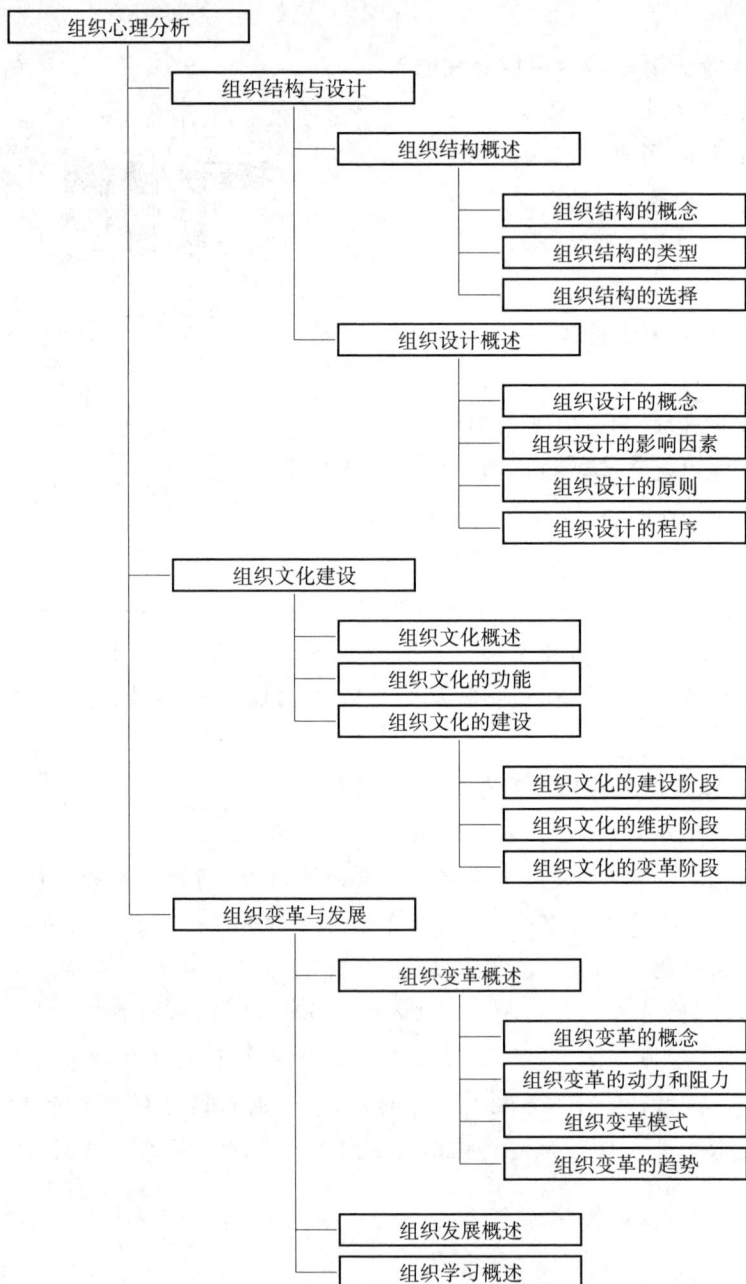

```
组织心理分析
    │
    └─ 组织结构与设计
           │
           ├─ 组织结构概述
           │      │
           │      ├─ 组织结构的概念
           │      ├─ 组织结构的类型
           │      └─ 组织结构的选择
           │
           └─ 组织设计概述
                  │
                  ├─ 组织设计的概念
                  ├─ 组织设计的影响因素
                  ├─ 组织设计的原则
                  └─ 组织设计的程序

    └─ 组织文化建设
           │
           ├─ 组织文化概述
           ├─ 组织文化的功能
           └─ 组织文化的建设
                  │
                  ├─ 组织文化的建设阶段
                  ├─ 组织文化的维护阶段
                  └─ 组织文化的变革阶段

    └─ 组织变革与发展
           │
           ├─ 组织变革概述
           │      │
           │      ├─ 组织变革的概念
           │      ├─ 组织变革的动力和阻力
           │      ├─ 组织变革模式
           │      └─ 组织变革的趋势
           │
           ├─ 组织发展概述
           └─ 组织学习概述
```

第一节 组织结构与设计

在现代社会,每个人的活动都是在一定的组织中完成的。组织是现代社会存在的基础,是一个有共同目标和一定范围的开放性的社会技术系统。对组织心理的研究必须从组织结构开始。美国著名心理学家、诺贝尔经济学奖获得者赫伯特·西蒙(H. A. Simon)就明确断言:"有效地开发社会资源的第一个条件是有效的组织结构。"

一、组织结构概述

(一)组织结构的概念

1. 组织结构的定义

组织结构(organizational structure)是组织学家和组织管理实践工作者一致关注和思考的基本概念,已经形成了众多的组织结构定义。美国著名的管理学家弗里蒙特·卡斯特在《组织与管理》一书中指出:"我们可以把结构看作是一个组织内部各构成部分或各部分之间的确定关系形式。"斯蒂芬·P·罗宾斯则在《组织行为学》中认为:"组织结构是界定了对工作任务进行正式分解、组合和协调的方式。"这里采用我国学者李剑锋的定义,即"组织结构是指组织成员为完成工作任务、实现组织目标,在职责、职权等方面的分工与协作体系。"这个体系主要包括三方面的内容:一是正式报告关系,包括组织层次与管理幅度;二是各部门组织的组成方法;三是各组织要素间有效沟通、协调、整合的手段。因此,组织结构也可以理解为一种组织形式,这种形式是由组织内部的部门划分、权责关系、沟通途径等构成的有机整体。组织结构的目的就是为了更有效和更合理地把组织成员组织起来,形成整体合力。

2. 组织结构的构成要素

由于组织结构是一个复杂的有机整体系统,必定有一系列描述组织结构特性的要素。如果不明确这些要素,就不能把握组织结构的本质。下面对组织结构的要素分述。

(1)专门化

专门化也称工作专门化,由亨利·福特于20世纪初创立,他通过给公司的每一员工分配具体、简单的重复性工作,把工作分解为细小的标准化任务,使生产技能水平有限的员工也可以大幅度地提高工作效率。专门化的实质就是使一个无法完成的整体工作,通过把工作分解成若干组成部分而变得简单易行,提高了员工完成任务的技能水平,从而达到管理的效率目标。一般来说,如果每一部门、每位员工承担很小范围的工作,则专门化水平高;反之,专门化程度就低。

（2）正规化

正规化是指在组织内部工作中实施标准化的程度。如果一种工作的正规化程度越高,就意味着从事该工作的人对工作内容、时间等方面的自主权越低。正规化的组织工作中,需要完善的规章制度、详细的流程规定、明确的操作规范说明等。

（3）标准化

标准化是指用同一方式方法完成相似工作的程度。在标准化水平较高的组织中,工作内容与方法会有详尽的规定,评价标准统一。因此,无论是谁,无论何地,只要工作相似,工作方式和结果也相同。

（4）职业化

职业化是指员工接受正规教育和培训的水平和层次。职业化可以根据员工的平均受教育年限来衡量。从国际权威组织对任何一种专业制定的五大标准来看,职业化应该有本领域的专门理论知识;要通过较长时期的职业训练以形成专业技能;在本行业要具有专业性的自主权,不受专业外因素的控制;有本行业专门的职业道德规范,其成员愿意自觉遵守;要终身学习所从事的职业技能。

（5）组织层次

组织层次也叫职权等级、命令链,是指从最基层员工到最高层管理者所具有的等级数目。组织层次的划分规定了权力行使路线,明确了信息的传递秩序。在20世纪90年代,组织层次是组织设计的基石,每一组织层次都有自己明确的职权,每位管理者都被授予一定的发布命令的权力。当然,这些职权又是在统一指挥的前提下,一个员工是由一名主管而且是唯一的主管直接负责,以保证职权的连续性和不被破坏。同时,组织层次与组织规模成正比,组织规模越大,包括成员越多,则组织层次越多。但在信息技术高度发达的今天,组织层次的作用大大降低,网络化使职权直接授权给了基层员工,组织层次越来越单一化。

（6）管理幅度

管理幅度又称控制幅度，是指每一管理者所管理的人数。在传统的组织管理中，管理幅度与组织层次存在反比关系。管理幅度受到管理者与被管理者的工作内容、工作能力、工作环境以及工作条件的影响（见知识库 9－1）。

知识库 9－1

影响管理幅度的因素

管理幅度小与以下因素有关：

◆ 很少或没有培训；

◆ 不适当或不明确的授权；

◆ 计划不明确；

◆ 考核标准不清晰；

◆ 内外部环境的急剧变化；

◆ 沟通技术不适当；

◆ 上下级联系无效；

◆ 会议无效；

◆ 中低层存在专业问题；

◆ 管理人员能力不强；

◆ 下属不愿承担责任和风险；

◆ 下属不成熟。

管理幅度宽与以下因素有关：

◆ 下属培训充分；

◆ 授权明确；

◆ 工作计划明确；

◆ 考核标准清晰；

◆ 内外部环境的变化小；

◆ 沟通技术使用恰当；

◆ 上下级联系有效；

◆ 会议有效；

◆ 高层次具有专业技术；

◆ 管理能力强；

◆ 下属愿意承担责任和风险；

◆ 下属成熟。

（7）集权水平

集权水平是指决策权集中于哪一职权等级的状态。如果每项决策都要由高层管理者作出，则该组织的集权水平高。反之，如果决策权授予了组织中的较低层次人员负责，则分权水平高，集权水平低。集权化组织与分权化组织在结构上存在着本质差异。分权化组织一般解决问题的速度较快，更能发挥员工的主体能动性，逐渐成为现代管理的主流。

（8）人事比例

人事比例是指组织负责人员的分布比例，包括行政人员比例、专业技术人员比例、工人比例等。这是组织结构中的主体核心因素，没有人员的合理比例，再好的组织结构也不会产生好的绩效。

（二）组织结构的类型

1. 职能结构

职能结构是一种根据主要职能活动来设计的组织结构形式（见图9-1）。这种组织结构类型的主要优点是能使相同专业的人员在一起工作，有利于彼此技术交流，形成技术互补，产生规模经济。主要缺点是部门协调困难，适应能力差。

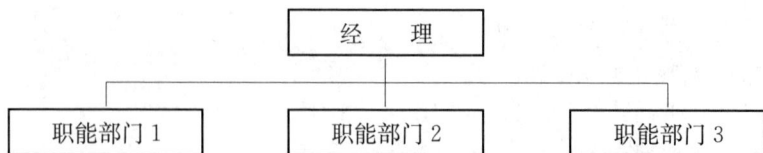

图9-1 职能结构示意图

2. 分部结构

分部结构是一种根据组织的行政管理与生产活动发生地域范围而设计的结构形式（见图9-2）。这种组织结构类型的优点是有利于权力下放和提高组织竞争力。缺点是规模小,人力资源浪费现象明显,容易形成各自为政的局面。

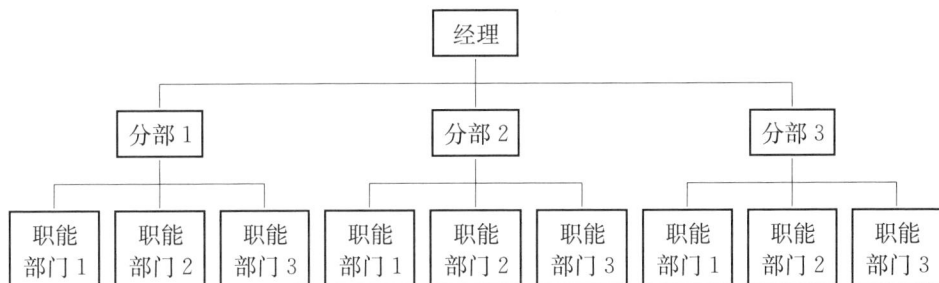

图 9 - 2 分部结构示意图

3. 矩阵结构

矩阵结构是一种根据职能和项目两个变量设计的组织结构形式(见图 9-3)。这种组织结构类型的优点是将组织层次和管理幅度的稳定性与适当的灵活性融合起来,有利于组织资源的合理利用,可随项目的开发与结束进行组织或解散,目的明确,任务清楚。主要不足是因为双重职权的存在,具有临时性,建立和维持比较困难,可能导致组织对特种资源的争夺,导致组织内的员工在忠于职能部门领导的选择中消耗精力。倘若协作不好,则会出现混乱。

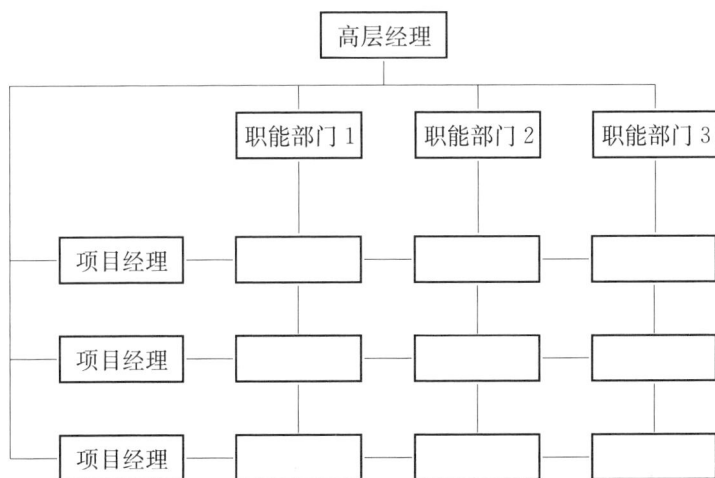

图 9 - 3 矩阵组织结构示意图

4. 网络结构

网络结构又称虚拟型组织结构,是一种基于现代网络技术和契约关系以完成组织活动为中心而建立起来的组织结构类型(见图9-4)。这种组织结构类型只有很精干的中心机构,主要依靠其他组织以合同为基础进行组织的职能活动;被联结在这一结构中的各组织间没有正式的资本所有和行政隶属关系,只有相对松散的契约纽带和互惠互利、相互协作、相互信任的合作关系。其优点是可以减少组织管理层次,具有高度的灵活性,并能发挥自己的特长。主要不足是中心组织难以对各分组织实施控制,组织信息容易外泄(见知识库9-2)。

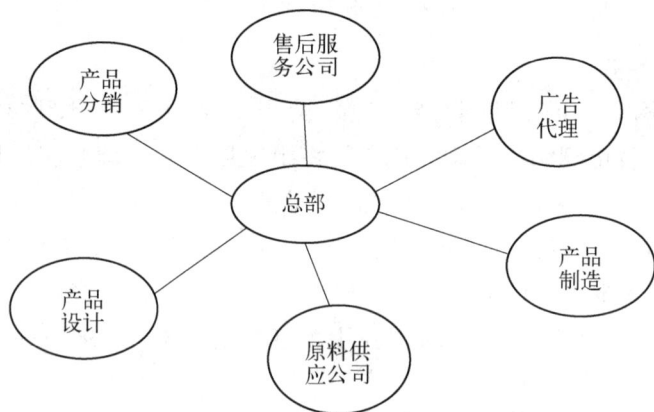

图9-4 网络组织结构示意图

知识库9-2 ~~~~~~~~~~~~~~~~~~~~~~~~~~~~~~~~~~~

华为的网络组织结构

华为把公司的核心资源配置在市场与研发两个环节,对非核心业务普遍采取外包的策略。华为的市场订单在履行中涉及的工程安装、设备运维、客户接待、客户培训、市场调查等,经常会分包给那些专业的中小企业。2000年前后,华为进一步将生产环节中包括制造、组装、包装、发货和物流在内的非核心环节分包出去。甚至在研发这一核心业务环节中,对纯软件编程业务也采取外包的策略。软件外包给华为节约将近一半的成本,2005 年,华为的外包工程师人数有 2 万多人,仅这一项就为华为节约 20 亿元。华为朝着建设"真正没有生产车间,也没有库存"的高科技企业方向努力。任正非认为,将公司的非核心业务外包,不仅有利于华为将主要精力集中于核心业务,而且对合作伙伴、对社会都有好处,是可以实现多方共赢的策略。

　　资料来源: 朱永新,《管理心理学》(第 3 版),高等教育出版社,2014 年。

(三) 组织结构的选择

组织结构的类型选择应考虑组织所处的环境、拥有的技术、组织战略、组织规模、生命周期等多种因素。

1. 组织环境

如果组织所处的环境是稳定的,组织结构一般选择具有分工较细、职权等级严格、正规化和标准化高、责权明晰、上下沟通好的类型。如果组织所处环境是不稳定的,组织结构则应该选择分工较粗、控制不严、正规化和标准化低、责权变动快、横向沟通强的类型。

2. 技术条件

技术条件是指能把组织的输入转化成输出所拥有的机器、工具、工艺和流程等。技术状况对组织运作绩效的影响非常大。因此,不同的技术条件就应该选择不同的组织结构。从总体技术来看,可以分为传统制造技术和计算机集成制造技术。这两者与组织结构的关系,根据英国工业社会学家琼·伍德沃德(Joan Woodward)在 20 世纪 50 年代的研究发现,传统制造技术需要选择的组织结构是职能结构类型,且管理幅度与管理层次要适当;计算机集成制造技术需要选择的组织结构可以是网络结构,管理幅度大,管理层次少。从部门技术来看,美国管理学家查尔斯·佩罗(Charles Perrow)根据任务可变性和工作活动的可分析性把部门技术分为例行技术、工程技术、非例行技术和手工技术。其中,例行技术是变化性小,可以标准化、正规化、可分解的工作程序;可以选择职能结构型的组织结构。工程技术是任务复杂多样,但可被分解为一定阶段,每阶段按一定的程序和技术去完成;可以选择矩阵结构型的组织结构。非例行技术是任务可变性很高,需要具有应变能力与经验的人去完成;可以选择网络结构型的组织结构。手工技术是工作流程相对稳定,难以分解,要求员工经过必要的培训和具备相应的经验；可以选择分部结构型的组织结构。

3. 组织战略

组织战略又称组织工作战略，是指组织经过深思熟虑而形成的获得权力与影响他人的经营管理方式。美国管理学家雷蒙德·迈尔斯（Raymonde Miles）和查尔斯·斯诺（Charles Snow）就把组织战略分成四种：防御型组织战略、进取型组织战略、分析型组织战略和反应型组织战略，与之相应的组织结构特征见表9-1（反应型组织战略与组织结构的关系反映不明，表中省略）。

表9-1　组织战略与组织结构的关系

结 构 特 征	防 御 型	进 取 型	分 析 型
组织结构类型	职能结构	分部结构	矩阵结构
组织职权划分	集权	分权	集、分权结合
组织专门化	高	低	中
组织正规化	高	低	高
组织的控制	严密	宽松	适度

4. 组织规模

组织规模又称组织大小，是指组织的人员数量、生产部门的多少、生产能力的高低等特性。一般来说，组织规模越大，组织的正规化程度高、分权水平高、负责性高、高层行政比例低、专业与文秘人员比例高。组织规模越小，组织的正规化程度低、分权水平低、负责性低、高层行政人员比例大、专业与文秘人员比例小。

5. 组织生命周期

组织生命周期是指组织发展的过程。美国管理学家罗伯特·奎因（Robert E. Quinn）和金·卡梅伦（Kim Cameron）就把组织生命周期分成创业阶段、集合阶段、正规化阶段和精细阶段。不同的组织生命周期具有不同的组织结构特征，具体对应关系见表9-2。

表9-2 组织生命周期与组织结构的关系

组织结构特征	创业阶段	集合阶段	正规化阶段	精细阶段
组织结构类型	结构简单	职能结构	分部结构	矩阵结构
专门化	低	较低	较高	分部式
正规化	很低	低	高	很高
部门	很少	较少	多	较多
集权与分权	个人集权	高层集权	分权	分权
目标	生存	成长	市场扩张	完善组织
高层管理	个人监督	目标指引	授权	团队方法

二、组织设计概述

任何组织的运行都需要高明的管理人员,但更需要有合理的组织设计。因为合理的组织设计将形成良好的组织结构,优良的组织结构必然会提高管理人员成功的机会。下面对组织设计的概念、影响因素、原则和设计程序进行阐述。

(一)组织设计的概念

1. 组织设计的定义

组织设计是指根据组织所处的环境变化,设计能适应这种变化的组织结构,创建新的组织管理模式的过程。组织设计的核心功能是使组织内部运转有序,做好分工与协调工作,有效地发挥组织的整体效能。

2. 组织设计的内容

组织设计的内容很多,主要包括以下六个方面。

(1)组织职能设计

组织职能设计是组织设计的第一步,关系到组织形成与发展的成败。因为组织职能是组织存在的前提条件,直接影响到组织结构的类型、层次、部门、职位和岗位,是组织运作的客观依据。

(2) 组织部门设计

组织部门是对组织各种职能进行分类以后所形成的单位。组织部门设计将决定哪些组织部门的存在,规定着这些部门之间的相互关系。因此,组织部门设计是组织设计中必不可少的工作。

(3) 管理幅度与管理层次设计

管理幅度与管理层次设计是组织部门设计后必须考虑的内容。这将影响到组织结构的形式、主管人员的选拔和素质要求、员工的培训投入和聘任条件。因此,必须注意组织存在的环境、工作性质、部门化和正规化程度、命令链和组织技术等因素,认真做好组织管理幅度和管理层次设计。

(4) 组织职权设计

组织职权设计是正确处理组织内部纵向与横向两方面职权关系的依据,是关系到组织有机整合的关键。如果没有组织职权设计,就会产生严重的组织内耗和混乱,更谈不上组织管理。

(5) 组织联系设计

组织联系设计是为了解决组织管理专业化分工与协作之间的矛盾,是组织职权合理化的保证。如果没有对组织联系设计,组织就会失去整体性而失去组织的本质要求,也会使组织安全受到严重影响。

(6) 组织规范设计

组织规范是组织存在的必要管理条例、章程、制度、标准等的总称,是用文字形式对组织管理活动的内容、程序和方法的描述,是组织人员的行为规范和准则。

(二) 组织设计的影响因素

组织设计的影响因素也被称为影响和决定组织结构的要素,这些要素的利弊和对组织结构的影响前面已有阐述。这里从组织设计时如何权衡这些因素的利弊,发挥各自的优势,进行合理的组织设计作出分析。

1. 组织目标的明确程度

组织设计必须服从组织的战略和组织目标。组织目标是组织设计的出发点和归属点。没有明确的组织目标而进行的组织设计,就像射箭没有靶子一样。所有的组织设计就会失去意义。因此,组织目标的明确程度就直接影响着组织设计的进行。事实上,不同组织都是通过采取不同的组织目标来争取竞争优势。如果是为了组织生存与发展的目标,选择了控制成本为目标,组织设计就要以方便控制组织运营为主。如果是为了组织差异的目标,组织设计就要提高组织弹性及应变能力,降低形式化与权力集中程度。

2. 组织战略的价值取向

价值取向是影响社会文化的内核和灵魂,决定社会文化的性质和特征;是世界观、历史观、人生观的重要内容和组成部分,为处理人与自然的关系提供价值尺度,为人生提供理想和信念,为人的一切社会活动提供价值导向。组织设计作为人类活动的高级社会形式,是哲学、科学、艺术、宗教、法律、制度等诸多素养的综合体现,更是组织战略的精髓。因此,组织战略的价值取向是影响组织设计的主体因素,在组织设计时应优先分析组织战略的价值取向。

3. 组织环境的存在状态

组织环境是指组织边界以外的各种直接和间接影响因素,主要有经济、政治、法律、产业、顾客、对手、合作者等。组织设计就是要使组织能够充分利用这些条件的有利方面。通常,对于相对稳定的组织环境,组织设计就比较容易,可采用稳定、正规化和集权化的机械式组织结构;相反,对于相对不稳定的组织环境,组织设计就比较困难,要采用有弹性和分权化程度低的组织结构。

4. 组织技术的成熟情况

组织技术包括组织技术和组织运营的技术条件,是组织设计必须直接考虑的因素。因为组织技术将影响到组织的投入与产出;技术或科技水平的复杂化程度、先进性程度对组织的标准化程度、集权化程度、专业化程度、信息沟通方式等诸多方面都有不同的要求。如网络技术的成熟就是网络结构成为优先考虑的组织设计类型。

5. 组织规模的大小

组织规模的大小对组织设计的影响是很明显的。组织规模大,组织设计需要考虑的方面多而复杂;组织规模小,组织设计需要考虑的方面简单而明了。

6. 组织文化的稳定优化

组织文化是组织成员共享的价值观、规范、标准和信念的存在形式,对组织人员起着维系与凝聚作用。组织文化的稳定优化程度越高,对组织设计越有利;反之,将不利于组织设计。

(三) 组织设计的原则

1. 任务目标原则

这是组织设计的基本指导性原则,即组织设计要紧密联系组织的任务与目标;组织设计是手段,目的是更好地实现组织的目标,完成组织的任务。在实际操作过程中,就是组织设计首先要考虑的是组织工作的内容、特点和需要,做到因事设岗,因事用人;其次,尽量把组织任务和目标具体化;最后,对组织任务与目标的完成做好计划。

2. 效率效益原则

效率效益原则就是在组织设计过程中,力求做到在满足组织任务与目标的前提下,组织结构要精简,队伍要精干,管理要高效率、高效益。注意计算组织投入与产出的比例。

3. 分工协作原则

分工协作原则就是组织设计时要坚持分工合理,协调明确;对每一部门和每位员工的工作内容、工作范围、彼此关系、协作方法等都有明确的规定。做到分工时注意粗细适当,根据人员素质水平、管理难易程度、组织需要与可能达到组织运营的最优化。

4. 责权结合原则

责权结合原则就是组织设计时要保证组织中每个管理层次、部门、岗位的责任和权利的适当匹配,防止有权无责和有责无权的现象,做到职责与权利的统一。

5. 统一指挥原则

统一指挥原则是指组织设计时,应当保证组织行政指令和运营调节的统一。首先,组织系统中的上下级之间要形成连续的等级链,并明确规定链中每个职位的责任与权利关系,保证整个组织系统的有序运行。其次,组织系统中的每个员工只能接受一个上级的领导。最后,不能出现越级指挥的现象。

6. 幅度层次原则

幅度层次原则就是组织设计要综合考虑组织管理幅度与组织管理层次之间的关系。尽量做到在组织管理幅度确定的条件下,组织管理层次要与组织规模成正比;在组织规模给定的条件下,组织管理幅度与组织管理层次成反比。

当然,以上原则在实际工作中还要有相应的变化(见知识库 9 - 3)。

知识库9-3

彼得·德鲁克关于组织工作的七原则

◆ 要明晰,不要简单。

◆ 力求用经济来维持管理,并把摩擦减至最小限度。用于控制、监督、引导人们取得成绩的力量应该保持在最低限度。组织结构应该使人们能够自我控制,并鼓励人们自我激励。

◆ 眼光直接投向产品,而不是投向生产过程;投向效果,而不投向所做的努力。组织可以比作一种传输带,这种传输带越直接,各个活动取得成绩时的速度越快和方向的改变就越小,组织就越有效率。

◆ 每一个人都要理解他自己的任务以及组织总体的任务。

◆ 决策把注意力集中在正确问题上时要面向行动,而且尽可能使最底层的管理人员作出决策。

◆ 要稳定,反对僵化,以求在动乱中生存下来;要有适应性,以便从动乱中学到东西。

◆ 要能永存和自我更新,一个组织必须能够从内部产生未来的领导者。为此,一个基本条件是组织不应该有太多的层次;组织结构应该帮助每个人在他担任的每一个职位上学习和发展,应该设计得使人能够继续学习;必须接受新思想并愿意和能够做新事情。

(四) 组织设计的程序

组织设计作为一种人类活动过程在坚持其基本原则的前提下,主要包括以下基本程序:

1. 根据目标确定管理岗位

对组织目标的确定是组织设计的第一步。其具体过程是通过对组织目标的解析,确定出完成组织目标的总任务;然后根据组织任务的性质、工作数量、完成的方式与方法,把组织任务进行划分;再对划分后的各项任务之间的关系、顺序进行归类,最终确定组织管理岗位。在这一程序过程中,要注意组织中三类关键性活动和岗位的设计:一是为了实现组织目标和组织发展,必须保证某些工作岗位和活动具有非常出色的表现,这类岗位和活动称为第一类关键活动和岗位;二是组织中的某些岗位因自身力量和绩效差而影响组织的整体绩效,是组织管理中的"木桶效应",这类岗位和活动称为第二类关键活动和岗位;三是组织中的特殊领域和特殊活动,这类活动和岗位称为第三类关键活动和岗位。

2. 选择结构形态,建立相关部门

选择结构形态并建立部门是组织设计程序中的第二步。是在划分清楚活动和岗位之后,根据需要和习俗习惯,选择组织的具体结构形态,然后把任务下达到相应部门。在这一过程中,要注意避免部门之间的职能重复和遗漏,做好各部门之间的平衡,考虑纵向、横向部门之间的相互联系,使组织形成一个严密而具有效能的整体。

3. 根据管理层次规定权责

根据管理层次规定权责是组织设计的第三个环节,是岗位、形态确定后的必要环节。在组织结构的每个层次上,根据任务的特点和性质,授予明确的责任和权利是十分重要的。否则,有位无责或有责无位都不利于组织人员的积极性调动,也很难保证组织的效率与效益。

4. 精心配备主要管理人员

在完成上述组织设计的步骤之后,必须针对岗位的任职要求,选派匹配的管理人员,注意做到用人唯贤。同时,对普通员工作出相应的分配和安排,也要做到用人所长。

5. 进行组织结构修正

进行组织结构修正是组织设计完成后必须经历的善后环节。因为再完美的组织设计,在实际运行中也会有不足之处,只有经过实践检验才能变得完善。

第二节　组织文化建设

组织文化是组织生存、发展的灵魂和精神支柱,是组织用之不竭的动力源泉。要增强组织的生命力,发挥组织员工的积极性,确保组织绩效的最优化,就必须高度重视组织文化的建设。本节对组织文化的概念、功能及其建设进行阐述。

一、组织文化概述

要说组织文化,就必须明白文化的概念,因为组织文化作为一种亚文化,是在组织内部环境中形成的文化。而"文化"一词,在英语与法文中均为 culture,源自拉丁文 cultura。该词有五种意义:耕种、居住、练习、注意、敬神。我们日常生活中的文化概念,有广义和狭义之分:广义的文化是指人类的一切物质文明和精神文明的统称;狭义的文化是指精神文明,主要包括意识观念、社会心理、生活方式、行为规范等。正是对文化的不同理解,带来了对组织文化的多种定义。要进行组织文化建设,就应该明确其定义。

(一) 组织文化的定义

对于组织文化的理论研究兴起于 20 世纪 80 年代,是随着企业文化研究的不断深入而出现的。1985 年,美国出版的三本专著(即《组织文化》、《赢得公司文化的控制》、《组织文化与领导》)对组织文化的基本职能、形式以及变革过程进行了系统研究;也形成了对组织文化的一些共同之处,认为组织文化主要是研究精神文化,即研究建立在组织物质基础上并对组织发展起巨大推动作用的组织精神,包括三个同心圆(见图 9 - 5)。

由此我们对组织文化的定义是:**组织文化**(organizational culture)是指组织在长期的生存与发展过程中形成的,为本组织所特有的,已经被组织人员共同遵循的精神文化。主要包括组织的最高目标、价值标准、基本信念、行为规范、组织精神、组织道德、组织制度、组织风尚等。

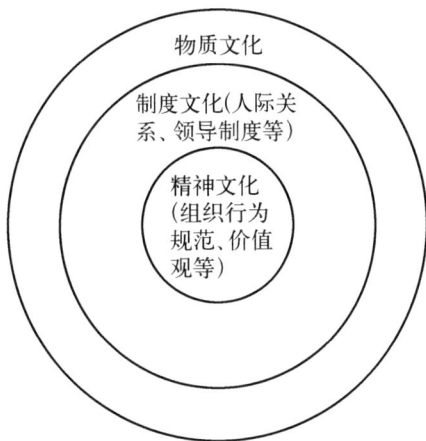

图 9 - 5 组织文化内涵示意图

物质文化
制度文化(人际关系、领导制度等)
精神文化(组织行为规范、价值观等)

(二) 组织文化的特征

组织文化除了具有文化的一些基本特性之外,作为文化的特殊分支,还具有以下特征。

1. 教育性

即组织文化所包含的共同目标、价值标准和行为规范等是作为组织群体心理定势存在于组织人员之中。在这种心理氛围影响下,组织人员会自觉按照组织文化的要求去规范自己的工作、学习、生活,起到潜移默化的育人功能,具有明显的教育性。具体表现在:组织文化是一种信念力量,决定组织人员的行动方向;组织文化是一种道德力量,促使组织人员按统一的准则调节和规范行为,并转化为人员的内在品质与行为习惯;组织文化是一种心理力量,能使人员始终把握自己的积极心态。

2. 稳定性

组织文化虽然是一种无形的软客观存在,但一旦形成,就会具有稳定的形式,可以进行重复感知,并能够对外传播。

3. 连续性

组织文化是随着组织的诞生而产生的,对组织中的人员会产生长期影响,不会因为日常细小的组织环境变化而发生改变。即使变化,也是对其中的糟粕进行舍弃,对其中的精华加以发扬,是一个扬弃的过程。

4. 公关性

组织文化通过建立共同的价值观和寻找观念的共生点,不断强化组织人员之间的合作和信任,使人员之间产生亲近感、信任感、责任感和归属感,形成组织的凝聚力。另一方面,由于组织人员具有共同的组织文化素养,所以组织文化具有宣传外推的作用,有利于形成较强的组织形象。因此,组织文化具有极强的公关功能。

5. 独特性

即组织文化具有民族性和个性差异的特点。组织文化虽然是组织内某些共同属性所组成的存在形式。但组织文化必须区别于其他的组织文化,才能具有自己的特色,才能具有生命力,表现出自己的创新性。因此,组织文化不能离开民族文化的根基,必须根据组织的特点、环境的差异、历史的变迁、经营的理念等形成具有个性差异的独特文化。

6. 系统性

即组织文化是由组织内相互联系、相互作用的多个部分和因素所组成的有机整体。具有系统的三个基本特性:结构性、目的性和整体性,也具有系统的基本功能:自主、交流和更新。

7．时代性

即组织文化是离不开时代精神的，受到特定时代、特定地域的政治、经济和社会环境的制约。具体表现为：组织文化是一定时代精神的反映，更要根据时代条件及时更新和充实。

（三）组织文化的维度

对组织文化的刻画一般从以下七个方面进行：一是创新方面（组织希望员工在多大程度上进行创新活动。如索尼的厂训就是"索尼公司是开拓者，它从不愿跟在别人后面走路；在前进中，索尼要为全世界服务；索尼永远是未知世界的探索者"）；二是稳定方面（组织的不变和可预见性环境，如美利坚银行的作风就是"只进行最安全的投资"）；三是人员尊重方面（组织对员工的态度描述，如赛仕公司被认为是员工的天堂）；四是结果导向方面（组织对工作结果的关注程度）；五是工作氛围方面（主要是指组织对工作氛围的营造、员工的精神面貌等）；六是注意细节方面（组织对工作细节的要求，员工具有的工作态度）；七是合作精神方面（是指组织对团队精神的倡导）。

（四）组织文化的构成

组织文化的构成是十分复杂的，一般包括四个层次（见图 9-6）。

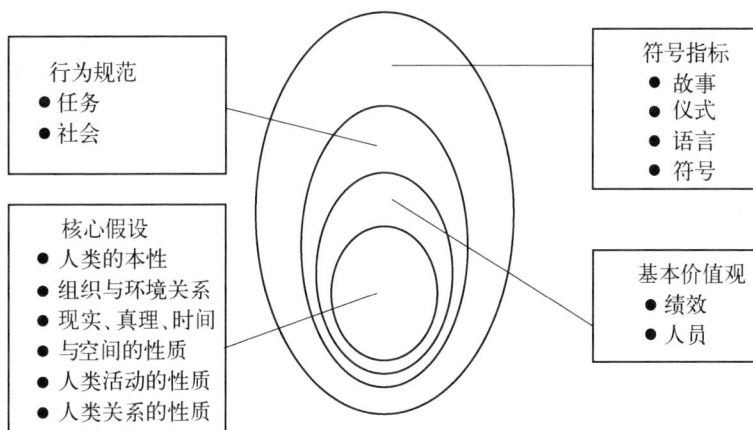

图 9-6　组织文化的结构示意图

1．符号指标层面

用于描述、解释组织文化的常用符号指标有：一是故事，即是对组织中发生的事情进行具体的描述，其作用是告诉新人员曾经发生在组织中的事，证实组织文化要维持的重要价值观与行为观，显示组织在社会中的独特作用等。乔安妮·马丁（Joanne Martin）总结了组织文化中故事的 7 种类型，即人人必须遵守准则类、大老板平易近人类、小人物晋升高官类、组织人员相互帮助类、组织教育员工类、组织危机处理类和开除员工类。二是仪式，是组织文化的表达形式。主要有通过仪式、降级仪式、表彰仪式、更新仪式、冲突解决仪式、整合仪式等。三是语言，即传递组织文化的工具，如行话、专业术语等。四是符号，是组织文化最明显的工具，如公司口号、标识、组织建筑等。

2. 行为规范层面

行为规范既是构成组织文化的主要方面，也是组织文化的具体表现形式。因此，每个组织都十分重视其成员的行为规范，行为规范涉及员工的着装、工作、交往等各个方面。组织行为学家拉尔夫·H·吉尔曼（Ralph H. Kilmann）和玛丽·J·撒克斯顿（Mary J. Saxton）就把组织文化中规定的行为规范分为四类：任务支持规范、任务创新规范、社会关系规范和个人自由规范。

经典名言

当个体与组织发生接触时，他们其实也和这些事物发生了接触，即组织中的着装规范、人们所谈论的正在发生的故事、组织的正式规则和程序、组织行为的正式代码、仪式、任务、薪酬体系、行话以及只有组织中的人才能理解的笑话等。这些元素是组织文化的一些可见的表现。

——乔安妮·马丁

---

3. 基本价值观层面

这是决定故事、符号、仪式、语言、行为规范等方面的性质与内容的组织价值取向。主要有两大部分：一是绩效价值观，是指组织对效率效益的关注程度。一般组织文化都以追求"最佳绩效"为导向，如卓越绩效、目标导向和领导质量等。一是人员价值观，是指组织对员工的关注。如惠普公司的价值理念就是"员工是我们最重要的资产"。

4. 核心假设层面

核心假设是指组织成员对客观事物感知和思考的方式。主要内容有：人类的本性；组织与环境的关系；现实、真理、时间与空间的性质；人类活动的性质；人类关系的性质。

二、组织文化的功能

功能是指组织系统影响和改变其他系统以及抵控其他系统的影响和作用的能力,也是系统从其他系统获取物质、能量、信息而发展自己的能力。组织文化作为一种自组织系统,具有以下功能:

(一)组织凝聚功能

组织文化是通过对组织内存在的行为、思想、情感、信念、价值体系进行凝聚而形成起来的,在此过程中建立了组织人员对组织的认同感和归属感,形成了人员对自己组织的相互依存关系,具有了一种无形的合力。这种合力就使得组织能够进行自我凝聚、自我激励、自我向心,成为组织生存的基础和动力。当然,这种凝聚力不是盲目的、无原则的、完全牺牲个人一切的绝对服从,而是在充分尊重个人价值、承认个人利益、张扬个性基础上的凝聚,是群体意识的整合与优化。

(二)组织改造功能

组织文化的改造功能是由组织文化的教育性所决定的。它能够对组织人员的价值观念进行彻底的改变,建立起新的价值观念。因为组织文化作为一种控制的机制,可以对组织人员的角色进行界定,能够控制组织人员的行为,有助于组织人员取得共识。如果组织人员违背了组织文化所倡导的价值观念,组织文化就会使他们感到内疚、不安和自责。因此,组织文化对组织人员具有强制性和改造性功能。

(三)组织调控功能

组织文化虽然只是作为组织团体的共同价值存在,是一种软性的理智约束,没有对组织人员进行明文规定的硬性要求,但组织文化通过组织的共同价值观念不断地向个人价值观念体系渗透和内化,使组织人员自动地生成一种自我调控机制。这种以尊重组织人员思想、情感为基础的无形控制,使得组织目标自动转化为组织人员的自觉行动目标,对整个组织进行自觉调控。

(四)组织完善功能

组织文化是组织发展过程中形成的文化积淀,其形成过程就是一个不断优化的过程。在这个过程中组织自身也得到了陶冶。国内外许多成功组织的发展事实也验证了组织文化对组织的完善功能。

(五) 组织发展功能

组织文化的形成是一个复杂的动态过程,受到诸多因素的影响,但组织文化的连续性和稳定性可以保证组织的可持续发展。因为组织文化一旦形成,就可以具有一定的物质形式、制度形式和精神状态,就不受个人意识的改变而随意改变。关于这方面的例证也有很多。例如,美国英特尔公司以创新精神为核心的组织文化,不仅没有因公司领导人的变动而变化,反而对新的领导人有巨大的推动作用。另外,组织文化能够提升组织的效能和生产力,对员工具有稳定功能,进而有利于组织的发展。

三、组织文化的建设

组织文化需要一个漫长的形成和发展过程,同时,组织文化还有多种发展的可能性。如果不注意组织文化的建设,有时就会无法跟上时代的步伐,成为组织变革的阻力,起着分化组织的作用。因此,必须加强对组织文化的建设。

(一) 组织文化的建设阶段

组织文化建设是指组织的领导者有意识地培育组织优良文化、克服不良文化,进而完善组织文化的过程。在这一过程中应注意以下问题。

1. 组织文化建设的基本过程

(1) 研究孕育环节

这个环节的主要任务是要调查研究组织的历史和现状,有针对性地提出组织文化建设目标的初步设想,经审议后向组织全体人员发出组织文化建设的倡议,动员全体组织员工积极参加组织文化建设的活动。具体做法是:建立领导体制;设立独立的职能部门;制定相关计划;发掘现存组织文化;设计目标组织文化;贯彻实施计划。

(2) 强化培育环节

这个环节是将组织文化建设的总任务分解给组织内部各部门,使各部门根据自己的特点把组织文化建设变成具体行动,创立一种适合并有利于组织目标的组织文化。具体要求做到以下结合:继承、借鉴与创新相结合;可行性、现实性与发展性相结合;促进组织文化与组织战略结合;注意组织外部环境与组织内部条件结合;重视精神激励与物质激励结合;榜样树立与群众参与结合;灌输价值取向与指导组织运营结合。

（3）评价分析环节

这个环节的主要任务是根据信息反馈将组织文化建设工作开展以来存在的问题进行分析,客观、全面、准确地了解和反思现有组织文化建设状况,为实现目标组织文化建设提供依据。具体要做的工作有:对组织文化发展史进行调查;查明组织文化建设的"硬件"与"软件"状况;调整组织文化建设内在机制;分析组织文化建设人员素质;归纳组织文化建设的核心价值观念体系。

（4）巩固确立环节

本环节的工作重点是处理问题与归纳成效。前者是在评价分析的基础上摒弃原来组织文化中与时代精神不相适应的内容;后者是将符合时代精神的组织文化建设经验加以总结与提炼,形成具有激励作用的语言进行推广。具体做法是:坚持群众路线,坚持科学方法,坚持民主集中制;认真选择宣传工具,认真感受基层需要,认真搜集反馈信息;切实总结出组织文化的"闪光点",反复验证,达成共识,巩固确立。

（5）反馈完善环节

随着组织文化建设的深入,组织环境将不断优化,人员素质进一步提高,对组织文化建设的要求也会随之改变。这就进入到组织文化建设的反馈完善环节。在这一环节的主要工作很多:一是对组织文化建设的成果的进一步传播和执行,要把组织文化建设的总体规划传播到每一个组织员工,进行有针对性的教育解释,协调各部门间组织文化建设的差距,建立组织文化建设的信息通道;二是根据评估的指标体系,认真检查组织文化建设的实施情况,找出差距,作好调整;三是采取切实有效的方法与手段,多途径、多渠道、多层面对组织文化建设成果进行巩固与发展。

2. 组织文化建设的有效方法

组织文化建设的方法很多,行之有效的方法有示范法、激励法、感染法、灌输法、疏导法、价值澄清法等。

（1）示范法

即通过总结宣传能代表组织文化精神的先进模范人物事迹,树立与组织文化价值取向一致的榜样,进行组织文化建设的方法。在使用该方法时,必须注意榜样的树立应具有代表性,在组织中要有一定的威信,同时要注意对榜样行为的强化。

（2）激励法

即通过开展一系列与组织文化内涵相关的活动，对活动的参与者进行精神和物质鼓励的方法。在使用这种方法时，要使员工切实感到自己与组织的一致性关系，把组织文化的价值体系与工作目标相联系，从而达到对共同价值观的认同。

（3）感染法

即通过对组织文化氛围的营造，培养员工组织文化价值观念的方法。在使用时，要充分发挥员工的主动性，强调员工的主人翁意识，帮助员工打破对领导权威的畏惧心理，建立起平等的人际关系，对员工的指导到位而不越位，让员工有一定的自主选择的空间。

（4）灌输法

即通过宣讲、研讨会、各种媒体等宣传手段对组织人员进行组织文化传播的方法。在使用这种方法时要目的明确，观念到位，思想端正，评价有方，环节合理，方式得当。

（5）疏导法

即只对组织文化价值体系的目标行为进行恰当的反映，有目的地举行各种活动以引导员工树立组织文化需要的价值观念和行为规范的方法。使用这种方法时，应注意把握员工的主流思想，充分发挥组织中非正式组织的作用等。

（6）价值澄清法

即通过对话方式，鼓励员工自己去发现、考虑、检验、选择、更新自己的价值观念的方法。使用本方法时，要注意选择合适的话题、积极地赞赏、注意自己行动的分析、要有专业人士的指导培训等。

3. 组织文化建设的影响因素

组织文化建设是组织的一项系统工程，涉的因素较多，如果不认真对待，就会导致建设的失误，形成消极的组织文化。因此，在进行组织文化建设时，应该明确影响组织文化建设的各种因素及其强度和作用方式。研究发现，经济体制、政治体制、社会文化、科学技术发展水平、组织环境、组织人员素质、组织历史、组织传统习俗等是影响组织文化建设的主要因素。除此之外，组织文化的创立者条件、民族文化、地区文化、组织特色等也是组织文化建设必须考虑的因素。

4. 组织文化建设需注意的问题

组织文化建设的核心是组织共享的价值观念,而统一的价值观念系统的形成是一个极其复杂的心理过程。必须注意以下问题:一是慎重选择组织的价值标准,培育与时俱进的价值观念,打好组织文化建设的基础;二是坚持人文精神,加大情感投入,提高员工素质,增强组织凝聚力,培养员工对组织的忠诚感与归属感,提高组织人员的工作满意和组织承诺;三是注意加强不同层次的组织文化建设;四是寻找组织文化建设的切入点,把握时机(见知识库9-4);五是注意组织文化建设活动的形式,注意选择人们喜闻乐见的方式及方法;六是注意改善组织环境,注意组织形象设计,如理念识别、行为识别、视觉识别。

知识库9-4

沃尔玛公司的口号

无论什么时候,美国的沃尔玛公司经理参观任何一家沃尔玛店铺时,他(或她)会带领员工高呼沃尔玛的口号:"给我一个 W! 给我一个 A! 给我一个 L! 给我一个波浪线! 给我一个 M! 给我一个 A! 给我一个 R! 给我一个 T! 这能拼写出什么? Wal-Mart! 这能拼写出什么? Wal-Mart! 谁是第一? 是顾客!"。这个口号是沃尔玛公司最著名的仪式之一,它加强了雇员间的联系,加强了他们对共同目标的认同。这个口号是怎么产生的呢?公司创办人山姆·沃尔顿(Sam Walton,1918—1992)有一年访问韩国一家网球生产厂,发现该厂工人每天早上都集合起来喊公司的口号并一起做早操。山姆·沃尔顿对此印象深刻,恨不能立即回去在自己的店里推行这一做法。他说:"我的感觉是,正因为我们的工作是如此辛苦,我们才更不能到哪里都拉着难看的长脸。我们做了这么多工作,我们当然希望心情舒畅。这就有点像'工作时吹口哨'理论,我们有了这种振奋人心的口号,不仅仅让我们愉快地度过工作时间,还能使工作做得更加出色。"

（二）组织文化的维护阶段

组织文化建设阶段完成后，并不意味着组织文化就可以自行存在与发展。相反，组织文化建设只是开始，还需要一系列有效的管理措施和方法来保持组织文化的活力和特色，进行组织文化的维护。

1. 组织文化维护的人员选择

人员选择是组织文化维护的主要途径，许多人力资源管理的措施可以强化组织文化。同时，组织文化主要是经过人员进行积累、传递和优化。因此，组织文化维护必须注意组织人员的选择，具体要做好三方面的工作：

（1）注意新人员的甄选

做到目标明确，选择那些能够认同组织文化价值体系并能完成组织工作任务的人员，筛选掉那些可能对组织核心价值观有威胁者，从而保证对组织文化的维护（见知识库9-5）。

知识库9-5

宝洁公司的员工招聘

应聘宝洁公司的职员必须经过一个全面而彻底的申请和筛选过程。每次负责面试的人员都是公司中的精英人物，并经过多方面的培训，如听讲座、看录像、角色扮演、面试练习等，以识别哪些人员能够适应宝洁公司文化的要求。首先，面试官对求职者进行面谈，看求职者是否具备以下素质：具有做出出色业绩的能力、分析并解决问题的能力、在思考的基础上得出结论并付诸行动的能力等。其次，看求职者的理性思维方式，要求求职者在经过两次面试和一次知识测验后，再接受另外三次一对一的面试以及一次午餐过程的小组面试。最后，把面试官的成绩集合起来，完成新人员的招聘。

（2）注意高层管理人员的言行举止

高层管理人员的言行举止对组织文化维护起着至关重要的作用，所谓"上梁不正下梁歪"，说的就是高层管理者的言行对组织文化的维持具有示范作用。

（3）注意对组织人员的社会化培训

不管前面两项工作做得如何完美，新人员还是不可能完全适应组织文化的要求。这就要加强对他们的培训以协助适应组织文化的要求。这种培训可分为职前期、接触期和蜕变期。大量研究表明，组织文化维护的关键期是职前期；组织文化维护的内化期是接触期。

2. 组织文化维护的有效措施

组织文化维护除了注意招聘新人员、重视高层管理人员言行和组织人员培训等积极措施外，还应重视以下方面：突出管理者和团队关注的事物；注意对组织危机的处理；合理的报酬与奖励制度；明确与组织文化维护有关的晋升标准；重视组织的仪式、标志物、庆典活动的规范；讲究公关传媒的有效运用等。

（三）组织文化的变革阶段

组织文化不仅需要建设和维护，更需要对组织文化进行变革。因为创新才是组织文化建设的真正目标，才是组织文化维护的有效方法和途径。

1. 组织文化变革的定义

任何组织文化都是一个开放的软性系统，必须随着组织内外环境的变化而变化，这种为了适应组织发展和变化而引起的组织文化现象改变或组织文化结构改革的现象，就称为**组织文化变革**。这是组织文化建设和维持的必然结果，是组织文化自身特性的必然要求，更是组织生存与发展的必然规律和表现。因为组织文化作为一种上层建筑的意识形态，也只不过是社会文化制约和影响下的一种亚文化；必然受到社会文化和经济基础的双重制约。在社会环境、科学技术高速发展和变革的今天，因循守旧的组织文化是难以生存和缺乏活力的。事实上，古往今来，在世界范围内没有一种文化是静止不变和完全封闭的。

2. 组织文化变革的条件

组织文化变革是历史的必然，对组织文化变革时机的把握却是由组织领导者来选择的，时机选择的好坏，将直接影响到组织文化变革的成败。因此，必须注意组织文化变革的时机选择。

一般来说，在如下条件下，需要进行组织文化变革：一是发生了重大的社会变动，如国家权力更替、社会制度改变、科学技术换代等；二是组织环境发生剧变，如我国加入WTO、网络技术广泛运用等；三是组织内部发生重大改变，如组织改制、组织扩张、组织严重萎缩等；四是组织新而小时，如新建立的小规模组织；五是组织文化极弱。

当然，即使有了上述条件，也必须根据组织的实际，采取恰当的组织文化变革模式和方法（见知识库9-6）。

知识库9-6

组织文化变革模式

组织文化变革没有规定的模式，但杰克琳·谢瑞顿和詹姆斯·斯特恩却在《组织文化：排除企业成功的潜在障碍》中提出"组织文化变革模式"，该模式由六个部分组成：需求评估、行政指导、基础结构、变革的实施机构、培训和评价。

3. 组织文化变革的策略

前面阐述的组织文化维护的措施，同样适用于组织文化变革。此外，组织文化变革还应注意以下策略：一是注意了解原有组织文化，以确定组织文化变革的起点和目标；二是发现和支持组织文化变革的团队；三是注意对组织文化中次级文化变革的扶持；四是要有耐心；五是减少消极评价；六是对新组织文化的积极指导；七是任命新的高级管理者。

第三节　组织变革与发展

组织的相对稳定有利于组织人员履行职责与义务，但组织更是一个动态开放的系统，其内部构成要素和外部环境的变化都会对其产生影响。组织只有适应这些变化，才能使自己得以生存与发展。本节对组织变革和组织发展进行介绍。

一、组织变革概述

(一) 组织变革的概念

1. 组织变革的定义

组织变革(organization change，OC)是指组织为适应内外环境的变化而对自身所进行的调整、修正和革新过程。在这一过程中，真正的原因是组织内部和外部环境的变化。其中，来自组织内部的变化主要由员工的工作态度、个人价值观念、思想体系、素质提高等，来自，组织外部环境的变化有政治制度、经济状况、技术创新、社会变革、人口变动等。这些来自组织内外因素的变化直接影响到组织目标、组织结构、组织管理等方面的调整和改变。组织本身生存的理想状态是能够对外界环境进行控制，以保证组织与外界环境的平衡。然而，任何组织都无法完全控制外界环境的变化，就只能不断进行组织内部调整与改革，以便有效地顺应组织外界环境变化所带来的压力。

组织变革有广义和狭义之分。狭义的组织变革仅指组织正式结构的变革；广义的组织变革除了组织结构以外，还包括组织行为、组织技术、组织人员等诸多方面。这里所研究的是广义的组织变革。因此，组织变革应考虑两大方面：一方面，组织变革要与组织所处的环境相适应，即通过主动改变组织结构以适应环境变化；另一方面，组织变革要有利于改善员工行为、设计新的组织制度、寻求新的组织管理方法等。

2. 组织变革的形式

组织变革的形式主要有两种划分标准：一是根据组织变革的深度来分，可分为组织结构变革、人员变革和技术变革。其中，组织结构变革主要包括工作的再设计、上下级关系的改变、组织类型的变化等；人员变革主要是指员工态度、技能和素质的改变。技术变革不仅仅是技术方面的问题，还包括由新技术运用带来的管理思想、内容、方法的改革。二是根据组织变革的复杂程度来分，可分为适应性变革、创新性变革和激进性变革。适应性变革是指引入比较熟悉的、复杂程度低、确定性高的组织变革，如住房制度改革。创新性变革是指具有新颖性、复杂性和不确定性的组织变革，如我国的股份制。激进性变革是指实行大规模、高压力的组织变革，如中国革命。

(二) 组织变革的动力和阻力

尽管人们知道组织变革是组织生存与发展的必然规律，人们也只能去适应组织变革的形势,但仍然存在许多影响组织变革的因素。对这些因素的区分比较复杂,主要原因是:一是每一种因素通常不是单独起作用;二是同样因素对不同组织的敏感性存在显著差异;作用也有区别,有的成为组织变革动力,有的成为组织变革阻力。因此,组织变革之前必须充分认识可能的动力因素和可能的阻力因素,化阻力为动力。

1. 组织变革需要的动力

组织变革需要的动力主要来自外部和内部两个方面。

(1)外部方面的组织变革动力

① 国家政策和法律法规的变化。国家的政策和法律法规具有较强的强制性和严肃性,是一切组织活动的基本规范。因此,国家政策和法律法规的变化就成为组织变革必须选择的动力因素。

② 科学技术的变化。随着信息技术的发展,计算机网络的全球化,使得资本、人力资源和信息的流动变得快速而准确,这就使组织管理的内容、范围、标准、环节等发生了根本性的变革,在这种外部环境发生技术巨变时,组织变革将决定着组织的命运。因此,科学技术的变化是组织变革的物质动力。

③ 经济环境的变化。经济环境的变化可以分为宏观经济环境的变化和微观经济环境的变化。两者都是引起组织变革的直接动力。因为经济环境的变化具有明显的利益反应,并直接动摇着组织的主体因素——人力资源。2007年开始的环球金融危机,成为许多组织变革的动力。

④ 社会文化的变化。社会文化的变化对组织变革的影响是通过组织文化核心价值观的改变而把潜在的组织变革动力变成现实的组织变革动力。现在的网络文化就导致许多组织变革。

(2)内部方面的组织变革动力

① 组织目标的调整。这将改变组织的方向和范围,成为组织变革的引领性动力。具体可以表现在当原有组织目标即将实现时,组织人员会产生迷茫与困惑,影响组织人员的工作积极性,而组织目标的调整会给组织人员看到新的希望,产生新的目标距离,激发起组织人员前进的动力;当原有组织目标不能实现时,组织人员就会产生挫折感,这时组织目标的调整就会使组织人员产生机会感,成为组织变革的自救动力;当原有组织目标与环境条件不适应时,组织人员就会产生偏离感,出现偏离行为,组织目标的调整就有利于形成组织

变革的应变动力。

②组织结构的改变。这是组织变革的表现,也是组织变革的动力。因为组织结构的改变会带来组织功能的变化,而功能与结构的改变,势必带来系统的变革,成为组织变革的动力。

③组织职能的转变。随着社会的发展变化,现代组织职能向高度专业化和精细化转变,使得组织的权责利明确;另外,组织职能的社会服务功能强化,也迫使组织进行职能调整,成为组织变革的内在动力。

④组织人员素质的变化。组织人员素质是组织人员工作态度、工作作风、工作期望和价值取向的基础。它的变化必然影响组织目标、组织结构、组织权力的变化。这些变化必然成为组织变革的推动力。

⑤组织技术的变革。技术系统对组织变革的巨大推动力是十分确定的事实;组织技术的变革对组织变革的推动力,主要是通过对组织结构和人员心理状态的影响来实现的。

2. 组织变革存在的阻力

组织变革的阻力形成是多方面的。一是组织变革涉及组织权力和利益等方面的调整,肯定会影响到部分人员的既得利益,或者会改变人们的某些习惯,从而导致对组织变革的阻抗,成为组织变革的阻力。二是组织变革的阻力来源于组织的稳定性,是一种积极的阻力;如果没有这种组织变革阻力,就会使组织行为变得混乱而随意。这里只分析来自个体、群体和组织的消极阻力。

(1) 个体对组织变革的阻力

个体对组织变革存在的阻力主要表现为:一是对经济损失的担心,顾虑组织变革后会失去工作,进而成为组织变革的阻力。二是个体心理原因造成的阻力,组织变革会在一定程度上破坏个体的职业认同感,造成个体地位和权利的损失感及对未来的恐惧感等。

(2) 群体对组织变革的阻力

群体对组织变革存在的阻力主要有:一是群体的凝聚力。群体凝聚力越强,越会对破坏凝聚力的影响产生阻力。二是群体的从众心理。个体对群体压力的依赖性越高,群体的存在越容易成为组织变革的阻力。三是群体决策的参与程度。群体对组织变革的决策参与程度越高,对组织变革的阻力越小;群体对组织变革的决策参与程度越低,对组织变革的阻力越大。

（3）组织对组织变革的阻力

组织对组织变革的阻力主要有：一是组织结构的稳定性。组织是一个复杂的结构系统，要对其进行变革，就需要对该系统中的每个结构系统进行变革，这需要一个过程；二是组织资源的限制。组织变革是需要成本的，而组织资源又是有限的；三是组织系统的环节障碍。组织变革信息在组织系统的各个环节传递时会有信息损失和错误的现象；四是组织权力的损失。组织变革会导致原有组织的某些权力损失，而这些权力损失是某些人的既得利益损失；五是组织文化的惯性作用，组织文化也具有稳定性和连续性。

3. 组织变革阻力的化解

明确了组织变革阻力的来源，就可以有针对性地进行化解。具体措施如下：

（1）宣传教育

在组织变革之前，就要做好充分的思想教育和宣传工作，把对组织变革的阻力因素进行深入讨论和沟通，形成组织人员对组织变革的共识，营造良好的组织变革氛围，明确组织变革的目标，树立起组织变革的榜样。如我国古代王安石变法一样，变法之前先移木桩，形成变革的威信。

（2）注意时机的选择

组织变革会引起组织诸多方面的变化，产生许多新事物、新思想、新制度、新文化，需要人们去认识和接受。这就不能强制执行，也不能随心所欲，必须充分考虑组织员工思想感情的个体差异，因地制宜，做到有计划、有组织、有系统地合理安排进程，以克服组织变革的阻力。需要注意的是，对时机的等待和创造具有不确定性。

（3）发挥员工的主体性

让员工参与组织变革的实施过程，可以增加员工对组织变革的理解、认同和投入，能够提前发现组织变革可能带来的员工利益损失和员工对组织变革的认识偏差，加强组织变革的群众基础，建立解决问题的合作关系。这是化解组织变革阻力最有效的措施之一，其缺陷就是可能降低组织变革的决策质量。

（4）谈判与奖励

在组织变革的实施过程中，对支持组织变革的先进集体和个人给予奖励是一种正面疏导的积极方法，有利于形成员工对榜样行为的模仿。同样，对阻碍组织变革的集体和个人通过谈判，以某些利益条件作为组织变革的成本，换取员工对组织变革的支持,化解组织变革的阻力,也是行之有效的主要措施。这一措施的不足就是必须考虑组织变革的高成本和风险性。

(5) 利用组织的力量

组织对个人和群体具有归属和凝聚的作用,尤其是原有组织比较健全时,这种作用就会对个体和群体产生一定的压力。组织的力量是非常巨大的,具有强制性和严肃性,是组织变革必须依靠的力量。但在使用时必须认真分析原有组织的实际情况,找出组织中的权威管理者,注意强调"我们共同的"感情、共同的态度、共同的价值观念,注意共同信息的分享等。

除了上述的措施以外,力场分析的方法(见知识库9-7)、创新组织的方法等都是比较好的化解组织变革阻力的措施。

知识库9-7

力场分析法

力场分析法由心理学家勒温提出,是一种用于改变员工对组织变革阻力的方法。其操作程序是:

◆ 把需要解决的问题和有关人员或部门的情况,描述在纸上;

◆ 详细列出解决这些问题的动力与阻力;

◆ 把列出的动力与阻力用线段长短表示出来;

◆ 对第三步进行分析比较,寻找新的因素,提出问题解决的顺序;

◆ 把阻力按不可能改变、很难改变、可以改变、容易改变、可以立即着手改变五级分等;

◆ 按阻力等级进行解决。

(三) 组织变革模式

要想做到主动而有计划地进行组织变革,必须认真研究组织变革的过程,总结组织变革的规律,选择组织变革的模式。**组织变革模式**(model of organizational reform)是指在一定的组织管理思想或理论指导下,设计和实施组织变革的基本结构。这种结构包括组织变革的理论、目标、实现条件、操作程序和评价;具有完整性、针对性、操作性和优效性的特性。下面介绍几种主要的组织变革模式：

1. 动因模式

这是一种根据行为学理论基础提出的组织变革模式，认为组织变革是一种最重要的组织行为，可以分为原因、动机、选择和目标四个环节，其模式如图9-7所示。

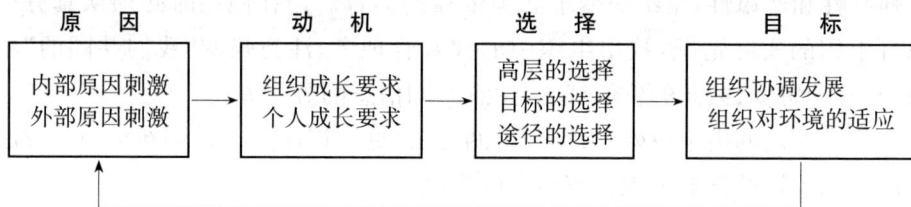

原　因	动　机	选　择	目　标
内部原因刺激 外部原因刺激	组织成长要求 个人成长要求	高层的选择 目标的选择 途径的选择	组织协调发展 组织对环境的适应

图9-7　组织变革的动因模式图

2. 系统模式

这一模式的主要倡导者是美国的哈罗德·莱维特，他运用系统论的观点提出组织变革的四个变量（结构、任务、技术和人员）是相互联系、相互影响的有机整体，任何一个变量的改变都会引起其他一个或多个变量的改变，而组织变革可以通过其中的任何一个变量来进行，如图9-8所示。

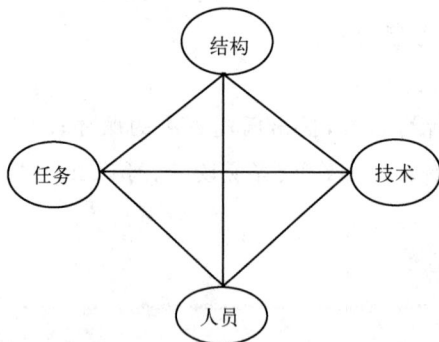

① 结构。是指组织存在的权责体系、管理层次与管理幅度、沟通状况、工作流程等。

② 任务。是指组织存在的使命、组织任务之间具有的层次和隶属关系。

③ 技术。是指组织为完成任务所采用的方法和手段。

④ 人员。是指达到组织目标的个体、群体、领导人员等。

图9-8　组织变革系统模式示意图

也有学者认为组织系统的变革模式应由人员、文化、任务、技术、设计和战略六个变量所组成，模式图就变成六边形组成的关系网络。

3. 程序模式

这是勒温根据计划组织变革理论并针对组织人员的态度和行为提出的组织变革模式,认为组织变革可由解冻、改变、再冻结三个环节组成。其中,解冻是组织变革的动力,主要是刺激组织人员的变革态度,让他们认识到组织变革的必要性和可能性;改变是要指明组织变革的方向,使组织人员形成新的态度和接受新的行为方式;再冻结是稳定变革成果,是指使用强化手段,对组织变革已经取得的行为规范、价值体系进行巩固。

4. 成长模式

这是从组织成长和发展的角度来探讨组织变革的过程。该理论认为,组织变革主要有五个因素需要考虑:组织的年龄、组织的规模、演变的各个阶段、变革的各个阶段、组织的成长率。其中,组织成长过程都存在组织的演变和变革,两者相互交织,推动着组织的发展,并可分为五个具有自己特点和管理风格的阶段:一是通过创造的成长阶段,导致领导危机;二是通过集权的成长阶段,导致自立危机;三是通过分权的成长,导致控制危机;四是通过协调的成长,导致官僚危机;五是通过合作的成长,导致未知危机。

5. 行为模式

行为模式又称行为研究模式,认为组织变革行为一般包括五个基本环节:诊断、分析、反馈、行动和评价,组织变革者和推动者必须通过对组织人员的行为资料收集,然后分析和认清问题,经过综合归纳信息,再把信息反馈给组织变革的相关人员,实行信息共享;接着通过行动来改进确定的问题;最后组织变革的推动者对组织变革的效果进行评估。其结构模式如图9-9所示。

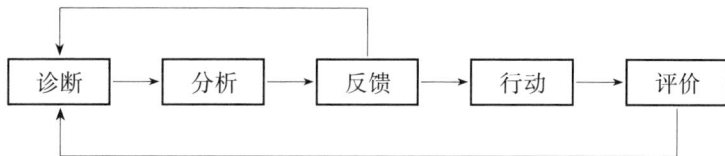

图9-9 组织变革行为研究模式示意图

(四)组织变革的趋势

组织变革的形式多样,方式不同,但出现了以下基本趋势。

1. 内部组织团队化

随着社会的发展,团队组织得到很快的发展,因为团队组织消除了跨部门沟通、分工过细、决策缓慢和灵活性低的以往组织的缺点,有利于自主、创新、活泼的组织氛围形成,适应了信息化时代的要求。根据 1999 年 8 月 20 日美国《商业周刊》的报道,在美国 1 000 家大型上市公司中,1987 年有 28％的公司称建立了自主的工作团队,到 1996 年则上升到 78％的公司确定建立了工作团队。在 2006 年的抽样调查中,几乎所有被抽样的公司都认为自己组织建立了工作团队。

2. 组织结构扁平化

组织结构扁平化是指组织管理层次减少,管理幅度加大的现象。产生这种趋势的主要原因是现代信息技术的巨大进步,计算机网络技术在管理中的运用,为组织管理提供了功能支持,使得组织人员的独立工作能力加强。另外,以人为本,强调人权平等的思想,也要求减少组织管理的层级,为组织人员提供平等互助的环境。事实上,在美国、日本等发达国家已有许多组织实现了扁平化。

3. 组织关系网络化

以往,许多组织过分强调自己的专一性、规模化和集团化,以致组织社会化现象十分严重。到了 20 世纪,随着组织内外环境的变化,越来越多的组织认识到,庞大的组织规模和臃肿的组织机构对组织的竞争力产生极大的消极影响。因此,开始改变第二次世界大战以来的追求规模大型化的组织理念,开始强调组织的小规模趋向。到了 20 世纪末,这种趋势更加明显,组织类型从纵向一体化的大型组织向横向一体化的网络组织转变。大型组织通过剥离、出售下属组织,再通过网络把若干紧密相关的组织进行联系,形成虚拟型组织。

4. 组织管理柔性化

组织管理柔性化的含义有三个方面。

(1) 组织管理方式强调人性化

是指组织管理的方式从过去的以制度管理为主向现在的强调人性化管理转变。20 世纪 80 年代以来,全球政治、经济、文化发生了深刻的变化,人们的生产方式、生活方式、交往方式和思维方式也在更新,为组织的柔性管理理论提供了强大动力。作为全球三大旅游公司之一的罗森帕斯旅游公司,就以重视员工的人性化管理而著称,该公司出版了一本名为《顾客第二 》的畅销书。

此书对第二次世界大战以来一直被捧为金科玉律的"顾客是上帝"的经营理念进行了大胆修正,提出了"员工第一,顾客第二"的新管理理念。认为对员工生活影响最大的莫过于组织,因为组织既给员工带来快乐也给员工带来沮丧甚至恐惧。当员工把糟糕的情绪带回家时,就会造成家庭不和,这种家庭矛盾又会进一步恶化他的情绪。第二天员工又把这种情绪带回组织,最后不可避免地要发泄到顾客身上或员工之间。这种情况是导致组织效益滑坡的重要原因。因此,与其把顾客当上帝,还不如把员工当作上帝。罗森帕斯公司这种重视员工、重视管理中柔性因素的做法,现在已成为组织管理的一种趋势,成为全球组织管理模式的发展方向。

柔性化管理理论是美日管理比较的直接产物。20世纪80年代,在研究日本经济崛起之谜中发现,美国与日本的差距不在于技术方面,而在于管理方面。美国主要从经济、技术和制度角度考虑问题,在管理中崇尚刚性主义的管理模式;而日本较注重从社会文化等非经济、非技术的因素考虑问题,特别重视人的情感、意志、需要、动机、兴趣、气质和性格等因素。日本的管理方式在组织中营造了较好的人文文化氛围,因而能够应付急剧变化的现代社会的挑战。美国组织管理学工作者认为,以"刚性主义"为基石的科学管理理论已不能适应现代管理实践的要求,必须进行一场"管理革命",走组织管理柔性化道路。

组织管理柔性化理论认为,组织管理不仅仅是一个物质技术过程或制度安排,而是和社会文化、人的精神密切相关的;组织管理的根本因素是人。因此应当以人为核心,挖掘出一种新的以活生生的人为重点的、带有感情色彩的管理模式来取代传统的纯制度、高组织、唯数量、手段单一的组织管理模式,重视对人的个性倾向性,即人的需要、动机、兴趣、信念、理想和世界观等因素的长期培育,真正提高组织的凝聚力和竞争力。组织管理柔性化有利于树立起以人为本的思想,实现员工的自主管理。

(2)组织职权设计柔性化

注意组织的集权与分权的统一。强调在上下级之间建立起有效的信息沟通渠道,适时调整权责关系与结构,确保组织战略目标的实现。

(3)组织结构柔性化

注意组织结构的稳定与变革统一。把组织分成两部分:一部分是为完成组织的经常性任务而建立的组织结构,具有稳定性;另一部分是为完成组织创新性任务和临时性任务而建立的,具有动态性。

二、组织发展概述

(一) 组织发展的内涵

组织发展(organizational development,OD)是近年来兴起的一个重要研究领域,是对组织的某些部分或方面进行修正或整顿,或对整个组织进行有计划的、系统的、长远的调整的过程,致力于改进组织和组织中的人。

组织发展和组织变革有着十分密切的关系,在某种意义上,可以把组织发展作为实现组织变革的手段之一。但组织发展和组织变革之间也存在一些区别。

首先,组织发展是通过创建自我导向、人人都要承担责任的组织变革,所要解决的是那些组织一线人员直接关注的组织问题。组织变革是指根据组织外部环境或内部环境的变化,通过调整并完善自身的结构和功能,以提高组织适应生存的应变能力,是组织管理者所关注的组织问题。

其次,组织发展是一项组织系统范围内的变革活动,注重组织的每个环节,是持续的、长期的过程。组织变革则可以分段、分项进行,具有明显的对象性,如组织结构变革就可以局限在改变结构形式。

第三,组织发展要求同等看待需要解决的当前问题;组织变革则不仅要解决当前问题,还要面对未来问题。

第四,组织发展比组织变革更强调数据搜集、诊断和解决问题的行动。

第五,组织发展的重点是组织绩效和人性实现;组织变革的重点是组织目标达成和组织生存。因此,组织发展是以人员优化和组织氛围协调为思路,通过组织层面的长期努力、改进和更新组织的过程,实现组织的系统变革。组织变革则较多强调组织设计,在短期内实现组织的结构、形式、人员、文化等方面的改变。

(二) 组织发展的过程

组织发展是一个长期过程,可以划分为五个阶段。

1. 进入和签约阶段

进入和签约是组织发展过程的第一个阶段,主要工作是对组织问题的性质进行界定,确定合作关系和签订正式合同。

(1) 确定合作关系

组织人员和组织发展专家进行接触,向组织发展专家介绍组织遇到的问题,通过双方初步对问题的探讨,明确问题的性质,进一步确定组织发展项目的相关人员和选择组织发展专家。

（2）签订正式合同

双方有了合作意向后,一般要签订书面正式合同,对双方的权利和义务、项目完成的时间以及应注意的问题进行明确,以保证组织发展活动的权威性。

2. 组织诊断阶段

组织诊断是指对组织当前状况进行评估,为制订组织发展措施提供必要信息的过程。在此过程中,强调组织成员与组织发展专家的共同合作,对组织信息进行搜集、分析并得出问题的结论。主要的组织诊断类型有：

（1）组织水平诊断

组织水平诊断是指对整个组织的诊断,内容涉及组织战略和结构的设计。主要有输入、战略导向、输出和匹配四个过程（见图9-10）。其中,匹配是指图中各个因素之间的相互统一关系。如组织战略、组织设计与输出的统一、组织粘连与组织设计的统一、组织设计各因素的统一、组织战略各因素的统一等。

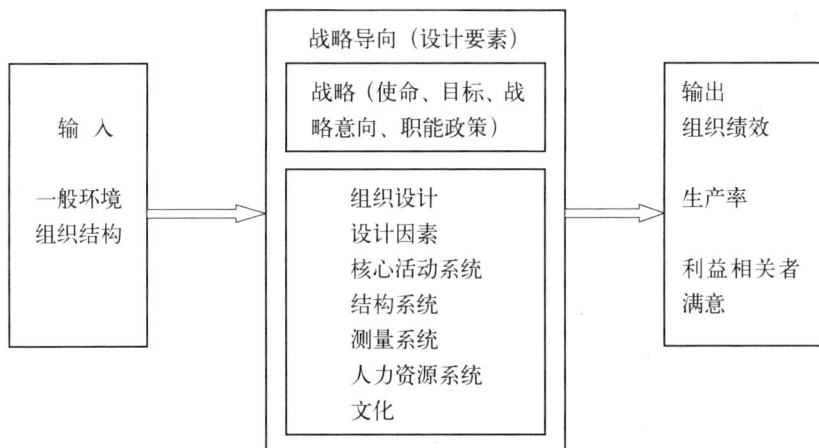

图9-10　组织水平诊断示意图

（2）群体水平诊断

群体水平诊断是指对部门、小群体或团队的诊断。同样包括输入、设计要素、输出和匹配四个过程（见图9-11）。这里的匹配主要是指群体设计和组织设计的一致性。如果组织结构的差别性小、整合性高,群体应当由技能高超、经验丰富的人员组成,以完成独立性强的任务；如果组织结构的差别性大、整合性低,群体可以由技能相对较低的人员组成,用来完成合作性的工作。另外,也要注意设计要素之间的一致性。如果目标是使任务相互独立,群体人员的协调就应当由任务结构、群体组成、群体功能和绩效规范来促进;如果目标是不清晰的,任务结构、群体组成、群体功能和绩效规范就可以进行自我调节。

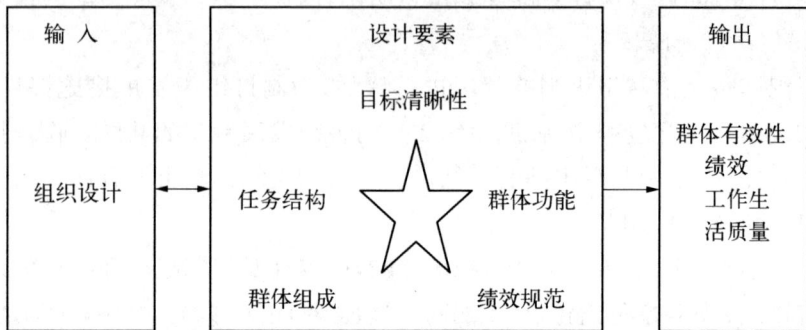

图 9 - 11 群体水平诊断示意图

(3) 个体水平诊断

这是组织诊断水平的最低层次,是指对组织个体工作或职位的诊断。也要从输入、设计要素、输出和匹配四个过程进行分析(见图 9 - 12)。这里的匹配主要是指工作设计和组织设计、群体设计之间的一致性。差别性大、整合性高的组织,就需要与自主性、灵活性和创造性高的群体匹配,更需要工作能力强、知识面广的员工。

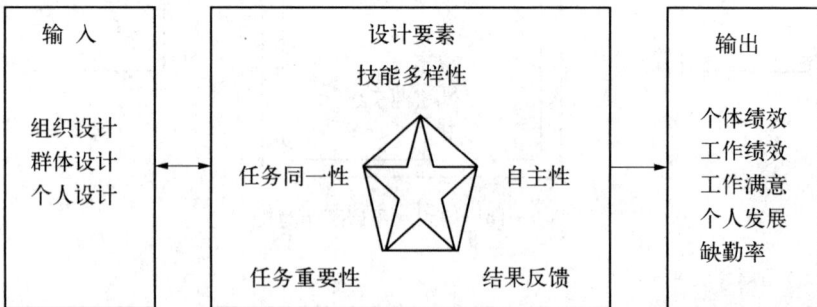

图 9 - 12 工作水平诊断示意图

3. 搜集、分析和反馈诊断信息阶段

搜集、分析和反馈诊断信息是组织诊断的三个主要环节,更是组织发展的必要阶段。此阶段的主要工作有以下三方面。

（1）搜集诊断信息

主要是通过问卷、访谈、观察和查阅有关资料，全面搜集与组织问题相关的所有情况。常用的组织发展问卷有组织调查表（survey of organizations）、密歇根组织评估问卷（michigan organizational assessment questionnaire）、组织诊断问卷（organizational diagnostic questionnaire）等。

（2）分析诊断信息

分析诊断信息可以有定性分析和定量分析两种类型。定性分析的方法通常是用内容分析和力场分析。定量分析是指各种统计方法，可根据实际情况而定。

（3）反馈诊断信息

这是组织诊断的重要环节，就是把搜集到的信息和分析结果提供给组织。有效的信息反馈应当具有以下特点：与问题密切相关、易理解、描述清晰、可证实、及时、限量、建设性等。

4. 设计与执行干预措施阶段

设计与执行干预措施是组织发展的关键环节，主要包括设计干预措施和执行干预措施两部分。

（1）设计干预措施

干预措施是一套提高组织有效性的系统方法。在设计中应该考虑组织变革的背景（如组织变革的准备情况、组织变革的能力因素、组织变革的文化因素和组织变革代理者的条件等）和需要干预的问题性质。做到以组织运作的有效信息为基础、行动效果为指标、组织人员素质为关键条件进行设计。这样才能使设计的干预措施具有：目标的明确性；层次的清晰性；时机的选择性；方式的灵活性；内容的针对性；材料的启发性；难度的适当性；角度的新颖性；对象的广泛性；员工的参与性；行动的可行性；干预的科学性。

（2）执行干预措施

执行干预措施是组织发展过程中的关键行为环节。在此环节中，首先是认真按照设计的干预措施执行，做到责任到人到事，每一行动都有具体评价指标和记录。其次是做好克服执行干预措施困难的准备，做到有事必应，应必有果。

5. 评估干预效果阶段

评估干预效果是组织发展的重要阶段，就是对组织发展绩效的评定过程。

是组织发展的终点,也是下一轮组织发展的起点。评估的标准、方式与方法的选择决定着合同完成的质量和项目的延续与否。组织发展的评估指标多种多样,选择不同的标准就有不同的评估结果。因此,选择正确的组织发展评估指标显得十分重要。除了组织发展常用的工作满意、组织承诺等指标外,必须选择一些客观指标(见表9-3)。

表9-3 组织发展干预效果指标

测量维度	评估标准	测量维度	评估标准
缺勤率	缺勤天数/员工人数×工作天数	生产率	产品或服务输出/直接与间接劳动
迟到率	迟到次数/员工人数×工作天数	质量	次品+退货+返工+废品
流动率	流动次数/员工人数	停工时间	劳动+修理
抱怨率	抱怨次数/员工人数		

(三) 组织发展的模式

在今后一段时间内,各种组织发展的模式主要有以下4种。

1. 虚拟型组织

虚拟型组织是以信息技术为基础,以契约合作为手段建立起来的组织与组织之间的暂时战略联盟性组织。是一个概念上的组织形态,并没有具体实体存在,是一种既没有明确组织边界,也不存在固定结构的有机组织模式。与传统组织相比虚拟性组织具有如下特征:一是松散性。虚拟型组织打破了传统组织模式的层次和界限,只关心成员组织与联盟战略目标的完成,不干涉成员组织的其他管理问题;管理上具有松散性,便于节约资源,发展核心活动。二是竞争性。具体表现为:首先,虚拟型组织是由独立组织建立起来的临时性组织,易于抓住有利于组织发展的机会,具有较强的灵活性。其次,虚拟型组织具有分担成本、共享技术成果的特性,使其能够迅速综合组织成员的优势,形成整体优势。最后,虚拟型组织通过各方联盟达到适宜规模,易于形成规模效益。三是技术性。一般来说,虚拟型组织是以各自的高新技术开发和应用为基础,实质上是技术联盟。四是网络性。虚拟型组织的管理信息必须以数据、知识和模型的形式,通过建立交互式的通信网络体系完成组织目标。

2. 团队型组织

团队型组织是指组织中的人员不是以个体形式存在，是为了实现特定目标而组合在一起的工作群体，并且能够形成积极的协调作用，团队绩效水平远大于个体绩效的总和。其主要特点是：一是哑铃型组织结构。团队型组织将横亘于组织上层和基层之间的各个职能部门进行分解和弱化，打破部门界限，把决策权下放到工作团队成员手里，提倡员工实行自我管理。二是组织成员既是专家又是通才。团队型组织的高层管理人员减少，一线员工的纵向提升机会减少，横向流动变得频繁，这样就减少了一线员工的工作单调感和枯燥感，也有利于他们技能的多样化。

3. 变色型组织

变色型组织是指组织必须对周围环境具有较强的适应性。具有以下特点：一是灵活性（能够根据环境的变化而变化）；二是强调个人承诺（即强调结果而不是过程；强调个人的成长和问题解决而不是具体形式）；三是充分运用团队；四是基本功扎实；五是变化多样性。

4. 学习型组织

学习型组织是指通过培养整个组织的学习氛围、充分发挥员工的创造性思维能力而建立起来的一种有机的、高度柔性化的、扁平的、符合人性的、能持续发展的组织。其特点是：有人人赞同的共同愿景；在解决问题和从事工作时摒弃旧的思维方式和程序；人员对组织的所有活动、功能及环境间相互关系进行思考；人员间坦诚相待；人员摒弃个人和部门利益，只为实现组织目标而工作。

三、组织学习概述

现代组织中一个最重要的任务是对待和适应变化，当今组织环境以高度不确定性和未来不可预测为特征。卡曾巴赫和史密斯（1993）认为，如果组织面临主要变革时，试图通过简单地做个人工作来改变组织是不会有效的，因为个人自身相对于相同信息的群体来说缺乏影响力。因此，卡曾巴赫和史密斯相信，当面对同样的挑战时，基于组织学习基础上的组织发展和变革，比基于传统等级权力制度下的组织发展和变革会作出更佳的反应。事实上，组织变革与组织文化的变革密切相关。正如戴维斯（1985）所指出的，改变一个组织的文化必须在组织底层，而不是从高层管理处建立新方法，然后希望其向下渗透。对于顽固反对变革的部门来说,什么激动人心的鼓励话语都不会起作用。但是同样是这些人,如果参与到组织学习之中,他们便能理解组织的特征,清楚地辨别出组织管理政策背后起作用的影响因素,这有助于他们清楚地知道组织变革的原因,从而支持组织发展和变革。可见,组织学习是组织发展和变革的必然选择。下面将对组织学习的概念、影响因素和类型进行介绍。

(一) 组织学习的概念

"组织学习"的概念是阿吉瑞斯(Chris Argyris)等人于20世纪70年代中期提出来的。他们认为组织学习是"发现错误,并通过重新建构组织的'使用理论'(theories-in-use)(人们行为背后的假设,却常常不被意识到)而加以改正的过程"。此后,这个概念不断地得到发展。学习型组织理论的倡导者彼得·圣吉(Peter M. Senge)则认为,组织学习是管理者寻求提高组织成员理解和管理组织及其环境的能力和动机水平,从而使其能够决策如何不断提高组织效率的过程。关于组织学习的定义实际上是从"个体学习"(personal learning)借鉴引申而来的。的确,组织是由个体构成的,个体学习是组织学习的重要前提和基础。但组织不是个体的简单相加,组织学习也不是个体学习的简单累计。组织具有记忆和认知系统,通过这些功能,组织可以形成并保持特定的行为模式、思维准则、组织文化以及价值观念系统等。组织不只是被动地受个体学习过程影响,而且可以主动地影响其成员的学习。因此,个体学习与组织学习之间存在相互影响、相互制约的互动作用。

(二) 组织学习的影响因素

在传统的组织管理体制和管理模式之下,组织存在许多不利于组织学习的因素,也存在许多不利于组织学习的障碍。主要表现在:

1. 对缓慢变化的适应

有一则煮青蛙的故事可以说明适应的致命威胁:如果把一只青蛙放在沸水中,它会立刻试着跳出;但如果把青蛙放在温水中,不去惊吓它,它将呆着不动。如果慢慢地给水加温,青蛙仍然若无其事,甚至自得其乐,当温度慢慢上升到它无法忍受的程度时,它却无力动弹了,直到将它煮熟。因为青蛙内部感应生存威胁的器官,只能感应出环境中激烈的变化,而不是针对缓慢渐进的变化。

组织中存在的适应现象主要表现在:一方面,组织对外界社会的发展变化不敏感(见图9-13)。随着知识经济和信息社会的到来,人们的世界观、价值观、生活方式也在不断地变化。但是,组织对社会的转型与变化却没有反应,在组织管理过程中,仍然采用传统的组织管理模式与方法,使管理者对新的组织管理理念、新的组织管理措施没有反应;另一方面,管理者对身边的组织发展现象不敏感。因此,组织发展就必须加强组织学习,因为组织学习可以使组织对变化的社会和发展中的员工保持高度的察觉能力,是对缓慢变化的组织事件防患于未然的最好手段和措施。

图 9-13 柯 达 破 产

作为一家知名的跨国企业,柯达对传统胶片技术和产品的眷恋,以及对数字技术和数字影响产品的冲击反应迟钝,在很大程度上决定了柯达陷入成长危机的必然。(见彩插8)

2. 专注于个别事件

管理者如果常将组织发展过程中出现的问题看成是一件件独立的事情,总认为每件事都对应着一个原因和相应的解决办法。那么,由于专注于个别组织变革现象与事件,管理者往往运用一些显而易见的方法去解决问题,这是不利于组织的长远和全面发展,更难采取长效的组织学习方式。

3. 存在从经验中学习的错觉

最强有力的学习出自直接的经验,人们通常是通过直接尝试错误来进行学习。人们已经习惯于采取某个行动之后,先看看行动的后果,再采取新的行动。但是,如果人们不能直接观察到自己行动所产生的后果,或者是行动的后果要隔一段时间才发生时，人们就不可能直接从经验中学习，而组织学习的效果显现是有滞后性的，故容易导致对组织学习的否定。

4. 组织的外归因现象

组织结构的部门化，使管理者往往专注于个人所负责的方面，而忽视或无视组织内部互动所产生的结果。这首先体现在局限思考，指不从全局、整体和事物的普遍联系考虑问题，而是片面地、局部地、孤立地考虑问题。在实际中，每位管理者在自己本职岗位上埋头苦干，尽责尽力，结果把自己的责任局限于本职岗位范围内。当管理者只专注于自身的职责时，他们就不会对整个组织发展的结果有责任感。于是，当出现问题时，他们往往归罪于外。所以，组织管理不能只专注于个体，要从组织的全面发展出发，认清"内"与"外"的关系，才能促进组织学习。

5. 组织管理的心理定势

组织是学习的场所，应该是一个学习型组织，但实际情况并非如此。因为在传统的科学管理体制下，组织的重大决策都由领导作出，员工只是完成上面安排的任务，是服从安排。在这种等级制度下，员工的言论和行动受到传统思想观念、组织结构的限制，为了保全自己，不提没有把握的问题；为了维护组织团结和谐的假象，不提分歧性的问题；为了维持组织表面上的平静，组织内部出现压制不同意见的现象。阿吉瑞斯就明确指出："目前组织学习效果不明显的原因，是因为大部分的管理者害怕在组织中互相追根究底的质疑求真所带来的威胁。"

（三）学习型组织的形成

学习有三个层次：个人学习、组织学习和学习型组织。个人学习主要是指认知学习、技能学习和情感学习；组织学习是将组织作为学习的主体来看待，适应性学习和创造性学习是组织学习的两个阶段；学习型组织是一种组织管理模式，组织学习是一个组织成为学习型组织的必要条件。彼得·圣吉将学习型组织定义为：在发展中形成了持续的适应能力和变革能力的组织。

1. 学习型组织形成的特征

（1）组织核心能力的建立

核心能力是一组技能和技术的集合体，而不是每一项单个的技术或技能。核心能力实质上是一个组织整体的能力，体现了组织整体的竞争力，是组织独特的、渗透在组织中的其他组织难以模仿的能力。进行高绩效的组织学习，有助于增强组织的核心能力。

（2）组织结构扁平化

以较少层次的扁平式组织结构可以促使组织进行沟通，能够直接了解到第一线的组织动态，人员也可以直接参与组织的决策；易于形成互相理解、互相学习、整体互动思考、协调合作的组织文化。因此，组织结构扁平化是学习型组织形成的又一特征。

（3）有效性

通过学习型组织的建立，形成学习团队，使组织管理层次简化，能有效地分权与授权。有利于促进组织各部门之间的合作，加快信息传递的速度，从而减少延缓，提高工作效率；为组织快速反应创造了条件，以适应当前社会环境的急剧变化；能给组织带来行为或绩效的改善；有助于知识管理，实现知识的共享。

（4）人员的专业成长

学习型组织要求组织人员必须将学习与工作紧密结合起来，将学习贯穿于组织系统运行的整个过程中，学习是工作的核心，必将推动和促进人员的专业成长。

（5）共同的组织愿景

共同的组织愿景是组织人员都真心追求的愿景，它来源于人员的个人愿景而又高于个人愿景；是改变组织与人员关系的关键，是学习型组织的能量与焦点。如果没有共同的组织愿景引导，人员就会被学习的困难吓倒，学习型组织就难以形成。

（6）强调知识管理

学习型组织建立的目标就是加强组织学习和提高组织绩效。而知识管理所关注的就是如何使组织学习所产生的新知识发挥效益。因此，学习型组织必须强调知识的管理。

2. 学习型组织形成的模型

关于学习型组织的构建模型主要有以下几种。

（1）鲍尔·沃尔纳的五阶段模型

鲍尔·沃尔纳（P. Woolner）从组织教育与培训的角度，归纳出学习型组织的发展模式，认为组织学习的发展一般需要经历五个阶段（见表9-4）。在第一阶段，组织处于初级发展阶段，组织学习活动是自发的、不规则的，组织没有安排学习项目的意识。随着组织的发展,组织内部仍然存在不正规的学习活动,更多的组织学习活动则是出资选送员工到组织以外的教育部门进修学习。这就使组织学习步入第二阶段,即消费性学习阶段。在第三阶段,随着组织事业的发展,越来越多的员工需要进一步学习,组织意识到组织内部学习的必要性,开始注重在组织内部开发适合组织发展的学习项目,并建立相应的学习基地,但是组织学习活动尚未与组织发展战略建立起明显的联系。在第四阶段,组织将学习纳入日常工作,组织的课程设计更加成熟且富有创造性,组织学习与组织发展战略紧密结合在一起。沃尔纳认为,这是组织学习的高级阶段,但学习活动一般由组织内的培训或人力资源部门统一组织,组织学习尚未成为组织内的事业部门的职责。只有到了第五阶段,才能真正做到工作与学习的融合。这主要体现在:学习的责任已置于组织管理系统中,学习已成为组织事业部门的主管、工作团队、员工个人以及人力资源部门共同的责任;学习与工作融为一体,学习成为工作创新的形式等。

表 9-4　沃尔纳学习型组织的发展模式

阶　　段	重　点	时间跨度	面临危机的程度	对组织的冲击
第五阶段　学习与工作的融合	个人工作团队系统	长期	高	大
第四阶段　确定组织的学习日程				
第三阶段　将学习引入组织:开端				
第二阶段　消费性学习				
第一阶段　无意识学习:组织尚无有意开发学习项目	个人	短期	低	小

　　(2) 彼得·圣吉的模型

　　彼得·圣吉(P. M. Senge)是学习型组织理论的集大成者。在其著名的《第五项修炼——学习型组织的艺术与实践》一书中,圣吉提出了构建学习型组织的五项修炼:

① 自我超越。彼得·圣吉将自我超越作为第一项修炼,自我超越对个人和组织都有要求。对个人来说,是突破个人能力极限的自我实现。它是学习型组织的精神基础,不断自我超越的人,全心投入,能不断创造和超越;对组织来说,是建立在每个员工的学习意愿与能力之上,要求组织克服惯性和常规,不断挖掘创新。因此,组织应充分认识到个人成长对组织是非常有益的,并创造鼓励个人发展的组织环境,圣吉所提出的自我超越的修炼包括建立个人愿景、保持创造性张力、看清结构性冲突、诚实面对真相和运用潜意识五方面。

② 改善心智模式。在圣吉看来,每个人的心智模式在内心深处是根深蒂固的,它影响着人们认识世界和改造世界的意愿与方式,而组织同样可能存在一种共有的心智模式。改善心智模式的修炼,就是要求组织检查和修正以往以局部或静态思考的方式为主的心智模式,向注重互动关系与动态变化的思考方式为主的共同心智模式转变。同时,员工之间应充分表现自己的意愿与想法,而且每个员工都以开放的心灵容纳他人。

③ 建立共同愿景。即形成组织成员普遍认同的目标、价值观与信念,共同愿景是组织中人们所共同持有的意象或景象,它创造出人们是一体的感觉,并遍及于组织各方面的活动中,从而使各种不同的活动融汇起来。共同愿景的作用在于为组织学习提供焦点与能量,并激发组织成员形成不断向前超越的力量。

④ 团体学习。圣吉认为,在现代组织中,团体学习非常重要,这是因为现代组织的基本单位就是工作团体。因此,学习的基本单位也应由个人变为团体。只有组织拥有众多的会学习的团体,才可能发展成为善于学习的组织。团体学习的修炼要求团体成员能超越自我,克服防备心理,学会相互学习和工作,形成共同思维。团体学习的目的是为了使团体的智商大于个人的智商,使个人成长速度更快;团体学习的关键是进行深度会谈——每人全部摊出心中的设想,真正一起思考。通过团体学习,使组织成员取得更高层次的共识。

⑤ 系统思考。要求人们树立全局的观念,形成整体的动态的搭配能力和思维模式,运用系统的观念看待组织的发展,将问题置于系统中来思考,从动态发展的各种要素中寻求新的动态平衡。在圣吉看来,系统思考是五项修炼中最为重要的方面,它既是完整的知识体系,又是实用的方法,能够将前四项修炼融合在一起。正因为如此,圣吉才将其著作命名为《第五项修炼》。

经典名言

今天,不断变化的是所需要的系统思考技巧的范围。当权力和权威被更广泛地分配,组织中的人们能懂得他们的行动会如何影响到其他人这一点就变得越来越重要。要做到这一点,组织中的人们需要更好的信息系统,以便了解整个系统的情况。

——彼得·圣吉

本章要点总结和复习

◆ 组织结构是指组织成员为完成工作任务、实现组织目标,在职责、职权等方面的分工与协作体系。组织结构的类型主要有职能结构、分部结构、矩阵结构和网络结构。

◆ 组织设计是指根据组织所处的环境变化,设计能适应这种变化的组织结构,创建新的组织管理模式的过程。组织设计的内容主要有组织职能设计、组织部门设计、管理幅度与管理层次设计、组织职权设计、组织联系设计和组织规范设计等。

◆ 组织文化是指组织在长期的生存与发展过程中形成起来的,为本组织所特有的,已经被组织人员共同遵循的精神文化。组织文化的功能主要包括组织凝聚功能、组织改造功能、组织调控功能、组织完善功能和组织发展功能等。

◆ 组织变革是指组织为适应内外环境的变化而对自身所进行的调整、修正和革新过程。组织变革的基本趋势是内部组织团队化、组织结构扁平化、组织关系网络化和组织管理柔性化等。

◆ 组织发展是对组织的某些部分或方面进行修正或整顿,或对整个组织进行有计划的、系统的、长远的调整的过程,致力于改进组织和组织中的人。组织发展的模式主要有虚拟型组织、团队型组织、变色型组织和学习型组织等。

学习游乐场 9

微软的智力题

> ◆ **形式：**个人完成
> ◆ **时间：**3 分钟
> ◆ **材料：**无
> ◆ **场地：**不限
> ◆ **应用：**创造性思维的产生；打破传统思维的局限

◆ 启发学习者的创造性思维。

——程序

◆ 这是一道来自微软的智力题，据说此题曾被用来测试来应聘微软公司高级人才的人。

◆ 这道题是这样的：有两间房，一间房里有三盏灯，另一间房有控制这三盏灯的三个开关（这两间房是分割开的，毫无联系）。

◆ 现在要你分别进这两间房一次，然后判断出这三盏灯分别是由哪个开关控制的。

◆ 你能想出办法吗？（注意：每间房只能进一次）

——讨论

◆ 你认为解决这个问题的关键在哪里？（具体内容参见本书附录 1）

　　资料来源：众行管理资讯研发中心，《管理培训游戏全案》，广东经济出版社，2003 年。

心理测试 9：变革容忍度量表[①]

（Budner，1962）

　　目的：本测试在于帮助你了解人们对变革的容忍程度的不同。

---

① 陈国海：《组织行为学》（第 4 版），清华大学出版社，2013 年。

指示：阅读表9-5中的每个陈述，并圈出与你的实际看法最为接近的栏。

表9-5 心理测试问卷

每个陈述在多大程度上描述了你的情况？在你同意水平的相应栏内画圈或打钩	完全同意	一般同意	稍微同意	中立	稍微不同意	一般不同意	完全不同意
1. 不能给出明确答案的专家很可能是知之不多	1	2	3	4	5	6	7
2. 我喜欢在国外待上一段时间	7	6	5	4	3	2	1
3. 像问题得不到解决这样的事是不存在的	1	2	3	4	5	6	7
4. 按日程生活的人们很可能错过大多数生活的事情	7	6	5	4	3	2	1
5. 一份好工作是指一个人总是清楚地知道做什么以及怎样做	1	2	3	4	5	6	7
6. 处理复杂问题比简单问题更有趣	7	6	5	4	3	2	1
7. 从长远来看，处理小而简单的问题比大而复杂的问题会做得更多	1	2	3	4	5	6	7
8. 最有趣和有鼓动性的人常常是那些与众不同和具有原创能力者	7	6	5	4	3	2	1
9. 我们习惯于对新鲜事物表现出兴趣	1	2	3	4	5	6	7
10. 坚持"是"或"否"答案的人正是不了解事物复杂性的表现	7	6	5	4	3	2	1
11. 过着平静和有规律生活的人有许多事情很值得庆幸	1	2	3	4	5	6	7
12. 我们的许多重要决策是在信息不足的情况下作出的	7	6	5	4	3	2	1

续 表

每个陈述在多大程度上描述了你的情况? 在你同意水平的相应栏内画圈或打钩	完全同意	一般同意	稍微同意	中立	稍微不同意	一般不同意	完全不同意
13. 我喜欢参加那些大多数人我都认识的社交活动,而不喜欢参加那些大多数人我都不认识的社交活动	1	2	3	4	5	6	7
14. 那些布置模糊作业的教师或导师让我的主动性和创造力得到发挥	7	6	5	4	3	2	1
15. 大家越早获得相似价值观和理想,则越好	1	2	3	4	5	6	7
16. 让你用自己的方式看问题的教师是好教师	7	6	5	4	3	2	1

测试结果与分析参见本书附录 2。

课后练习

一、单项选择题

1. 在组织设计过程中,力求做到在满足组织任务与目标的前提下,组织结构要精简,队伍要精干,管理要高效率、高效益。是组织设计的(   )原则表现。

   A. 任务目标   B. 分工合作   C. 统一指挥   D. 效率效益

2. (   )是组织通过各种途径和方式,不断地获取知识、在组织内传递知识并创造出新知识,以增强组织自身实力,并产生效能的过程。

   A. 组织发展   B. 组织变革   C. 组织学习   D. 组织设计

3. (   )是指通过培养整个组织的学习氛围、充分发挥员工的创造性思维能力而建立起来的一种有机的、高度柔性化的、扁平的、符合人性的、能持续发展的组织。

   A. 变色型组织   B. 学习型组织   C. 虚拟型组织   D. 团队型组织

4. 员工的统一着装属于组织文化的(　　　)。

　　A. 符号指标　　　B. 基本价值观　　C. 行为规范　　　D. 核心假设

5. (　　　)的程序模式由心理学家勒温提出。

　　A. 组织发展　　　B. 组织变革　　　C. 组织学习　　　D. 组织设计

二、多项选择题

1. 组织文化由(　　　)构成。

　　A. 符号指标　　　B. 基本价值观　　C. 行为规范　　　D. 核心价值假设

　　E. 核心假设

2. 组织设计应遵循的基本原则有(　　　)。

　　A. 任务目标原则　　　　　　　　B. 分工协作原则

　　C. 统一指挥原则　　　　　　　　D. 效率效益原则

　　E. 责权结合原则

3. 圣吉提出了构建学习型组织的五项修炼是(　　　)。

　　A. 自我超越　　　　　　　　　　B. 改善心智模式

　　C. 建立共同愿景　　　　　　　　D. 团体学习

　　E. 系统思考

4. 影响组织学习的因素有(　　　)。

　　A. 对缓慢变化的适应　　　　　　B. 专注于个别事件

　　C. 存在从经验中学习的错觉　　　D. 组织的外归因现象

　　E. 组织管理的心理定势

5. 组织变革的内部动力包括(　　　)。

　　A. 组织目标的调整　　　　　　　B. 组织结构的改变

　　C. 组织职能的转变　　　　　　　D. 组织人员素质的变化

　　E. 组织技术的变革

三、判断题

1. 分部结构是一种根据组织的行政管理与生产活动发生地域范围而设计的结构形式。(　　　)

2. 仪式属于组织文化的行为规范层面。(　　　)

3. 组织文化是指组织在长期的生存与发展过程中形成的,为本组织所特有的,已经被组织人员共同遵循的精神文化。(　　　)

4. 组织结构扁平化是学习型组织形成的一个特征。(　　　)

5. 出现阻力是组织变革过程中的正常现象。（　　　）

四、简答题

1. 组织结构的组成要素有哪些？

2. 组织设计的内容有哪些？

3. 组织文化的功能有哪些？

4. 组织变革的趋势有哪几种？

5. 组织发展的模式有哪几种？

五、案例分析题

永辉超市的组织变革

2013 年的一天，永辉集团董事长张轩松在门店调研时发现，基层员工收入低，工作积极性不高。他当时想，能不能给永辉每一位基层员工每个月增加 300 元的收入？正是这一朴素的想法诞生了后来永辉内部推行的"合伙人"制度。为此，企业架构也进行了重大调整：

1. 改变原有多级管理、层层传达的职务级别，支持扁平化、平台化的组织架构，将职务级别进行简化，从原来的 9 个层级转变为 4 个层级，实行简单、高效、扁平化的职务体系。

2. 采用同行业内较高的薪酬水平，并且加大薪酬档级之间的差距，大幅提升薪酬的竞争力，通过高激励的措施和手段提升员工的积极性。"合伙人"以盈利分红作为报酬收入，在盈利水平还达不到要求时，公司发保底分红，当实际盈利分红高于保底分红时，按实际盈利分红发放。

3. 全职员工实行时薪制，视同为"合伙人"团队雇佣的计时工，为了确保全职员工的每个小时都有事可做，有相应的产出，"合伙人"团队应充分沟通确认好全职员工的具体工作内容，并做好工作分工和安排。"合伙人"团队自行决定团队内每位成员的保底分红/全职员工时薪标准以及调整时间，所产生的费用由各团队自己承担。

"最开始，'合伙人'制度只在某些生鲜品类的销售岗位进行试行。因为销售岗位的业绩比较容易量化。在随后的 2014 年，永辉超市在全公司进行推广，'合伙人'制度的阳光普照到基本上所有的基层岗位。目前，永辉约有 4 成员工成为'合伙人'，在未来我们希望将这一比例扩大到 6－7 成。"永辉超市执行副总裁柴敏刚表示。

"合伙人"制对福州永辉超市业绩的提升作用显而易见。一度停滞不前的永辉群众路店，单月销售额增长 10％以上；同期实行"合伙人"制的黎明店，单月业绩增长就达 14％，毛利超 30％。此外，"合伙人"制还解决了一系列经营管理方面的瓶颈。如今，永辉超市的离职率约从 8％降至 4％，商品损耗率约从 6％降至 4％，上货率、更新率大为增加，商品质量、服务质量均有提升。

"合伙人"制度推行一年多以来，已经有不少基层员工从中获益。"从去年 3 月实行'合伙人'制以来，在原来工资、奖金一分钱不少的情况下，我基本上每个月都能多拿一两千元分红，多的时候两三千元，相当于在原来的基础上翻一番。"永辉一位肉禽课长表示。

中国有这么一句老话，吃亏是福。永辉"合伙人"制度，看上去是老板将自己应该得到的利润拿出去分给员工，貌似"吃亏了"，但其实这是最高明的激励措施。因为员工分到的利益是增量业绩中的一部分——在微增长或者负增长成为零售业新常态的当下，业绩能有增长就不错了。所以，站在永辉老板的角度，员工分红越多，自己越高兴，可谓皆大欢喜。

思考：

1. 永辉超市引入"合伙人"制度，属于何种类型的变革？为什么？
2. 永辉超市的组织变革为何能够得以实施？

六、实训题

1. 画出你所在学校或单位的组织结构示意图。
2. 调查你所在学校或单位的组织变革原因、阻力及其解决措施。

☞ 推荐阅读

▶▶ 尹隆森：《组织结构与职位设计实务》，人民邮电出版社，2004 年。

▶▶ ［美］埃德加·沙因：《组织文化与领导力》（第四版），中国人民大学出版社，2014 年。

▶▶ 时勘：《组织文化对企业变革的影响机制研究》，北京师范大学出版社，2018 年。

▶▶ ［美］金·S. 卡梅隆、罗伯特·E. 奎因：《组织文化诊断与变革》，中国人民大学出版社，2006 年。

▶▶ ［美］彼得·圣吉：《第五项修炼：学习型组织的艺术与实践》，中信出版集团，2018 年。

附录1 "学习游乐场"结果与说明

学习游乐场3：你最愿意到哪个岛生活

六个岛屿分别代表霍兰德职业人格的6种类型。其中，R岛为实际型；I岛为研究型；A岛为艺术型；S岛为社会型；E岛为企业型；C岛为传统型。

学习游乐场8-1：生存考验游戏

生存考验游戏表

	第1步	第2步	第3步	第4步	第5步
	您个人的排序	小组集体的排序	救生专家的排序	第1,3步之差	第2,3步之差
六分仪			15		
刮脸镜			1		
26升罐装水			3		
蚊帐			14		
一箱军用干粮			4		
太平洋海图			13		
坐垫(漂浮装置)			9		
10升罐装汽油			2		
小型无线电收音机			12		
鲨鱼驱赶器			10		
2平方米不透明塑料布			5		

续 表

	第 1 步	第 2 步	第 3 步	第 4 步	第 5 步
	您个人的排序	小组集体的排序	救生专家的排序	第 1、3 步之差	第 2、3 步之差
1.2 升 60 度烈性酒			11		
5 米长尼龙绳			8		
两盒巧克力			6		
钓鱼具			7		

您的分数	小组的分数
1. 低于 24 分很快回去。	
2. 高于 24 分低于 66 分较快回去。	
3. 高于 66 分您或您的团队将较难到达目的地。	

学习游乐场 8-2：沙漠求生

沙漠求生游戏专家排序

	第 1 步	第 2 步	第 3 步	第 4 步	第 5 步
	您个人的排序	小组集体的排序	救生专家的排序	第 1、3 步之差	第 2、3 步之差
手电筒(可装 4 节电池)			4		
折叠刀			6		
迫降区的航空地图			12		
大号塑料雨衣			7		
指南针			11		
薄纱布 1 箱			10		
0.45 口径手枪(装有弹药)			8		
降落伞(红白相间)			5		
盐片(100 片)			15		
每人 4 公升的饮用水			3		

续　表

	第1步 您个人的排序	第2步 小组集体的排序	第3步 救生专家的排序	第4步 第1、3步之差	第5步 第2、3步之差
《沙漠可食动物》的书			13		
每人1副太阳镜			9		
1升45度的白兰地酒			14		
每人1件外套			2		
化妆镜			1		
				您该项的分数之和	小组该项的分数之和

"沙漠求生"大结局

分数	结论
0—25	杰出
26—32	优秀
33—45	良好
46—55	及格
56—70	有少许生还希望
71以上	没有生还希望

讨论

标准答案与每个小组各自的结论之间呈现什么特点？

你们小组是通过什么方式来决定最终结果的？你个人的结论与小组讨论得出的结论有什么差别？

专家答案详解

在第二次世界大战期间，一位专家曾在撒哈拉沙漠工作，研究在沙漠求生的问题。他搜集了无数事件和生还者的资料，给出以下排序的答案，并详细解释其理由。

1. 化妆镜

在各项物品中，镜子是获救的关键。在白天用来表示你的位置，是最快和最有效的工具。镜子在太阳光下，可产生相当于五到七万支烛光；如反射太阳光线,在地平线另一端也可看到。如没有其他物品,只有一面镜子,你也有80%获救的机会。

2. 每人1件外套

如失事的位置被获悉,在拯救队未到前,便要设法减低体内水分的散发。人体内有40%是水分,流汗和呼吸会使水分消失,保持镇定可减低脱水的速度。穿上外套能减低皮肤表面的水分散发,假如没有外套,维持生命的时间便减少一天。

3. 每人4公升清水

如有上述1、2两项物品,可生存三日。

水有助减低身体内脱水的速度,口渴时,最好喝水,使头脑清醒。尤其是在第一天,要制造遮蔽的地方。

当身体开始脱水时,喝水也没有多大效用。

4. 手电筒

在晚上,手电筒是最快和最可靠的发讯号工具。有化妆镜和手电筒,24小时都可以发出信号。

电筒也有其他用途:日间可用电筒的反光镜和玻璃做信号及点火引燃之用;装电池的部分可用来挖掘或盛水。

(参考塑料雨衣部分之蒸馏作用)。

5. 降落伞(红色和白色相间)

可用做遮荫和发信号

用仙人掌做营杆,降落伞做营顶,可降低20%的温度。

6. 刀

刀可切断坚韧的仙人掌,也有其他用途。

刀可排列在较前的位置。

7. 塑料雨衣

可做"集水器"。

在地上挖一洞,用雨衣盖在上面,然后在雨衣中央放一小石块,使之成漏斗形。日夜温差可使空气的水分附在雨衣上,将雨衣上的水滴在电筒盖中存储。每天大约可收集半公升的水。

8. 0.45口径手枪(装有弹药)

第二天之后,你们说话和行动已很困难,身体已经产生6%~8%的脱水,手枪于是成为很有用的工具;弹药有时要做起火之用。

国际的求救信号是连续发三个短的符号。在无数事件中,由于求生者不能发出求救声音,所以没有被人发现。

另外,枪柄可做锤子用。

9. 每人 1 副太阳镜

在猛烈的太阳光下,会患光盲症。

用降落伞遮荫可避免眼睛受损;也可用黑烟将眼镜熏黑;用手绢或纱布蒙眼,也可避免眼睛被太阳光灼伤。

但用太阳镜则更舒适。

10. 薄纱布 1 箱

沙漠湿度低,身体的脱水会使血液凝结,减少血液流失。

有事件记录:有一男子体内失去水分,而身上的衣服已被撕破,倒在尖锐的仙人掌和石块上,满身伤口,但没有流血。后来被救,饮水后伤口才流血。

纱布可当绳子或包扎脚部、足踝、头部或面部做保护之用。

11. 指南针

除用其反射面发信号之外,指南针并无其他用处。

反而有引诱人们离开失事地点的危险。

12. 当地航空图

可用来起火或当厕纸。也可用来遮盖头部或眼睛。

它也会引诱人们走出沙漠。

13. 书 1 本,名为《沙漠中可食的动物》

目前最大的问题是脱水,并不是饥饿。

打猎所得相等于失去的水分,沙漠中动物也甚少可见。

吃食物也需要大量的水来帮助消化。

14. 酒

剧烈的酒精会吸收人体内的水分,更可致命。

酒只可做暂时降低体温之用。

15. 盐片 1 瓶

人们过分高估盐的作用。

如血液内的盐份增加,同时也需要大量的水以降低体内含盐的量。

学习游乐场9：微软的智力题

1. 先走进有开关的房间，将三个开关编号为 A、B、C。

2. 将开关 A 打开 10 分钟，然后关闭 A，再打开 B。

3. 走到有灯的房间，此房间内正在亮着的灯由开关 B 控制。

4. 用手去摸一摸另外两盏灯，发热的由开关 A 控制，不热的由开关 C 控制。

附录 2 "心理测试"结果与分析

心理测试 2-2：你会给人怎样的第一印象

评分标准

题号 得分 答案	1	2	3	4	5	6	7	8	9	10	11	12
A	5	5	3	1	3	1	5	3	1	5	3	3
B	1	1	5	3	5	3	1	1	3	1	5	5
C	3	3	1	5	1	5	3	5	5	3	1	1

测试结果

分数为 12～22 分：第一印象差。也许你感到吃惊，因为很可能你只是依着自己的习惯行事而已。也许你本来是很愿意给别人留下一个美好的印象，可是由于你的漫不经心或缺乏体贴、或言语无趣，无形中却给别人留下了不好的印象。必须记住交往是种艺术，而艺术是需要修饰的。

分数为 23～46 分：第一印象一般。你的表现中存在着某些令人愉快的成分，但同时又偶有不够精彩之处；这使得别人不会对你印象恶劣，却也不会产生很强的好感。如果你希望提高自己的魅力，首先必须从心理上重视，努力在"交锋"的第一回合中显示出自己的最佳形象。

分数为 47～60 分：第一印象好。你的谦逊、友善给第一次见到你的人留下了深刻的印象。无论对方是你工作范围抑或私人生活中的接触者，他们无疑都有与你进一步接触的愿望。

心理视点

当你与素不相识的人初次见面,必定会给对方留下某种印象,这在心理学上叫做第一印象。从第一印象所获得的主要是关于对方的表情、姿态、仪表、服饰、语言、眼神等方面的印象,它虽然零碎、肤浅,却非常重要,因为在先入为主的心理影响下,第一印象往往能对人的认知产生关键作用。研究表明,初次见面的4分钟,是第一印象形成的关键期。

心理测试 3-1：看看你的智商有多高

参考答案

1. M 2. 15 3. 8 4. 6 5. 5 6. 4 7. 1 8. 2 9. b 10. d
11. c 12. a 13. c 14. d 15. c 16. c 17. b 18. d 19. d 20. d
21. c 22. c 23. d 24. b 25. a 26. a和d 27. b和c 28. c和e
29. b和d 30. d 31. c 32. b 33. c

评分标准

计分时请注意,先分别按计分标准算出各部分得分,而后将几部分得分相加,得到的那一分值就是你的最终得分。

第1～8题,每题6分,计_____分。

第9题6分,第10～15题,每题5分,计_____分。

第16～25题,每题5分,计_____分。

第26～29题,每题5分,计_____分。

第30～33题,每题5分,计_____分。

总计为_____分。

测试结果

70分以下：你的智力存在严重的问题。

70～89分：你的智力偏低。

90～99分：你的智力中等。

100～119分：你的智力中上。

120～129分：你的智力优秀。

130～139分：你的智力非常优秀。

140分以上：你就是独一无二的天才！

心理测试 3－2：你是哪种气质类型的人

评分标准

选 A 得 2 分,选 B 得 1 分,选 C 得 0 分,选 D 得－1 分,选 E 得－2 分。然后计算总分。

测试结果

1. 将每题得分填入下表相应的"得分"栏内。

2. 计算每种气质类型的总分数。

3. 气质类型的确定:如果某类气质得分明显高出其他三种,均高出 4 分以上,则可定为该类气质。此外,如果某类气质得分超过 20 分,则为典型型;如果某类得分在 10 分～20 分,则为一般型。

如果两种气质类型得分接近,其差异低于 3 分,而且又明显高于其他两种,高出 4 分以上,则可定为两种气质的混合型。

如果三种气质得分均高于第四种,而且相互接近,则为三种气质的混合型。

胆汁质	题号	2	6	9	14	17	21	27	31	36	38	42	48	50	54	58	总分
	得分																
多血质	题号	4	8	11	16	19	23	25	29	34	40	44	46	52	56	60	总分
	得分																
黏液质	题号	1	7	10	13	18	22	26	30	33	39	43	45	49	55	57	总分
	得分																
抑郁质	题号	3	5	12	15	20	24	28	32	35	37	41	47	51	53	59	总分
	得分																

心理视点

气质是人的心理活动动力方面比较稳定的心理特征,与日常生活中所说的"脾气"、"秉性"相近。气质类型本身在社会价值评价方面无好坏优劣之分,可以说每一种气质类型中都有积极或消极的成分,在人格的自我完善过程中,应扬长避短。气质不能决定人的思想道德素养和活动成就的高低。各种气质类型的人都可以对社会做出贡献,当然其消极成分也会对人的行为产生负面影响。

在人群中,典型的气质类型者较少,更多的人是综合型。

心理测试4-1:工作满意度测验

评分标准

1. A. 1;B. 3;C. 5

2. A. 5;B. 1;C. 3

3. A. 3;B. 1;C. 5

4. A. 5;B. 3;C. 1

5. A. 1;B. 3;C. 5

6. A. 5;B. 3;C. 1

7. A. 5;B. 3;C. 1

8. A. 5;B. 3;C. 1

9. A. 5;B. 3;C. 1

10. A. 5;B. 3;C. 1

11. A. 1;B. 3;C. 5

12、13两题的答案选择每重叠一项得5分

14. A. 1;B. 3;C. 5

15. A. 3;B. 1;C. 5

16. A. 5;B. 3;C. 1

17. A. 5;B. 1;C. 3

18. A. 5;B. 1;C. 3

19. A. 3;B. 5;C. 1

20. A. 5;B. 3;C. 1

21. A. 3;B. 1;C. 5

22. A. 1;B. 5;C. 3

23. A. 3;B. 5;C. 1

24. A. 1;B. 5;C. 3

25. A. 1;B. 5;C. 3

26. A. 3;B. 1;C. 5
27. A. 3;B. 1;C. 5
28. A. 1;B. 3;C. 5
29. A. 5;B. 1;C. 3
30. A. 1;B. 3;C. 5

结果与分析

请你把各题的得分加起来,你的得分越高,说明你对自己现有的职业或工作越满意。下面就不同的得分水平,分为五个档次进行具体分析。

30~50分,工作满意度很低。这说明你跟现有的工作的关系是格格不入的。你最好能够冷静地寻找一下原因,看看能否进行一些自我调整和努力,然后再测试,看看是否取得了较高的分数。如果不能够调整和努力,就只有面对现实,调换工作、另谋高就了。

51~84分,工作满意度较低。说明你对现在的工作不太满意。这包括以下几种可能:其一,极可能是"入错了行",在这种情况下,你应当重新选择职业。其二,可能是你暂时还没有认识本职工作的意义,而认为任何工作都是一种束缚。其三,可能是你的才能还未能发挥出来,你要仔细思量,该单位是否有更合适你的工作。其四,可能是讨厌你的上司或同事,而不是不满意工作本身,你可以考虑改换一下环境,调动工作单位。

85~144分,工作满意度属于中等。属于这一类的人很多。从工作角度看,你是无过失与合格的。从个人的角度看,工作有好坏两个方面:不好的方面是,你觉得自己工作所获得的酬劳偏低,认为自己从事另一个行业、在另一个单位会表现得较出色;从好的方面看,你会喜欢这里的群体生活,在一个融洽的环境中工作,能否施展你的长处也就没那么重要了。总的来看,你的个人生活和事业能够平衡发展,即你的工作表现可能很不错,但你不会拼命向上。如果你有天分,能不断升职。

145~175分,工作满意度较高。说明你的事业心很重,对工作非常专注。事实上,你的工作表现会替你争得不少的名声。你认真工作的态度足以证明,你在其他行业工作也会胜任有余。对任何形式的挑战,你都可以应付和做好的。

175以上,工作满意度很高。说明你视事业如生命。这时,你要判断:你是否因工作而淡视其他一切,而只能体会"工作上才有真正的乐趣"呢? 如果是，你可能进入了一个非常重要的时刻，优异的成绩和重大的发现正在向你招手。但是，请你不要忘记，只有不断地开阔视野，执着地追求和探索，坚定地向着一个伟大的目标前进，这种状况才能持久。而且，个人职业生涯成功这种深层次目标，受许多其他因素的影响，这需要一个人树立更高理想，掌握更多知识，付出更大努力。

资料来源：张爱卿，《当代组织行为学理论与实践》，人民邮电出版社，2006 年。

心理测试 5：激励能力诊断

评分标准

完全同意得 3 分；有点同意得 2 分；有点不同意得 1 分；完全不同意得 0 分。

测试结果

41～60 分　您十分了解激励对管理的重要性，并且运用得很好，要保持哟！

21～40 分　您知道激励对管理的重要性，但是做得还不够，要加油了！

0～20 分　十分遗憾，您不知道如何激励员工，这是十分危险的，要当心了！

心理测试 6-1：工作压力诊断性测量表

说明

工作压力诊断性量表（stress diagnostic survey）是由六个子量表构成，分别从角色模糊、角色冲突、数量上的工作负荷、质量上的工作负荷、职业生涯发展和对他人的责任六个维度对工作压力进行测量。量表中的每个项目都与某一特定的工作压力源相联系。1～6 项分别对应角色模糊、角色冲突、数量上的工作负荷、质量上的工作负荷、职业生涯发展和对他人的责任，以后的项目类别也按照这一顺序循环。每个子量表相加的总得分，可以为判断工作压力的高低提供信息。一般而言，如果某一子量表的总分低于 10 分，表示压力水平较低；总分介于 10～24 分，表示中等水平的工作压力；总分大于 25 分，表示高工作压力水平。

心理测试 6-2：A 型与 B 型人格自评问卷

说明：得分在 10～14 分，是典型的 A 型人格；得分在 15～24 分，是趋向于 A 型的人格；得分在 25～34 分，是两种人格类型的混合；得分在 35～44 分，是趋向于 B 型的人格；得分在 45～50 分，是典型的 B 型人格。

心理测试 7-1：群体凝聚力小测试

说明

把你的回答汇总起来。如果你的得分为 20 分甚至更高，你的群体是一个高凝聚力的群体；得分在 10～19 分，群体凝聚力一般；得分为 9 分或以下，群体凝聚力低。

心理测试 7-2：与人交往，你属于哪类人

评分标准

第 1、2、3、4、6、7、8、9、10、11、12、13、16、17、18 题答"是"记 1 分，答"否"不记分，第 5、14、15、19、20 题答"否"记 1 分，答"是"不记分。

测试结果

1～5 题：分数说明交往的主动性水平，得分高说明交往偏于主动型，得分低则偏于被动型。主动型的人在人际交往中总是采取积极主动的方式，适合需要顺利处理人与人之间复杂关系的职业，如教师、推销员等。被动型的人在社交中则总采取消极、被动的退缩方式，适合不太需要与人打交道的职业，如机械师、电工等。

6～10 题：得分表示交往的支配性水平，得分高表明交往偏向于领袖型，得分低则偏于依从型。领袖型的人有强烈地支配和命令别人的欲望，在职业上倾向于管理人员、工程师、作家等。依从型的人则比较谦卑、温顺，惯于服从，不喜欢支配和控制别人，他们愿意从事那些需要按照既定要求工作的、较简单而又比较刻板的职业，如办公室文员等。

11～15 题：得分表示交往的规范性程度,高分意味着交往讲究严谨,得分低则交往较为随便。严谨型的人有很强的责任心,做事细心周到,适合的职业有警察、业务主管、社团领袖等;而随便型的人则适合艺术家、社会工作者等职业。

16～20 题：得分说明交往的开放性,得分高偏于开放型,得分低则意味着倾向于封闭型,如果得分处于中等水平,则表明交往倾向不明显,属于中间综合型。开放型的人易于与他人相处,容易适应环境,适合空中小姐、服务员等职业;封闭型的人适合的职业有编辑、艺术家、科学研究工作等。

心理视点

能否搞好人际关系与自身的性格有很大的关系,一般主动型、开放型的性格能更好地处理人际关系,所以为了能在人际关系中如鱼得水,请主动些、积极些、开放些、宽容些。

心理测试 8：决策类型量表

说明

1. 理性决策类型得分：1、2、6、8 项陈述内容之和。

2. 直觉决策类型得分：3、4、5、7 项陈述内容得分之和。

得分越高,说明该类型的倾向性越明显。

心理测试 9：变革容忍度量表

记分

将你画圈或打钩的相应栏中的数字全部相加起来即为你的得分。得分越高,说明你对不确定性或变革的容忍力越强。

附录3 "课后练习"参考答案

第1章 管理心理学概说

一、单项选择题

1. A 2. B 3. D 4. D 5. C

二、多项选择题

1. ABD 2. ABCDE 3. ABCD 4. ABD 5. ABE

三、判断题

1. √

2. ×

管理心理学在20世纪50年代正式诞生于美国。

3. ×

泰勒运用"时间—动作分析"的方法进行了"搬铁块"实验。

4. √

5. √

第2章 知觉差异与管理

一、单项选择题

1. A 2. C 3. D 4. B 5. A 6. B

二、多项选择题

1. ABCD 2. ABCDE 3. ABCDE 4. ACE 5. ABCE

三、判断题

1. ×

知觉是人脑对直接作用于感觉器官的客观事物的整体反映。

2. √

3. ×

社会刻板印象是指人们对某个群体中的人形成的一种概括而固定的看法。

4. ×

美国心理学家威廉·詹姆斯认为自我概念包括物质自我、社会自我和精神自我三部分。

5. √

第3章 个性与心理测验

一、单项选择题

1. B 2. D 3. C 4. D 5. A

二、多项选择题

1. BCD 2. ACE 3. ACE 4. BC 5. ABCD

三、判断题

1. √

2. √

3. ×

特殊能力是指人们从事特殊职业或专业所需要的能力。

4. √

5. √

四、简答题

1. 个性具有自然性与社会性的统一、独特性与共同性的统一、稳定性与可变性的统一等特征。

2. 性格的结构主要包括性格的态度特征、性格的意志特征、性格的情绪特征和性格的理智特征。

3. 能力的个别差异主要表现在能力的类型差异、能力发展水平的差异和能力发展早晚的差异几方面。

4. 科学地使用心理测验必须做到：使用标准的心理测验；由专业人士施测。

五、案例分析题

本案例题目为开放性的，没有标准答案，只要做到言之有据，自圆其说，分析透彻，围绕个性与职业的匹配理论展开探讨即可。

分析思路（仅供参考，非唯一，鼓励多角度思考问题）：

1. 首先，可以对他进行职业能力倾向测验，检验他目前的工作是否与他的能力相匹配；其次，帮助他分析自己在与人沟通、管理方法等方面存在的不足，提高他的管理能力。

2. 如果一个人从事的职业与他的能力、性格等个性特征相适应，工作起来就会得心应手，心情舒畅，容易取得成功。如果不相适应，便会使从业者感到力不从心、精神紧张。理想的工作安排应是人尽其才，但能力、性格在很大程度上来源于后天的培养，可以通过个人努力进行弥补。

六、实训题

略

第4章 员工态度

一、单项选择题

1. D 2. C 3. C 4. B 5. C

二、多项选择题

1. ABC 2. ABCDE 3. ABCD 4. ABCDE 5. BCD

三、判断题

1. ×

认知平衡理论的提出者是海德。

2. √

3. √

4. ×

工资是影响工作满意的重要因素，但两者并不存在绝对的线性关系，仍有其他因素（如工作本身的性质和特点、员工发展、监督机制和同事关系等）影响工作满意度。

5. √

四、案例分析题

本案例题目为开放性的,没有标准答案,只要做到言之有据,自圆其说,分析透彻,围绕下列观点进行分析则可。

1. 可以从"劳动效率高、缺勤率低、流动率低、遵纪守法"等方面进行分析。

2. 可以从下两个角度进行分析。

(1) 进行员工需求调查和工作满意度调查分析。

(2) 员工的需求是多样化的,因此,员工的激励方式也要多样化,只要是组织能够提供的并且是组织发展所允许的,组织就应该尽量做到让员工在工作中各取所需。

五、实训题

略

第 5 章 工 作 动 机

一、单项选择题

1. D 2. B 3. A 4. A 5. C

二、多项选择题

1. BCD 2. BCD 3. ACDE 4. ABE 5. ABCDE

三、判断题

1. ×

保健因素可以保证员工没有不满意,也很重要。

2. √

根据强化理论,通常情况下奖励比惩罚的强化效果好。

3. ×

只有自己的产出与投入之比和他人的产出与投入之比是相当的,才会产生公平感,而不是单纯的结果一样。

4. ×

保健因素和激励因素不是一成不变的,而是可以转化的。如果员工奖金同其个人的工作绩效挂钩,就会产生激励作用,变为激励因素。

5. ×

需要是个体在生活中感到某种欠缺而力求获得满足的一种内心状态。

或：动机是指推动人去从事某种活动,指引活动去满足一定需要的意图、愿望、信念等。

四、案例分析题

本案例题目为开放性的,没有标准答案,只要做到言之有据,自圆其说,分析透彻,围绕公平理论展开探讨则可。

分析思路(仅供参考,非唯一,鼓励多角度思考问题):

1. 公平理论认为,人们的工作动机不仅受其所得报酬的绝对值影响,而且要受到报酬的相对值的影响。即每个人都把个人的报酬与贡献的比率同他人的比率作比较,如比率相等,则认为公平合理而感到满意,从而心情舒畅努力工作;否则,就会感到不公平、不合理而影响工作情绪。张经理公司的两个业务骨干把个人的报酬与贡献的比率同其他人的比率作比较,他们可能是与本单位员工比较或与同行业的同类员工比较认为不公平,而且这种不公平感长期得不到解决,则引起他们另谋高就。

2. 张经理应在本公司建立一种较公平的分配制度,力争把职工所作的贡献与他应得的报酬挂钩;同时,教育职工正确选择比较对象和认识不公平现象,培养职工的主人翁责任感。

五、实训题

略

第6章 工 作 压 力

一、单项选择题

1. C 2. D 3. A 4. C 5. D

二、多项选择题

1. ABCD 2. ABCDE 3. BCE 4. ABCD 5. ABCDE

三、判断题

1. √

2. ×

自我效能感是个体对自己能否完成某一活动所具有的能力判断和信念。

与高自我效能感个体对比,低自我效能感个体更容易体验到工作压力。

3. ×

工作压力越低,工作绩效水平不一定越高,工作压力适度时,绩效水平最高。

4. √

5. √

四、案例分析题

本案例题目为开放性的,没有标准答案,只要做到言之有据,自圆其说,分析透彻,围绕工作压力管理展开探讨则可。

分析思路(仅供参考,非唯一,鼓励多角度思考问题):

1. 可以从辞职和寻求帮助等方面展开分析。

2. 可以从实施工作再设计(如公司多招聘快递员工,以减少员工发送快件的数量,缩减员工的工作时间等)方面进行分析。

五、实训题

略

第7章 群体心理与团队建设

一、单项选择题

1. C 2. B 3. D 4. C 5. B 6. A 7. A 8. B 9. C 10. D 11. C

二、多项选择题

1. ABCDE 2. ACE 3. ABCE 4. ABCDE 5. ABCD 6. AC 7. ABCDE 8. AE 9. ABCDE 10. ABDE 11. ABCDE

三、判断题

1. ×

群体是指为了实现特定的共同目标,由两个或两个以上相互作用、相互依赖的个体组合而成的集合体。

2. ×

共同目标是群体存在和发展的基础。

3. √

4. ×

凝聚力与群体工作效率之间的关系主要取决于群体的态度与群体所属组织目标的符合程度。如果群体的凝聚力很强,而群体的态度与所属组织目标的符合程度又很高,群体的工作效率就很高,表现为高产出、高质量,群体员工积极合作等;相反,如果一个群体的凝聚力很高,但其态度与群体目标背道而驰,则群体工作效率就低。

5. √

6. √

7. ×

冲突具有双重性,一方面,冲突有其积极的意义,如它能暴露组织中不合理的现象和制度,使组织能不断变革和创新等;另一方面,冲突也会带来一些有害的结果,如冲突带来的压力会影响组织成员的身心健康等。

8. √

9. √

四、案例分析题

本案例题目为开放性的,没有标准答案,只要做到言之有据,自圆其说,分析透彻,围绕沟通的重要性及提高沟通能力等展开探讨则可。

分析思路(仅供参考,非唯一,鼓励多角度思考问题):

李副总会以过来人的经验告诉梁经理,工作效率重要,但良好的沟通绝对会让工作进行顺畅许多。实际上,面对面沟通所花的些许时间成本,绝对能让沟通效果大为增进。沟通看似是小事情,实则意义重大!沟通通畅,工作效率自然就会提高;忽视沟通,工作效率势必下降。作为管理人员,不仅需要扎实的业务技能和专业知识,而且需要良好的沟通能力,与内部人员沟通,与外部单位沟通,与相关机构沟通,处理各方关系等,都离不开良好的沟通技巧。

第8章 领导心理与行为

一、单项选择题

1. C 2. D 3. D 4. B 5. D

二、多项选择题

1. ACE 2. ABE 3. ABCD 4. BCE 5. ADE

三、判断题

1. √

2. √

3. ×

领导者的权威来自强制性影响力和自然性影响力。

4. ×

头脑风暴法由美国广告策划人奥斯本在20世纪40年代首先提出。

5. √

四、简答题

1. 领导理论的发展经历了领导特质理论、领导行为理论、领导权变理论和现代最新领导理论四个阶段。

领导特质理论着重通过对领导者的身体、性格、气质、智力等方面的分析，找出成功的领导者所必须具备的特性；领导行为理论旨在了解有效领导者的行为是否具有独特之处；领导权变理论强调领导无固定模式，领导效果因领导者、被领导者和工作环境的变化而变化，领导者必须是具有应变、适应能力的人；现代最新领导理论强调在具体实施领导过程中，要选择与领导者、被领导者、环境相适宜的领导方式。

2. 集体决策的优点表现为：信息更全面；方案更多；增加认同感；权责分散等。

集体决策的缺点表现为：耗时费钱；屈从压力；责任模糊；少数人专制等。

3. 集体决策的方法包括：头脑风暴法；德尔菲法；名义群体法；电子会议法等。

4. 个人决策一般适用于以下情况：

（1）面临突发事件或危急情景，需立即采取行动时。

（2）环境动荡，反复磋商，久拖不决，会贻误战机时。

（3）问题清楚，无需数度审慎研究时。

（4）历史事件重现，个人经验和聪明才智可充分应对时。

五、案例分析题

本案例题目为开放性的，没有标准答案，只要做到言之有据，自圆其说，分析透彻，围绕管理风格理论展开探讨则可。

分析思路（仅供参考，非唯一，鼓励多角度思考问题）：

1. 三个领导者的管理风格有明显的区别。

按照领导生命周期理论分析：

张总经理的领导风格是高工作与低关系的命令式领导风格；

王总经理的领导风格是高关系与低工作的参与式领导风格；

李总经理的领导风格是低工作与低关系的授权式领导风格。

2. 一般说来，每个领导者的风格需要依其下属的成熟度水平而定。依下属水平的高低，领导者应当适当调整自己的风格。本案例中，张总经理的事必躬亲，以致最后把自己拖垮是不可取的。相对而言，王总经理的做法更为可取，也取得了很好的效果。因案例中所给的信息不全，还不能确定李总经理的领导风格是否可取。

六、实训题

略

第 9 章　组织心理分析

一、单项选择题

1. D　2. C　3. B　4. C　5. B

二、多项选择题

1. ABCE　2. ABCDE　3. ABCDE　4. ABCDE　5. ABCDE

三、判断题

1. √

2. ×

仪式属于组织文化的符号指标层面。

3. √

4. √

5. √

四、简答题

1. 组织结构的组成要素有专门化、正规化、标准化、职业化、组织层次、管理幅度、集权水平和人事比例等。

2. 组织设计的内容有组织职能设计、组织部门设计、管理幅度与管理层次设计、组织职权设计、组织联系设计和组织规范设计等。

3. 组织文化的功能主要包括组织凝聚功能、组织改造功能、组织调控功能、组织完善功能和组织发展功能等。

4. 组织变革的趋势是内部组织团队化、组织结构扁平化、组织关系网络化和组织管理柔性化等。

5. 组织发展的模式主要有虚拟型组织、团队型组织、变色型组织和学习型组织等。

五、案例分析题

本案例题目为开放性的，没有标准答案，只要做到言之有据，自圆其说，分析透彻，围绕组织变革展开探讨则可。

分析思路（仅供参考，非唯一，鼓励多角度思考问题）：

1. 永辉超市的变革属于创新性变革。从案例中可以看出，永辉引入"合伙人"制度，进行了一系列的组织变革：企业层级减少；一线员工获得经营权；企业和员工进行收益分成；每个经营团队独立核算。变革的力度比较大，但此变革并没有一次性波及所有部门，而是分地区、门店和核算单位逐步展开的，属于创新性变革，变革力度介于激进性和适应性变革之间，影响又比较深远，故符合创新性变革的定义。

2. 首先，组织变革得到了董事长张轩松的首肯，由一把手推进，是组织变革得以实施的首要条件；第二，实施"合伙人"制，增加了一线员工的收益，获得了经营自主权，收益有保底，超过预设毛利还能得到分红，因此，一线员工支持变革也是"合伙人"制度得以推行的一个重要条件；此外，"合伙人"制度激发了员工的积极性，员工还会注意尽量避免不必要的成本浪费，企业收益得以增加，对企业长期有利。第三，"合伙人"制度和相关条例完全透明公开，基层员工可以根据自己的业绩预见将来的分红，在这种情况下，经营单位的负责人也不敢"中饱私囊"。良好的制度设计是获得管理人员及关心企业发展的人认可的重要一环。实践证明，"合伙人"制的推行是有利的，解决了一系列经营管理方面的瓶颈，成功的结果也可以使得变革顺利推行。

六、实训题

略

参 考 文 献

1. 赵海男：《走最短的路——纵横职场少走弯路的秘诀》，北京理工大学出版社，2009 年。

2. 戴维·霍瑟萨尔：《心理学家的故事》，商务印书馆，2015 年。

3. 赵慧军：《现代管理心理学》（修订第四版），首都经济贸易大学出版社，2012 年。

4. ［美］安德鲁·杜布林：《心理学与工作》（第 6 版），中国人民大学出版社，2007 年。

5. 赵国祥、杨巍峰：《管理心理学》，河南大学出版社，1995 年。

6. 张明正、徐泰玲、赵铁民、李聪明：《管理心理学理论与方法》，中央民族大学出版社，1997 年。

7. 郭咸纲：《西方管理思想史》（第三版），经济管理出版社，2004 年。

8. 戴良铁、白利刚：《管理心理学》，暨南大学出版社，1998 年。

9. 陈国海：《组织行为学》（第 4 版），清华大学出版社，2013 年。

10. 乔治·埃尔顿·梅奥：《工业文明的社会问题》，机械工业出版社，2016 年。

11. 李毓秋、梁栓荣、姚有记：《心理学原理与应用》，经济科学出版社，1999 年。

12. 曹日昌：《普通心理学》（上册），人民教育出版社，1980 年。

13. 孙喜林、荣士壮、孙晓园：《管理心理学》，东北财经大学出版社，2006 年。

14. 张德：《社会心理学》，劳动人事出版社，1990 年。

15. 程正方：《现代管理心理学》（修订本），北京师范大学出版社，1996 年。

16. 晏国祥、黄快生："韦尔奇的经营败笔"，《企业导报》，2002 年第 6 期。

17. 朱国良："又见'变色龙'"，《观察与思考》，2001 年第 5 期。

18. 李剑锋：《组织行为管理》（第五版），中国人民大学出版社，2013 年。

19. 孙时进：《社会心理学》，复旦大学出版社，2003 年。

20. 时蓉华：《新编社会心理学概论》，东方出版中心，1998 年。

21. 王宇加：《社会心理学基础》，中国人民大学出版社，2003 年。

22. 赵广娜、游一行：《全世界都在做的 200 道心理测试》，黑龙江科学技术出版社，2008 年。

23. 王沛、贺雯：《社会认知心理学》，北京师范大学出版社，2015 年。

24. 房宁、仇逸："焦虑是天生的"，《健康时报》，2002 年 5 月 16 日。

25. 曹日昌：《普通心理学》（下册），人民教育出版社，1980 年。

26. 许明月：《人力资源管理心理学》，经济科学出版社，2010 年。

27. 俞文钊：《管理心理学》（第二版），东北财经大学出版社，2004 年。

28. 孔祥勇：《管理心理学》，高等教育出版社，2001 年。

29. 牧徐徐："价值 2 亿美元的工作态度"，《现代阅读》，2011 年 第 10 期。

30. 宁一：《培养员工精神》，地震出版社，2005 年。

31. 马向真、韩启放等：《社会心理学的原理与方法》，东南大学出版社，1997 年。

32. 张一纯、王蕴、蔡翔、蒋志兵：《组织行为学》，清华大学出版社，2006 年。

33. 吕晓燕：《工作态度决定职场成就》，光明日报出版社，2016 年。

34. 张爱卿：《当代组织行为学理论与实践》，人民邮电出版社，2006 年。

35. ［美］弗雷斯·鲁森斯：《组织行为学》（第 11 版），人民邮电出版社，2009 年。

36. 卢盛忠：《管理心理学》，浙江教育出版社，2006 年。

37. 廉茵：《管理心理学》，对外经济贸易大学出版社，2007 年。

38. 王垒：《组织管理心理学》，北京大学出版社，1993 年。

39. 闫鑫："异地派遣员工管理个案分析"，《人才资源开发》，2005 年第 10 期。

40. 斯蒂芬·罗宾斯、蒂莫西·贾奇：《组织行为学》（第 16 版），中国人民大学出版社，2016 年。

41. 众行管理资讯研发中心：《管理培训游戏全案》，广东经济出版社，2003 年。

42. ［美］弗雷德里克·赫茨伯格、伯纳德·莫斯纳、巴巴拉·斯奈德曼：《赫茨伯格的双因素理论》（修订版），中国人民大学出版社，2016 年。

43. 苏勇、何智美：《现代组织行为学》，清华大学出版社，2007 年。

44. 刘永芳：《管理心理学》，清华大学出版社，2008 年。

45. 耿兴永、吴洪珺：《心理压力与健康》，华东师范大学出版社，2006 年。

46. 赵国秋：《心理压力与应对策略》，浙江大学出版社，2006 年。

47. 约翰 M. 伊万切维奇、罗伯特·康诺帕斯基、迈克尔 T. 马特森：《组织行为与管理》(第 7 版)，机械工业出版社，2006 年。

48. 殷智红、叶敏：《管理心理学》(第 2 版)，北京邮电大学出版社，2007 年。

49. 刘洋：《职场压力管理——做一个轻松的人》，中国经济出版社，2006 年。

50. 史蒂文 L. 麦克沙恩、玛丽·安·冯·格里诺：《组织行为学》(第 3 版)，机械工业出版社，2006 年。

51. 杰勒德·哈格里夫斯：《压力管理》，中国社会科学出版社，2001 年。

52. 李秋菊：《现代员工的压力管理与心理调适》，企业管理出版社，2016 年。

53. 林永祥："个体和群体"，《意林》，2008 年第 9 期。

54. 申荷永：《社会心理学：原理与应用》，暨南大学出版社，2004 年。

55. 石兴国、安文、姜磊：《组织行为学——以人为本的管理》，电子工业出版社，2005 年。

56. 俞国良：《社会心理学》，北京师范大学出版社，2006 年。

57. 熊勇清：《组织行为学》，湖南人民出版社，2006 年。

58. 曹正进：《组织行为学》，经济管理出版社，2007 年。

59. 张德、吴志明：《组织行为学》，东北财经大学出版社，2006 年。

60. 张德：《组织行为学》，高等教育出版社，2005 年。

61. 陈钰鹏："乔布斯团队理论"，《新民晚报》，2018 年 8 月 3 日。

62. 杰西卡·利普耐克、杰弗里·斯坦普斯：《虚拟团队管理——21 世纪组织发展新趋势》，经济管理出版社，2002 年。

63. 姚裕群：《团队建设与管理》，首都经济贸易大学出版社，2006 年。

64. 谭志远：《团队游戏——创建高效团队的 110 种游戏》，中华工商联合出版社，2005 年。

65. 曾仕强、刘君政、杨智雄：《人际关系与沟通》，清华大学出版社，2016 年。

66. 陈红：《管理心理学》，华东师范大学出版社，2014 年。

67. ［美］沃伦·本尼斯、伯特·纳努斯：《领导者》(纪念版)，浙江人民出版社，2016 年。

68. 苏东水：《管理心理学》(第五版)，复旦大学出版社，2013 年。

69. 赵国祥，"185 名处级领导干部的个性特质的研究"，《心理科学》，2002 年第 2 期。

70. ［美］詹姆斯·M. 库泽斯、巴里·Z. 波斯纳：《领导力：如何在组织中成就卓越》（第六版），电子工业出版社，2018 年。

71. 赵国祥："领导理论研究的现状与展望"，《河南大学学报》（社会科学版），2009 年第 3 期。

72. 孙时进、颜世富：《管理心理学》，立信会计出版社，2001 年。

73. 王绪君：《管理学基础》，中央广播电视大学出版社，2005 年。

74. ［美］保罗 M. 马金斯基：《心理学与工作：工业与组织心理学导论》（第 10 版），机械工业出版社，2014 年。

75. 朱永新：《管理心理学》（第 3 版），高等教育出版社，2014 年。

76. ［美］彼得·圣吉：《第五项修炼：学习型组织的艺术与实践》，中信出版集团，2018 年。

77. 孙健敏、穆桂斌：《管理心理学》，中国人民大学出版社，2017 年。

图书在版编目(CIP)数据

管理心理学理论与实践/刘玉梅主编. —2 版. —上海：复旦大学出版社，2019. 12 (2025.7 重印)
ISBN 978-7-309-14594-6

Ⅰ.①管… Ⅱ.①刘… Ⅲ.①管理心理学 Ⅳ.①C93-051

中国版本图书馆 CIP 数据核字(2019)第 200091 号

管理心理学理论与实践(第二版)
刘玉梅 主编
责任编辑/谢同君

复旦大学出版社有限公司出版发行
上海市国权路 579 号 邮编：200433
网址：fupnet@ fudanpress. com http://www.fudanpress. com
门市零售：86-21-65102580 团体订购：86-21-65104505
出版部电话：86-21-65642845
杭州日报报业集团盛元印务有限公司

开本 787 毫米×960 毫米 1/16 印张 28.75 字数 447 千字
2025 年 7 月第 2 版第 11 次印刷

ISBN 978-7-309-14594-6/C · 381
定价：68.00 元

如有印装质量问题,请向复旦大学出版社有限公司出版部调换。
版权所有 侵权必究